"十三五"国家重点图书出版规划项目
高海拔高寒地区高速公路建设关键技术

多年冻土区公路工程施工关键技术

汪双杰 刘 戈 纳启财 编著

上海科学技术出版社

图书在版编目(CIP)数据

多年冻土区公路工程施工关键技术/汪双杰,刘戈,纳启财编著.—上海:上海科学技术出版社,2019.7
(高海拔高寒地区高速公路建设关键技术)
ISBN 978-7-5478-4353-6

Ⅰ.①多… Ⅱ.①汪… ②刘… ③纳… Ⅲ.①青藏高原-冻土区-道路施工 Ⅳ.①U415

中国版本图书馆CIP数据核字(2019)第024512号

多年冻土区公路工程施工关键技术
汪双杰 刘 戈 纳启财 编著

上海世纪出版(集团)有限公司
上海科学技术出版社 出版、发行
(上海钦州南路71号 邮政编码200235 www.sstp.cn)
浙江新华印刷技术有限公司印刷
开本 787×1092 1/16 印张 24.5 插页 4
字数 550千字
2019年7月第1版 2019年7月第1次印刷
ISBN 978-7-5478-4353-6/U·83
定价:190.00元

本书如有缺页、错装或坏损等严重质量问题,请向工厂联系调换

内容提要

本书紧密联系我国多年冻土区公路工程实践和理论分析，以多年冻土区公路施工技术为主题，全面系统地介绍了共和至玉树公路施工过程中遇到的重点及难点问题，结合"无痕化施工、重生态环境保护、冻土保护与工程治理"等为核心的施工理念，对路基、路面、桥涵、隧道、环保等相关施工技术进行了研究和总结。深入研究了共玉公路草原、沼泽、湿地的特点，提出了基底处理冲碾、换填的施工技术及质量控制关键点；对XPS板路基、片块石路基、热棒路基、通风管路基、片块石+通风板路基、强制弥散式通风路基等特殊路基的施工关键技术进行了研究分析，提出了施工工艺及控制指标；基于以生态恢复为主要目的的公路边坡与绿化要求，提出了适应高寒地区的边坡防护施工技术；针对多年冻土区排水工程抗冻耐久及减少路面径流污染物指标的需求，提出了铺草皮排水沟施工关键技术；对负温混凝土强度的形成机理、桩周土体的回冻规律等进行了研究，提出了桥梁施工关键技术；对多年冻土区涵洞的病害机理、腐蚀机理及受力规律等开展了研究，提出大孔径钢波纹管涵的施工技术；提出了多年冻土区公路隧道洞口段热融滑塌防控技术，并建立了多年冻土隧道热微扰动的动态信息反馈施工控制技术。

本书是我国对世界冻土区高等级公路建设的贡献，既可以使工程一线的施工人员更好地理解多年冻土区公路施工技术，又对冻土区公路工程的设计、施工和管理具有较大的借鉴价值。

高海拔高寒地区高速公路建设关键技术
学术顾问

程国栋　中国科学院院士

郑健龙　中国工程院院士

赖远明　中国科学院院士

郑皆连　中国工程院院士

杜彦良　中国工程院院士

王复明　中国工程院院士

王秉纲　浙江大学教授

王　玉　中国公路学会专家委员会委员

陈国靖　原交通部公路科学研究所所长

张鲁新　原青藏铁路专家组组长

高海拔高寒地区高速公路建设关键技术
编委会

编委会主任

汪双杰

编 委

（以姓氏笔画为序）

王 佐　刘 戈　刘建蓓　吴明先　陈建兵

纳启财　单永体　胡 林　夏才初　韩常领

总 序

多年冻土是高海拔高寒地区道路工程建设的"拦路虎"。自1954年青藏公路建成通车至今的60余年间，伴随着不同形式冻土工程病害的发生、发展，我国科技工作者对多年冻土物理、力学性质的认识逐渐深入，也对冻土工程的复杂性有了更系统的认知。2006年青藏铁路建成通车以来，全球气候变暖、冻土退化，也带来铁路路基沉陷、开裂等工程病害。几十年来国家重大冻土工程建设经验充分证明，冻土工程领域科学与技术进步将是一个螺旋式发展的长期过程。

我国科技工作者在多年冻土区道路工程建设技术探索的道路上一直没有停歇。20世纪70—90年代末，围绕着青藏公路的历次整治改建，摸索形成的冻土工程研究方法与测试技术，逐步奠定了我国冻土工程研究的基础，并创建了我国公路冻土工程病害机理分析、病害整治技术与理论体系。21世纪初，通过青藏铁路的工程实践和系统集成，冻土工程研究中进一步融入了"冷却路基"的理论探索与技术设计，取得了一大批具有国际先进水平的研究成果。2011年，国家为尽快启动玉树地震后的交通重建工作，决定建设青海省共和至玉树高速公路，再次掀起冻土工程研究的高潮。

相对青藏铁路、二级青藏公路而言，在多年冻土地基上建设大尺度、高标准、重荷载的高速公路面临着工程尺度效应、大断面厚重路面结构的封闭储热效应及黑色路面强吸热效应等问题，可能导致更大的工程风险。冻土区高速公路建设必须进行理论创新与技术突破。

令人欣喜的是，"高海拔高寒地区高速公路建设关键技术"丛书让我们看到我国冻土工程科研工作者挑战高海拔高寒地区高速公路建设关键技术的系列重要成果，其内容包含路基、路面、桥梁、隧道、环境保护、监测预警等专业方向，创立了公路冻土工程尺度效应理论及能量平衡设计方法，代表了我国乃至世界道路冻土工程研究最新成果。丛书的主编单位具有40余年多年冻土区公路工程科研与设计经验，拥有"高寒高海拔地区道路工程安全与健康国家重点实验室"这一高端研发平台。编者队伍中既有我国公路冻土工程领域的设计大师、知名专家，又有长期持续开展专项研究的青年才俊。他们深厚的技术积淀、理论功底和丰富的实践经验对保障丛书的学术和技术水平起到了重要的作用。

2013年9月，习近平总书记首次提出共同建设"丝绸之路经济带"的倡议以来，"一带一路"倡议已成为我国深化改革开放、践行中国梦、实现世界共同发展、共建人类命运共同体的国家战略，实现这些伟大战略构想的基础在交通运输。"陆上丝绸之路经济带"是实现亚欧非大陆互联互通的核心通道，由东向西跨越青藏高原、喀喇昆仑山脉、帕米尔高原、西伯利亚等高海拔高寒地区及北半球高纬度寒冷地区，涉及主要干线公路里程将达1.2万 km。我相信丛书的出版将对保障穿越高海拔高寒地区的大规模道路工程建设，支撑交通行业抢抓"一带一路"发展机遇，助推我国"标准、技术走出去"发挥重要作用。

中国工程院院士

2019年2月10日

前 言

共和至玉树公路（简称"共玉公路"）是青海省境内的重要路段，是玉树地震灾后重建规划中的"一纵一横两联"生命线通道公路中的"一纵"。为了支持青海省等地区发展，保证抗震救灾物资能顺利运入玉树，确保玉树重建工作能顺利实施，国家计划把共玉公路建设成为具有青海特色的高速化公路。该路段穿越大片连续和不连续多年冻土区，公路沿线多年冻土地温基本在$-1.5 \sim -0.3$℃，属于多年冻土中的高温不稳定、高温极不稳定多年冻土区；而且项目穿越国内享有生态屏障之称的三江源地区，高原生态脆弱，要求结合"无痕化施工、重生态环境保护、冻土保护与工程治理"等为核心的施工技术及理念，这在青藏高原多年冻土区公路建设上是史无前例的。共玉公路沿途翻越河卡山、巴颜喀拉山、雁口山等，跨越黄河、通天河等自然环境恶劣的特殊地理环境，穿越冻土区路线长度占总长的1/3，全线平均海拔在4 100 m以上，含氧量只有平原的一半，雨雪频繁，每年有效施工期只有5个多月。

在共玉公路建设指挥部的正确领导下，各参建单位克服艰难险阻，扎根高原，在项目建设期间，注重施工技术创新，在多年冻土路基、路面、桥涵、隧道、环境保护等施工技术领域取得了重大突破，充分保证了项目建设进度及工程质量，同时也为后期青藏高速公路的建设提供了宝贵的建设经验。

交通运输部领导及青海省交通运输厅的领导多次亲临科研现场一线，关心、指导科研工作；共玉公路建设指挥部的领导亲自抓项目的组织协调，多年如一日深入科研一线，为项目研究提供指导、咨询，并积极参与攻克了施工技术研究过程中的难题，为本项目的推进花费了大量心血，对项目的成果创新与突破起到了极大的促进作用；项目参研人员殚精竭虑、精诚合作、刻苦攻关，为本项目的顺利完成付出了艰辛和努力；项目试验工程依托单位、施工单位、相关协作单位以及其他科研机构等相关领导、专家、学者和人员为本项目的研究提供了无私帮助。谨在此一并致以崇高的敬意与诚挚的谢意。

我们不会忘记长期以来为我国多年冻土地区公路工程研究付出毕生精力甚至奉献生命的科学工作者，感谢前人为我们铺路，感谢领导专家为我们指路。感谢为本项目成果取得付出努力的人们，感谢所有关心本项目研究的人们。谢谢大家！

作　者

目 录

第1章 绪论 /1

第2章 一般路基施工技术 /5

  2.1 **一般技术要求** /6

  2.2 **路堤施工技术** /7
  2.2.1 施工季节的选择 /7
  2.2.2 路堤填料 /7
  2.2.3 施工工艺 /7
  2.2.4 施工要点 /8

  2.3 **路堑施工技术** /9
  2.3.1 施工季节的选择 /10
  2.3.2 施工工艺 /10
  2.3.3 路堑弃土 /11
  2.3.4 路堑边坡保温层的施工 /12

  2.4 **低填浅挖路基施工技术** /12

  2.5 **陡坡路基施工技术** /14

2.6 路基过渡段施工技术 / 14

2.7 路基其他施工技术 / 17

第3章 特殊结构及不良地质路基施工技术 / 21

3.1 共玉公路多年冻土综合因素分区 / 22
3.1.1 共玉公路冻土分布状况及特征 / 22
3.1.2 冻土地温与公路病害类型对比分析 / 23
3.1.3 冻土地温与冻土类型对比分析 / 24
3.1.4 冻土地温与土质对比分析 / 25
3.1.5 冻土地温综合因素分区 / 27

3.2 多年冻土区路基基底施工技术 / 29
3.2.1 典型路基填料工程特性试验研究 / 29
3.2.2 多年冻土区路基清表与不清表对地温影响分析 / 42
3.2.3 路基重型碾压与冲击碾压对比试验 / 47
3.2.4 多年冻土区路基基底处理方案 / 56
3.2.5 基底不清表、砂砾（石渣）冲击碾压施工技术 / 57
3.2.6 基底换填石渣（砂砾）施工技术 / 58

3.3 多年冻土区特殊结构路基施工技术 / 60
3.3.1 片块石路基施工技术 / 60
3.3.2 XPS 板路基施工技术 / 67
3.3.3 热棒路基施工技术 / 83
3.3.4 通风管路基施工技术 / 90
3.3.5 片块石＋通风板路基施工技术 / 96
3.3.6 强制弥散式通风路基施工技术 / 101

3.4 不良地质施工技术 / 104
3.4.1 水塘、积水坑路基施工技术 / 104
3.4.2 水草沼泽地路基施工技术 / 106
3.4.3 风积沙路基施工技术 / 107
3.4.4 冰雪害路基施工技术 / 108

3.4.5 涎流冰路基施工技术 / 108

第4章 沥青路面施工及质量控制技术 / 111

4.1 沥青混凝土面层质量保障措施 / 112

4.2 水泥稳定碎石层质量保障措施 / 113

4.3 高寒高海拔区沥青路面施工条件特殊性 / 114

4.4 水泥稳定砂砾基层（底基层）施工技术 / 115

4.5 级配碎石层施工技术 / 117

4.6 沥青碎石基层施工技术 / 117

4.7 沥青面层施工技术 / 118

4.8 单向导热路面施工技术 / 120
4.8.1 单向导热路面简介 / 120
4.8.2 单向导热路面施工工艺 / 122

4.9 高寒高海拔区沥青路面施工质量多层次控制体系 / 128
4.9.1 MeDAC 技术服务体系概况 / 128
4.9.2 沥青路面施工复杂性与技术服务必要性 / 128
4.9.3 沥青路面施工 MeDAC 技术服务体系特点 / 129
4.9.4 沥青路面施工 MeDAC 技术服务模式及主要内容 / 131
4.9.5 沥青路面施工 MeDAC 技术服务体系支撑条件 / 137

第5章 多年冻土区桥涵施工关键技术 / 141

5.1 多年冻土区桥梁施工规律与关键技术 / 142
5.1.1 低温条件下混凝土强度形成规律与养生技术 / 143

5.1.2　多年冻土区桥梁上部结构施工方法 / 149
5.1.3　多年冻土区桥梁桩基回冻规律 / 151
5.1.4　高温多年冻土区桥梁桩基施工方法 / 156

5.2 **高温多年冻土区涵洞施工关键技术** / 161
5.2.1　冻土区涵洞的病害机理分析 / 161
5.2.2　涵洞施工的基本要求及对策 / 169
5.2.3　冻土区涵洞施工工艺研究 / 170

第6章　高海拔高寒区公路隧道施工技术 / 179

6.1 **高海拔高寒区隧道喷射混凝土施工** / 180
6.1.1　喷射混凝土的配比选择 / 180
6.1.2　喷射混凝土材料防冻保温 / 182
6.1.3　喷射混凝土施工工艺 / 183

6.2 **高海拔高寒区隧道模筑混凝土施工** / 186
6.2.1　模筑混凝土的外加剂选择 / 187
6.2.2　模筑混凝土的运输 / 189
6.2.3　泵送混凝土的施工 / 190
6.2.4　模筑混凝土的养护 / 190
6.2.5　鄂拉山隧道低温混凝土施工方案 / 191

6.3 **高海拔高寒区隧道机械化施工** / 197
6.3.1　高海拔、低气压环境下施工设备适应性研究 / 197
6.3.2　高海拔寒区特长隧道施工机械选型配套原则及建议 / 199
6.3.3　鄂拉山隧道施工机械配套 / 200

6.4 **高海拔高寒区隧道保温层施工** / 202
6.4.1　保温层铺设在二衬内表面 / 202
6.4.2　保温层铺设在初衬与二衬之间 / 204
6.4.3　保温层离壁铺设 / 206

6.5 **高海拔高寒区隧道防排水施工** / 207

6.5.1 中心深埋水沟施工 / 207
6.5.2 防寒泄水洞施工 / 209
6.5.3 保温水沟施工技术 / 209
6.5.4 "前截后挡"型路基边坡防排水结构施工 / 209

6.6 **高海拔高寒区隧道施工通风** / 211
6.6.1 施工通风设计标准 / 211
6.6.2 通风设计原则 / 211
6.6.3 通风计算方法 / 212
6.6.4 施工通风安全措施 / 213
6.6.5 鄂拉山隧道施工通风方案 / 214

6.7 **高海拔高寒区隧道施工监控量测** / 220
6.7.1 施工监控量测 / 220
6.7.2 地质超前预报 / 231

6.8 **高海拔高寒区隧道施工人员健康保障** / 235
6.8.1 高海拔地区施工健康保障难点 / 235
6.8.2 高海拔地区施工健康保障措施 / 236

第7章 多年冻土及不良地质公路隧道施工技术 / 241

7.1 **多年冻土隧道洞口边仰坡热融滑塌防治** / 242
7.1.1 多年冻土边仰坡热融滑塌机理 / 242
7.1.2 多年冻土边仰坡热融滑塌防治措施 / 249

7.2 **多年冻土隧道洞口超前预支护** / 255
7.2.1 多年冻土地层超前支护适应性分析 / 255
7.2.2 多年冻土地层超前支护施工工艺 / 261

7.3 **多年冻土隧道施工热扰动与控制** / 265
7.3.1 多年冻土隧道施工热扰动分析 / 265
7.3.2 多年冻土隧道施工冻融圈控制措施 / 274

7.4 **多年冻土区隧道动态信息反馈与预警** / 276
　7.4.1 多年冻土区隧道动态信息反馈 / 276
　7.4.2 多年冻土区隧道监控量测方法与控制指标 / 278
　7.4.3 姜路岭隧道施工动态信息采集与分析 / 280
　7.4.4 姜路岭隧道施工动态信息反馈与预警 / 293

7.5 **不良地质施工技术** / 297
　7.5.1 超浅埋公路隧道粉沙层垂直旋喷桩施工技术 / 297
　7.5.2 拱脚小矮墙处理浅埋段软弱大变形围岩施工技术 / 302

第8章　高寒生态脆弱区环境保护施工技术 / 307

8.1 **公路建设对环境影响分析** / 308

8.2 **公路建设环境保护要求** / 311
　8.2.1 环境污染 / 311
　8.2.2 生态环境保护与恢复 / 313
　8.2.3 水土流失 / 315
　8.2.4 野生动物保护 / 315
　8.2.5 社会环境 / 316

8.3 **环境保护施工技术** / 317
　8.3.1 环境污染治理措施施工技术 / 317
　8.3.2 植被恢复技术 / 330
　8.3.3 水土保持施工技术 / 346
　8.3.4 施工期野生动物保护技术 / 352
　8.3.5 环境保护管理措施 / 358

参考文献 / 371

第1章

绪 论

2010年4月14日，玉树地区发生的7.1级强烈地震给人民生命财产造成了重大损失，国务院6月9日以国发〔2010〕17号文件印发的《玉树地震灾后恢复重建总体规划》要求"力争用三年时间基本完成恢复重建主要任务"，将玉树在恢复重建的基础上发展成为高原生态型商贸旅游城市、三江源地区的中心城市、青海藏族聚居区城乡一体发展的先行地区，同时提出要"构建'一纵一横两联'生命线公路通道，提高西宁至玉树公路建设等级和保通能力"。根据国务院抗震救灾总指挥部对交通设施"保畅通、保运输、保安全"的总体要求，交通运输部在《玉树地震灾后公路恢复重建规划》中提出，在对现有G214线共和至玉树段进行保通整治、做好灾后恢复重建交通保障的同时，启动实施共和至玉树段高等级公路的建设，以尽快实现西宁至玉树公路高速化，保障玉树"生命线"畅通。

同时，共和至玉树公路（简称"共玉公路"）也是青海省规划的"三纵、四横、十联线"（简称"3410"）高速公路网中的南北纵线共和至多普玛的重要组成部分。共玉公路起点位于海南藏族自治州共和县，与正在实施的京藏高速共和至茶卡公路段相接，沿线经果洛藏族自治州，终点至玉树藏族自治州结古镇，与G214线结古至巴塘段公路衔接。全线建设分为两期进行：一期在现有G214线的通道内按高速公路标准新建一幅；一期工程建成通车后，二期工程再新建一幅高速公路，现有G214线作为辅道供地方使用。最终形成分向行驶的双向四车道高速公路和一条并行的辅道。全线设计速度原则采用80 km/h，在保障行车安全的前提下，雁口山等局部困难越岭路段平纵面线形指标按60 km/h控制。桥涵设计的汽车荷载等级采用公路-Ⅰ级。

共玉公路所在区域属青藏高原河源山原草甸区，处于青藏高原多年冻土边缘地带，是中、低纬度地带高海拔高温不稳定退化性多年冻土区，沿线海拔高，气候寒冷，年平均最低气温$-10.3 \sim -6.1$℃，大气含氧量比平原低40%，缺氧严重，降雨主要集中在5—9月，气温和蒸发量随海拔高度的增加而相对下降和减少，日照充足，年平均日照率达50%～60%，无绝对无霜期，全年冰冻期长达7个月。沿线分布有较大面积的冻土带，主要分布在鄂拉山至清水河段，鄂拉山至清水河段海拔在4 000～4 816 m，特殊的地理环境和气候条件，形成了不同类型的多年冻土区。根据对沿线多年冻土路段观测、试验资料的研究分析：该区段多年冻土地温在$-1.5 \sim -0.3$℃，具有冻土地温高、退化速率快、对热干扰更敏感、冻土热稳定性更差等特点，具有强烈的垂直地带性，多年冻土温度、厚度受海拔高度的控制。主要分布有岛状不连续多年冻土和大片连续多年冻土，冻土类型以少冰-多冰冻土和富冰、饱冰冻土为主。

共玉公路是西宁与青海省南部地区联系的一条重要通道，将增强全省行政经济中心西宁的向南辐射作用，加强与青南的陆路联系，为青南地区的建设提供坚强的交通保障。共玉公路建设项目的顺利实施将能够极大地提高和完善区域公路网，加速促进青海西部地区优势资源的开发，促进沿线地区的经济快速发展，实现青海省提出的州府通高速的目标；同时，对保障玉树"生命线"畅通和建设社会主义新玉树、促进沿线旅游事业发展、扶贫开发、加强民族团结、实现青海省藏族聚居区经济社会跨越式发展和长治久安等，均具有重要意义。但共玉公路施工过程中将面临极大的挑战，首先，项目穿越227 km的大片连续和不连续多年冻土区，占路线全长的35.8%，全线5座隧道中有2座为多年冻土隧道，地温监测资料表明，公路沿线多年冻土地温基本上均在$-1.5 \sim -0.3$ ℃，属于多年冻土中的高温不稳定、高温极不稳定多年冻土区；其次，沿线平均海拔4 100 m以上，高寒缺氧，施工环境极其艰苦，而且要穿越国内享有生态屏障之称的三江源地区，高原生态脆弱，共玉公路建设要求注重环境保护，具有"无痕化施工、重生态环境保护、冻土保护与工程治理"等为核心的施工理念。另外，共玉公路建设与玉树地震灾后重建同步进行，提出了"保运输、保畅通、保安全"的总体要求。党中央和国务院等各级政府和人民群众，乃至国际社会，都对共玉公路建设予以高度关注，项目社会影响大。

当前在青藏高原多年冻土区尚无建设高等级公路的先例，关于多年冻土区高等级公路的施工经验更是一片空白，因此解决施工过程中遇到的技术难题将是共玉公路能否顺利建设的关键所在，必须对其开展专题研究，对前期在青藏公路、青藏铁路以及青康公路G214线等多年冻土区公路施工技术成果进行总结提炼，结合共玉公路建设施工工程中遇到的难题，开展技术攻关研究，最终提出适合共和至玉树多年冻土区高等级公路的施工技术成果，为共玉公路的顺利建设提供技术支撑，同时也为今后其他多年冻土区高速公路的建设进行技术储备。

第2章

一般路基施工技术

共和至玉树公路是我国首条穿越多年冻土区的高等级公路，全长635 km，沿线穿越涎流冰、水草沼泽地、水塘（积水坑）、风积沙、风吹雪、沙土液化等不良地质，地质条件复杂多变，施工难度大。共玉公路路线穿越的三江源自然保护区是我国最大的自然保护区，生态安全和环境保护要求高。共玉建设期正值玉树灾后重建的关键时期，灾后重建物资运输几乎都需要通过旧G214线运往灾区，保畅通、保运输压力巨大。高速公路"宽、厚、黑"的特点对下伏冻土的扰动范围和影响更大，多年冻土的不均匀沉降变形可能性也更大，当前我国甚至全球关于冻土区高速公路施工技术的研究几乎还是一片空白。

2.1 一般技术要求

公路路基是一种线性结构物，具有长距离、与大自然接触面广的特点，冻土分布及其冻土路基稳定性随时间、空间的变化而异常复杂。路基施工前，需深入核查公路沿线的工程地质条件、气象水文条件、地形地貌条件、施工条件、不良冻土地质现象等，复核设计文件。施工前，应编制实施性施工组织设计及专项施工组织设计，施工组织设计应体现高原和多年冻土的环境特点，以及机械化快速施工的原则。基底处理、特殊路基结构在大面积施工前，应按照设计文件，完成首件工程施工，总结施工经验，确定合理的施工工艺以及质量控制标准。路基填料，特殊路基结构材料关乎工程措施的应用效果，在施工前注意选择符合设计技术要求的材料。

多年冻土对温度的变化非常敏感，气温、太阳辐射均会对其造成巨大影响，因此针对不同的路基施工内容合理选择施工季节异常重要。路堤的填筑宜在暖季进行；基底换填、铺设隔热层等施工宜在6月底前完成；高含冰量冻土地段路堑开挖宜选择在寒季进行；高温高含冰量冻土地段高路堤的填筑宜跨年度分两期进行，或者采用控制填料温度、基底覆盖隔热层等方法施工。

充分重视水对冻土路基稳定的影响，路基施工前必须预先形成临时排水系统，防止施工期间地表水侵害路基，造成病害。

路堑和基坑施工期间，各道工序应紧密衔接，组织合理的人员、机械、材料，快速施工，缩短暴露时间，减少对多年冻土地基的热干扰，便于工后多年冻土环境的恢复。

生态植被是气候持续升温背景下保护冻土最基本屏障，在施工过程中尽可能减少人为破坏，应特别注重对多年冻土区植被保护和利用。项目驻地、施工站场、施工便道、料场、取、弃土场的草皮，路堑地段的草皮，以及路基清除表土的草皮，应先行挖取，选址堆放，洒水养生，培植利用。

2.2 路堤施工技术

2.2.1 施工季节的选择

青藏高原多年冻土区根据地表的热收支,可分为寒季(10月中下旬至翌年3月下旬)和暖季(4月上旬至10月中旬)。前期的理论研究和工程实践使得人们对寒季、暖季施工对冻土路基热状况的影响已经有了较全面的定性认识。

暖季施工条件较好,施工效率较高,工程质量较易控制,多年冻土区的道路工程一般都在夏季进行。然而夏季施工也存在着明显的缺点,由于夏季雨雪相对较多,路堤填土压实质量较难控制,填土的蓄热对保护冻土十分不利。当夏季施工的路堤其高度超过一定值时,还会在路堤堤身内形成残留融土核,使路堤变形和下沉。

冬季施工条件较差,工作效率较低,路堤填土呈冻结状况,施工压实质量也很难控制。但对一些特殊的地段,如暖季取土和运输困难的沼泽化地段,地表水易聚集地段和基本不能承受大的地表扰动的低填且地基含冰量大的极不稳定多年冻土区,在预先备好较干燥填料的条件下,寒季施工条件反而较好,且可使堤体土层在施工过程中得到预冷,这对保护冻土极为有利。

2.2.2 路堤填料

严禁用腐殖土、草炭土、草皮以及冻土作为路堤填料。对所选取土场的填料进行取样试验,考虑填料的冻胀敏感性,严禁使用塑性指数大于12、液限大于32的细粒土,以及粉黏性颗粒含量大于12%的土作为路基填料,有条件时尽可能采用卵碎石土等粗颗粒土作为填料;考虑到冻结层上水对路基稳定的影响,路堤底部必须填筑一层粗颗粒土,以隔断毛细水的上升通道。

2.2.3 施工工艺

路堤采用全断面水平分层填筑,挖掘机配合自卸车装运填料,推土机配合平地机摊铺平整,振动压路机碾压密实的施工方法,按照"三阶段、四区段、八流程"的机械化作业施工工艺组织施工。

(1) 施工流程

① 分层填筑。填筑按横断面全宽纵向水平分层的方法填筑压实,每两个相近结构物之间或每200~300 m作为一个填筑施工区段,每层全宽采用同一种填料。填土虚铺厚度根据工艺试验确定的工艺参数进行控制。根据车容量、松方系数计算卸土间距,用石灰方格或中心标记卸土位置,现场安排专人指挥车辆卸车,为保证边坡压实质量,路堤两侧各加宽50 cm超宽填筑。严格控制施工车辆、施工机械在施工便道或已填筑的路基上行驶;严禁直

接在草皮上行走，破坏草皮。石渣冲碾时，采用纵向卸土、边填筑边推进的方式进行。当护坡道与路堤采用同一种填料填筑时，护道与路堤应同时填筑、同时平整、同时碾压。

② 摊铺平整。卸料完成后，使用推土机初平，平地机精平。从两边向中间平整，机械局部整平不到位的辅以人工配合整平，平整面做成4%的人字横坡，以方便横向排水。平整后，填土应平整、厚度均匀，层面无显著的局部凹凸，并在平整范围内选取3～5个点检查松铺厚度，若超过规定松铺厚度，还应继续整平。

③ 洒水晾晒。现场碾压前，应将填料的含水量控制在最佳含水量以上1%左右。含水量较低时，应及时补充洒水；含水量过大时，可在取土场内挖沟降低水位或现场用推土机或松土器松动晾晒的方法减低填料含水量。

④ 碾压密实。路堤压实采用重型振动压路机沿纵向进退碾压。直线段先两侧后中间，曲线段先内侧后外侧，先静压后振动，先弱振后强振，先慢后快。各区段交接处纵向搭接碾压长度不小于2 m，沿路基纵向行与行之间压实重叠不小于0.4 m。路基设计宽度范围都应达到规定的密实度要求。

⑤ 路基整修。路基填筑完成后，对路堤表面横坡、平整度、边坡等进行整修，整修严格按照设计尺寸进行，对于超宽填筑部分在整修阶段人工挂线，夯拍刷坡，达到规定的质量标准要求。

(2) 质量检测

路堤质量检验包括填料、压实度、弯沉等，检验项目、检验频次及合格标准按规范要求进行。

(3) 质量控制关键点

① 选择合适的路基填料。

② 施工前严格做好施工排水设施或临时排水设施。

③ 严格按照要求制作首件工程，以确定合理的松铺厚度、含水量、碾压遍数、机械组合等相关参数。

2.2.4 施工要点

在开挖或换填作业时，为了利于人工作业，早期多利用暖季施工，但随着施工手段的改进，可以适当延长施工期。例如，可在冬季利用快速爆破等手段开挖换填等。在一些新工艺、新措施上应有相应施工工艺与施工手段设计。

由于气温、降水等原因，路基压实时最佳含水量难以达到，加上冻土土质自身的因素等，常要求按压实度控制时可结合实际情况适当降低压实度标准，待路基成型后，开放交通一年以上再铺设面层结构，通过一个过渡期使得路基早期变形完成后再上面层。多年冻土区施工流程相应可作调整。

常用的施工工艺与相关规程在相应的施工规范和标准中有规定，参照执行即可，但由于冻土区路基修筑技术还不完善，相关调控地温稳定的工程措施还处在试验研究阶段，对应各作用机理有别的工程措施，其施工工艺与施工规程各有侧重与不同，在不同的施工工艺与过程控制下，即使同一工程措施，也会有不同的效果。例如，在碎石路基的试验工程施工中，存在整个碎石层强度的控制问题，在选定碎石粒径与级配下，施工质量控制不好就会引起路基强度不足，或振捣碾压过度，碎石被部分压碎，细颗粒过多填充碎石孔隙，达不到气冷对流通风冷却冻土路基的目的。研究认为，可以通过检测碎石的孔隙率来控制碎石路基的施工压实质量。不同工程措施其施工要点不同：隔热层路基施工质量控制要注意以下几点，隔热层埋设深度，隔热层厚度确定，隔热材料上压实厚度保证，隔热层层上填料施工方法等；遮阳板路基施工要注意以下几点，遮阳板设置高度与固定问题，面板锚固时对热胀冷缩引起的拉裂与隆起的处理问题，面板接缝的处理问题等；碎石路基施工要注意以下几点，碎石层的压实振捣与质量检测，碎石层孔隙的连通与防填充堵塞问题，防止地表水、雨水向路基下补给的问题等；热棒路基施工要注意以下几点，热棒的设置与吊装，异型热棒在路基结构层中的保护与其周围土体与上部土层的压实控制问题等；通风管路基施工要注意以下几点，下承层与通风管层的压实检验问题，测量放样与沟槽开挖成型问题，通风管的安装、拼接与沟槽回填夯实问题等。注意以上施工工艺与质量控制能真正落实调控路基稳定的这些工程措施，达到保护路基稳定的目的。

考虑到多年冻土区的特殊性、复杂性，设计时根据冻土环境和现场冻土地质情况进行了相关结构设计、相关调控地温的工程措施设计，以及处理不良冻土地质现象的措施设计，这些设计中相关措施施工技术规范还没有跟上，所以在给出冻土区公路设计的同时还应将相应的关键施工技术要求给出，以保证冻土路基设计在给定的施工条件下才能达到预期的效果。

在高原多年冻土区，由于海拔高、缺氧等使得施工机械机械效率大大降低，机械配置相应要配置充分，施工成本则会相应提高。

多年冻土区施工营地应选择在靠近水源地，植被相对不好或原有旧的施工营地，尽量减少对原有沿线植被的破坏，施工过程中尽量减少对冻土的热干扰，体现生态环保理念。多年冻土区施工营地分布不宜太多，要加强安全和劳保保障。

2.3 路堑施工技术

多年冻土区的路线纵断面设计时，应采用地表的自然坡度，尽量以路堤通过，避免挖方。但有时完全避免挖方会造成工程费用激增，路线技术指标恶化，因此少数多年冻土区地段设有路堑仍属难免。开挖路堑由于将多年冻土直接暴露于大气、太阳辐射下，造成夏季基底热融沉陷，边坡热融滑塌，冬季路基路面冻胀。当有地下水存在时，还会边坡挂冰，淌流冰体上路等病害。

高含冰量冻土与地下冰是多年冻土区修筑路堑工程的一大障碍。厚层地下冰地段路堑施工的最大威胁是融冻泥流，它不仅严重影响施工的进度，甚至使断面无法成型。青藏高原就曾有由于在施工中未注意防护而使试验路堑的60%段落因热融破坏而废弃的实例。因此避免或最大限度地减少热融干扰，是地下冰地段路堑施工的重要原则。

2.3.1 施工季节的选择

在多年冻土区，寒季易开挖成型，暖季则宜于换填作业。因此，施工季节涉及开挖成型与填料来源这一对矛盾的合理解决。

① 以粗颗粒土为换填材料并采用集中取土时，应尽可能在寒季施工，以利于提高施工质量和避免遗留病害。

② 若需在暖季施工，应尽量避开降雨集中、热融作用最活跃的七、八月份，而安排在夏初或秋初，并做好防护。

③ 跨年作业有利于路堑稳定，即秋末开挖成型，来年暖季回填。这样可兼顾挖、填的不同要求。

2.3.2 施工工艺

施工工艺的好坏是路堑施工成败的关键。各工序应统筹安排，前后衔接，连续进行，包括准备工作、开挖、回填、整平四个环节。

1) 施工前的准备

施工前的准备工作包括：施工组织设计、设立施工标记、修施工便道、划定取土地点和运土路线、机具材料队伍的准备等。本环节应切实注意以下两点：

① 准备工作完成之前，要保护好施工场地及其周围的天然植被，切不可贸然动土。

② 注意施工场地的排水。凡在正式施工前可进行永久性排水设施施工的，应提前做好。

2) 路堑的开挖

路堑开挖宜采用机械化快速施工方法，集中力量迅速完成。其程序包括松土（连同弃土通道部分）和弃土两大部分。

(1) 松土作业

① 松土机松土开挖法省力省工，成本低，并能有效地控制开挖断面，是有效实用的开挖方法。但需配备马力大（184 kW以上）且适于冻土开挖要求的松齿结构的松土机。

② 钻孔爆破松土开挖法是当前比较灵活适用的开挖方法，可用各种成孔方式。但为加快开挖进度，应选用钻进速度快、功率大、又便于搬运的钻机。用深孔爆破或深孔药壶爆破方式均可。该作业应注意以下问题：

A. 根据少超不欠的原则布置钻孔，尽量做到一次爆破成型，最大限度地缩短补欠时间，以减少热融影响。

B. 开展钻孔与清方的平行作业。长堑应分段施工（根据钻进速度，每段为50～100 m），爆破后的清方与后段钻孔同时进行。

C. 切实注意炸药的防水防冻。尽量使用抗冻防水性能好的炸药，如聚-2号浆状炸药等。

D. 钻孔前严禁破坏地表植被。

E. 开挖方式：对浅堑可先基底后边坡；对深堑宜先边坡后基底。但无论何种开挖方式，均应在基面位置拉出一定宽度的排水槽，以防融化泥流淤积堑内。

(2) 弃土作业

经爆破松动和或松土机松动后的松方，采用推土法或装运法清方。

地表部分可用的松方，横向推置于堑侧开挖界限30 m外；上限以下含土冰层或饱冰冻土，视路堑长度，采用纵向一次推出或横向通道（锁口）分段推出的方法，推弃于堑外适当地点。弃土时应注意不影响回填时排淤作业和不留隐患。

锁口的设置应与路堑开挖的松土作业同时进行，间距以100 m左右为宜。200 m以下的路堑，宜两端相向开挖，并在堑口下方设锁口；200 m以上的长堑，可分段开挖，增设中部横向锁口。推土应由高往低拉槽推送。

开挖至换填阶段，应对暴露的冰层做昼盖夜开的简易遮挡防护，以减少热融影响。

(3) 回填作业

暖季开挖的路堑在清方成型后，应全段尽快一次回填，避免开挖堑面的长时间暴露。回填作业应注意以下几点：

① 要保证填料的供应。回填料尽量从两侧边坡顺坡铺散，再逐层运送到基底，以利于边坡的保温。填料抛散后要及时夯（压）实（尤其是在有降水征兆时）。

② 回填顺序为由里到外、由高到低逐段填筑，以便于依次向外清理下一回填段的热融泥水。

③ 注意边坡的回填和夯实。在没有边坡夯拍机具时，可分层夯实，用刷坡方式调整坡率。

(4) 整平作业

包括清除刷坡后的余土，清出侧沟，基面与侧沟平台的整平，路堑成型等。

作为特殊不良地质的地下冰地段，其路堑工程的设计与施工是一项复杂而艰难的工作，需根据当地的气候条件和冻土条件，以及地形、植被、路堑走向、地层性质等因素综合考虑，不可能有统一的设计断面和施工方法。

2.3.3 路堑弃土

路堑弃土应弃在下方，不应弃于堑顶边缘，人为加高路堑边坡高度，造成边坡不稳，加剧病害，使病害处理难度增加。例如，青藏公路有的冻土路堑，施工时为图省事，将部分弃土置于上方侧的堑顶边缘上，人为加高了堑坡高度1～2 m，春融后路堑边坡溜坍，堑顶弃土亦跟随堆塌。整治中增加了清除的土方量及堑坡的刷坡高度。

2.3.4 路堑边坡保温层的施工

冻土路堑边坡保温层的稳定与否,除厚度因素外,施工质量关系较大。铺设草皮泥炭层时,边坡挖除部分应整平。每块草皮泥炭厚 0.25 m 左右,切平根部,铺砌时上下错缝互相嵌住。如不注意施工质量,例如草皮泥炭块不修整,结构不紧密;铺砌时未将空隙填实,造成空气对流,降低了保温性能;堑顶排水不好,地表径流和冻结层上水渗流入保温层内等,均会导致护坡工程失败。

总之,对于如隔水、排水措施施工工艺问题,换填料的选择与保护层材料的设置问题等,都应参照具体路堑段设计要求执行,以达到保护冻土、防止热融滑塌的目的。

2.4 低填浅挖路基施工技术

多年冻土区的低填浅挖及零断面地段是最容易产生热融下沉、冻胀及冰害的地段。为保护冻土,应尽量避免低填浅挖及零断面设计。低填浅挖及零断面系指填土高度小于 0.5 m 的路堤和开挖深度小于 0.5 m 的路堑段。但为了满足公路工程路线技术标准的要求需要,此类路段仍会出现,因此应尽量减少和缩短该类路段的数量及长度。低填浅挖及零断面路基的设计应根据路段的水文、地质条件和多年冻土的含冰量条件等进行,对不同的设计方案应进行经济技术比较。

对低填浅挖及零断面路基的设计,主要的技术方案有以下几种:

(1) 按破坏多年冻土的原则设计

当路基下多年冻土中的富冰冻土、饱冰冻土、含土冰层等高含冰量冻土厚度不大,且埋藏较浅时,宜全部清除换填。换填底部应填筑不少于 60 cm 厚的水稳定性好的渗水性土,或全部换填成水稳定性好的渗水性土,并做好基底的纵向排水和边坡防护等,以防基底积水和边坡滑塌等影响路基的稳定性。

(2) 按保护多年冻土的原则设计

当路基下多年冻土中的富冰冻土、饱冰冻土、含土冰层等高含冰量冻土厚度较大,埋藏较深,全部清除换填困难且不经济时,一般可采取部分换填或不换填并选用有效的调控冻土路基稳定的工程措施进行治理。当需要换填时,其换填厚度既与地基土的类型有关,还与所选工程措施的强弱有关。当地基深层土透水性较好且强度高,表层粉黏粒和矿物质含量适合做路基时,根据地质地貌、水文情况、多年冻土的含冰量等条件采取调控路基稳定的工程措施可按工前处理进行及时换填,减少对路基下土体的热扰动;当地基深层土透水性能差,表层易透水时,将表层 50~150 cm 深度换填,换填材料应选用保温和隔水性能好的黏性土或增设 XPS 板隔热层。并做好基底的纵向排水和边坡防护等,以防基底积水和边坡滑塌等，影响路基的稳定性。当换填材料采用保温和隔水性能好的黏性土时，其上层应采用厚度不小于 0.6 m 厚的水稳定性好的渗水性土填筑路基，以防冻害。

(3) 按预融多年冻土设计

当路基下多年冻土层中的含冰量较小，但埋藏较深时，采取部分换填设计方案无法保持路基稳定性时，可采用预隔多年冻土的方案进行路基设计。具体做法是：大断面开挖，其深度应大于设计开挖深度（超挖深度由计算确定），然后铺设简易路面开放交通 1～2 年，让多年冻土自行融化至预计深度后再回填至设计标高，最后加铺路面。此种方案用于高原多年冻土地区，较之其他（如保温换填、设置隔热层、安装人工降温设施等）方案要经济合理。但该方案仅适用于低含冰量冻土路段，同时在未回填前的通车期间，暖季因出现严重翻浆而影响车辆畅通，对此需要及时处理或另开辟便道通车。

对于低填浅挖及零断面路基的预融回填设计，首先需查明路段的冻土地质情况，然后再根据所选用的路面类型计算路基下人为上限的深度。当多年冻土为低温冻土时，对于沥青路面，路基下人为上限的深度以式（2-1）计算；当多年冻土为高温冻土时，对于沥青路面，路基下人为上限的深度以式（2-2）计算。

$$h_{人} = 2.14 + 0.56 h_{天} \tag{2-1}$$

$$h_{人} = 2.14 + 0.56 h_{天} + \mathrm{kp}\varphi \mathrm{tm} \tag{2-2}$$

式中　$h_{人}$——多年冻土人为上限（m）；

　　　$h_{天}$——多年冻土天然上限（m）。

沥青路面的超挖深度以式（2-3）计算，回填高度以式（2-4）计算。

$$H_{超} = h_{人} - h_{预} \tag{2-3}$$

$$H_{回} = H_{超} + S - D \tag{2-4}$$

式中　$H_{超}$——超挖深度（m）；

　　　$h_{预}$——预融深度（m）；

　　　$H_{回}$——估算预融深度（m）；

　　　S——季节融化层压缩沉降量（m）；

　　　D——路面结构总厚度（m）。

估算预融深度是指路基按照设计换填土层厚度开挖后，停置一段时间，使换填基底以下冻土层自然融化，达到设计所要求的深度。预融深度可以通过热工计算确定，预融期按一个气象年计算。工程实测，融期为 1 年时对高含冰量冻土可融化 40～60 cm，对含冰量小的冻土为 60～120 cm。

低填浅挖及零断面路基的预融回填设计路基横断面形式如图 2-1、图 2-2 所示。

共玉公路低填浅挖段冻土路基按照保护多年冻土的设计原则，低含冰量冻土低填浅挖、零断面路基采用路床下或原地面下 0.8 m 范围内超挖，换填砂砾处理；高含冰量冻土低填浅

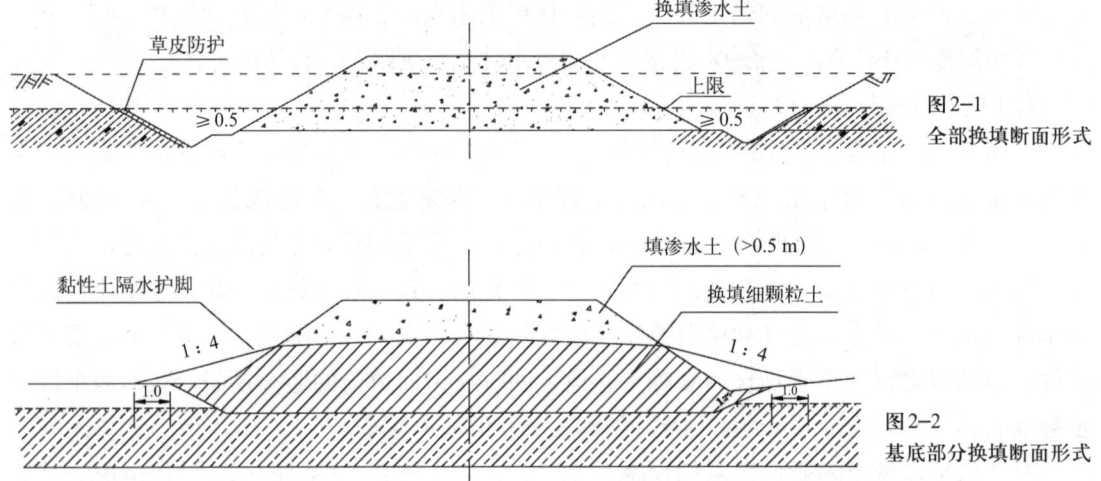

图 2-1 全部换填断面形式

图 2-2 基底部分换填断面形式

挖、零断面路基采用路床下或原地面下 0.8 m 范围内超挖，换填砂砾，并加铺 XPS 板处理。

2.5　陡坡路基施工技术

为保证陡坡路基的整体稳定和路面平顺，避免严重的不均匀沉降，横向陡坡路基、横向半填半挖路基、填挖交界路基均采用开挖台阶，加铺土工格栅的施工技术。

当地面横坡陡于 1∶5 时或横向半填半挖路基时，填方半幅沿路基平行方向开挖 2.0 m 宽的台阶，台阶底面设置内倾斜 2.0%～4.0% 的横坡，在每一台阶上沿路基横向铺设一层土工格栅（土工格栅采用双向土工格栅，极限抗拉强度：纵向≥80 kN/m，横向≥50 kN/m；极限延伸率≤3%），土工格栅上宜用碎石土填筑。挖方半幅填挖交界处横向开挖 2～4 m 长的超挖过渡段，对路床部分超挖 6 m 宽，并在路床底部及以下台阶铺设土工格栅。路侧设置路肩挡土墙或路堤挡土墙等支挡工程时，其路基的稳定性已在支挡工程中考虑，仅开挖 2.0 m 宽的台阶并向内倾斜 2.0%～4.0% 的横坡。开挖台阶施工技术方案如图 2-3 所示。

2.6　路基过渡段施工技术

多年冻土路基过渡段主要包括：填、挖过渡段；路基与桥（涵）过渡段；融区与多年冻土区过渡段；高、低含冰量冻土过渡段。过渡段通常为不同工程措施、不同结构的过渡，是多年冻土路基施工难点，也是质量控制的难点。

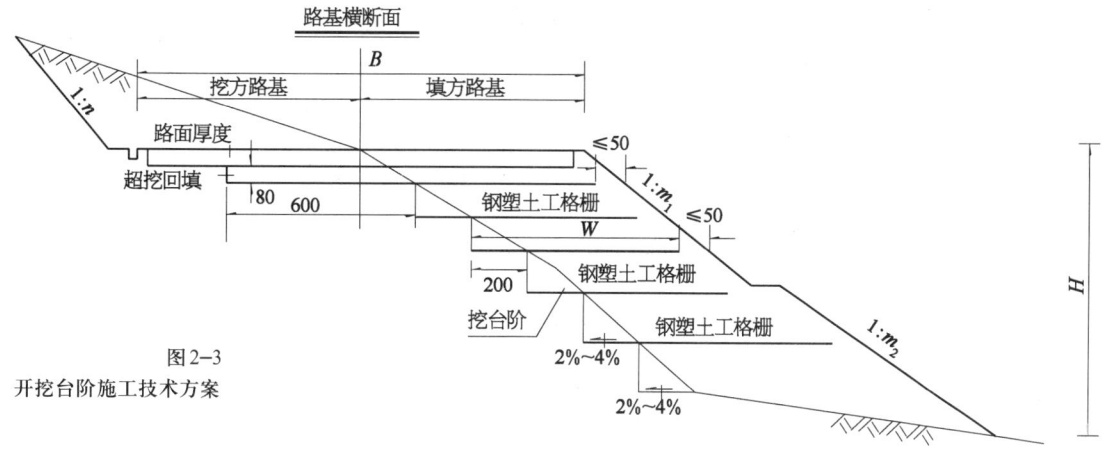

图2-3
开挖台阶施工技术方案

(1) 填挖过渡段路基

填挖过渡段路基在纵向填挖交界处，沿路基垂直方向开挖台阶，台阶宽2.0 m，台阶上沿路基横向宽度全断面铺设土工格栅，台阶底做成向内倾斜2.0%~4.0%的坡度。填挖交界处路床部分纵向超挖10 m长的过渡段，并在路床底部沿路基横向宽度全断面铺设土工格栅。填挖交界路基处理方案如图2-4所示。

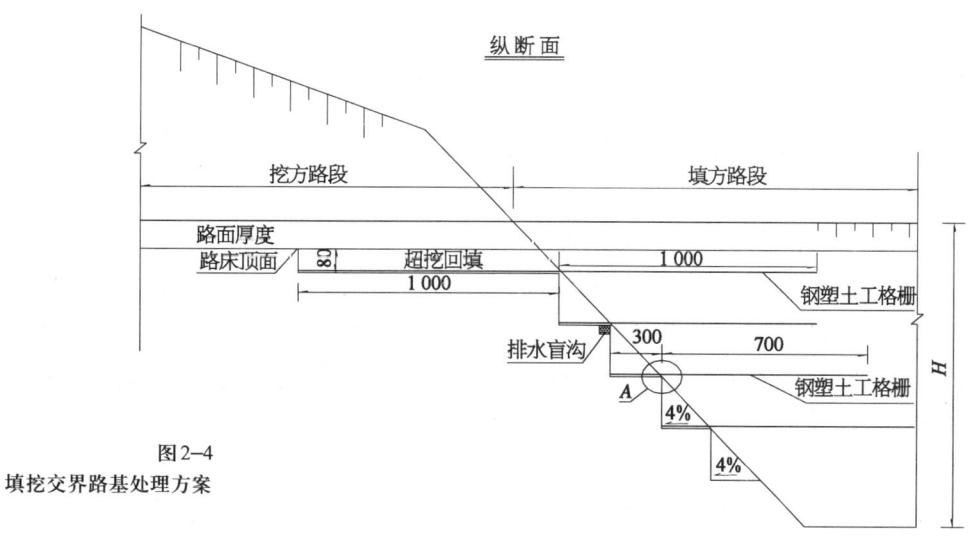

图2-4
填挖交界路基处理方案

(2) 路基与桥（涵）过渡段路基

路基与桥（涵）连接处的路基设计称为路基与桥（涵）过渡段路基（图2-5、图2-6）。路基与桥（涵）过渡段路基设计长度不小于200 cm，路基设计高度按填方路基高度设计，若路基设计高度不能满足路基临界高度时，则应采取保温隔热工程措施，或设计XPS隔热层。当桥（涵）基础深度较大时，路基与桥（涵）过渡段路基设计时，应采取换填或设置保温隔热层，以保护多年冻土地基。除设置保温隔热层外，路基与桥（涵）过渡段路基应

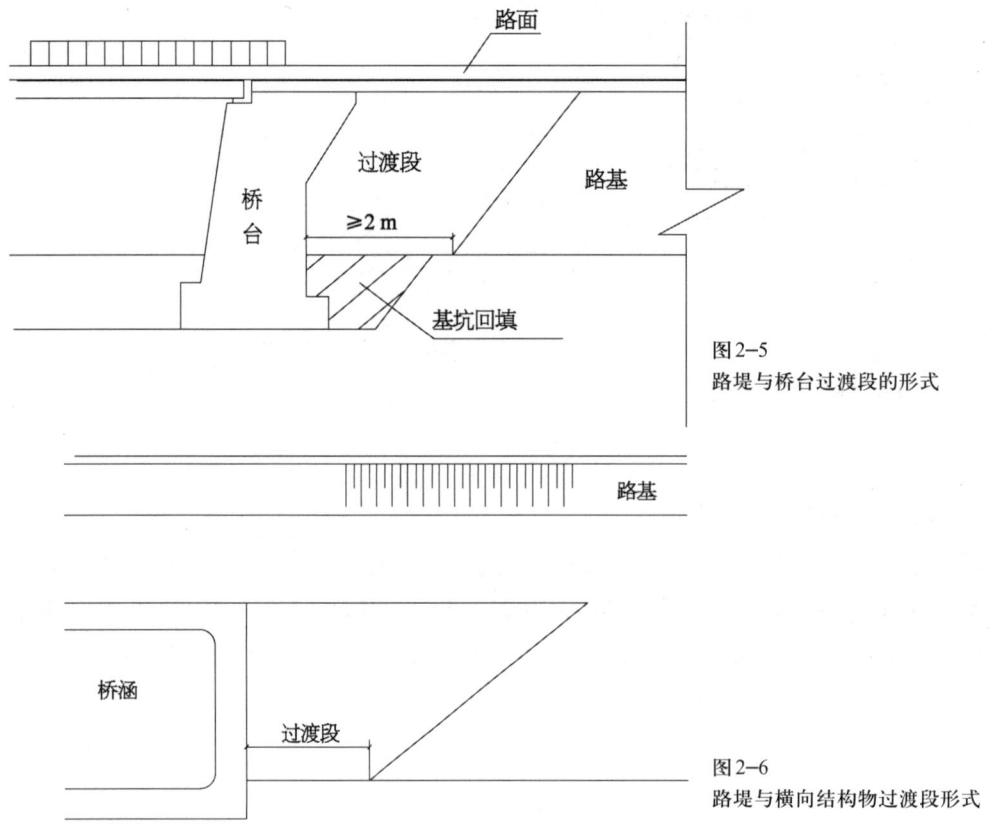

图 2-5 路堤与桥台过渡段的形式

图 2-6 路堤与横向结构物过渡段形式

采用砂砾土回填,且砂砾土粉黏粒含量不大于5%。

(3) 融区与多年冻土区过渡段路基

融区与多年冻土区的分界线一般很难确定,根据融区(季节冻土区)、多年冻土区对路基稳定性的影响,在融区(季节冻土区)路基设计主要以防治冻胀为主,而在多年冻土区则主要以防治融沉为主,因此在融区与多年冻土区过渡段路基设计时,既要防治冻胀,也要防治融沉。考虑这一原则,路基最小填土高度宜不小于150 cm。如果公路沿线石料丰富,路基结构采用片块石路基为宜;如果公路沿线石料匮乏,则以在填土路基中设置防水隔热层为宜。

(4) 高、低含冰量冻土过渡段路基

高、低含冰量冻土的分界线非常难确定,因此在以往的多年冻土路基设计中,很少有关于高、低含冰量冻土过渡段路基设计的相关内容。一般情况下,高、低含冰量冻土过渡段路基设计应以高含冰量冻土为设计依据。也就是说,对于高、低含冰量冻土过渡段路基设计方案,采用高含冰量冻土区的路基设计方案。

过渡段路基设计长度,从路基设计的连续性与便于路基施工出发,除填挖过渡段与路基与桥(涵)过渡段路基设计按实际需要长度设计外,融区与多年冻土区过渡段路基设计的最小路段长度宜不小于300 m,高、低含冰量冻土过渡段路基设计(含高含冰量冻土区的路基设计)的最小路段长度宜不小于300 m。

2.7 路基其他施工技术

多年冻土区施工工序与流程与一般地区有所不同,在施工过程中应严格按照设计有关具体要求执行,以保证施工后能达到设计预期。

(1) 地表排水系统施工

由于地表水的渗透是造成冻土融化、路基下沉的主要原因之一,因此排水系统应在施工过程中尽早开始,在路基主体完成的同时尽快完成。如有困难,亦要先做好临时排水设施,以防雨季地表水对路基坡脚和边坡的浸泡、渗透及冲刷,造成融化下沉和冻融堑坡溜坍等病害。从以往经验来看,施工过程中往往只注意路基的主体工程的进度,而忽视对排水系统的及早施工和施工场地的排水,以致使地表水和雨水进入路基,增加施工困难。

路基排水设施包括排水沟、侧沟挡水埝护坡道等,各类排水设施的出口应具备将水引入桥涵或排出路基以外的功能,以防止水流冲刷、侵蚀路基。

此外,应控制好路基填筑过程中的横坡坡度。青藏高原独特的气候条件使得短时强降雨现象经常发生,易造成填筑好的路基上部积水和边坡形成冲壕。

(2) 保温护坡道施工

路基通过高含冰量多年冻土埋藏较浅,可能融化影响路堤稳定时,或路侧排水不畅或人为活动频繁,间接破坏坡脚下伏冻土,影响路堤稳定时。为防止地表水、地下水危害,路基应在路基两侧设置护坡道,护坡道的宽度一般路段 2~3 m,较长期积水路段宽度不小于 5 m,护坡道高度一般路段 0.8~1.5 m,并高出最高积水位 0.5 m。

当路基两侧严重积水或常年积水时,宜采用不透水填料(如泥炭、草皮、黏性土等)填筑护道;对于不积水或临时积水路段,采用透水填料修筑护坡道;对主要用于保护多年冻土的护道,宜采用碎石、块石料填筑护道。护道材料如与路堤填料相同时,应与路堤主体工程同时施工并一体完成。

(3) 挡土墙施工

多年冻土区的支挡建筑物宜采用预制拼装化的轻型、柔性结构,不得采用易受冻融破坏的浆砌片石挡土墙。

挡土墙的基础埋深应不小于该处多年冻土天然上限的 1.3 倍。高含冰量冻土区挡土墙基础在暖季施工时,必须精心组织,快速施工。只有当基础所用材料、机具和垫层所用砂砾全部备齐后,才可开挖基坑,防止基坑暴露时间过长。挡土墙基础埋设于高含冰量冻土时,基础下面应铺设 0.5 m 厚砂石垫层,垫层宽度应宽出墙趾、墙踵各 0.5 m。施工砂砾垫层前,必须将雪、降雪融化水或降雨水以及基坑内淤泥和松软湿土彻底清除,而不应受基底标高的限制。基础施工完成后,立即回填,不得积水。

(4) 渗水暗沟施工

渗水暗沟施工的有利季节在春融至雨季开始以前（约4—6月），在这段时间施工可以减少冬季施工时的排水困难，避免雨季施工时可能产生的坍塌事故。在施工安排上，应组织力量，快速施工各个工序全面展开，协调平衡，干一段完一段，力争在较短时间内一气呵成，切忌拖延过久，使基坑长期暴露，影响堑坡稳定，不但增加施工中的困难，而且可能给日后的养护维修工作造成不应有的隐患。如必须在冬季施工时，应特别注意抽水机械的维修保养，一旦机械出现故障，基坑积水不能排出，逐渐冻结于坑内，复工时将增加大量刨冰工作。

(5) 取、弃土场施工

取土坑（场）设置应贯彻"适当远离路线，分段集中取土"的原则，取土坑（场）设置于路基坡脚外至少200 m以上。

取土坑（场）的设置应考虑取土后不破坏周围地层的热平衡，不造成天然上限下降，不引起热融沉陷、热融滑塌等新的不良地质病害及不对路基稳定造成影响。

取土坑（场）应选择在路堤上侧植被稀疏的少冰、多冰冻土的山坡或融区、河滩谷地。富冰、饱冰、含土冰层及不良地质现象发育地段不得取土。在融沉和强融沉多年冻土地带，取土场的最大取土深度宜控制在多年冻土天然上限的1/2～2/3。

路堑挖方、隧道弃渣为岩石、少冰、多冰冻土时，融化后应全部作为填料填筑路基及保温护道。路堑挖方、隧道弃渣为高含冰量冻土时，不得作为路基或保温护道填料，宜在路基下侧远离路基处，合理选择弃土场，间隔堆放，并使冻土融化后能顺利排泄，且不影响路基及既有建筑物稳定。同时，还应考虑对地下高含冰量冻土的影响，也不得影响地表水顺利排泄。必要时需人工顺坡或设置支挡建筑物。

取弃土坑（场）至路基间应设计施工便道，固定行车线路，不得随意行车。取弃土可选用挖掘机配自卸车，但不得采用推土机和铲运机作为取弃土的运输机械。

取弃土坑（场）地表的植被草皮，在取、弃土之前应先行挖除，选址放置，适时洒水培植，以便利用。

取其土坑（场）应整平，并设置必要的排水顺坡及出水口，应避免形成人为的积水坑。

(6) 施工便道施工

新修筑公路期间一般无道路，需修筑施工便道。这种便道仅供施工期间车辆、机械行驶使用，一般标准很低，多为低填路基，加之车辆频繁行驶，在这些人为活动影响下，极易使基底及附近冻土融化，如便道距路基过近，冻土融化会影响路基的稳定。因此，施工便道的位置距离路基坡脚应在20 m以外，不宜太近。

对于整治或改建工程，便道不仅要满足工期间车辆行驶使用，还需要满足社会运输车辆的通行，并尽量减少施工车辆与社会运输车辆相互干扰，因而确保施工期内的交通畅通是实施便道路的先决条件之一。根据要求，项目对整个施工期限内保通便道应做专门的勘察设计。

保通便道以满足整个施工期内公路正常的运输、车辆的安全、畅通为目标，要整体安排施工保通工程，做好便道工程，落实保通措施，明确保通责任。

保通便道（包括便桥、便涵），还应包括交通管制措施、特重型车辆保障措施、交通突发事故抢救措施。

对于可能导致交通阻塞、中断的路基整治路段和桥涵整治工点均修筑保通便道。便道技术标准可参考现行《公路工程技术标准》设计车速40 km/h的四级公路标准执行，个别地形困难路段技术标准可略有降低，便道路基宽7.0 m，路面宽6.0 m。

在多年冻土区路段，对于路基整治时设置保温护道的路段，可利用保温护道（部分区段加宽）作为便道路基，铺筑砂砾路面作为保通便道，施工期末整修后留作保温护道，其平面设计同相临公路，相应的纵面设计以同时满足护道和便道的路基填土高度、宽度和技术指标为原则。其余路段则视地形、地质、冻土等条件重新选线进行专门设计，路基设计原则一般按多年冻土区公路路基设计原则，路基高度宜不小于0.7 m；所有便道均视需要设置便桥、便涵，便桥采用装配式钢便桥，便涵采用ϕ50钢筋混凝土圆管涵。便桥、便涵设计荷载采用汽-20，挂-100，以满足便道全天候通车的需要。

第3章

特殊结构及不良地质路基施工技术

路基是公路的重要组成部分，路基的强度和稳定性是保证公路正常使用的基本条件。长期的工程实践表明，多年冻土区公路成败的关键在路基工程，而路基工程的关键是冻土问题。

多年冻土是由固体矿物颗粒、黏塑性冰包裹体、液相水（未冻水和强结合水）和气态包裹体（水汽和空气）组成，它们都有各自特性，而且相互联系、相互作用。太阳直接辐射与气温、降水和蒸发、冻土层和季节融化层的土质、工程地质条件、地表水和冻结层上水、路基填料、路基断面形式、路基高度及路面性状等都会影响到路基稳定，而且这些因素都随着时间和空间变化，是一个复杂多变的体系。

多年冻土区的路基变形问题，特别是高温多年冻土区的公路路基的热融下沉问题，是至今还未彻底解决的一大难题。以宽幅路面为特征的高等级公路，对路基的热扰动更为强烈，所引发的工程问题也将更为复杂，需根据冻土工程地质特点，采取更加有效的特殊结构措施进行处治。

3.1　共玉公路多年冻土综合因素分区

道路工程是穿越不同地理区域的带状结构物，需要跨越不同的地质、地貌单元，共玉公路全线长达635 km，沿线多年冻土工程性质（主要包括冻土的岩性、水分、温度条件等）、海拔高度、气候条件、地表形态、地表面特性、水文特征差异很大，冻土工程地质特征研究和工程实体的监测表明：多年冻土区路基的稳定性不仅取决于冻土的工程地质条件，还取决于冻土的热稳定性。

因此，开展多年冻土的工程综合分类研究，针对不同的冻土类型，有区别地进行路基结构设计，选用不同工程结构措施，不仅能保持多年冻土路基的稳定，还可以保护冻土环境，节省工程投资，是一项具有重要理论和实践意义的工作。

多年冻土工程综合分区不仅要充分描述公路沿线的冻土发育状况和特征，分析研究多年冻土的分布、发展、变化的共性和不均匀性的主要特征、一般特征和独有特征，根据不同的级别将共玉公路划分为几个区域，还要分别对划分的区域进行特征描述。

3.1.1　共玉公路冻土分布状况及特征

青海省共和至玉树公路位于青藏高原东南边缘，穿越大片连续和不连续多年冻土区，多年冻土温度高、分布不连续等是沿线多年冻土的主要特征。根据2003—2014年地质钻探资料，共玉全线多年冻土段起于鄂拉山上线K298 + 200（海拔3 945 m），止于清水河K671 + 000（海拔4 422 m），跨越路线长360 km，如图3−1所示。除少数路段（鄂拉山段）外，大部分路段多年冻土地温为 − 1.5 ～ − 0.3℃。由于公路沿线纬度跨度较

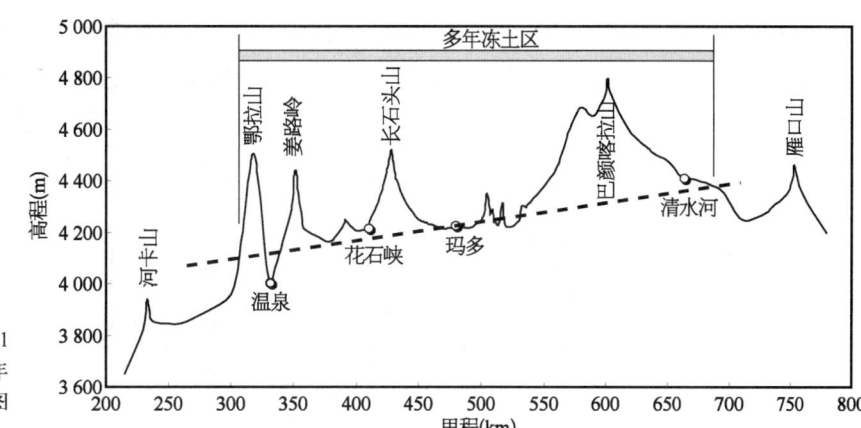

图3-1 共和至结古公路沿线多年冻土分布范围示意图

大,公路沿线的多年冻土既具有高原多年冻土强烈的垂直地带性,同时也受纬度变化的影响。

3.1.2 冻土地温与公路病害类型对比分析

G214沿线路基存在大量的病害,主要有横向裂缝、网状裂缝、纵向裂缝、沉陷、坑槽、波浪、断板和翻浆等。与冻土年平均地温进行对比分析,发现:地温<-0.5℃,含冰量少的少冰、多冰冻土路段病害以裂缝类病害为主;含冰量高的路段易出现沉陷病害,但严重程度较低;冻土地温>-0.5℃、含冰量较低的路段除了裂缝类病害外,相继出现了沉陷、波浪病害;对于高温高含冰量的双高路段,沉陷、波浪、断板、跳车等沉陷类病害为主要病害类型,部分路段甚至出现翻浆病害。

为了量化公路病害,将公路病害类型进行分类,按照病害对公路平整度和驾乘人员行车舒适性的影响,将G214公路出现的病害按照表3-1进行分类:1类病害对公路平整度的影响较小,驾乘人员行驶在具有1类病害的路面上,不会有太大的行车不舒适问题,比较平稳;2类病害对道路平整度有一定的影响作用,驾乘人员行驶在具有2类病害的公路上,容易产生颠簸感,且心理上容易因道路路况不好而时刻注意,容易疲劳;3类病害对公路的平整度具有较大的影响,驾乘人员行驶在具有3类病害的道路上,会产生较为强烈的颠簸感,甚至不得不大幅度降低行驶速度以便安全通过。由于三类病害对行车舒适性和行车安全影响不同,故对上述三类病害的影响程度进行赋值,即1类病害赋值为-1,2类病害赋值为-2,3类病害赋值为-3,尚未调查路段赋值为0。

表3-1 G214公路病害分类

项目	1类病害	2类病害	3类病害
路面现象	横向裂缝、网裂、冻胀、局部沉陷	纵裂、沉陷、波浪、跳车	破碎、坑槽、断裂板、严重纵裂、翻浆

根据上述赋值和冻土年平均地温绘制地温分布与路基病害赋值分布对比图,如图3-2所示。由图可知,以-0.5℃为界,地温与病害变化趋势相反,地温高,病害严重,峰值大;地温低,病害轻微,峰值小。按照此原则将地温进行划分。由于病害调查数据不连续,病害赋值为零的路段在地温分区时可以不考虑病害,主要参考冻土类型等条件。

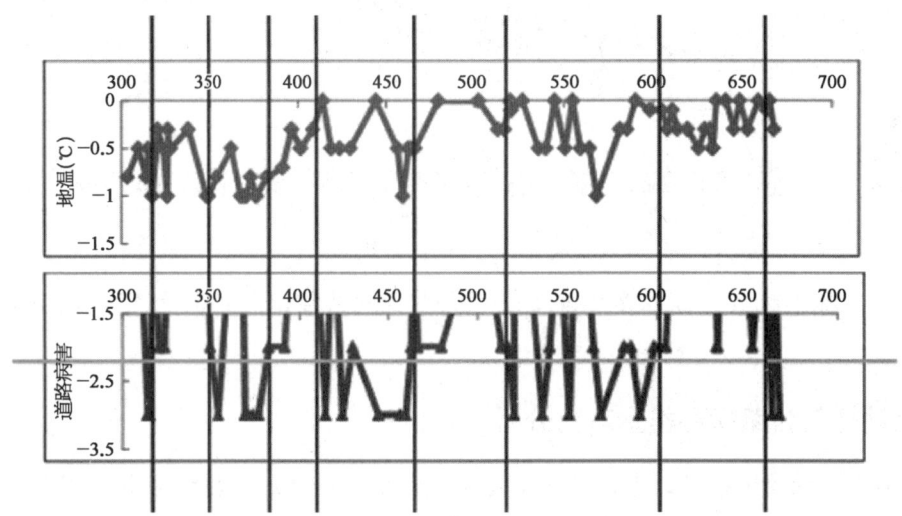

图3-2 地温分布与路基病害赋值分布对比图

3.1.3 冻土地温与冻土类型对比分析

冻土地温受多种因素共同作用,大气环境温度,每年日照总时长,雨季时长等,冻土地温对冻土的作用是日积月累的综合效果;冻土温度的变化会随着冻土深度的增加具有滞后性,只有地温长期的变化作用情况才会在冻土类型的发展变化中有所显示。因此,冻土类型能在一定程度上反映该路段常年地温的变化情况,之所以某路段为富冰冻土,这和该区域长期的地温较低或者长期的低温长周期、高温短周期交替,使得该路段长期温度得不到补充,和这种地温波动有关。

考虑到冻土类型是对冻土地温长年累积的效果,且冻土类型在某一段落相对来说比较固定,而且在空间上比地温孔监测点位所能提供的数据更具有连续性,在地温分区时,将全线冻土类型进行对照分析,不失为一种数据补充的有效手段。

为了将冻土类型与地温做对照,能够按照路线桩号进行绘图,需将各种冻土类型数值化。赋值原则考虑地温对其形成作用的累积效果,参考冻土含冰量,对不同冻土类型进行赋值,季节冻土赋值为-1,少冰冻土赋值为-2,多冰冻土赋值为-3,富冰冻土赋值为-4,饱冰冻土赋值为-5,含土冰层赋值为-6。若某路段冻土具有两种或两种以上类型,取平均值即可。

将G214全线路基进行冻土类别赋值,参考地温分布,绘制地温分布与冻土类别赋值分布对比图,如图3-3所示。由图可知,地温和冻土类型存在一定的对应关系。例如桩号K480—K512,查资料该段为季节性冻土区,从地温图上正好对应地温为0的区间段。再如桩号K520—K567路段，该区地温波动，对应冻土类型发现，该路段少冰、多冰、富冰交替出现。另外，从图3-3可以看出，冻土类型能在一定程度上补充地温观测值的缺失。例如K492—K567路段，地温数据较少，但从勘测的冻土类型可以看出，该段的确存在少冰、多冰、富冰等冻土，因此借助冻土类型沿线分布作为辅助划分地温区域的依据，可以增加地温分区的精度。

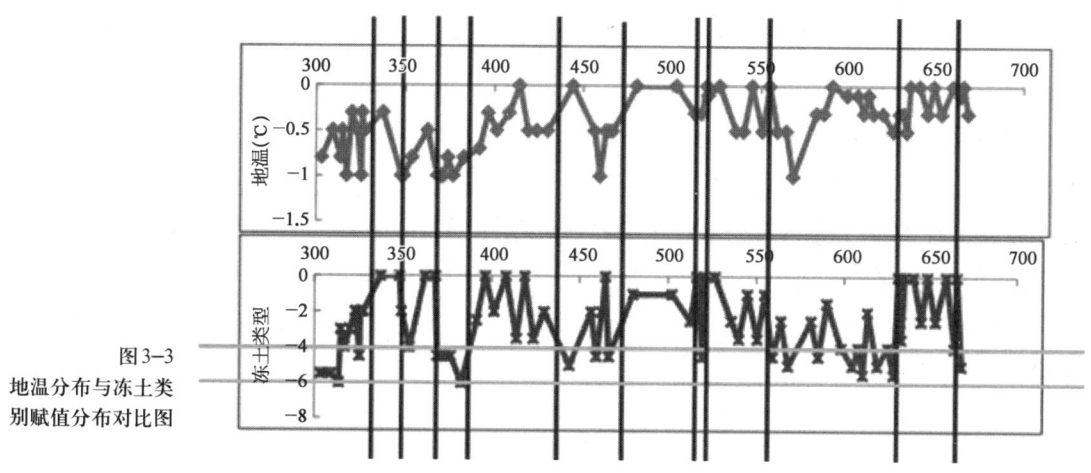

图3-3 地温分布与冻土类别赋值分布对比图

3.1.4 冻土地温与土质对比分析

冻土是含有冰的岩石和土壤，冻土对温度极其敏感，冻土里除了冰之外，土颗粒的性质会直接影响冻土性质；由于冻土也同样具有土壤的固、液、气三相属性，而每种属性的含量都会影响土的平均比热容，相对土体中的液相组分，固相部分吸热快、放热也快，而固相的颗粒组成会直接影响固相部分比热容。分析冻土中固相的颗粒组成，从比热容角度来看冻土冻融交替作用的剧烈程度。举例说明，冻土里含有石质颗粒和土质颗粒的种类不同，会直接影响冰的冻融剧烈程度，查常见物质比热容表可知，冰的比热容大于石质颗粒的比热容大于土质颗粒的比热容，因此冰的存在无论对石质颗粒还是土质颗粒均会产生温度的补给作用。由于石质颗粒的比热容要大于土质颗粒，石质颗粒需吸收较少的热量便可以升高1℃，而土质颗粒则需要吸收更多的热量才能升高1℃。同样，石质颗粒散发较少的热量便可以降低1℃，而土质颗粒则需要散发较多的热量才可以降低1℃。也就是说，石质颗粒容易升温容易降温，不容易保温，而土质颗粒相对石质颗粒更容易保温。因此，在白天温度较高时，石质颗粒比土质颗粒升温快，对周围冰传导热快于土质颗粒，冰体融化速度比土质颗粒周围的冰体融化速度快；在夜晚温度低时，石质颗粒降温快，比土质颗粒更快地从冰体中吸收热量，石质颗粒周围的冰体降温快。因此在石质颗粒周围的冰体升温快降温快，冻融剧烈，土质颗粒周围冰体相对石质颗粒周围的冰体升温降温均慢一些，冰体冻融循环作用缓慢。冻土的比热容是固体、液体、气体三相比热容的综合，从平均比热容来看，相同含冰量的情况下，石质冻土的比热容要比土质冻土的比热容低，石质冻土升温快降温快，土质冻土升温降温速度相对石质冻土要慢一些。由此看来，研究冻土中固体颗粒的组分对冻土退化与地温分区的研究具有重要意义。

土中水分的迁移使得路基湿度发生变化，致使路基产生冻害，而水分迁移与土壤毛细作用有最直接的关系，土壤中毛细水能够上升的高度与土体的颗粒组成有直接关系，土颗粒越细，毛细水上升高度越大。对于直径大于60 mm的块石，透水性很大，压缩性极小，石与石间无黏结，无毛细性；粒径在2～60 mm的砾粒与0.075～2 mm的砂粒土，透水性大，压缩性小，没有黏性，具有一定的毛细性；粒径在0.002～0.075 mm的粉粒土，透水性小，具有中等压缩性，毛细上升高度大，没毛细作用强，呈微黏性特征；粒径小于0.002 mm的黏粒土，透水性极弱，压缩变化大，黏性可塑性强。在冻土地区，如果土层中粉粒土与黏粒土多，则该地段毛细作用强，在同样的地下水高度下，该地段的冻土含冰量会比较高，且由于发达的毛细水对冰的持续补给作用，冻土不容易消退。地下水位高，土层中细粒土含量多的地方，毛细作用都比较发达，含冰量较高也是普遍现象。

通过分析勘探资料，将G214沿线土质按照粒径、塑性、有机质存在情况，工程性质划分为五大类，见表3-2。

表3-2　G214沿线土质颗粒划分

项　　目	1类土	2类土	3类土	4类土	5类土
组成	板岩、风化泥岩、风化砂岩	砾石、碎石块、砂砾	砂砾、中细砂、细砂	块石土、卵石土、碎石土、角砾石、砂土、亚砂土	腐殖质土、亚黏土、淤泥质土

根据土质比热容、毛细作用和工程性质，将上述五类土进行赋值，见表3-3。未勘查土质路段，赋值为0。

表3-3　G214沿线土质颗粒按类别赋值

土质种类	赋　值
1类土	－1
2类土	－2
3类土	－3
4类土	－4
5类土	－5

浅层土和深层土对地温的影响情况不同，浅层土对地温的影响作用较大，因此在给土质赋值的过程中，分别对浅层土和深层土赋值后取加权平均值作为该测点土质评分值：浅层土对地温影响大，权重为2，深层土对地温影响不显著，权重为1；若浅层土或深层土中

含有两种或两种以上土质，则取较细颗粒土质进行该层土质赋值后，再将两层土进行加权平均赋值计算。据此，绘制地温分布与土质赋值分布对比图，如图3-4所示。

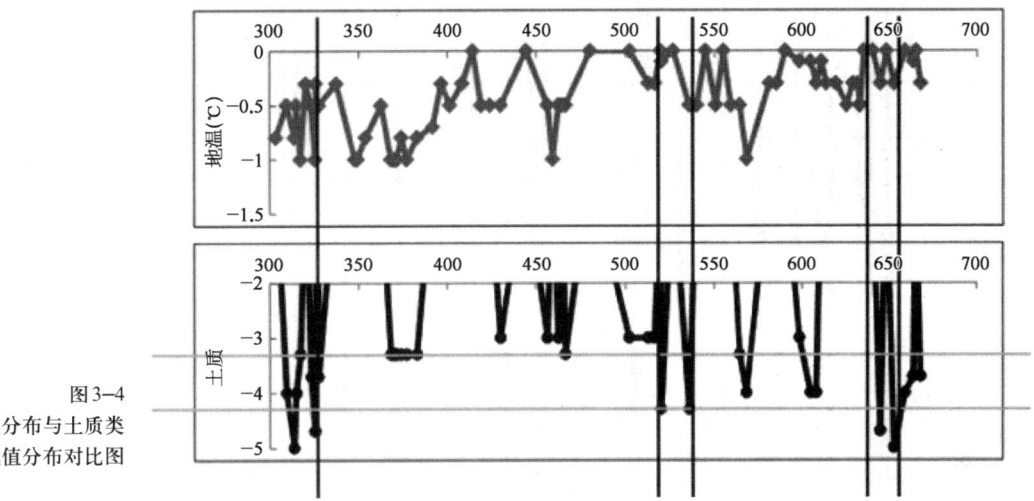

图3-4 地温分布与土质类别赋值分布对比图

3.1.5 冻土地温综合因素分区

将冻土地温简图、冻土地温与冻土类型对照分区图、冻土地温与公路病害对照分区图、冻土地温与土质对照分区图保留所有分区线汇总在一起，保证横坐标对应，取各个分区线合集。取合集方法如下：先将土质对照图各个分区线向上延长，若其上有分区线与之重合，则停止向上延长，若没有分区线与之重合，则一直延伸到冻土地温简图以上；将公路病害分区简图中的各个分区线向上对应延伸，若其上有分区线与之重合，则停止向上延伸，若没有则一直延伸到冻土地温简图上；将冻土类型对照图中的分区线一一向上对应延长，若其上有分区线与之重合，则停止延长，若没有则一直延伸到冻土地温简图上；将所有分区线延长到最上部地温分区简图后，便得到考虑冻土类型、公路病害、土质类型这些冻土地温分区补充条件的综合地温分区图，如图3-5所示。

图3-5给出了G214沿线冻土地温沿线路里程的段落划分，现将G214沿线冻土按照冻土地温、段落特征（冻土类型、病害类型、土质类型）相似原则，将图3-5的各个段落进行汇总，划分为以下七个区域：

Ⅰ区：地温常年在0℃左右；基本无冻土分布；桩号在K520+800—K532+900之间，行政辖区在野马滩段；该区基本无严重可见病害，段落总长12.1 km。

Ⅱ区：冻土地温常年在0℃左右；该区多见季节性冻土；桩号在K467+850—K513+600之间，行政辖区隶属黄河沿南段和棉纱岭段北段；该区道路病害以局部沉陷、网裂最为常见；该段上部土质以砂土为主，下部多见风化砂岩，段落总长45.75 km。

Ⅲ区：冻土地温常年在−0.5～0℃；冻土类型以少冰、多冰冻土为主；桩号分布：K318+900—K321+420、K321+420—K327+600、K327+600—K347+300（鄂拉山南

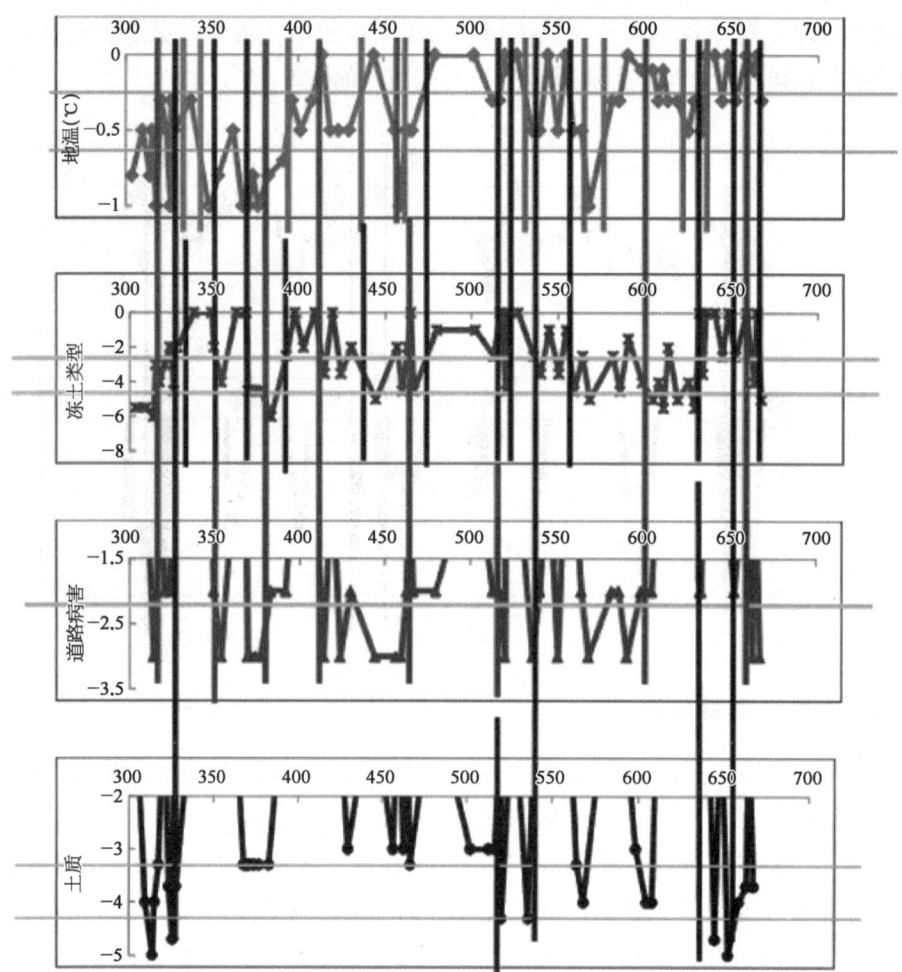

图3-5 综合地温分区图

半段)、K387+700—K411+500（红土坡段、花石峡北段）、K532+900—K539+000（小野马岭中部和北部）、K578+600—K603+000（查拉坪、查拉根、巴颜喀拉山中部和北部）、K630+200—K632+800、K632+800—K650+420、K650+420—K654+870（查隆穷南段、清水河北段）；该区公路主要病害类型有破碎，横缝，局部沉陷，波浪；该区土质以亚砂土夹碎砾石、碎石土以及砂砾较常见，段落总长68.97 km。

Ⅳ区：冻土地温常年基本保持在-1℃；冻土类型以富冰、饱冰为主，含土冰层为辅；桩号分布：K300+960—K318+900（鄂拉山北段）、K347+300—K348+600、K348+600—K369+000（姜路岭段）、K369+000—K372+000、K372+000—K387+700（醉马滩段）、K457+000—K461+500（多次安克郎南端）、K567+000—K578+600（龙根查依玛南端）；道路病害多为网裂、沉陷、断裂板、破碎；土质多为亚砂土和砾石，段落总长64.44 km。

Ⅴ区：冻土地温常年基本保持在-0.5℃；冻土类型为多冰、富冰、饱冰冻土；桩号分布：K411+500—K433+000（花石峡南段，长石头山段）、K461+500—K467+850（黄河沿北端)、K539+000—K557+000、K557+000—K567+000(小野马岭北端、野牛沟段、龙根靠段);该段公路病害以纵裂、沉陷、波浪、断裂板为主;上部土质多见砂、砾砂、碎石土、块石土,下部基本以风化岩石为主,段落总长55.85 km。

Ⅵ区:冻土地温在-0.5~1.0℃;冻土类型富冰、饱冰、含土冰层;桩号分布:K433+000—K457+000(多次安克郎中部和北部)、K603+000—K615+000、K615+000—K630+200(巴颜喀拉山南端,查隆穷中部和北部);该段公路病害以纵裂、沉陷、破碎为主;土质多见亚砂土夹砾石、碎石土、块石土,段落总长51.2 km。

Ⅶ区:冻土地温基本保持0℃,冻土类型富冰、饱冰、含土冰层;桩号分布:K513+600—K520+800(棉纱岭南端、野马滩北端)、K654+870—K662+900、K662+900—K664+040、K664+040—K669+330(清水河南段);该段公路病害严重,以沉陷为主、局部冻胀翻浆;上部土质多见淤泥质土、亚黏土、碎石土,下部为风化泥岩,路段总长21.76 km。

将G214沿线地温分区按照区段特征在图3-6中标出。

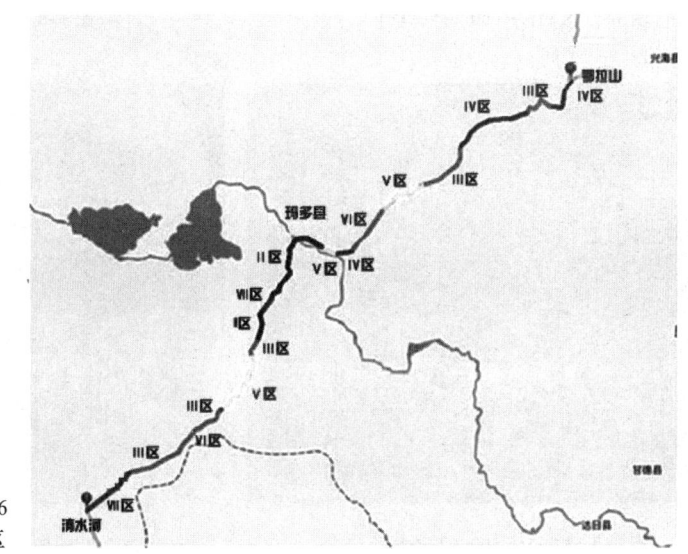

图3-6
G214沿线冻土综合分区

3.2　多年冻土区路基基底施工技术

3.2.1　典型路基填料工程特性试验研究

1) 基本参数试验

针对新建共和—玉树公路沿线路基填料的特点,分别选取典型的两种填料(砂砾土、石渣土）进行室内试验研究，取样点分别位于公路K332+980、K355+500、K550+000、K576+600附近，且路基下伏多年冻土均属于高含冰量冻土，路基设计形式为片块石通风路基。各断面填料情况如图3-7～图3-10所示。

图3-7　K332+980（砂砾料）

图3-8　K550+000（砂砾料）

图3-9　K355+500（石渣料）

图3-10　K576+600（石渣料）

（1）颗粒分析试验

按照试验规程，分别对K332+980、K355+500、K550+000、K576+600四个试样进行了试验，综合筛分试验的全部结果，颗粒粒径成分占比见表3-4。除提供某试样的全部粒组含量外，还算出小于某粒径土的累积含量以及占总土量的百分数。将结果绘制成土的粒径级配累积曲线，如图3-11～图3-14所示。

表 3-4 试样颗粒粒径成分占比 (%)

里　程	>60 mm	20~60 mm	5~20 mm	2~5 mm	0.5~2 mm	0.25~0.5 mm	0.075~0.25 mm	<0.075 mm
K332+980		24.6	36.6	10.0	15.0	5.8	4.9	3.2
K355+500	11.5	27.1	35.3	10.6	7.9	2.9	2.8	2.0
K550+000		27.9	32.2	12.0	14.8	5.1	5.4	2.7
K576+600	13.9	39.9	27.0	6.0	5.2	1.9	2.4	3.7

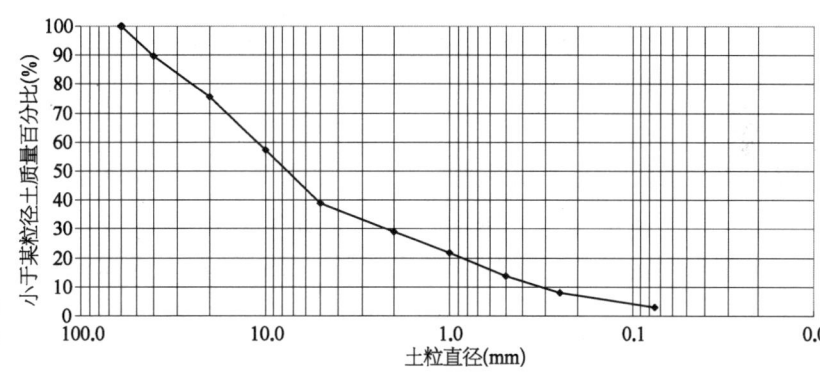

图 3-11 K332+980 土的颗粒级配累积曲线

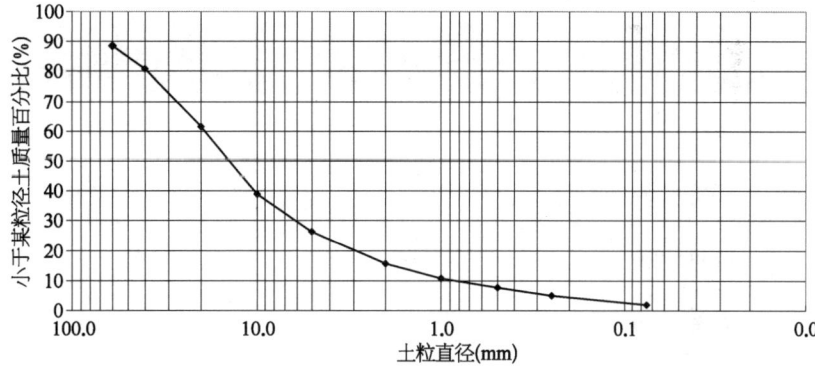

图 3-12 K355+500 土的颗粒级配累积曲线

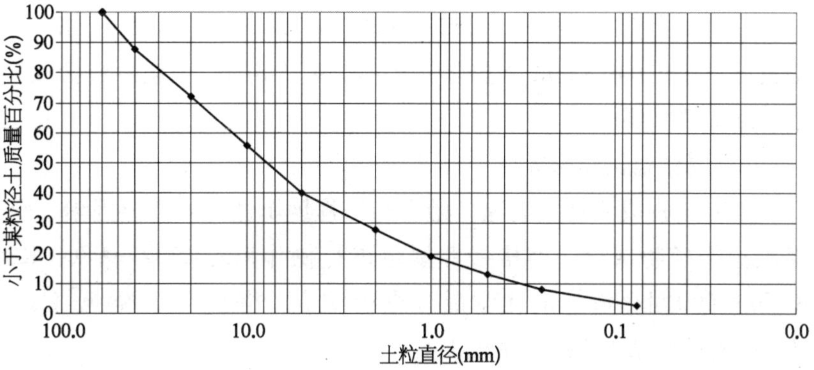

图 3-13 K550+000 土的颗粒级配累积曲线

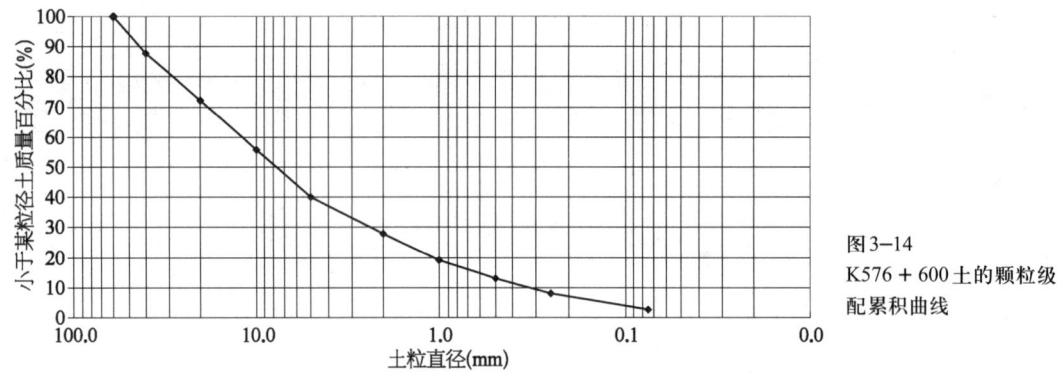

图3-14 K576+600土的颗粒级配累积曲线

根据试验结果，计算试样的不均匀系数C_u和曲率系数C_c，不均匀系数越大，表明土越不均匀，即粗颗粒和细颗粒的大小相差越悬殊，C_u越大，则曲线越平缓，表示土中含有许多粗细不同的粒组，也就是粒组的变化范围宽。$C_u > 5$的土为不均匀土，不均匀土在经过压实后，细颗粒填充于粗颗粒所形成的空隙中，容易得出较高的密度和较好的力学特性。土的粒径级配的斜率是否连续可用曲率系数C_c来表示。从工程观点上来看，土的不均匀（$C_c \geq 5$），且级配曲线连续（$C_c = 1 \sim 3$）的土，为级配良好的土，由此来判定以上土样是否级配良好。经过计算，土样的不均匀系数和曲率系数见表3-5。

表3-5 土样的不均匀系数C_u和曲率系数C_c

断面里程	不均匀系数C_u	曲率系数C_c	级配
K332+980	34.9	1.43	级配良好
K355+500	22.2	2.50	级配良好
K550+000	36.4	1.45	级配良好
K576+600	33.7	2.97	级配良好

筛分试验结果表明：K332+980、K355+500、K550+000、K576+600四个试样级配良好，小于0.075 mm含量均小于5%，4.75 mm以上粗颗粒含量均大于60%，符合多年冻土区路基填料要求。

(2) 易溶盐试验研究

土的矿物成分是影响冻、融土的工程地质性质的重要因素，研究土的化学成分有助于鉴别土的矿物成分。严格按照规范进行操作，对K332+980、K355+500、K555+000、K576+600四个试样的化学成分进行测定，得到K^+、Na^+、Ca^{2+}、Mg^{2+}、SO_4^{2-}、CO_3^{2-}、HCO_3^-离子的摩尔浓度，见表3-6。

表 3-6 易溶盐试验结果

试验编号	离子浓度（上为摩尔浓度 mmol/kg，中为百分比含量%，下为质量浓度 mg/kg）							易溶盐总量 (%)	pH值
	$K^+ + Na^+$	Ca^{2+}	Mg^{2+}	Cl^-	SO_4^{2-}	CO_3^{2-}	HCO_3^-		
K332+980	0.396	3.666	0.366	1.725	0.086	0.000	6.563	0.067	6.73
	0.001	0.015	0.001	0.006	0.001	0.000	0.040		
	9.900	146.933	8.535	61.151	82.612	0.000	400.474		
K355+500	3.663	2.448	0.489	1.481	0.236	0.000	7.584	0.067	7.06
	0.009	0.01	0.001	0.005	0.002	0.000	0.046		
	91.575	98.116	11.892	52.501	22.670	0.000	462.776		
K550+000	0.352	3.666	0.503	0.985	0.193	0.000	7.319	0.057	7.51
	0.001	0.015	0.001	0.003	0.002	0.000	0.045		
	8.800	146.933	12.233	34.918	18.540	0.000	446.605		
K576+600	1.691	3.808	1.228	3.220	1.100	0.000	6.343	0.080	7.61
	0.004	0.01	0.003	0.011	0.011	0.000	0.039		
	42.275	152.625	29.865	114.149	105.666	0.000	0.247		

土中的水开始冻结的温度为土的起始冻结温度。不同溶液的浓度有不同的起始冻结温度，而起始冻结温度又随溶液浓度的增大而降低，同时也与盐的类型有关。土中水的溶液浓度是影响土冻结深度的主要因素之一。

依据《公路土工试验规程》，从四个试样的试验结果来看，易溶盐含量相对较低，最大0.080%，最小0.057%，对地基土的结构和冻胀影响很小。

(3) 毛细管水上升高度试验研究

毛细管水上升高度是水在土空隙中因毛细管作用而上升的最大高度。目的是测定土的毛细管水上升高度和速度，用于估计地下水位升高时路基被浸湿的可能性和浸湿的程度。关于毛细管水上升高度，只能用直接观测法测量，而对路基产生危害作用的是强烈毛细管水上升高度，该数值是通过土的塑限值从上升高度与含水率的关系曲线上查出来的。

针对K332+980、K355+500、K550+000、K576+600四个试样按照规范要求进行了毛细管水上升高度试验，如图3-15～图3-18所示。

根据观测结果，以毛细管水上升高度 h 为纵坐标，以时间 t 为横坐标，绘制毛细管水上升高度 h 与时间 t 的关系曲线，如图3-19所示。从图中可以看出，四个试样大致在20 h后，毛细水上升高度变化很小。

综合分析毛细管水上升高度试验，得到四个试样的毛细管水上升高度，通过绘制毛细管水上升高度 h 与含水率 ω 的关系曲线，计算得出强烈毛细管水上升高度，见表3-7。

 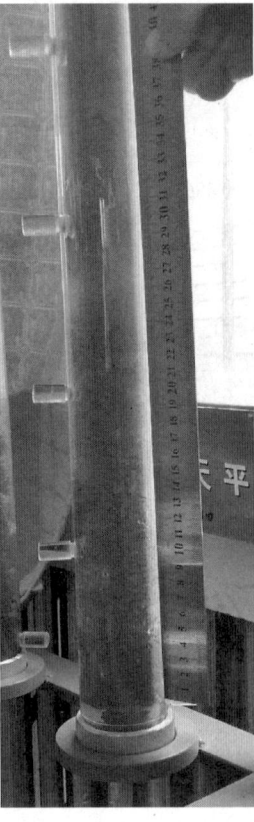 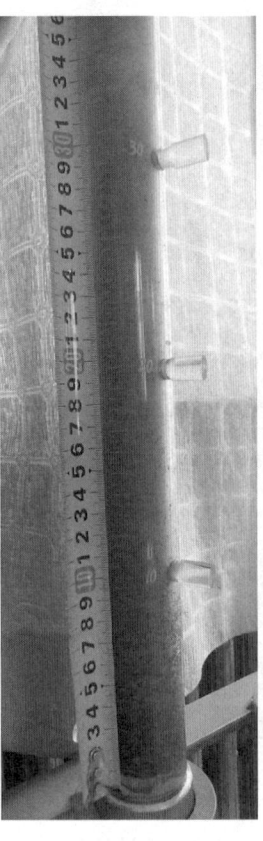 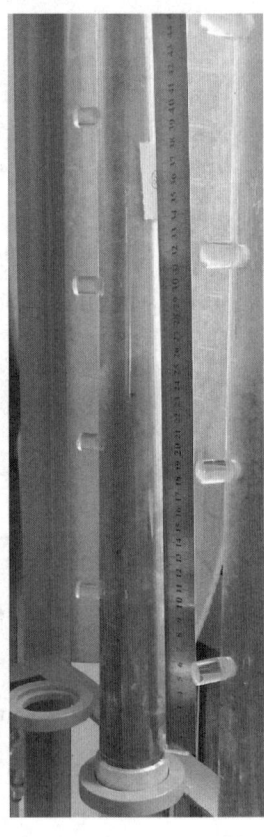

图3-15 K332+980试样毛细管水上升高度试验　图3-16 K355+500试样毛细管水上升高度试验　图3-17 K550+000试样毛细管水上升高度试验　图3-18 K576+600试样毛细管水上升高度试验

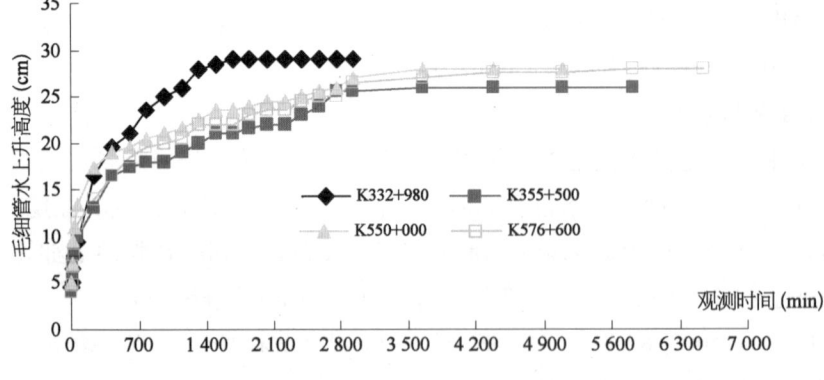

图3-19 毛细管水上升高度h与时间t的关系曲线

表3-7　毛细管水上升高度试验结果统计表

里程编号	毛细管水高度（cm）	强烈毛细管水高度（cm）
K332+980	29.0	12.1
K355+500	26.0	9.9

(续表)

里程编号	毛细管水高度（cm）	强烈毛细管水高度（cm）
K550+000	28.0	11.7
K576+600	28.0	10.8

(4) 渗透特性研究

由于土体颗粒之间存在孔隙，水在重力作用下由高处向低处透过土体的孔隙流动，土体可被水透过的性质称为土的渗透性。衡量土体渗透性能的指标称为渗透系数，其物理意义为单位水力坡降时的渗流速度，渗透系数的大小与土的组成、粒径级配、孔隙比以及水的温度等因素有关。渗透系数是综合反映土体渗透性能的指标，可由现场试验、室内试验和经验值确定。

渗透试验根据不同的土类，分为常水头法和变水头法。常水头发适用于砂土及含少量砾石的无黏聚性土，变水头法适用于粉土和黏性土。本次填料试样为粗颗粒土，需要采用常水头方法测试。

严格按照试验步骤计算出各试样在一定密度下的渗透系数，见表3-8。从试验结果可以看出，四个试样的渗透系数都能满足砂砾和石渣垫层的要求，石渣料渗透系数稍大于砂砾料。

表3-8 渗透系数试验结果统计表

里程编号	干密度（g/cm^3）	渗透系数
K332+980	1.87	2.19×10^{-2}
K355+000	1.97	2.24×10^{-2}
K550+000	1.99	2.55×10^{-2}
K576+600	1.86	2.65×10^{-2}

2) 工程特性试验

(1) 击实试验研究

研究细粒土的压实性可以在实验室进行，将某一土样分成6～7份，每份和以不同的水量，得到各种不同含水量的土样。将每份土样装入击实仪内，用完全同样的方法加以击实。击实后测出压实土的含水量和干密度。以含水量为横坐标，干密度为纵坐标，绘制含水量-干密度曲线。

同一种土，干密度越大，孔隙比越小，所以最大干密度相应于试验所达到的最小孔隙

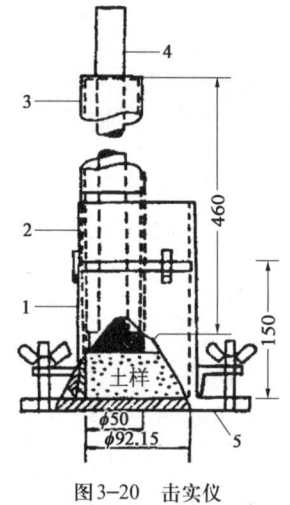

图3-20 击实仪
1—击实筒；2—护筒；3—导筒；4—击锤；5—底板

比。在某一含水量下将土压到最密，理论上就是将土中所有的气体都从空隙中赶走，使土达到饱和。将不同含水量所对应的土体达到饱和状态时的干密度也绘于此图中，得到理论上所能达到的最大压实曲线。

由于黏性填土存在着最优含水量，因此在填土施工时应将土料的含水量控制在最优含水量左右，以期用较小的能量获得最好的密度。当含水量控制在最优含水量的干侧时（即小于最优含水量），击实土的结构常具有凝聚结构的特征。这种土比较均匀，强度较高，较脆硬，不易压密，但浸水时容易产生附加沉降。当含水量控制在最优含水量的湿侧时（即大于最优含水量），土具有分散结构的特征。这种土的可塑性大，适应变形的能力强，但强度较低，且具有不等向性。所以，含水量比最优含水量偏高或偏低，填土的性质各有优缺点，在设计土料时要根据对填土提出的要求和当地土料的天然含水量选定合适的含水量。

击实仪（图3-20）法是用锤击使土密度增大，目的是在室内利用击实仪测定土样在一定击实功能作用下达到最大密度时的含水率（最优含水率）和此时的干密度（最大干密度），借以了解土的压实特性。

目前，国内常用的击实方法有两种：

① 轻型击实：适用于粒径小于5 mm的细粒土。锤底直径为51 mm，击锤质量为2.5 kg，落距为305 mm，单位体积击实功为591.6 kJ/m³；分3层夯实，每层25击。

② 重型击实：适用于粒径不大于40 mm的土。击实筒内径为152 mm，筒高116 mm，击锤质量为4.5 kg，落距为457 mm，单位体积击实功为kJ/m³（其他与轻型击实相同）；分5层击实，每层56击。

针对K332+980、K355+550、K550+000和K576+000共四处的试样，本次采用重型击实试验方法，击实后测出压实土的含水率和干密度。以含水量为横坐标，干密度为纵坐标，绘制含水率-干密度曲线，如图3-21～图3-24所示。

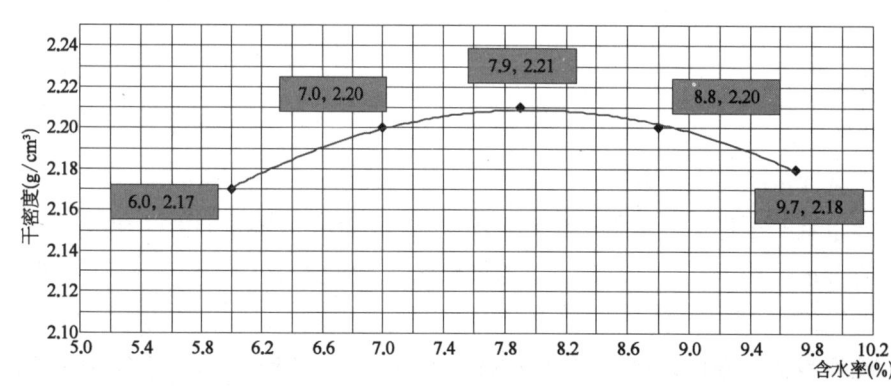

图3-21 K332+980试样含水率与干密度关系曲线

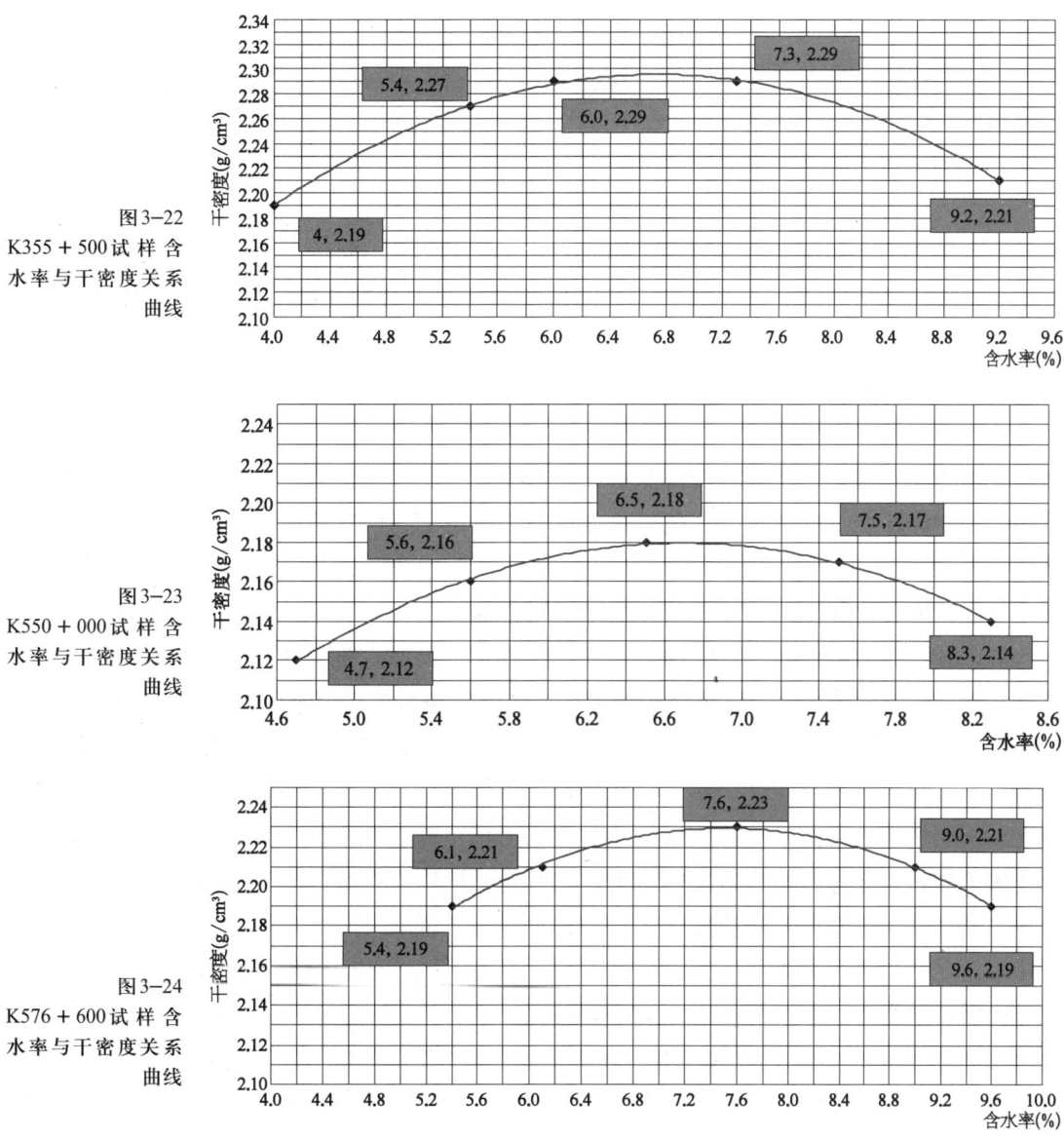

图 3-22 K355+500 试样含水率与干密度关系曲线

图 3-23 K550+000 试样含水率与干密度关系曲线

图 3-24 K576+600 试样含水率与干密度关系曲线

根据绘制的含水率与干密度关系曲线,得出四个试样的最大干密度和最优含水率,见表 3-9。

表 3-9 击实试验结果统计

断面里程	最大干密度（g/cm³）	最优含水率（%）
K332+980	2.21	7.9
K355+500	2.30	6.8
K550+000	2.18	6.5

(续表)

断面里程	最大干密度（g/cm³）	最优含水率（%）
K576 + 600	2.23	7.6

从表3-9可以看出，两个砂砾样（K332 + 980、K550 + 000）最大干密度比两个石渣样（K355 + 500、K576 + 600）稍小，四个试样0.075 mm含量都在5%以下，因此最优含水率都比较小。

(2) 冻胀特性研究

土体不均匀冻胀变形是寒区工程大量破坏的重要因素之一。因此，各项工程开展之前，必须对工程所在地区的土体做出冻胀性评价，以便采取相应措施，确保工程构筑物的安全可靠。土体冻胀变形的基本特征值就是冻胀率。但由于各地冻结深度等条件不同，其冻胀率值相差很大。为了便于比较冻胀变形的强弱程度，采用冻胀率与该冻结土层厚度之比，即冻胀率（用百分数计）作为土体冻胀性的特征值。

《公路路基设计规范》（JTG D030—2004）规定多年冻土路基填料要充分考虑其冻胀敏感性，研究其冻胀特征，以保证路基强度，达到提高路面结构的稳定性和抗冻胀能力目的。"多年冻土区路基填料设计应充分考虑填料的冻胀特性，优先采用卵石土或碎石土作填料"，严禁使用细粒土（黏质土和砂质土）和富含腐殖质白土及冻土。填料的粒径是影响其冻胀特性的主要因素，因此多年冻土区路基需要采用较粗颗粒的填料。其次，规范对路基压实度还做了规定，在保证压实度的情况下，只有通过试验的方法，准确模拟路基填料的实际状况，取得路基填料的冻胀特性指示，才有可能有效抑制路基冻胀破坏的发生。在实际工程中一般是根据施工地取材料情况决定填料，从施工现场的情况来看，冻土区公路填料其实际的颗粒主要为4.75～19.0 mm，而且要控制0.075 mm颗径以下的含量。

《公路土工试验规程》（JTG E40—2007）关于测试冻胀率的方法主要适用于原状的及扰动的黏质土（大于0.075 mm的质量少于或等于总质量25%）和砂质土（0.075～2.0 mm粒径的质量大于总质量的50%，且大于60 mm的质量小于或等于总质量的15%）。显然关于测试冻胀率方法的适用范围不适用于多年冻土路基填料的冻胀试验。

为了达到课题要求的试验目的，对冻胀特性试验方法进行了研究（图3-25、图3-26），在以前冻胀率试验的基础上增加了压实度指标，把原来的试样高度提高到了10 cm。

根据公路设计规范要求和共玉公路多年冻土区段设计文件，为达到试验目的，表面砂砾和石渣垫层压实度按93%考虑，按照试验规程，计算出试验质量，装入测试设备中，进行冻胀率试验。以0.2℃/h的速度下调温度，按照冻胀时间t和冻胀率η_f变化曲线，如图3-27（封闭环境）和图3-28（开放环境）所示。

冻胀过程中水分迁移到一定位置上成冰是造成土体体积膨胀的主要原因。非饱和土孔隙中存在着毛细水和薄膜水，在水分受力平衡的状态下，它们并不运动，处于静止状

图3-25 冻胀试验试样压制

图3-26 冻胀试验试样放置

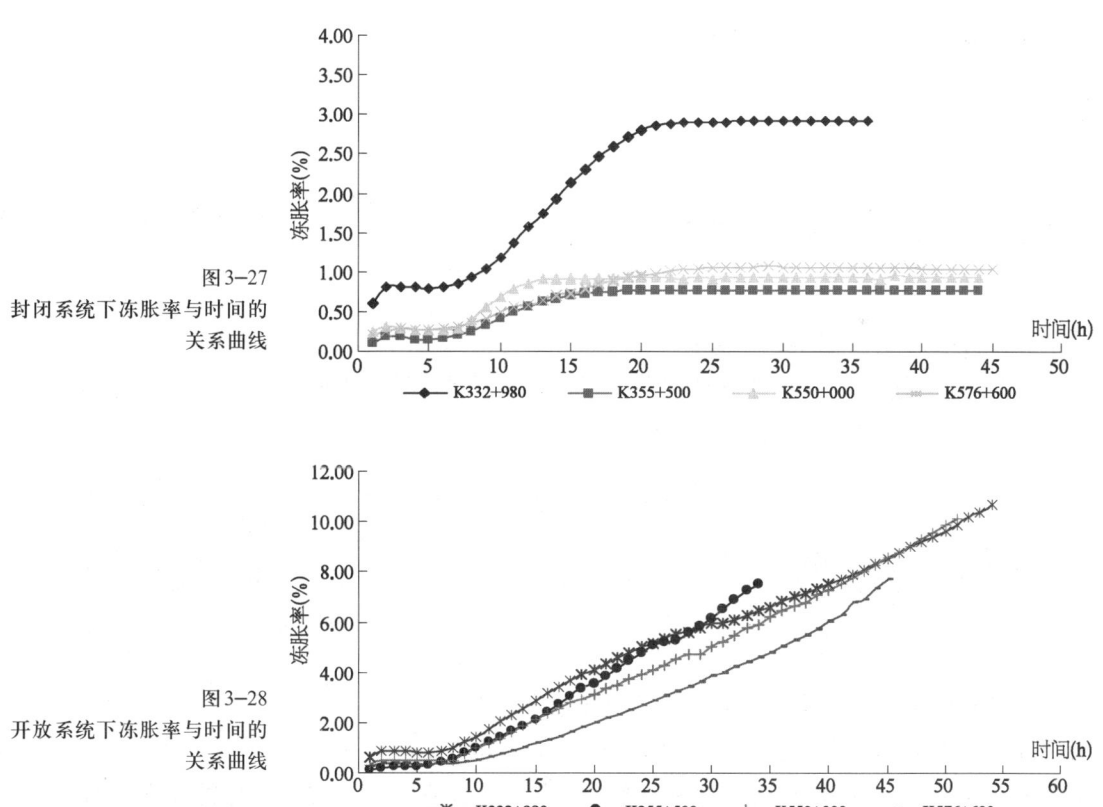

图3-27 封闭系统下冻胀率与时间的关系曲线

图3-28 开放系统下冻胀率与时间的关系曲线

态。当非饱和土冻结时,水分开始向冻结锋面运移,温度的变化引起水质点周围力的重新分布。冻胀试验完成后,还对试样进行了含水率测试,如图3-29所示。测试结果表明,封闭系统条件下,试样顶面(传冷的面)到底面的含水率是依次递减的规律,开放系统条下,K332+980、K550+000两个砂砾料最大含水率出现在4.0 cm处,K355+500、K576+600

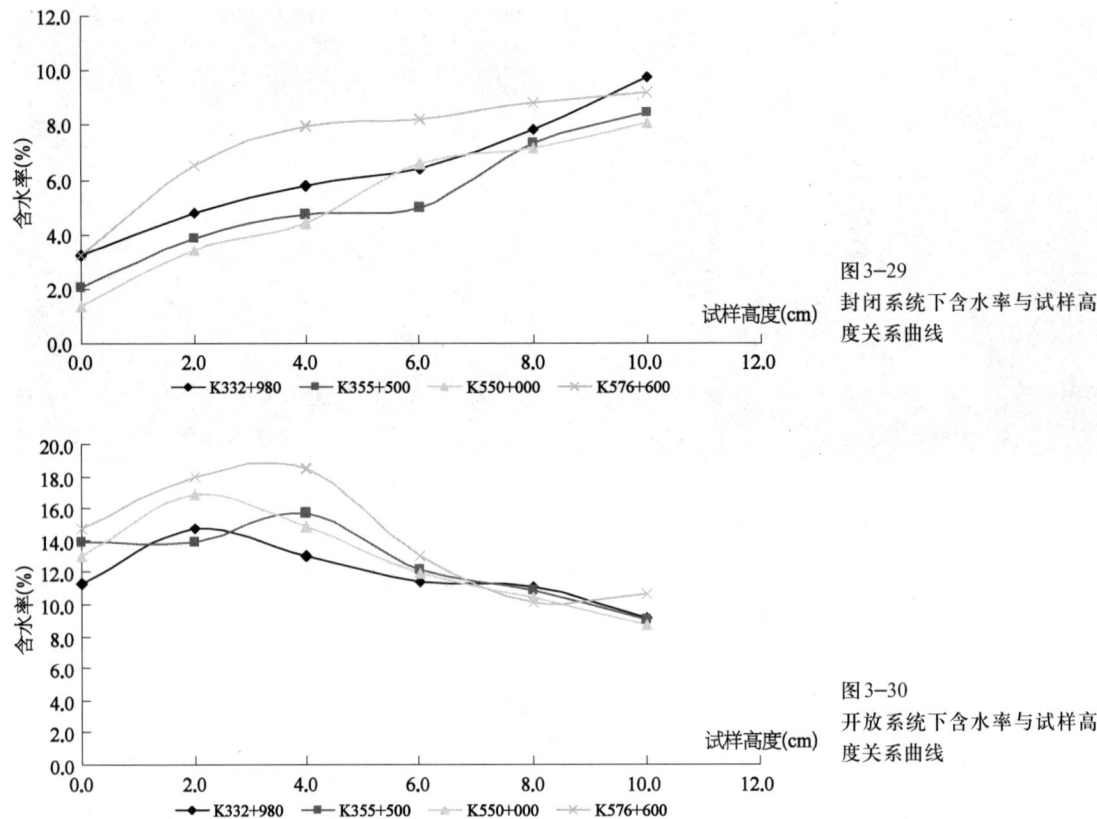

图 3-29 封闭系统下含水率与试样高度关系曲线

图 3-30 开放系统下含水率与试样高度关系曲线

两个石渣料最大含水率出现在 2.0 cm 处。

《冻土地区建筑地基基础设计规范》(JGJ 118—98) 采用冻胀率来分级,分为不冻胀、弱冻胀、冻胀、强冻胀及特强冻胀五类,见表 3-10。

表 3-10 冻胀性分类表

项　目	不冻胀	弱冻胀	冻胀	强冻胀	特强冻胀
冻胀率 (%)	$\eta_f \leq 1$	$1 < \eta_f \leq 3.5$	$3.5 < \eta_f \leq 6.0$	$6.0 < \eta_f \leq 12.0$	$\eta_f > 12.0$

通过整理冻胀试验资料（表 3-11），依据表 3-10 对四个试样冻胀特性进行分类，可以看出在压实度 93% 的条件下，封闭系统下 K332+980 和 K576+600 为弱冻胀等级，其余两个试样为不冻胀，能满足冻土区路基填料要求；开放系统下，四个试样都为强冻胀等级，将会严重影响路基稳定性。

表 3-11 冻胀率试验统计表

钻孔编号	冻胀率 (%)	冻胀率等级	填料性质	备　注
K332+980	2.92	弱冻胀	砂砾	封闭系统

(续表)

钻孔编号	冻胀率（%）	冻胀率等级	填料性质	备注
K355 + 500	0.76	不冻胀	石渣	
K550 + 000	0.94	不冻胀	砂砾	封闭系统
K576 + 000	1.03	弱冻胀	石渣	
K332 + 980	10.68	强冻胀	砂砾	
K355 + 500	7.53	强冻胀	石渣	开放系统
K550 + 000	10.14	强冻胀	砂砾	
K576 + 000	7.71	强冻胀	石渣	

(3) 冻融特性研究

冻融作用是指随着冻土区温度周期性的发生正负变化，冻土层中的水分相应地出现相变与迁移，冻土层发生变形、产生冻胀、融陷和流变等一系列的复杂过程。冻融前后地基土的力学性质会发生变化的主要原因是改变了原有地基土的结构性，破坏了土颗粒之间的联结力，同时使土颗粒得到重新排列。地基土冻融后，孔隙特征会发生明显变化，而孔隙的变化必然要造成地基土结构性的变化。研究表明，冻融后地基土的黏聚力会降低，黏聚力主要来自自由分子力、土颗粒间的胶结力及结构颗粒间的咬合力的共同作用。冻融后对于密实土，水分的流失使孔隙比增大而减小了其密实度，地基土结构受到冻融破坏使得胶结力减小，因此地基土的强度在冻融后呈现下降趋势。

按照《无机结合料试验规程》(JTG E21—2009)，采用静压法制作试件。针对K332 + 980试样，最大干密度2.21 g/cm^3，最优含水率7.9%，分别试制了压实度为93%、95%和97%的合格试样各四个，试验前后测得抗压强度见表3–12。

表3–12 K332 + 980各试件抗压强度统计表

压实度	样品编号	试验情况	试验前抗压强度（kPa）	5次冻融循环后的抗压强度（kPa）	备注
93%	1	试验前	58.6		
	2	试验前	52.2		
	3	试验后		0.0	样品呈散状
	4	试验后		0.0	样品呈散状
95%	5	试验前	77.7		
	6	试验前	85.4		

(续表)

压实度	样品编号	试验情况	试验前抗压强度(kPa)	5次冻融循环后的抗压强度(kPa)	备 注
95%	7	试验后		38.2	
	8	试验后		0.0	样品呈散状
97%	9	试验前	114.6		
	10	试验前	113.4		
	11	试验后		58.6	
	12	试验后		0.0	样品呈散状

图3-31试验机上面的试样没有进行冻融试验，可以看出试样非常完整。冻融5次循环后，93%压实度的两个试件呈散状，丧失抗压强度；95%压实度7号试件强度损失了53.1%（图3-32），另一个试件呈散状；97%压实度11号试件强度损失了48.6%，另一个试件呈散状。

图3-31　没有进行冻融试验的压实度试件

图3-32　5次冻融后95%压实度试件

通过整理和分析试验数据可以看出，在相同的冻融循环次数下，压实度越大，地基土的无侧限抗压强度越大，强度损失越小。研究表明，地基土无侧限抗压强度值随冻融循环次数的增加而不断减小，第一次冻融循环强度衰减幅度最大，多次冻融循环之后，不同压实度地基土的无侧限抗压强度逐渐接近，压实度大的强度损失比压实度小的强度损失小。

3.2.2　多年冻土区路基清表与不清表对地温影响分析

共和至结古公路沿线地下水相对丰富，埋深普遍较浅，部分地下水为下降泉排泄于地势低洼处，形成水草沼泽地。同时，沿线地表水也很丰富，主要分布于山前平原湖塘及山坡麓地带，一般表面覆盖水草，形成沼泽地，与地下水相互补给。相对丰富的地表水、地下水在多年冻土所在区域形成了大量的冻土草甸、热融湖塘、冻土沼泽等特殊的地貌条件，对公路路基的地基处理造成了严重的影响。表3-13为共和至结古公路二期玛多至清水河段多年冻土长度及水草地长度统计表。

表3-13 共和至结古公路二期玛多至清水河段多年冻土区水草地长度表

段落区间	长　　度	多年冻土（长度/比例）	水草地、草甸（长度/比例）
K490+000—K671+000	181 km	109.491 km/60.49%	44.048 km/24.33%

从表中可以看到，该段落长度181 km，其中多年冻土长度111.268 km，多年冻土占该段长度的60.49%。该段落内多年冻土发育，地形地貌复杂，公路线位翻越海拔4 700 m以上的巴颜喀拉山，雨季时间长，地表水及冻土层上水发育，在多年冻土段形成了大量的水草地、冻土草甸及少量的热融湖塘。根据调查资料显示，该段落内有水草地及冻土草甸44.048 km，占该段冻土长度的40.23%。

多年冻土因其发育特征，天然地表多发育有高原草甸或水草地，该类地表腐殖层较厚，腐殖层内泥炭含量较高，饱水性好。冬季冻结时强度较高，在地温升高融化后较为软弱，必然产生较大的变形。共和至结古公路地表层除了有较厚的腐殖层外，地表水发育特征明显，形成了大量的水草地、冻土草甸。如何处理此类特殊地表，对多年冻土路基的稳定性有着重要的影响。

为了研究清表及不清表两种方案对多年冻土造成的热干扰情况，开展了清表及不清表两种工况下冻土路基地温特征的数值仿真模拟计算分析。

1) **模型的建立**

计算模型如图3-33所示，其中S_1部分为路堤填土层，S_2为清表或不清表部分，S_3为含卵中细砂层，S_4为含砾亚黏土层，S_5为强风化泥岩层。清表或回填的施工季节为7月份，回填土体的温度为3℃左右，清表深度为2 m。首先在未清除S_2部分以前，将7月份地温场作为初始温度场，然后将S_1、S_2土体温度设为3℃（忽略施工过程中土体温度的变化），最后分别在AB、BC、AH、CD、GH上施加含气候变暖的路面、边坡以及天然地表的温度边界。下伏

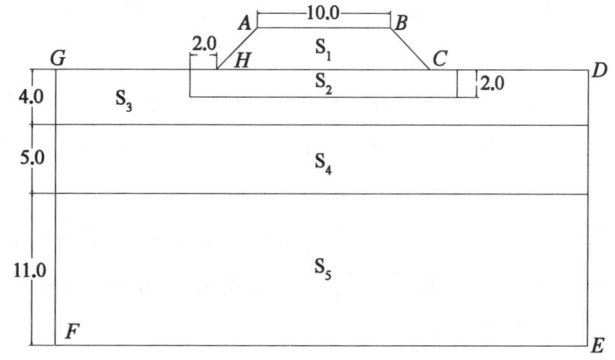

图3-33　路基温度场计算几何模型

多年冻土含冰量为多冰冻土,年平均地温为 -1.5℃。

由于青藏高原测温孔基本上都是从表面以下 0.5 m 处开始布设,因此根据青藏高原多年来的观测资料综合考虑附面层原理,将温度变化可简化成三角函数表达式:

$$T = T_s + g(t) + A\sin\left(\frac{2\pi t}{365} + B\right) \tag{3-1}$$

式中 T_s——附面层底的初始年平均温度,$T_s = T_0 + \Delta T$,T_0 为初始年平均气温,ΔT 为附面层总温度增量;

$g(t) = R_0 t$,R_0 为全球气候变暖引起的表面地温增温率,$R_0 = 0.052$℃/年;

A——表面地温振幅;

B——初始计算相位;

t——时间。

根据岩芯干密度及含水量的测试结果,结合有关参考资料,将计算中所需各土层的热物理参数归纳为表 3-14。

表 3-14 各土层的热物理参数

岩性	干容重 (kg/m³)	含水量 (%)	湿容重 (kg/m³)	热导率 [W/(m·K)]		比热容 [J/(kg·K)]	
				冻 土	融 土	冻 土	融 土
路基填土(清基)	2 060	6	2 183.6	5 040	4 140	706.6	861.7
含卵中细砂	1 600	30	2 080	7 632	5 112	1 222	1 608
含砾亚黏土	1 800	15	2 070	6 552	5 760	977.2	1 266
强风化泥岩	2 100	15	2 415	9 000	7 200	981.8	1 272

2) 结果分析

(1) 温度场分布特征分析

图 3-34 为清基及不清基工况下,路基在施工后 12 个月内的温度场特征图。该图分别计算了清基及不清基工况下,路基 1 个月、6 个月、9 个月及 12 个月的温度场分布特征。

从图 3-34a 中可以看到,在路基进行清表施工的一个月后,路基下 4 m 内形成了一个较大的正温区,而同期的不清表路基(图 3-34b),正温影响范围只有路基下 2 m 左右。这主要是由于清表后由于回填土体的残余温度引起的,同时由于路基的开挖也带入了大量的热量。另外,清表部分的温度梯度也明显大于未清表的路基,并且热流方向均指向下伏多年冻土层,这主要是因为清表后回填土体的温度高于周围土体,随着时间增加,土体内所储藏的热量将不断向下伏土层散发,致使多年冻土地温有所增加,在施工初期还会造成多年冻土上限下移。

从图3-34e中可以看到，清表后的路基在经过一个冷季的回冻后，路基中形成了融化核，且厚度较大，厚度大约有3.5 m，而同期不清表路基（图3-34f）下虽然也有融化核，但融化核的温度和面积要远远小于清表后的路基。并且这种影响随着时间持续增大，如图3-34i所示，在施工完成后的33个月后，路中的融化核呈现出加速向下扩散的趋势，而同时期的未清表路基，融化核的只是缓慢的增长。融化核的产生会对路基稳定性产生严重的影响。

（2）上限特征分析

清表后回填土体将热量带入路基内部，在改变了路基温度场的同时，也对路中人为上

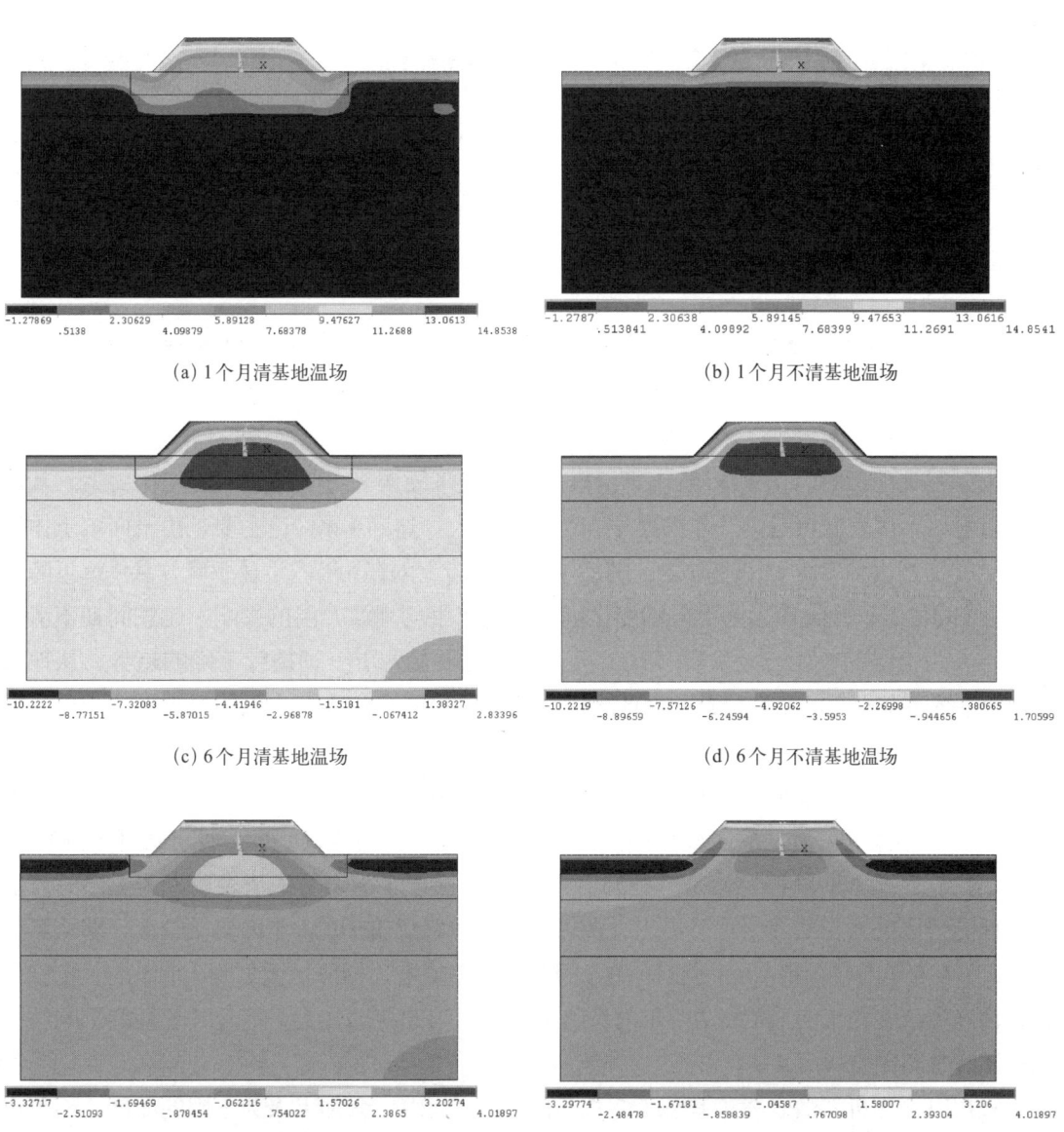

(a) 1个月清基地温场　　　　　　　　　　　(b) 1个月不清基地温场

(c) 6个月清基地温场　　　　　　　　　　　(d) 6个月不清基地温场

(e) 9个月清基地温场　　　　　　　　　　　(f) 9个月不清基地温场

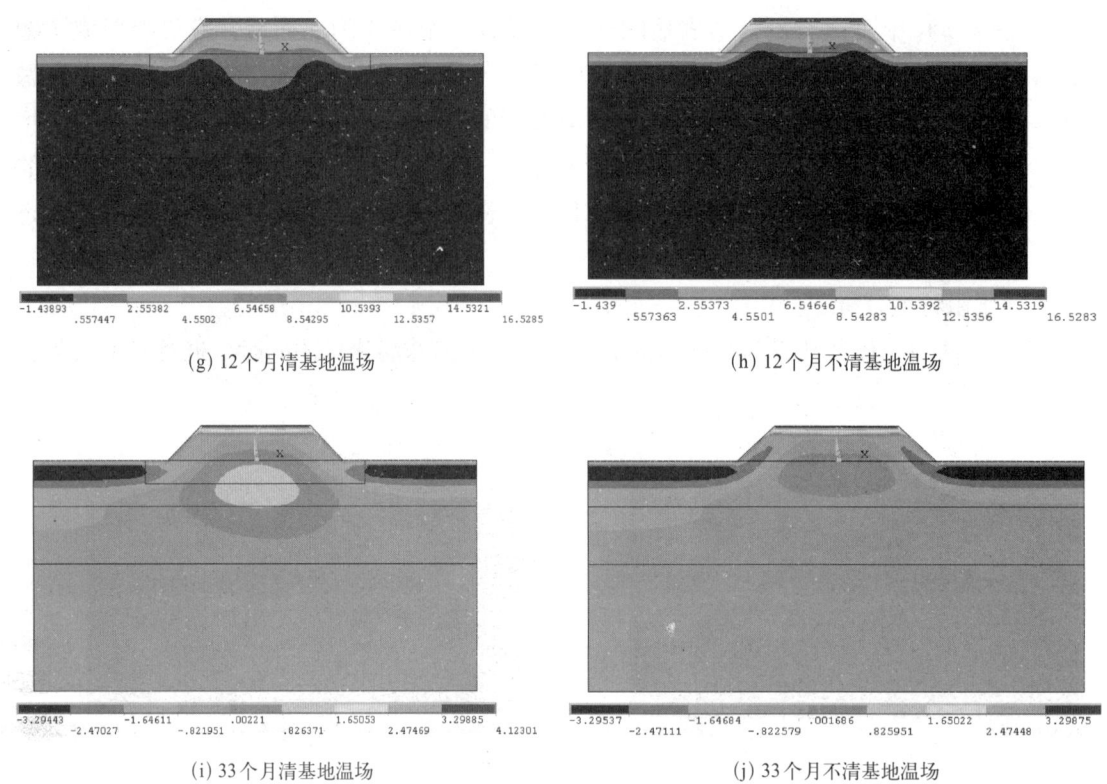

(g) 12个月清基地温场　　　　　　　　(h) 12个月不清基地温场

(i) 33个月清基地温场　　　　　　　　(j) 33个月不清基地温场

图3-34　清基与不清基地温场分布特征图

限产生了很大的影响。图3-35绘制了清表与未清表路段人为上限随时间的变化关系。从图中可以看出，清表回填后第一年的路中人为上限较大，达到4 m，这主要是由于回填土体的初始温度使下伏多年冻土迅速融化。随后路基下人为上限在5年内迅速下降，从4 m下降至8 m左右的位置，此阶段人为上限的变化则主要受年平均地温升温的影响。比较同期不清表路基下人为上限的变化可以发现，该工况下人为上限在处于一种持续下降的趋势，从地表下2 m持续下降至7 m左右位置。因此，研究认为清表对路中人为上限的扰动影响主要发生在施工完成后的5年内，在此期间人为上限变化较大，且下降速率较快。但随着时间的增长，未清表路基与清表路基下人为上限的差别会逐渐减少。

然而从总体上来看，清表段路中人为上限明显大于未清表段，即表明在暖季施工的清基处理措施对路基的热稳定性是不利的。图3-36中描述了清表与未清表段人为上限的差值随时间的变化关系，从图中可以看出，两者差值在道路修筑后的5年内变化较大，即从第一年的2 m在5年内增加到4 m，此后的5年间两者的差值则逐渐降低恢复到2 m以内。也就是说，清表不仅在施工完成的最初5年内对路中人为上限的扰动较大，而且其长期的影响结果也是不容忽略的。

根据以上分析，清表在路基施工完成后的5年时间内，会加大人为上限的深度，而且也会在路基中间形成融化核，对路基的稳定性造成不利的影响。而不清表路基虽然人为上限

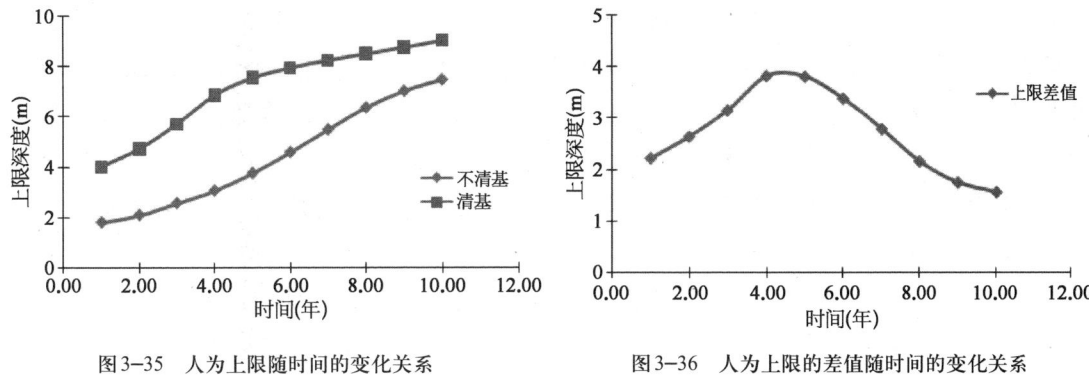

图3-35 人为上限随时间的变化关系   图3-36 人为上限的差值随时间的变化关系

也会随着时间下降,但整体趋势平缓,路基的稳定性要好于清表后的路基。

3.2.3 路基重型碾压与冲击碾压对比试验

共和至结古公路在进行多年冻土路基设计时,推荐在多年冻土区地表处理时不清除表土,地表处理后直接填筑的路基的处理方案。但是,如果不清除地表而直接填筑路基,天然地表的软弱层作为路基下重要的受力层,在路基恒载及动荷载的作用下,又会产生较为严重的变形。因此,只有加强地基的处理、增强地基的压实度,才能减少路基后期的沉陷变形,达到路基稳定而又不过多的干扰多年冻土的目的。

影响路基压实的主要因素有土的力学性质和压实功能、土的含水量、铺层厚度、土的级配以及底层的强度和压实度。路基碾压时,并不是这些因素独立起作用,而是这些因素共同起作用。土壤的性质不同,有效的压实机械也不同。正常情况下,碾压砂性土采用振动压路机效果最好,夯击式压路机次之,光轮压路机最差;碾压黏性土采用捣实式和夯击式最好,振动式稍差。

振动压实是在高频的振动作用下,较小的材料颗粒被填充到较大的材料颗粒中,材料的间隙处于最小状态,从而使密实度增加。同时,由于在重力的作用下,被压铺筑材料的内部摩擦力急剧减少,抗压阻力变小,可以达到更好的压实效果。振动压实特别适合压实黏性小的土、砂砾料、碎石混合料及各种结合料处治级配集料。

冲击压实是由牵引车牵引非圆形的冲击滚动轮滚动,多边形冲击轮在滚动时其大小半径能产生势能落差,向前翻滚时产生强大的冲击力,强烈的冲击波向地面深层传播,具有地震的传播特性。冲击压实技术尤其适用于深层土及岩石的填方和含水量比较高的黏性土的压实,与传统的压实技术相比,减少了由于更换原来土质较差的地基土带来的麻烦,能够直接对原土进行压实,其压实深度可达1 m以上。与传统压实法(要求填料的含水量必须在最佳的范围)相比,冲击压实法对填料的含水量要求较低,范围可以上下浮动3%～5%,在施工过程中基本上能保持填料的天然含水量,能够大大减少公路工程中的施工用水,节省了施工费用。

由于多年冻土地基处理的特殊性,一般情况下保留原地表草皮直接填筑路基,但是多年冻土区的天然地表一般为高原草甸或者水草地,该类土质腐殖层较厚,工程性质差,含水量高,多为黏性土。由于采用不清表的技术方案,填料松铺厚度必须大于50 cm,否则就容易翻浆、冒泥,严重路段可能会发生施工机械沉陷、无法施工的情况。对于此类地基土的压实,要求压实机械的压实深度较深,且能达到较大的压实度。在压实过程中,除了尽量使松铺填料达到最大的压实度外,还要通过对填料的压实,达到进一步的密实原天然地表的作用。

综上所述,多年冻土区路基压实可采用振动压实和冲击压实的方法,为了进一步分析振动压实和冲击碾压两种压实方案在多年冻土地基的压实效果,本项目依托共和至结古公路改扩建工程(共和至结古公路二期工程),对振动压实和冲击碾压两种多年冻土地基压实方法进行试验,研究不同的压实方法、压实遍数与压实度之间的关系,为多年冻土地基压实方案的科学性与合理性提供理论依据。

为了研究振动压实与冲击压实在多年冻土区地基处理时的适用性,根据共和至结古公路的施工进展情况,选取共和至结古公路二期工程进行现场试验,在现场试验过程中,主要针对振动压实与冲击压实两种不同的压实效果,以及压实遍数与压实度的关系进行了研究。

1) 试验方案设计

现场选择共和至结古公路K562+520—K562+570、K562+600—K562+705两段相邻路段对以上两种压实方法进行试验,路基地表设计采用表层一次填筑50~60 cm的砂砾或石渣,压实处理后要求冲入地表30 cm。其中K562+520—K562+570段试验采用振动压实,K562+600—K562+705段试验采用冲击碾压。各段具体地质情况和冻土类型见表3-15,现场地表情况如图3-37所示。

表3-15 试验段基本情况表

编号	试验段落	冻土类型	地质情况	压实方法
试验段1	K562+520—K562+570	富冰、饱冻土	该段属于中高山坡麓地貌,地势较为平坦,地层岩性主要为粉土(含碎石)、碎石	振动压实
试验段2	K562+600—K562+705	富冰、饱冰冻土	该段属连续多年冻土,主要发育富冰、饱冰冻土,呈层状构造,多见层状冰,其中高含冰量冻土厚度为1.4~3.4 m	冲击碾压

由表3-15可知,试验段1长度为50 m,采用振动压实的方法进行基底处理,试验断面纵向每10 m设置一个观测断面,共6个观测断面,每个断面横向平均分布5个观测点,从玉树至共和方向位置分别为左路肩、左路中、路中、右路中、右路肩。试验段2长度为105 m,采用冲击碾压的方法进行基底处理,试验断面纵向每15 m设置一个观测断面,共8个观测

图 3-37 试验段地表情况

断面,每个断面横向平均分布5个观测点,从玉树至共和方向位置分别为左路肩、左路中、路中、右路中、右路肩。

具体试验方法为:在路基外侧设置一个基准观测点,根据试验设计的压实遍数要求,在每组压实完成后测量每个观测点与基准点的高差。最后根据高差的差异变化,分析不同压实方法在多年冻土区地基处理时的适用性。

地基处理方案为填筑50 cm砂砾后压实。具体为:试验段范围内一次填筑50 cm砂砾,静压一遍后进行高程测量,并以该次的测量值作为整个试验高程的初始值。

振动压实试验段在施工时,按设计要求不清除原地面,先填筑50 cm砂砾,总共压实10遍,分别记录初始值、第二遍、第六遍、第八遍及第十遍时的高程数据。现场施工情况如图3-38所示。

图 3-38 振动压实现场施工情况

冲击压实试验段在施工时,按设计要求不清除原地面,先填筑50 cm砂砾,用推土机粗平,平地机精平后静压一遍。分别记录初始值、第三遍、第六遍、第十一遍、第十七遍、第二十五遍及第三十遍时的高程数据。现场施工情况如图3-39所示。

图 3-39 冲击碾压现场施工情况

试验段1与试验段2路段相邻、所采用的特殊路基方案相同，地基处理方案均为填筑 50 cm 砂砾后压实。现场具体的实施方案为：试验段范围内一次填筑 50 cm 砂砾，用推土机粗平，平地机精平，静压一遍后进行高程测量，并以该次的测量值作为整个试验高程的初始值。然后对两试验段分别采用振动压实及冲击碾压的压实方法进行地基处理，试验段1采用 26 t 振动压路机进行振压，行驶速度控制在 2～4 km/h，总共压实 10 遍，分别记录初始值、第二遍、第六遍、第八遍及第十遍时的高程数据，试验段2采用 25 t 冲击碾进行碾压，碾压速度控制在 12 km/h，碾压遍数 30 遍分别记录初始值、第三遍、第六遍、第十一遍、第十七遍、第二十五遍及第三十遍时的高程数据。

2）试验结果分析

（1）振动压实碾压遍数与沉降关系分析

在冲击碾压试验路沉降观测中，为了保证数据的可靠性，每个观测断面选择固定测点，测点用钢钉钉入砂砾层，并系上红布条，以方便压实后寻找。

观测中选取试验路段坡脚外约 5 m 的一个牢固水泥混凝土桩作为水准点，并假设该点高程为 0 cm，依此计算各个测点的相对高程，以此分析试验路段的沉降量。图 3-40 为现场测量情况。

图 3-40 现场测量情况

图3-41为各观测断面左坡脚、左路中、路中、右路中、右坡脚在不同压实遍数下对应测点高程的算术平均值对应的曲线。

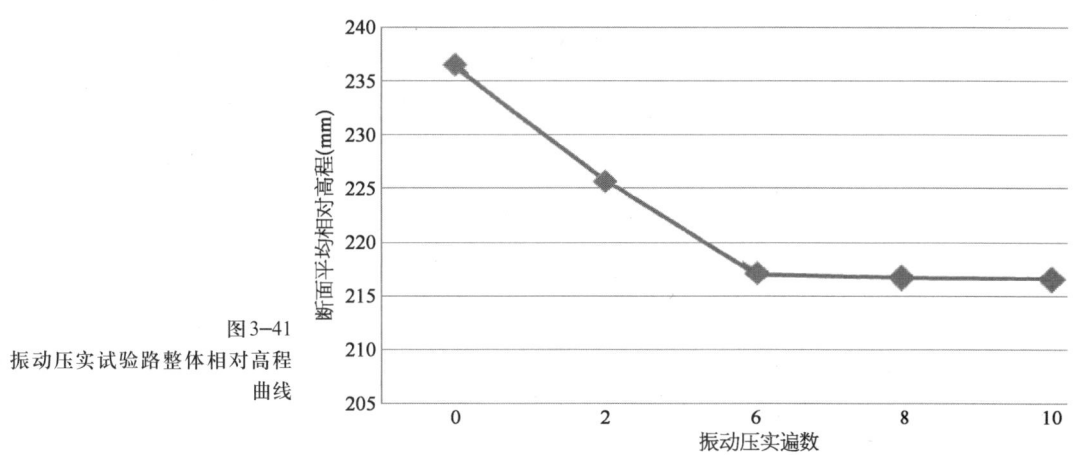

图3-41 振动压实试验路整体相对高程曲线

由图3-41可知，多年冻土区未清表断面在振动压路机碾压下，各个断面的平均沉降前6遍增加较快，达20 mm左右，但在6～8遍时沉降增加较慢，而在8～10遍时基本没有沉降。分析原因，压路机的碾压遍数对被压材料的密实度是有很大影响的。用同一压路机对同一种材料进行振动碾压时，最初的若干遍碾压对提高被压材料的干密度影响很大；随着碾压遍数的增加，干密度的增长率就逐渐减小；当碾压遍数超过一定数值后，干密度就不再提高了。如果碾压遍数过多，由于压实土本身的特性、路基中含水量的损失，以及稳定土中各种成分之间化学反应等，会对压实效果产生影响。碾压到一定遍数时，增加碾压遍数不但不会增强压实效果，反而会因压实功能的增加把路基土已经形成的压实效果破坏并重新组合，导致压实度降低。这就要求在道路施工时应提前确定填土厚度和碾压遍数，以保证达到规定的压实度。

图3-42为K562+520、K562+530、K562+540、K562+550、K562+560、K562+570六个观测断面左路中、路中、右路中在不同压实遍数下对应的沉降差曲线。

从各断面沉降差对应的不同压实遍数可以看出，在振动压路机碾压下，第二遍和第六遍时各个断面沉降差别巨大，有的断面出现压实沉降，有的断面则出现反弹，数据没有规律，其中K562+520左路中在6遍压实后反弹达1.3 cm，而在8遍时各断面观测点在振动压路机压实下均出现沉降，在10遍时沉降差基本接近零。分析原因，由于多年冻土地基处理的特殊性，一般情况下保留原地表草皮直接填筑路基，试验段范围内一次填筑50 cm砂砾，静压一遍后进行高程测量作为初始值，但是多年冻土区的天然地表一般为高原草甸或者水草地，该类土质腐殖层较厚、工程性质差、含水量高，多为黏性土。由于含水量过大，在较高的冲击能力下，土体的孔隙水压力急剧上升，冲压点不仅不能发生足够的沉降，由于孔隙水压力下孔隙水向上方非饱和面运动，对土粒形成挤动和浮力等作用而导致冲压点周

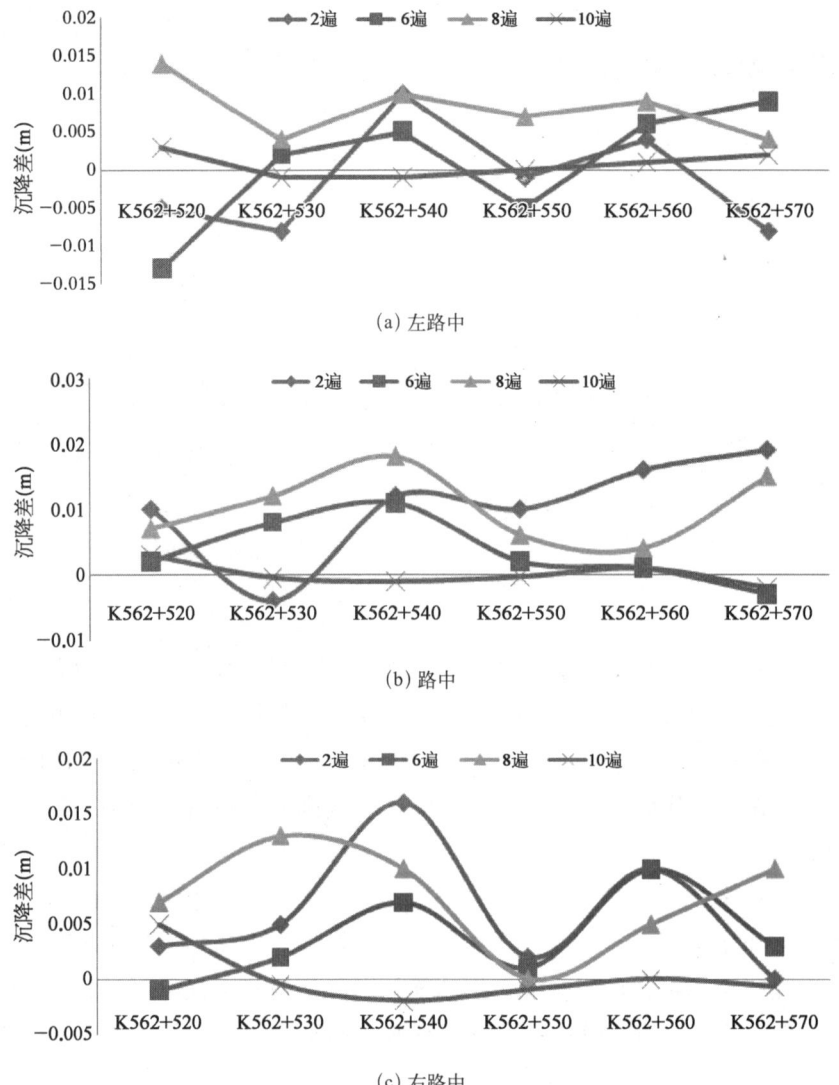

图 3-42 振动压实不同压实遍数与沉降差关系曲线

围的土体轻微隆起，从而导致了实测平均高程反而增高，沉降量为负值的现象。而在 8 遍以后，地表水分基本在振动压实作用下排出路基两侧，路基在振动压实功的作用下密度逐渐增大，在第十遍时达到最大值。

(2) 冲击碾压压实遍数对路基压实效果的影响

图 3-43 所示为试验段 2 不同断面在不同冲击碾压遍数时的沉降差值。图 3-43a 中试验段 2 左路肩在冲击碾压压实的过程中，0~6 遍时四个观测点的路基沉降差均为负值；6~17 遍时路基发生明显沉降，沉降差在 20~36 mm；虽然 17~25 遍压实时沉降发生反弹，个别断面出现负值，但 25~30 遍压实时的沉降差与 17~25 遍的沉降差成反比，综合比较 17~30 遍时沉降差基本持平，对左路肩的总体沉降差贡献不大。图 3-43b、c 中路基沉降

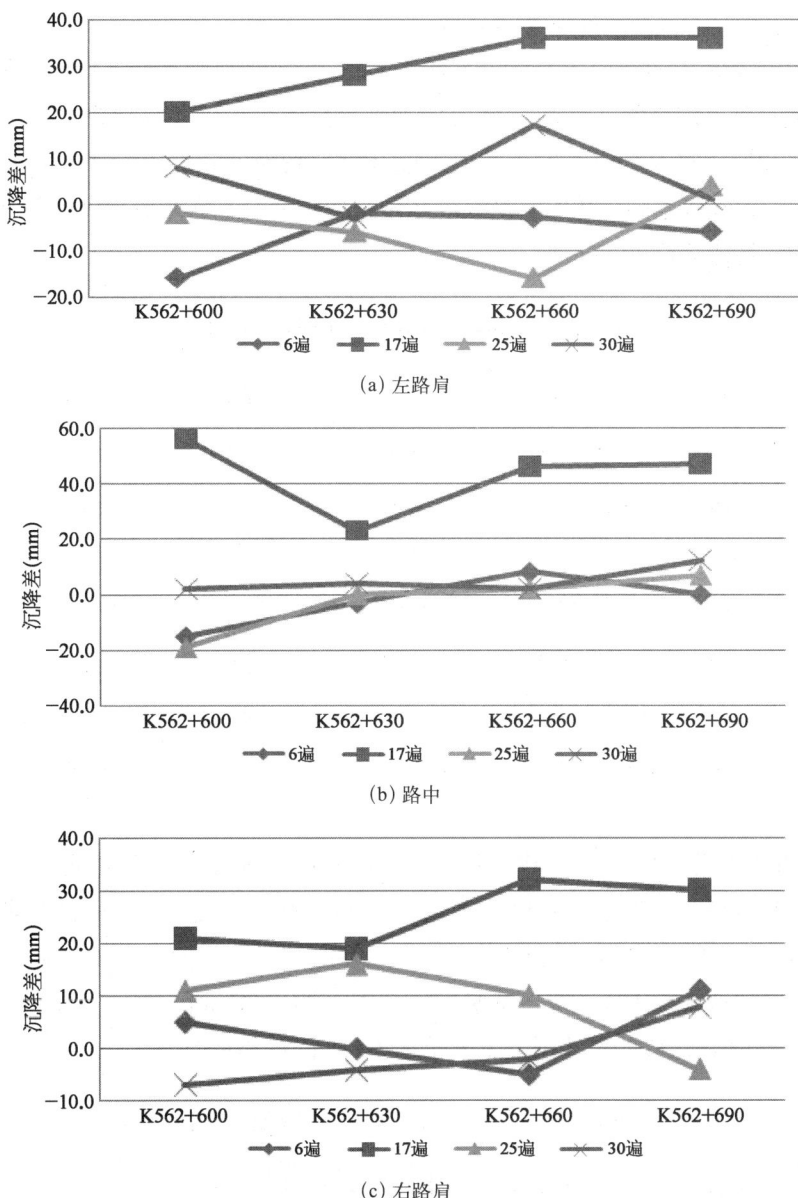

图 3-43　试验段 2 不同断面在不同冲击碾压遍数时的沉降差值

与压实遍数的关系与图 3-43a 中路基沉降与压实遍数的关系呈现出相似的规律，即 0～6 遍压实时沉降多为负值，6～17 遍时路基沉降压实量最大，17～30 遍时路基的沉降量基本不变，路中 6～17 遍时沉降量为 23～56 mm，右路肩 6～17 遍时沉降量为 19～32 mm。

从图中可以明显看到，该试验段在冲击碾压作用下的主要沉降发生在 6～17 遍时，而在 0～6 遍的冲压过程中，地基的沉降多变现为负值。冲击碾压 17～30 遍路基沉降差不大，说明冲击碾压控制在 25 遍左右即可达到压实效果，过多的压实会产生地基的弹簧效应以及资源的浪费。

(3) 不同压实方法与路基沉降量的关系

表3-16为试验段1（K562+520—K562+570）振动压实不同断面最终沉降量，表中分别列出了该试验段不同断面、不同位置在10遍振动压实完成后，该位置与基准点之间的沉降量、不同断面同一位置沉降量的平均值，以及同一断面不同位置沉降量的平均值。从表中可以看出，该试验段不同位置路基最终沉降量差异较大，沉降量最大值为31 mm，不同位置最终沉降的平均值为6～23 mm。

表3-16　试验段1振动压实不同断面沉降量　　　　　　　　　　　　　　（mm）

位　置	左路肩	左路中	路中	右路中	右路肩	断面平均值
断面1	−4.00	−1.00	29.00	14.00	27.00	13.00
断面2	2.00	−3.00	12.00	15.00	24.00	10.00
断面3	11.00	24.00	31.00	31.00	27.00	24.80
断面4	4.00	1.00	15.00	2.00	4.00	5.20
断面5	5.00	20.00	22.00	25.00	9.00	16.20
断面6	18.00	7.00	29.00	6.00	−2.00	11.60
平均值	6.00	8.00	23.00	15.50	14.83	

表3-17为试验段2（K562+600—K562+705）冲击碾压后不同断面的沉降量，表中分别列出了该试验段不同断面、不同位置在30遍冲击碾压完成后，该位置与基准点之间的沉降量、不同断面同一位置沉降量的平均值，以及同一断面不同位置沉降量的平均值。从表中可以看出，该试验段不同位置沉降量的平均值在28～45 mm，沉降量最大值为81 mm，最小值为8 mm。该试验段的整体沉降量大于试验段1的沉降量。

表3-17　试验段2冲击碾压不同断面沉降量　　　　　　　　　　　　　　（mm）

位　置	左路肩	左路中	路　中	右路中	右路肩	断面平均值
断面1	10.00	40.00	24.00	22.00	34.00	26.00
断面2	17.00	47.00	44.00	36.00	8.00	30.40
断面3	34.00	37.00	51.00	70.00	30.00	44.40
断面4	39.00	73.00	27.00	14.00	31.00	36.80
断面5	25.00	11.00	24.00	53.00	35.00	29.60
断面6	45.00	9.00	58.00	75.00	78.00	53.00
断面7	35.00	47.00	81.00	59.00	45.00	53.40

(续表)

位 置	左路肩	左路中	路 中	右路中	右路肩	断面平均值
断面8	21.00	41.00	37.00	38.00	16.00	30.60
平均值	28.25	38.12	43.25	45.87	34.63	

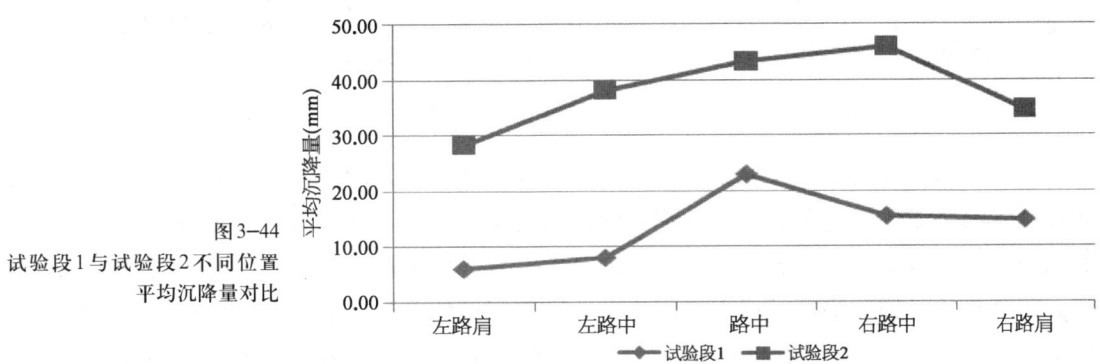

图 3-44 试验段1与试验段2不同位置平均沉降量对比

图 3-44 为试验段 1 与试验段 2 不同位置平均沉降量对比。从图中可以看出，试验段 2 的不同位置的最终沉降量最小值为左路肩的 28 mm，最大值为右路中的 45 mm；而试验段 1 不同位置的最终沉降量最小值为左路肩的 6 mm，最大值为路中的 23 mm。试验段 2 的不同位置的最终沉降量明显大于试验段 1 相应位置的沉降量，且差值较大，说明在多年冻土区采用冲击碾压（试验段 2）的压实效果要远远强于振动压实（试验段 1）的压实效果。

表 3-18 为 K562 + 560 及 K562 + 705 两个断面的填土高度。从表中可以看出，左路肩位于上坡位置，右路肩位于下坡位置，在最小填高 50 cm 的控制下，在地面线横坡的影响下，右路肩位置处的填土高度远远大于设计填土高度。

表 3-18　K562 + 560 及 K562 + 705 两个断面的填土高度　　　　(mm)

断 面	左路肩	左路中	路中	右路中	右路肩
K562 + 560	0.541	0.689	0.743	0.903	1.014
K562 + 705	0.651	0.722	0.691	0.803	0.838

图 3-45 为 K562 + 560 及 K562 + 705 两个断面最终压实厚度。图中 K562 + 560 断面为振动压实，K562 + 705 断面为冲击压实，虽然两个断面的压实方式不同，且路基填高均为左低右高，但最终的压实效果为中间压实度高，两侧压实度较差，没有出现因为左侧填高低而压实高差大的结果。两断面呈现出相似的最终压实厚度规律，只是冲击压实整体上的压实厚度要大于振动压实，说明压实效果主要受到压实方法及压实工序的影响。

从图 3-45 可以看出，共和至结古公路在高山地形和夏季充足的降水下，形成了高山

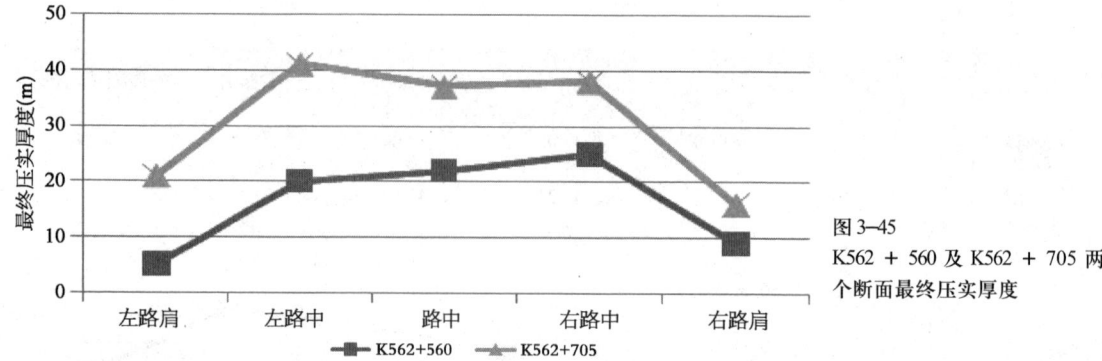

图 3-45 K562+560 及 K562+705 两个断面最终压实厚度

草甸发育、水草地发育以及地下水位较高的特殊地质条件及地表条件。多年冻土区特殊路基设计,因为多年冻土区要求宁填不挖的基本要求,在地基处理时要求不清除地表土,但共和至结古公路地表层具有水含量高、水草地发育、腐殖层厚等特点,地表层如果处理不好,对路基的后期沉降造成很大的影响。冲击碾压后的路基,最终沉降量基本上均超过了30 mm,最大值甚至达到了45 mm;而振动压实后的路基,最大沉降量只有23 mm,而且只有路中达到了该沉降量,其他位置的沉降量在15 mm以下,压实效果只能达到冲击碾压的一半。

在特殊路基设计时,要求表层一次填筑50～60 cm的砂砾,压实处理后要求冲入地表30 cm,以保证路基后期的稳定性。但施工时不仅受到了土层、含水量、土质等地表影响,而且也受地面纵、横坡的影响,会出现很大的不均匀性,在某些断面压实厚度可能会超过30 cm,某些断面压实厚度则不足10 cm。因此,现场应对设计的平均值分段进行计量。就压实机械选择而言,冲击压实整体上的压实厚度要大于振动压实;就压实效果来看,冲击碾压是更适合用于多年冻土区地基处理的施工方法。

3.2.4 多年冻土区路基基底处理方案

(1) 多年冻土区填方段基底处理

路基填筑高度按1.8 m控制:

① 当路基高度≥1.8 m时,基底采用不清表,砂砾或石渣冲击碾压的处理方案。填筑30 cm厚砂砾或石渣(通过水草沼泽时,填筑50 cm砂砾或石渣),用重型压路机冲击压入原地面以下,冲击碾压后上部再填筑30 cm厚砂砾,其上布设塑钢土工格栅。

② 当路基高度<1.8 m时,基底采用原地表下0.8 m范围内换填砂砾或石渣的方案处理。

(2) 多年冻土区挖方段、低填浅挖段基底处理

多年冻土区挖方段、低填浅挖段,基底采用路床下(挖方、浅挖段)或原地表下(低填段)0.8 m范围内换填砂砾或石渣处理。换填使用的砂砾材料颗粒组成应满足垫层材料的要求,宜粗不宜细。换填底面设置2%的单侧横坡,并铺设隔水土工布,坡脚设置带孔PVC管。低填路基除路面结构层外,全部用砂砾石填筑。当挖方段遇基岩裸露时,可不进行

换填。

3.2.5 基底不清表、砂砾（石渣）冲击碾压施工技术

1) 施工工艺

(1) 测量放样

沿红线桩、中桩、边桩放样及实测填、挖高程。

(2) 插杆挂线

在路基两侧每隔 20 m 插立短钢筋，然后用带线标志旗相连，挂线控制石渣（砂砾）虚铺厚度。石渣（砂砾）虚铺厚度依据工艺试验确定的工艺参数进行控制。根据单车容积计算推土间距卸料计算公式：$S = V/H$（S 为单车摊铺面积，V 为单车运量，H 为松铺厚度），用石灰方格或中心标记。

(3) 填筑

石渣（砂砾）填筑按照"三阶段、四区段、八流程"的机械化作业施工工艺组织施工。按照横断面全宽纵向水平分层的方法填筑、整平、压实。

不清表，将料场生产合格的石渣（砂砾）料用自卸车运至工地，在现场专人指挥下卸料，采取纵向卸料、边填筑边推进的方式（推土机、压路机配合）卸料。为避免破坏地表植被和车辆、机械沉陷，车辆、机械应在已填筑的路基上行走，不得直接碾压在原地面上。此外，基底应超宽填筑，填筑时基底（含护坡道）两侧各加宽 0.5 m。

(4) 整平

用推土机粗平，平地机精平。平整时严格按挂线高度找平，由两边向中间平整，机械平整不到位的地方应人工辅助找平。平整面应做成两侧 4% 横向排水路拱。整平后石渣（砂砾）应平整，厚度均匀，层面上无显著的局部凹凸和积水，并根据平整范围选取 3～5 个点检查松铺厚度，做好记录。

(5) 碾压

碾压采用重型压路机和三边压路机配合碾压，先用振动压路机静压 1 遍、强振 2 遍，后采用三边压路机冲碾。冲击碾压时，三边压路机行驶速度不小于 12 km/h，碾压遍数不少于 25 遍。冲击碾压后用平地机刮平，最后再用重型压路机强振 2 遍、静压 1 遍。

重型碾压和冲击碾压都应沿线路纵向进行。直线段先两侧后中间，曲线段先内侧后外侧，遵循先静后振、先慢后快、先弱后强的原则。沿线路纵向行与行之间碾压重叠不小于 0.3 m，各区段衔接处相互重叠碾压，纵向搭接不小于 2 m，路基全宽范围都应碾压密实，达到相应的密实度要求。

当路基设置有护坡道时，护坡道基底处理与路基本体采用同一种填料填筑，并与路基本体同时填筑，同时整平，同时碾压。

(6) 检测

冲入原地面压实后，及时进行检测，检测合格并经监理工程师确认后，才能进行上部

路基填筑。

2）基底冲碾石渣（砂砾）施工质量控制关键点

（1）石渣（砂砾）填料

严格控制石渣（砂砾）填料最大粒径和含泥量等指标，对超过设计粒径的大块硬质材料，须破碎或清除，清除的石料（砂砾）集中堆放、及时运出，不得丢弃在路基两侧。

（2）临时排水

除施工过程中路基表面应做成两侧4%横向排水路拱外，在施工前若路基位于横向斜坡上时，还应在路基上坡脚5 m外做好临时排水设施，以利路基面排水。

（3）石渣填筑宽度和厚度

按照工艺试验确定的松铺系数和插杆挂线的方法，控制好每层虚填厚度。同时，为保证基底处理两侧边缘的压实，石渣（砂砾）铺设宽度超出路堤设计宽度两侧各0.5 m。

（4）石渣碾压

压实作业做到无偏压、无死角，碾压均匀。严禁车辆在路基上急转弯、调头、急刹车，以免破坏已压实的填层。

3）常见问题及处理对策

（1）路基弹簧，重车沉陷

由于多年冻土区原地表多为水草沼泽湿地，草皮及其下土体含水量大，承载力低，若填筑的石渣（砂砾）过薄，难以稳定草皮下部软弱层，易产生施工机械、车辆沉陷，碾压弹簧的问题。可适当提高每层填筑的铺筑厚度，或者将冲碾至原地面下的石渣（砂砾）和地面上的石渣一次性倾填。

（2）路基表面局部翻浆

在冲碾过程中，草皮下部土地内和局部小水坑中的水在冲击碾压泵吸作用下，被吸至石渣（砂砾）填筑表面，造成的表面翻浆。若翻浆较轻，可将翻浆处填筑的石渣（砂砾）挖出，填筑新料补充碾压；若翻浆较重，除换填翻浆处的石渣（砂砾）外，还应沿路基横向开挖小排水沟，或者设置带孔PVC管，将水排至路基外。

3.2.6 基底换填石渣（砂砾）施工技术

1）换填石渣（砂砾）施工工艺

（1）测量放样

沿红线桩、中桩、边桩放样及实测填、挖高程。用白灰撒出开挖边界线。

（2）修建临时排水

开挖边界线外侧5 m做好临时挡水捻。

（3）揭草皮并养生备用

先用挖掘机沿开挖边界线（白灰线）将草皮裁切出来，然后用铲车揭草皮。为确保草皮的成活，揭草皮时应保留30 cm厚的腐殖土。将揭开的草皮移置于路基外侧（易于运输一侧），并堆码整齐，采用黑色防晒网覆盖养生。

（4）开挖

前期准备工作充分后再进行开挖换填作业，换填的开挖与后续的铺设土工布和回填砂砾工序等应紧密协调进行。若换填段落长度较短（＜200 m），应准备足够的施工人员、机械机具、材料，迅速施工；若换填段落较长（≥200 m），换填作业应逐段进行，严禁开挖长度过长。

开挖深度为原地表下80 cm，边坡坡度开挖成1∶0.5，开挖下底面设置成2%的单侧横坡。利用挖掘机、装载机和自卸汽车等将原软弱土移运至取土场，严禁乱倒乱弃。

若开挖作业与后续的工序不能衔接，则预留设计换填标高以上20～30 cm土体不开挖，待准备充分后再开挖。

（5）铺设隔水土工布及PVC管

换填下表面按设计设置一层隔水土工布，两侧边坡也应铺设隔水土工布，坡脚设置ϕ25 mm带孔PVC管，排水管与排水系统顺接。

（6）回填碾压

土工布铺设完成，检查确认符合要求后进行换填材料的回填，砂砾采用后倾法填筑，纵向水平分层填筑、整平、压实。

2）换填石渣（砂砾）施工质量控制关键点

① 换填材料符合设计要求。
② 开挖换填作业应准备充分，开挖、铺设土工布和回填各工序应紧密协调进行。
③ 回填前必须对铺设的土工布检查，验收合格后方可继续施工。

3）常见问题及处理对策

① 按照原设计施工后，路基没有稳定。换填作业应分段进行，若某段路基按照设计施工换填后路基还是软弱，则其余应根据现场地质、水文条件及时调整换填深度。

② 开挖至换填下底面时，后续工序没有及时跟进，导致下底面水汇集，变成稀泥。避免在中午的高温时进行施工，选择在早晨或傍晚施工；严格按照要求在路基外侧做好临时挡、排水设施；若后续工序不能及时跟进，预留20～30 cm不开挖；若换填下底面水已汇集，则应将该层稀泥清除，换填成砂砾。

3.3 多年冻土区特殊结构路基施工技术

多年冻土区路基当按一般路基设计原则确定的高度过高时，或一般填土路基不能满足保护冻土要求时，应按特殊结构的路基进行设计。特殊结构路基的各种措施应结合冻土地温状况、冻土环境、路基高度及工程地质条件综合比选确定。

低温区路基应按保护多年冻土的设计原则进行设计，经计算路基合理高度大于3.5 m时，应采用隔热层路基降低路基高度；在高温高含冰量多年冻土区段采用控制融化速率、综合治理的设计原则，宜采用片块石路基、通风管路基、热棒路基等特殊结构路基，病害特别严重路段宜采用热棒+隔热层复合式路基。

共玉公路全线除桥隧结构物外，处治多年冻土路段长度227 km。设计采用了片块石路基、XPS板路基、热棒路基、通风管路基、片块石+通风板路基、强制弥散式通风路基等特殊结构路基。

3.3.1 片块石路基施工技术

1) 片块石路基的工作原理

片块石路基是一种通风路基，它利用空气的流动来改变路基的传热方式。在开放状态下，片块石路基结构的作用机理是：冬季以通风作用为主的强迫对流效应和较弱的块石层侧向空气自由对流的复合过程，这一复合过程主要与风速和风向有关。当风速较大时，块石层内产生强迫通风效应；当风速较小时，在阴坡侧块石层一定厚度内产生自由对流效应。夏季因风速和风向条件，块石层主要以热传导过程为主，有利于块石结构层内部产生一定

图3-46
片块石路基

的隔热作用。在封闭状态下，由于阻断或大幅度减弱了风的影响，块石夹层路基结构弱化了强迫对流过程。同时，由于块石夹层路基上部填土的影响，块石层顶底板温差不足以驱动自由对流过程。因此，在封闭状态下块石层内部主要以热传导过程为主，块石层内的空隙起到了一定的隔热保温的作用。

2) 片块石路基的适用条件

片块石路基具有良好的透水性，降温效果明显，一般在高温冻土区地下泉水发育或地表径流较发育的区段采用，同时也可用于治理融化夹层发育所引发的路基病害。

另外，片块石路基对石料需求较大，附近有无适合开采的、满足强度等各方面性能的石料，是选用该措施时应首先考虑的问题。

3) 片块石路基设计（图3-47）

（1）片块石粒径的选择

要达到良好的对流效果，片块石路基中孔隙率是一个关键参数，即要解决粒径问题要考虑两个方面。首先从片块石路基通风对流要求考虑，要有利于片块石路基的通风对流，从而保护路基下的多年冻土，就要使冷空气在片块石中易进难出，其核心是最佳粒径的问题。片块石体中的空隙大小影响气流速度，片块石体中的空隙大小和片块石的比表面积有关，片块石的比表面积随片块石粒径减小呈几何级数增大，这两者均直接影响降温效果。同时，为使孔隙率保持在一定范围，防止施工期间将片块石碾压成粉碎，其压碎值也是一个关键参数。

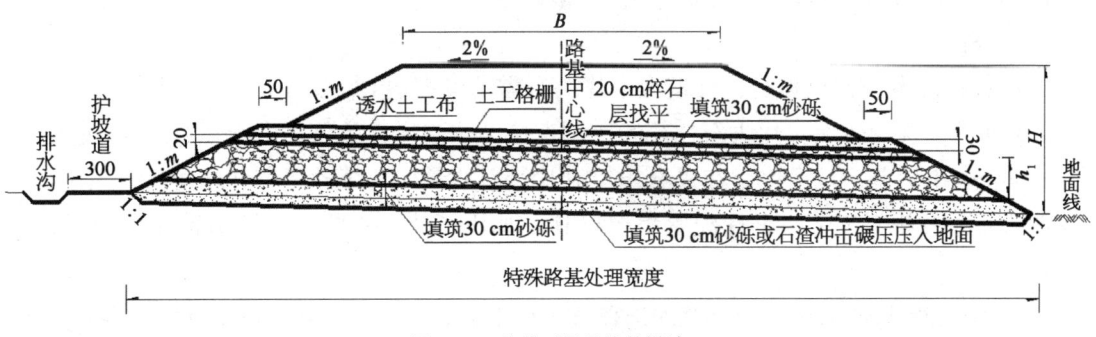

图3-47 片块石通风路基设计

片块石路基的片石应选用洁净、耐冻、无风化、无水锈和裂纹的石料。从片块石路基通风对流要求考虑，片块石料的粒径应基本一致，粒径应在15～35 cm范围内，最小边长宜大于15 cm，且长细比小于3，石料强度大于30 MPa，孔隙率不宜小于25%。

（2）片块石层的铺筑厚度

作为多孔介质的片块石路基，其中的对流换热是由于气体和片块石表面的温度差所导致的热量交换现象。对流换热中，气体与片石壁面必须直接接触，且导热和对流同时起作用。气体流动是由外部动力源引起的强制对流换热和温度差异造成其中气体的密度差引起的自然对流换热。

为了使路堤在冬季能产生自然对流效应,室内试验和数值模拟结果得出片块石层厚度宜取100～150 cm。本次项目设计为:在富冰冻土地区,采用片块石层厚度为90～120 cm;在饱冰冻土地区,采用片块石厚度为120～150 cm。

(3)辅助防护结构设计

片块石路基其空隙内不得充填碎石或其他杂物,片石层上部用20 cm厚碎石整平,其上再填筑30 cm砂砾垫层,垫层与碎石整平层间铺设透水土工布,垫层上部布设双向塑钢土工格栅。

碎石封层设置在片块石与砂砾垫层之间,起到粒径和平整度的过渡作用,因此碎石封层粒径应控制在5～10 cm,厚度20 cm。为防止砂砾料漏入片块石里,在碎石封层与其上部的砂砾垫层之间设置透水土工布。

砂砾垫层铺筑于透水土工布之上,厚度30 cm,要求选用颗粒级配良好、质地坚硬耐久的中粗砂,砂中不得含有杂草、垃圾及粒径大于10 mm的石块等,含泥量不大于5%。此外,为加强路基的整体稳定性,砂砾垫层上部布设双向塑钢土工格栅。

4)片块石路基的施工工艺

(1)基本要求

在施工片块石路基前应对底垫层检测,底垫层的厚度、宽度、路拱、弯沉和压实度等应满足设计要求。自然爆破后的片块石材料应在石料场经过进一步筛选、破碎,满足粒径要求后再运至工地。石料严禁运至路基上再破碎。

(2)施工工艺

① 备料。本项目里程长、规模大,片块石需求量高达120多万立方米,片块石质量要求和工期进度挑战较大。片块石粒径的控制直接影响着通风效果,由于在施工现场控制片块石粒径效果较差,最后决定在采石场控制片块石质量。从爆破环节开始着手,采用振动喂料机筛选石料新工艺,合理配置生产机具,加快了片块石的筛分选料速度,如图3-48所示。

采取小洞室爆破方案,通过合理选择爆破施工的各项技术参数,取得良好的爆破效果,对片块石粒径进行初步控制。

选料是控制片块石质量的关键。爆破出的石料先采用挖掘机进行初选,将大于30 cm的片块石挑出来,进行小解或采用冲击气锤分解;将初选后的石料用装载机装运至振动喂料机进行筛分。

在采石场搭建筛分台,筛分台采用工字钢搭建,120工字钢9 m,按照15 cm间距布置。坡度为1:1,台下净空满足装载机作业要求。

利用振动喂料机将小于15 cm石块筛除,筛分出的片块石即可达到粒径要求。

(a) 破碎　　　　　　　　　　　　(b) 筛分台

(c) 筛子　　　　　　　　　　　　(d) 合格的片块石料

图3-48 片块石料生产

表3-19为采石场生产片块石机具配置。

表3-19 生产片块石机具配置

序号	设备名称	型号、规格	数量（台）
1	振动喂料机	15 cm	1
2	空压机	9 m^3/min	4
3	空压机	3 m^3/min	10
4	挖掘机	PC200	8
5	装载机	ZL50	2
6	冲击锤		1

根据现场统计分析，PC200挖掘机每台班可选料400～450 m^3，采石场在配置1套筛分平台、1台冲击锤（可由PC200挖掘机改装）、7～8台挖掘机选料的情况下，每日可选料3 500 m^3，满足了质量和工期要求。

② 填筑。底垫层检测合格后，将满足粒径及强度的片块石一次倾填至预留高度（设计高度+预留压实沉降量）。预留压实沉降量应根据不同的材料性质通过现场压实试验确定。

施工时提前安排好运输路线，专人指挥，采取先低后高、先两侧后中央的投料方式进行。

人工配合挖掘机进行片块石路基整形，边填筑边整形，路堤边坡坡脚采用粒径大于25 cm的石料堆砌，边码堆砌的块石粒径宜选择20～30 cm，不允许粒径≤10 cm的片块石填塞缝隙，边坡外露面应做到平整、稳固，如图3-49所示。施工过程中注意防止挖掘机将底部土体带起，以免影响通风。

(a) 片块石填筑　　　　　　　　　　(b) 片块石路基边坡整修

图3-49　片块石路基填筑

③ 整平。利用破碎锤（可由挖掘机改装）对超粒径的片块石进行破碎和大体整平，后人工用小石块找平，粒径控制在5～10 cm，并使用小石块将表面孔隙进行人工填塞，填塞后不得有明显可见的较大孔隙。

④ 碾压。找平、填塞完成后，采用重型光轮压路机（25 t以上）先静压2遍，然后强振碾压6～8遍。压路机的线压力应与片块石的极限抗压强度匹配，避免造成石料破碎而破坏骨架结构。碾压速度控制在2～4 km/h。直线路段应先两侧后中间，曲线段应先内侧后外侧，碾压的纵向行与行之间应重叠0.5 m左右，前后相邻区段应重叠2 m以上。常用几种石料的抗压强度极限和允许的线载荷见表3-20，片块石最大接触应力如表3-21所示。

表3-20　常用几种石料的抗压强度极限

石 料 种 类	强度极限（MPa）	允许的压路机单位线载荷（N/cm）
软石料（石灰石、砂岩石）	30～60	600～700
中硬石料（石灰石、砂岩石、粗粒花岗岩）	60～100	700～800
坚硬石料（细粒花岗岩、闪长岩）	100～200	800～1 000
极硬石料（辉绿岩石、玄武岩、闪长岩石）	200	1 000～1 250

表 3-21　片块石允许最大接触应力

允许最大接触应力（MPa）		压实层的变形模量（MPa）	
压实开始	压实结束终了时	压实开始	压实终了时结束
0.4～0.6	2.5～3	30	100

⑤ 填筑碎石封层及冲击碾压（图3-50）。碎石封层施工前，先在施工后的片块石两侧边坡铺设彩条布，彩条布深入片块石路基表面30 cm，伸出坡脚处30 cm，并用石块压牢，以防片块石路基上部的碎石封层、砂砾垫层等细料划入边坡，堵塞孔隙，影响通风效果。

图3-50　片块石路基碎石整平层施工

在片块石上全宽范围内填筑碎石，碎石粒径5～10 cm，插杆挂线法控制碎石封层的虚铺厚度，人工配合推土机整平。先用重型压路机静压1遍，然后采用三边压路机进行冲击碾压补强，冲击碾压遍数不少于25遍，行驶速度不小于12 km/h。冲击碾压后再整平，重型压路机静压1遍。按照要求在碎石层上铺设透水土工布。

⑥ 铺设砂砾垫层及土工格栅。砂砾垫层采用中粗砂，施工前应对中粗砂的外观筛分析、细度模数、含泥量等检验，符合要求后方可施工，砂砾垫层的填筑方法与碎石层相同，砂砾垫层施工并检验合格后，在上部铺设土工格栅，加强片块石路基的整体稳定性。

（3）片块石质量控制关键点

① 底垫层。底垫层为铺筑片块石路基的基础，底垫层的厚度和宽度应符合设计要求，底垫层压实度≥96%。

② 片块石材料。片块石材料应洁净，无风化，粒径范围15～30 cm，粒径大于30 cm的石料不得超过5%（重量比）。片块石最小边长宜大于15 cm，长细比小于3。片块石饱水抗压强度≥30 MPa。

③ 预留高度与片块石厚度。片块石一次倾填至预留高度（设计高度＋预留压实沉降量）。预留压实沉降量应根据不同的材料性质通过现场压实试验确定，避免因片块石一次倾

填过厚影响到片块石层上方的路基结构层的铺筑。

为保证片块石路基的通风效果，片块石层最小厚度应不小于90 cm。施工前，施工单位应重点核查片块石层厚和路面标高。个别地段受地形和路面标高限制，可适当减少片块石的厚度，但最小不能小于90 cm。如果局部按照90 cm厚度处理还是无法保证标高时，不能下挖，应上报改用其他工程措施处理。

④ 压实质量控制。片块石路基压实质量控制一般采用施工工艺控制和压实沉降差控制的双控方法。其中，施工工艺参数指的是压实功率、碾压速度、碾压遍数和铺筑厚度等。压实沉降差为重点控制指标。

压实沉降差监测点，沿路基纵向每40 m设置一个观测断面，单幅路基每个断面测点不少于4个，整幅路基不少于9个，测点距路基边缘不小于0.5 m。压实沉降差平均值≤5 mm，标准差≤3 mm。

5) 片块石路基施工过程中存在的问题

(1) 片块石路基中土工布设置问题

共和至结古公路在富冰、饱冰冻土段设计采用了片块石通风路基，在施工过程中发现铺设的土工布产生大面积的刺破。针对以上问题，课题组及时组织现场调查，发现设计文件要求土工布铺设在砂砾层与碎石整平层之间，而施工单位却将土工布铺设在片块石层与碎石整平层之间，铺设位置的错误造成土工布被刺破。土工布设计目的：首先是阻止在施工和运营过程中，片块石上部的细集料漏入片块石层中，形成空洞，影响路基强度；其次是漏入的细集料将会堵塞片块石的空隙，从而影响片块石通风路基的降温效果。

(2) 片块石路基施工问题

片块石路基是为了充分利用片块石中的空隙产生对流机制，降低路基内部温度，达到保护冻土路基的整体稳定性，根据试验结果选取片块石粒径15～30 cm。施工时要求片块石材料不要刻意挑选单一粒径，自然爆破后经过进一步筛选、破碎，满足粒径要求即填筑，填筑采用倾填方式，并一次填筑到设计高度，石料用机械整平，个别部位需人工用小石块找平。

施工现场调查发现，个别片块石路基在施工中采用大粒径的石块填筑后，在施工现场进行破碎。由于施工中大粒径的石块堆积过厚，部分大粒径的石块没有得到破碎而直接填筑到路基的内部，不能满足所有的粒径达到设计要求的15～30 cm，如图3-51所示。这将导致片块石路基的空隙率出现变化，影响片块石路基后期的通风降温效能。

风化的石料在填筑、压实的过程中会破碎、分散，破碎后的细料会在片块石内部填充，也会影响片块石内部的孔隙率，进而影响到片块石通风效果。因此，设计要求石料强度大于30 MPa，洁净、耐冻、无风化、无水锈和裂纹。然而施工现场发现，个别片块石路基风化，如图3-52所示。对风化石料应废弃。

图3-51 超粒径石料　　　　　　　图3-52 风化石料

3.3.2　XPS板路基施工技术

1) XPS板路基工作原理

对于道路工程，加铺黑色沥青路面后，表面热交换条件改变，黑色路面吸热较多，引起路基内的热积累急剧增加，导致多年冻土上限下降。隔热层路基是从热传导角度出发，在不过多加高路堤的情况下，在路基内加铺一层隔热材料，利用隔热材料的低导热性增大路基热阻、减少大气（太阳）热量传入路基体内的一种路基结构形式，可在一定时间内（如设计年限内）起到保护冻土及延缓冻土退化的作用，如图3-53所示。

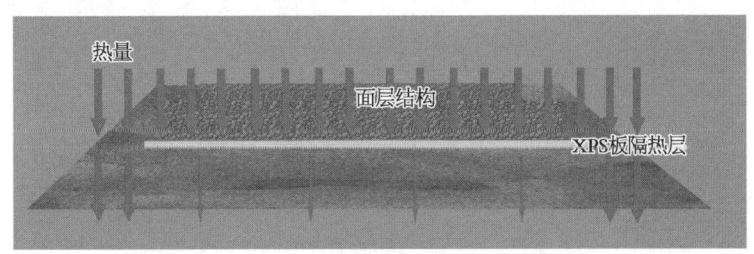

图3-53　铺设XPS板隔热层效果

隔热材料多采用聚苯乙烯泡沫材料（EPS）和挤塑聚苯乙烯泡沫材料（XPS），该类材料具有轻质、多孔、热导率小、热阻高及强度大等特点。从EPS、XPS两种材料对比试验看，冻融循环后热导率、体积吸水率、抗压强度等性能XPS都远远优于早期所采用的EPS隔热材料。因此，本项目中采用性能优良的XPS板作为路基调控措施。

2) XPS板路基的适用条件

XPS板隔热层路基一般用于低温低含冰量多年冻土区，具体适用状况如下：
① 路基计算压缩沉降量超过路基容许沉降量路段。
② 路基设计高度由于路线纵坡控制，不满足路基临界高度或不经济的路段。
③ 路堑处或翻越垭口处需要进行换填保护下伏多年冻土的区段。

④ 治理融化盘形成而产生不均匀沉降的路段。

⑤ 降低路基高度，治理融化盘偏移所引发的路基病害。

3) XPS 板路基设计

(1) 隔热材料的技术要求

为保证其良好的隔热效果，XPS 板材料采用以下指标：热导率不大于 0.03 W/(m·K)，密度在 40~45 kg/m³，抗压强度大于 0.65 MPa。

(2) 隔热层设置厚度

运用等效热阻原理，将隔热板与融土进行等效热阻计算得到式（3-2）。

$$d_e = \frac{d_s k_e}{k_s} \tag{3-2}$$

式中 d_e, d_s——XPS 板与等效土体的厚度；

k_e, k_s——XPS 板与等效土体的热导率。

考虑到隔热板以上土体为砂砾与碎石土，具有较好的拒水能力，施工较易压密，因此在等效计算的过程中忽略水分迁移对土体热导率的影响，只考虑冻融两种状态下的热导率。一般情况下，只有在夏季当外界热量向路基内部传递的时候，增大路堤热阻才有实际意义；相反在冬季则希望热阻越小越好。因此，只需将 XPS 板与融土进行等效就可以了。

根据路基合理高度的概念和表达式进一步提出 XPS 板材料的合理厚度为：

$$d_合 = 0.054\,2\,\frac{k_e \Delta t}{k_s} - 1.104\,5\,\frac{k_e h_天^0}{k_s} + 4.787\,6\,\frac{k_e}{k_s} - \frac{k_e}{k_s}(h_u + h_d) \tag{3-3}$$

$$h_天^0 = 0.023\,2(t_0 - 1\,999) + 2.01$$

式中 $d_合$——XPS 板合理厚度；

$H_合$——用砂砾碎石土作为路堤填料的路基合理高度；

h_u——XPS 板上伏土体厚度；

h_d——XPS 板下垫土层厚度。

根据上述公式，综合考虑埋深、压实及安全系数等因素的影响，在本次设计当中设计 XPS 板的厚度取 8 cm（4 cm + 4 cm）。

(3) 隔热层埋设深度

根据车辆荷载的特点和路面下应力扩散原理（图 3-54），以及隔热板板材容许承载力等条件，可推导出式（3-4）。

$$\frac{2pd}{d + 2h\mathrm{tg}\,\varPhi} + hr \leq \sigma \tag{3-4}$$

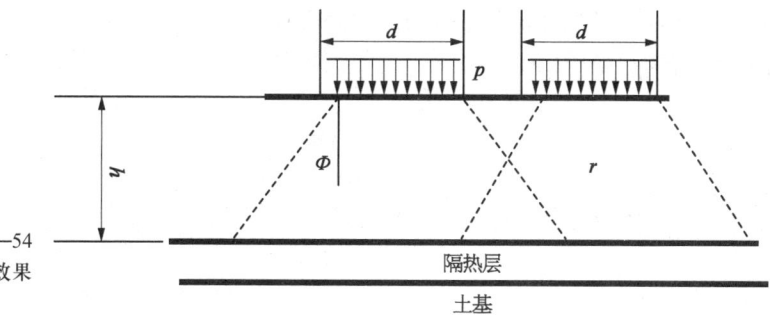

图3-54 铺设XPS板隔热层效果

式中 p —— 轮胎压强（MPa）；
d —— 单轮传压面当量圆直径（m）；
r —— 隔热层以上各结构层容重加权平均值（MN/m³）；
Φ —— 隔热层以上各结构层应力扩散角加权平均值（°）；
h —— 隔热层合理埋深（m）；
σ —— 隔热板板材容许压应力（MPa）。

不同隔热材料，有着不同的容许压应力 σ，隔热层上不同填料对应计算出不同的应力扩散角加权平均值 Φ 和结构层容重加权平均值 r。代入不同参数可以计算出相应合理埋深。

若以标准轴载BZZ-100，$\Phi = 36°$，$r = 0.023$ MN/m³，$\sigma = 0.58$ MPa（r、Φ 取值可能有偏差），$p = 0.7$ MPa，$d = 0.17$ m 为例，经计算：$h \geq 0.17$ m。在设计应用中，考虑到行驶车辆载重较大或超载严重，以及上述计算的误差，对计算结果增加1.5的安全系数，考虑设计与施工的影响，则XPS板隔热层的埋置深度为路基设计标高以下30～35 cm。

(4) 隔热层上结构层填料及最小压实厚度

隔热板上结构层最小压实厚度与压路机最大接触应力及隔热层材料容许压应力的关系应满足式（3-5）要求。

$$\frac{\sigma_{max} d}{d + 2h \operatorname{tg} \Phi} + hr \leq \sigma \tag{3-5}$$

式中 σ_{max} —— 压路机最大接触应力（MPa）；
d —— 单轮传压面当量圆直径（m）；
r —— 隔热层上结构层容重加权平均（MN/m³）；
Φ —— 隔热层上结构层应力扩散角加权平均值（°）；
h —— 隔热层上结构层最小压实厚度（m）；
σ —— 隔热层材料容许压应力（MPa）。

为达到最好的压实效果，压路机的接触应力与结构层极限强度应满足式（3-6）要求。

$$\sigma_{max} = (0.8 \sim 0.9)\sigma_p \tag{3-6}$$

不同结构层极限强度 σ_p 见表 3-22，根据式（3-5）和式（3-6），可确定隔热层上结构层填料及相应的最小压实厚度。

表 3-22　部分材料极限强度 σ_p

被 压 材 料	极限强度（MPa）
低黏性土（砂土、亚砂土）	0.3～0.6
中黏性土（亚黏土）	0.6～1.0
高黏性土（重亚黏土）	1.0～1.5
碎石路基	3.8～5.5
砾石路基	3.0～3.8
水泥稳定土	5.0～6.3

4) XPS 板路基施工工艺

(1) 基本要求

① 隔热材料准备与检测。隔热材料（XPS 板）依据设计要求控制指标和结构设计进行加工。XPS 板材料进场时必须进行抽检，检查 XPS 板的规格、检验合格证等，对 XPS 板的密度、热导率及抗压强度等指标应做室内检测试验，或委托有 XPS 板检测能力的检测机构完成第三方检测。检测合格后方可在项目上使用。

XPS 板属于轻质易燃化工材料，要求全程注意防火。鉴于青藏高原空旷风大，运至工地还要对板材进行围捆，确保材料安全。

② 施工前专门的技术交底。鉴于隔热层路基尚没有可行的施工技术规范，施工人员不熟悉施工过程及质量控制注意事项，在所用材料、机械设备、人员准备充分，明确设计和施工意图，技术人员专门的技术交底后，方可进行施工。

③ 施工季节选择。隔热层路基一般要求 6 月底以前安排施工。铺设 XPS 板的施工季节对路堤下冻土上限有较大影响，特别是在路堤铺设后最初的 1～2 年内，随后路中人为上限的变化趋势逐渐稳定，数值模拟结果显示，直至第六年施工季节对路中人为上限的影响才逐渐消失。因此，XPS 板路基的施工季节最好能选择在冬季，如果冬季无法施工，应避开最大融深季节。综合考虑，XPS 板铺设的时间应选择在 6 月底以前。

④ XPS 板下承层。XPS 板路基对下部结构层平整度和压实度要求较严，不平整的下垫层会使施工压实时存在"反弹"现象，无法达到隔热层路基施工质量要求，因此要求隔热层下的土层应达到设计要求的压实度方可铺设。

(2) XPS 板路基施工工艺

① 下承层的检验及压实。对 XPS 板路基的下承层进行整修，使平整度、压实度和弯沉达到设计要求。先检验路基的压实度，在路基的压实度合格后再检测路基弯沉，如图 3-55、

图 3-55　铺 XPS 板前压实度检测

图 3-56　铺 XPS 板前弯沉检测

图 3-56 所示。检测结果应满足路床顶面的验收标准。

② 铺设 XPS 板。路基中个别部位出现明显的不平整时，应用提前备好的细中砂人工找平，如图 3-57 所示。将满足要求的定制 XPS 隔热材料依据设计搭接方式进行铺设。在定购隔热材料时应该考虑拟定搭接方式，由厂家预先制作搭接槽或在施工时采用黏合剂进行胶接连接，从而提高工程质量，减小劳动强度。当铺设两层板材时，上下两层板错缝铺设，如图 3-58 所示。

图 3-57　人工找平

图 3-58　铺筑 XPS 板

直线段线形要素简单，拼接布设板材相对较容易；曲线段拼接相对困难，建议采用直向积累、集中拼缝处理的方法进行铺设（图 3-59）。拼缝处理时，拼缝用不规则同质板材现场切割组拼，相邻板材原有搭接方式同时被打断，该处连接在施工时采用黏合剂进行胶接连接。铺设满足整个区段滑顺自然，板材嵌挤紧密，不留空隙。满足全区段幅宽要求，在弯道处局部适量加宽，达到全区段最小有效宽度满足设计要求。

③ 板上卸料。层上填料及压实考虑到板材强度问题，施工机械不能直接碾压 XPS 隔热

图 3-59 弯道处拼缝处理方式

板。在 XPS 板铺设完成检查无误后,用自卸汽车将上层填料运抵铺设段的一端卸料,由铲车将填料按照预留压实厚度向前将过剩的填料推运,依此类推,完成板材上填料的铺筑工作,如图 3-60 所示。

(a) XPS 板上卸料

(b) XPS 板上部填料推运

图 3-60 层上填料施工方式

④ XPS 板上填料整平与压实。随后用平地机整平,压路机压实。层上填料要有足够厚度才能进行压实,压实层不宜太薄,要满足设计给出的最小压实层厚度。层上压实度满足设计要求。

(3) XPS 板路基施工控制关键点

① XPS 板基本技术性能测试(满足设计指标要求)。市场上 XPS 板质量参差不齐,XPS 板订制必须满足设计要求。同时,严把材料进场关,必须对 XPS 板各项技术指标进行抽检,各项指标满足设计要求后方能使用。

② XPS 板路基下承层(满足过程控制要求)。实践证明,XPS 板下承层的平整度、强度对 XPS 板路基的施工质量会产生巨大的影响。在 XPS 板铺筑前,应严格控制下承层的平整

度、压实度和弯沉，必须满足路床的验收标准。

③ XPS 板铺筑。路基中个别部位出现明显的不平整时，用提前备好的细中砂人工找平。上下两层错缝铺设。

④ XPS 板上卸料、摊铺与压实结构层压实度检测（满足过程控制要求）。

5）XPS 板路基检测

XPS 板路基施工完成后，标高已达到路床顶面标高，在路面垫层施工前，必须对 XPS 板路基的压实度、平整度和弯沉检测，检测结果必须满足路基验交标准。

6）XPS 板路基施工过程中存在的问题

(1) XPS 保温板路基弯沉超标问题

共和至玉树公路多年冻土区低填浅挖等特殊路段设计采用了 XPS 保温板路基，但在施工过程中出现了路基弯沉不达标的问题。针对以上问题，首先从材料性能角度出发，对 XPS 保温板进行包括压缩、抗折、破坏等试验检测，发现现场施工使用的 XPS 板经抽检后不能达到设计要求（不低于 600 kPa）。鉴于此，对国内主要 XPS 板生产厂家进行了调研，发现市场上生产的 XPS 板质量参差不齐，同一厂家不同批次的产品也存在较大差别。根据共和至玉树公路 XPS 板设计技术指标要求初选了三个厂家，分别是中国船舶重工集团公司第七二五研究所、洛阳楚瑜建材制造有限公司和欧文斯科宁公司，并对各厂家样品进行试验检测。

依据弯沉现场检测的贝克曼梁法建立计算模型，通过数值仿真计算的方法分析，得出 XPS 埋深、XPS 板回弹模量对路基弯沉值的影响规律，计算结果确定设计上部土层为 30 cm 时路基施工碾压不会造成 XPS 板的破坏；计算发现 XPS 板和上部土层的弯沉分别占总弯沉的 19.7% 和 59.3%，可见上部土层的弯沉占土基弯沉的主要部分。因此，为减少总弯沉，应控制上部土层的压实度，增强其强度。计算发现 XPS 板使土基弯沉值增大了，因此对于 XPS 板路基，设计弯沉值应上调 20.0%。

对 XPS 板试验段铺筑进行了现场跟踪和技术指导，选用欧文斯科宁公司生产的 XPS 板（板厚 5 cm）铺筑试验段。通过实测铺筑 XPS 板之前路基压实度和弯沉值，以及铺筑 XPS 板之后路基压实度和弯沉值，并与设计弯沉值进行对比，分析铺筑 XPS 板对路基弯沉的影响，为以后 XPS 板路基大面积施工提供参考。施工完成后会同监理人员、施工技术人员对试验段共同进行了检测。检测结果为：平均值为 148.7×0.01 mm，代表值为 193.8×0.01 mm，满足设计弯沉值 205×0.01 mm 的要求。

① 室内试验具体内容及试验数据如下：

A. 压缩试验。采用 UTM 高精度动态电液伺服试验系统（澳大利亚），对三种 XPS 保温板分别进行了单轴压缩试验（图 3-61），试样尺寸：长、宽均为 5 cm，高为 XPS 板厚度。用游标卡尺测量的 XPS 板实际平均厚度：楚瑜建材为 41.15 cm，欧文斯科宁为 49.67 cm，双瑞

 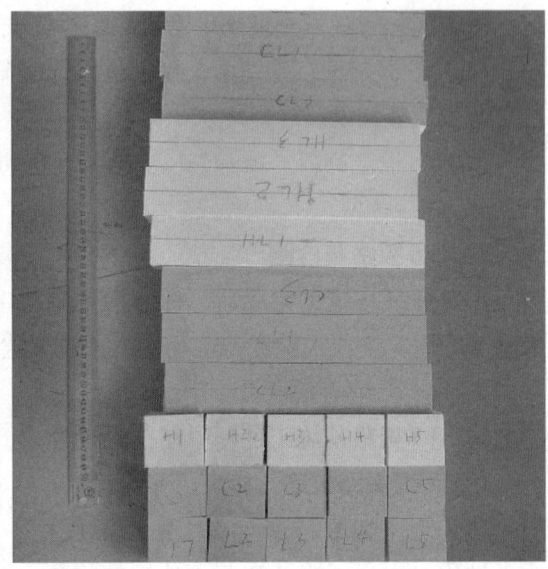

图 3-61　XPS 板室内压缩实验

4 cm 为 38.23 cm，双瑞 5 cm 为 49.45 cm，双瑞现场的为 41.15 cm。平行试验 5 个试件，试验温度 26℃，加载速率为 5 mm/min。根据试验结果，绘制各种 XPS 保温板的典型应力-应变曲线，如图 3-62 所示。计算得到的各种 XPS 板弹性模量和抗压强度值见表 3-23。

B. 抗折实验。采用 UTM 高精度动态电液伺服试验系统（澳大利亚），对三种 XPS 板进

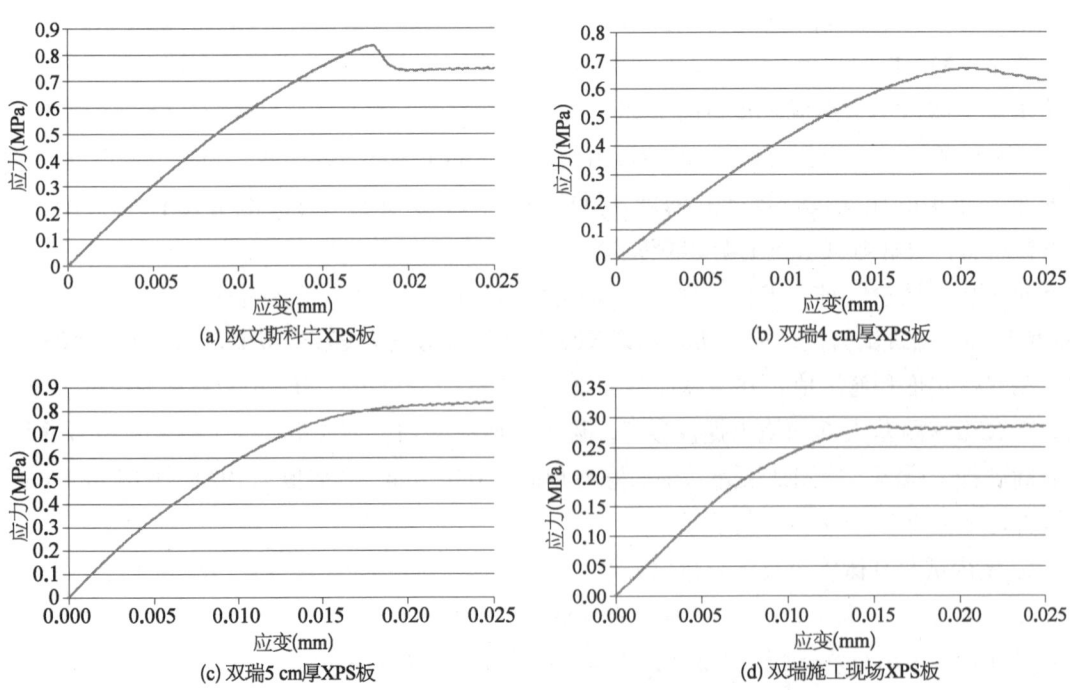

图 3-62　保温板典型应力-应变曲线

表 3-23　三种 XPS 板的弹性模量和屈服抗压强度

测试项目	双瑞 4 cm 厚	楚瑜建材 4 cm 厚	欧文斯科宁 5 cm 厚	双瑞 5 cm 厚	双瑞施工现场 4 cm
弹性模量（MPa）	38.78	46.49	53.50	71.50	25.17
抗压强度（kPa）	677.85	439.24	845.05	881.83	494.67

行了室内抗折试验，试件尺寸：25 cm×5 cm×XPS 板厚度，跨度 23.2 cm。平行试验 3 个试件，试验温度 26℃，加载速率为 3 mm/min。得到的典型荷载-跨中挠度曲线如图 3-63 所示。计算得到的弯拉强度及对应的最大挠度见表 3-24。

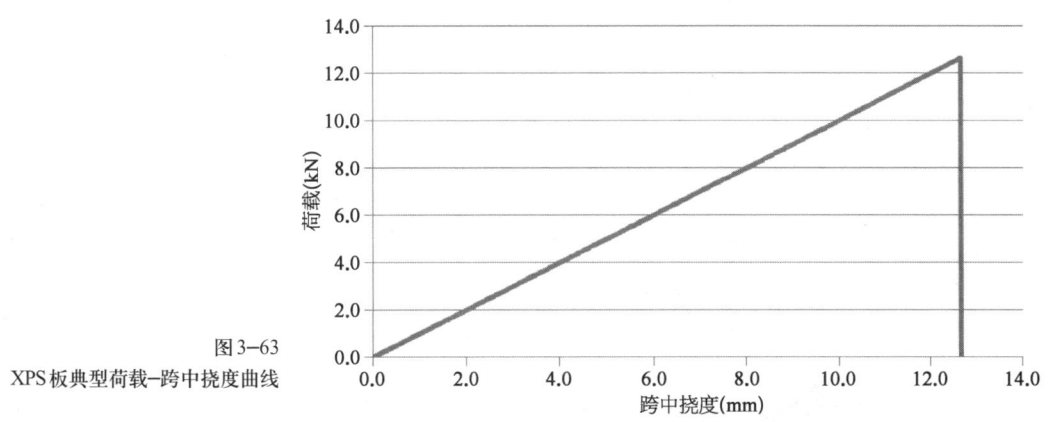

图 3-63　XPS 板典型荷载-跨中挠度曲线

表 3-24　XPS 板的弯拉强度

测 试 项 目	双 瑞	楚 瑜 建 材	欧 文 斯 科 宁
弯拉强度（kPa）	757.64	145.87	463.25
跨中挠度（mm）	10.8	11.5	13.9
最大弯拉应变	0.046 953	0.052 408	0.077 289

C. 破坏试验。采用 UTM 高精度动态电液伺服试验系统（澳大利亚），对三种 XPS 板进行了室内破坏试验（图 3-64），试件尺寸：15 cm×15 cm×XPS 板厚度。平行试验 3 个试件，试验温度 26℃，加载速率为 5 mm/min。计算得到的破坏抗压强度见表 3-25。

② 具体数值计算内容如下：

A. XPS 板路基弯沉计算。主要基于 GYI-SGA9 标 K411+140—K411+240 段路基弯沉检测报告开展，依据弯沉现场检测的贝克曼梁法建立计算模型，如图 3-65 所示。根据相关

 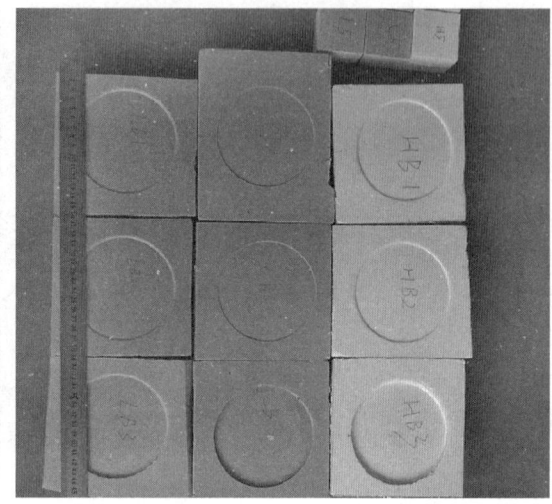

图3-64 XPS板室内破坏实验

表3-25 XPS板的破坏抗压强度

测试项目	双瑞	楚瑜建材	欧文斯科宁
破坏强度（kPa）	911.93	809.76	1 253.97

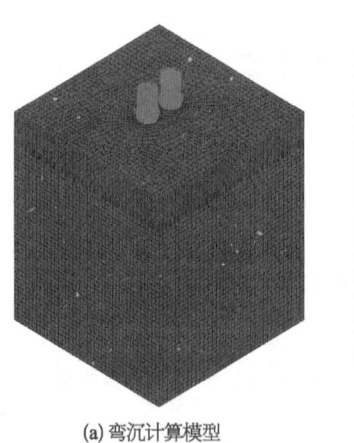 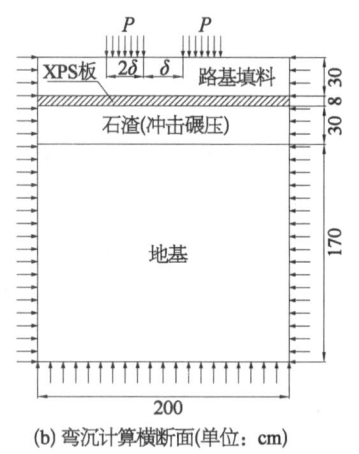

(a) 弯沉计算模型　　(b) 弯沉计算横断面(单位：cm)

图3-65 XPS板路基弯沉计算模型

文献资料和数值仿真试验，弯沉盆半径通常在0.8 m左右。因此，为提高计算效率，计算模型尺寸选为2.0 m×2.0 m×2.0 m。计算发现，当模型高度超过2.0 m后，模型高度不再影响顶部弯沉值，因此本次计算模型取XPS板下土体高度为2.0 m。

根据《公路沥青路面设计规范》（JTG D50—2006），本路段设计荷载采用BZZ-100标准轴载，即以双轮组单轴100 kN为标准荷载。轴载当量圆半径和间距10.65 cm，荷载大小：$P = 70 \text{ N/cm}^2 = 0.7 \text{ MPa}$。底部视为刚性，约束3个方向的位移为零，4个侧面约束x方向和y

方向的位移为零。

对现场XPS板进行了室内压缩试验，得到的应力应变曲线如图3-66b所示，XPS板的塑性屈服值为300～400 kPa，弹性模量为15 MPa。

(a) XPS板进行室内压缩试验

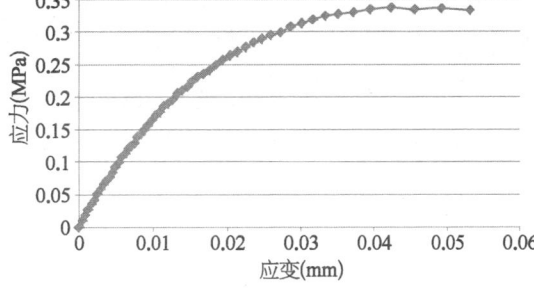
(b) 应力应变曲线

图3-66　XPS板室内压缩试验

根据中国公路自然区划和《公路沥青路面设计规范》（JTG D50—2006），本地区属于Ⅶ区，土基的回弹模量取为70 MPa。同时，根据《公路沥青路面设计规范》（JTG D50—2006）和《公路路面基层施工技术规范》（JTJ 034—2000）中所提供的公路土基回弹模量与弯沉值的换算公式，由本地区土基设计弯沉值反算出土基回弹模量约为60 MPa。综合以上情况，计算模型的材料力学参数见表3-26。

表3-26　XPS板路基各层材料力学参数

模　型　材　料	回弹模量（MPa）	泊　松　比
XPS板	15	0.3
路基填料	70	0.35
石渣（冲击碾压）	90	0.35

经计算，无XPS保温板时路基的弯沉值为211×0.01 mm，与设计弯沉值基本吻合，说明本计算所选取的计算模型和参数等较为合理。

按照设计，在路基标高以下30 cm处铺设XPS板后，经计算路基弯沉值为241×0.01 mm（图3-67），在检测报告范围之内，较无XPS板的路基增大了14.2%，说明XPS板对路基的弯沉影响较大，在设计和施工中应予以重视。

增大XPS板埋深。分别计算XPS板埋深为30 cm、40 cm、50 cm和60 cm的弯沉值，结果见表3-27和图3-68。可见随XPS埋深的增加，路基弯沉有一定的减小，但效果不明显。XPS埋深由30 cm增加到60 cm时，弯沉值由241×0.01 mm减小到231×0.01 mm，减小了4.1%。

图 3-67
XPS 板路基弯沉计算云图

表 3-27　不同 XPS 板埋深下的路基弯沉计算值

项目	30 cm	40 cm	50 cm	60 cm
弯沉值（0.01 mm）	241	238	232	231

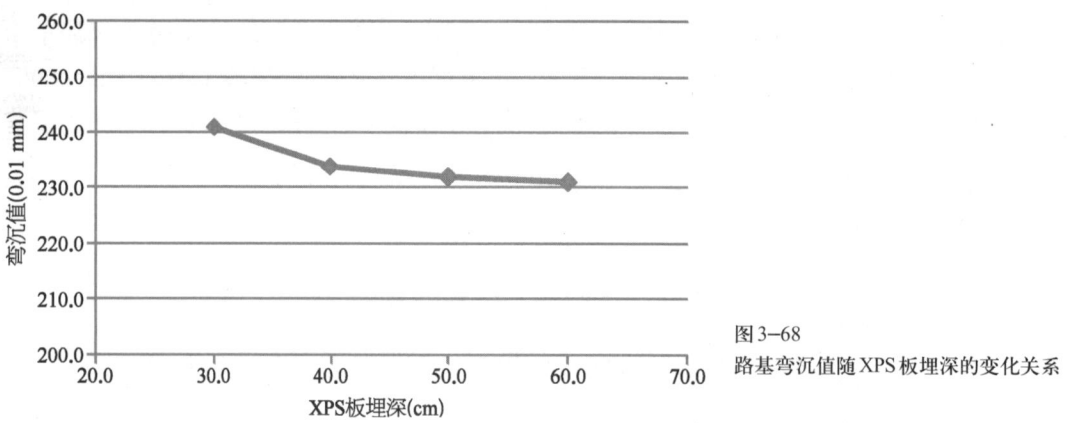

图 3-68
路基弯沉值随 XPS 板埋深的变化关系

改良土体性质。分别计算上部土体回弹模量为 70 MPa、80 MPa 和 90 MPa 时的弯沉值，见表 3-28 和图 3-69。可见当增加上部土体回弹模量时，路基弯沉得到了明显降低。上部土体弹性模量由 70 MPa 增加到 90 MPa 时，路基弯沉值由 241×0.01 mm 下降到了 203×0.01 mm，下降了 15.8%。

B. 施工荷载下的应力计算。路基在施工荷载下的变形问题可简化为平面应变问题。根据设计要求，XPS 板埋深为 40 cm，板上填土分两层进行碾压，每层碾压厚度为 20 cm，25 t 特重型压路机碾压。因此，计算中取 XPS 板上部填土厚度为 20 cm。经查阅相关国内特重型

表 3-28　不同上部土体回弹模量下的路基弯沉值

项目	70 MPa	80 MPa	90 MPa
弯沉值（0.01 mm）	241	220	203

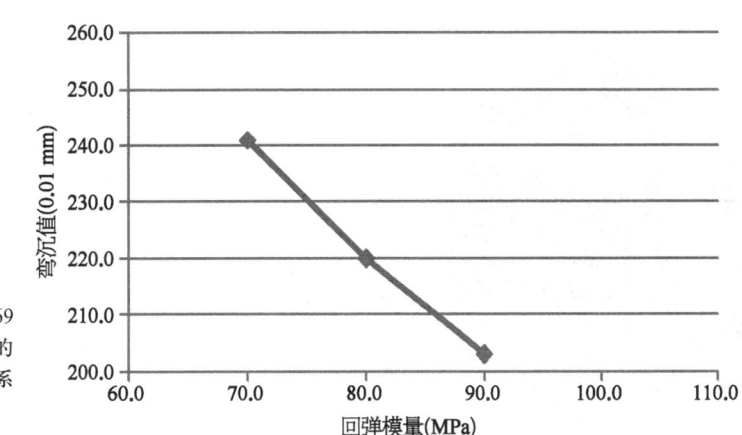

图 3-69 路基弯沉值随上部土体弹性模量的变化关系

压路机静线荷载，约为 730 N/cm，保守起见，本次计算中取 P = 750 N/cm，荷载宽度取为 2.0 m。

根据中国公路自然区划和《公路沥青路面设计规范》(JTG D50—2006)，本地区属于Ⅶ区。同时，根据《公路沥青路面设计规范》(JTG D50—2006) 和《公路路面基层施工技术规范》(JTJ 034—2000) 中所提供的公路土基回弹模量与弯沉值的换算公式及共和至玉树公路设计文件，综合考虑后土基的回弹模量取为 45 MPa。计算模型的材料力学参数见表 3-29。XPS板的参数根据室内实验结果取值。

表 3-29 XPS 板路基各层材料力学参数

模型材料	回弹模量 (MPa)	泊松比
路基填料	45	0.3
石渣（冲击碾压）	45	0.3

经计算，得到了三种XPS板路基在压路机荷载下的板内最大应力，见表3-30。

表 3-30 不同厂家 XPS 板路基在压路机荷载下的板内最大应力

项 目	七二五研究所	楚瑜建材	欧文斯科宁
板内最大应力 (kPa)	456.49	456.72	468.87

C. 工后运营阶段的应力计算。路基在施工荷载下的变形问题为三维问题，计算模型如图 3—70 所示。根据相关文献资料和数值仿真试验，弯沉盆半径通常在 0.8 m 左右。因此，为提高计算效率，计算模型平面尺寸选为 2.0 m×2.0 m。计算发现，当模型高度超过 2.0 m 后，模型高度不再影响顶部弯沉值。因此，本次计算模型取XPS板下土体高度为 2.0 m。

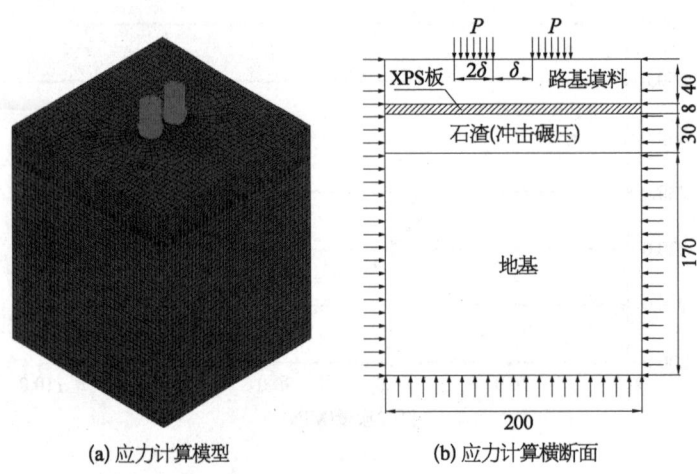

图 3–70　XPS 板路基工后运营阶段的应力计算

(a) 应力计算模型　　(b) 应力计算横断面

根据《公路沥青路面设计规范》(JTG D50—2006)，本路段设计荷载采用 BZZ-100 标准轴载，即以双轮组单轴 100 kN 为标准荷载。轴载当量圆半径和间距为 10.65 cm，荷载大小 $P = 70\ \text{N/cm}^2 = 0.7\ \text{MPa}$。

底部视为刚性，约束 3 个方向的位移为零，4 个侧面约束 x 方向和 y 方向的位移为零。材料参数同前。

经计算，得到了三种 XPS 板路基在工后运营阶段的板内最大应力，见表 3–31。

表 3–31　不同厂家 XPS 板路基工后运营时的板内最大应力

项目	七二五研究所	楚瑜建材	欧文斯科宁
板内最大应力 (kPa)	94.80	94.85	94.97

③ 试验段铺筑及检测内容。根据共玉指挥部的要求，选用欧文斯科宁公司生产的 XPS 板，在 K553 + 650—K553 + 950 段、K562 + 280—K562 + 480 段和 K570 + 950—K571 + 100 段分别铺筑了双层 (5 + 5) cm、双层 (4 + 4) cm 和单层 6 cm 的 XPS 板试验段，如图 3–71～图 3–73 所示。

铺设 XPS 板前、后路基压实度和弯沉对比见表 3–32。从表中可以看出：单层 6 cm 的 XPS 板对路基的弯沉影响较小，双层 (4 + 4) cm、双层 (5 + 5) cm 的 XPS 板对路基弯沉的影响较大，主要原因是单层板比双层板少了一层层间光滑面；路基下承层的压实度、弯沉和平整度对 XPS 板路基的弯沉会产生巨大的影响，三段试验段在铺设 XPS 板之前路基弯沉代表值（分别为 167.1×0.01 mm、150.6×0.01 mm 和 156.6×0.01 mm）约为设计弯沉值的 0.8 倍 (205×0.01 mm×0.8 = 164×0.01 mm) 时，铺设 XPS 板后路基的弯沉均能满足设计要求。

通过对三个厂家生产的 XPS 板现场取样及室内试验，发现市场上生产的 XPS 板技术指标有所差异，同一厂家不同批次的产品也存在差别。根据以上情况，施工时应按照设计文

(a) K553+650—K553+950段弯沉检测　　(b) K553+650—K553+950段XPS板铺设

图3-71　K553+650—K553+950段双层（5+5）cm XPS板试验段

(a) K562+280—K553+480段弯沉检测　　(b) K562+280—K553+480段XPS板铺设

图3-72　K562+280—K562+480段双层（4+4）cm XPS板试验段

(a) K570+950—K571+100段弯沉检测　　(b) K570+950—K571+100段XPS板铺设

图3-73　K570+950—K571+100段单层6 cm XPS板试验段

表 3-32　三段试验段铺设 XPS 板前、后路基压实度和弯沉

起止桩号	状况	压实度（%）		弯沉值（×0.01 mm）			备 注
		实测（代表）值	规范值	实测（平均值）	实测（代表）值	设计值	
K553+650—K553+950	铺设前	96.7	96	106.8	167.1	205	双层（5+5）cm
	铺设后	96.2	96	148.7	193.8	205	
K562+280—K553+480	铺设前	97.85	96	77.5	150.6	205	双层（4+4）cm
	铺设后	97.1	96	154.4	195.9	205	
K570+950—K571+100	铺设前	97.4	96	102.6	156.6	205	单层 6 cm
	铺设后	97.1	96	115.7	159.4	205	

件购置满足指标要求的 XPS 板材，并在施工过程中对现场 XPS 板材进行抽检，确保工程质量的建议。

依据贝克曼梁法建立弯沉计算模型，数值计算结果表明：在路基中设置 XPS 板对路基的弯沉影响较大，在设计和施工中应予以重视；增大 XPS 板埋深，路基弯沉有一定的减小，但效果不明显；路基中 XPS 板上部、下部土体回弹模量的增大会使得 XPS 板路基弯沉得到明显降低。

铺筑试验段结果表明：在一般施工组织水平和正常的施工能力下，单层 6 cm、双层（4+4）cm、双层（5+5）cm XPS 板路基的弯沉均能够达到设计要求。目前存在的 4 cm XPS 板路基的弯沉达不到设计要求，主要问题在于施工工艺，建议 XPS 板路基下承层弯沉代表值小于设计值的 0.8 倍后，再铺设 XPS 板。

（2）XPS 板设置厚度问题

根据式（3-2）、式（3-3）计算 XPS 板设置厚度。

① 天然上限计算。根据共和至玉树公路地质勘查资料，共和至玉树公路玛多至珍秦段多年冻土天然上限为 1.6～2.2 m，计算取实测均值 2.0 m。

② XPS 板板上板下填料厚度。h_u 为 XPS 板上伏土体厚度：路面层厚度 0.71 m，板上填土 0.3 m，$h_u = 0.71 + 0.3 = 1.01$ m。h_d 为 XPS 板下垫土层厚度：多年冻土区高含冰量路段低填路基设计采用 XPS 板，假设路基高度 1.8 m，$h_d = 1.8 - (0.04 + 0.05 + 0.01 + 0.18 + 0.18 + 0.25 + 0.3) = 0.79$ m。

③ 材料热导率选取。XPS 板热导率取 0.03，板上填料热导率取 0.86（数据查表获得），即 $k_e = 0.03$ W/(m·K)，$k_s = 0.86$ W/(m·K)。

④ 合理厚度计算。

$$d_{合} = 0.0542 \frac{k_e \Delta t}{k_s} - 1.1045 \frac{k_e h_{天}^0}{k_s} + 4.7876 \frac{k_e}{k_s} - \frac{k_e}{k_s}(h_u + h_d)$$

$$d_{合} = 0.0542 \times (0.03 \times 15/0.86) - 1.1045 \times (0.03 \times 2.0/0.86) + 4.7876 (0.03/0.86) - (0.03/0.86) \times 1.8 = 0.056 \text{ m}$$

即计算理论厚度为5.6 cm。

根据共和至玉树公路地质勘查资料及相关文献，通过等效热阻，计算得到共和至玉树公路在不同的板上填土材料、不同天然上限、不同板下土体厚度的合理XPS板厚度范围为3.9～5.8 cm。从以下几个方面考虑：道路等级不同，109线青藏公路为二级公路，安全系数取1.2，共和至玉树公路为高速公路，设计安全系数会有差异；压实指标、施工实际结构层厚度会有变化，取不利安全系数；沿线天然上限会随地形等变化，不同地域天然上限不同；不同区段路基高度会有变化；施工组织与材料采购的连续性。综合考虑以上因素，共和至玉树公路选取安全系数为1.3，实际施工采用XPS板厚度为8 cm。

表3-33为选取不同参数条件下XPS板合理厚度的计算结果。

表3-33 不同参数条件下计算XPS板合理厚度

工程名称	XPS板热导率k_e [W/(m·K)]	板上填料热导率k_s [W/(m·K)]	天然上限h_0 (m)	板上土体厚度h_u (m)	板下土体厚度h_d (m)	路面设计使用年限 (年)	合理板厚 (m)	设计厚度（1.3安全系数）(m)
214线	0.030	0.860	2.00	1.01	0.79	15	0.056	0.0722
	0.030	0.860	1.80	1.01	1.00	15	0.056	0.0727
	0.030	0.860	1.60	1.01	1.20	15	0.057	0.0736
	0.030	1.060	2.00	1.01	0.79	15	0.045	0.0586
	0.030	1.060	1.80	1.01	0.79	15	0.051	0.0667
	0.030	1.060	1.60	1.01	0.79	15	0.058	0.0748
109线	0.030	0.860	2.20	0.90	0.80	12	0.046	0.0548
	0.030	0.860	2.20	0.90	1.00	12	0.039	0.0464

3.3.3 热棒路基施工技术

1) 热棒路基的工作原理

热棒是一种单向传热的元件，当下部环境温度高于上部环境温度时，热棒下部（蒸发段）的管内工质受热后蒸发变为蒸气向上升，当蒸气升入上部空间（热棒冷凝段）后受管外冷风的冷却，冷凝成液体，在重力作用下回到下部空间，通过工质循环的蒸发、冷凝过程将下部环境的热量源源不断地送到上部环境，使下部环境的温度不断下降。当下部环境温度低于上部环境温度时，在重力场中由于蒸气密度远远小于冷凝液的密度，蒸气不可能自发往下流，冷凝液也不可能自发往上流，所以相反的传热过程不可能发生。

如图3-74所示，当热棒放置于冻土环境中，在气温低于地温时，是一种对下部冻土很好的制冷元件；而当气温高于下部地温时，不会通过它把热量传入地下，此时它是一种隔热元件。因此，热棒是一种很好的单向制冷元件，可以把外部的冷量直接传送到地下深处，起到稳定降低地温的作用。

图3-74
热棒路基处治路段

2) 热棒路基的适用条件

热棒路基降温效果明显，在新建路段，一般用于极高温多年冻土区或冻土退化区，尽可能埋置双向热棒，如受工程造价的限制，可只在阳坡面埋置热棒；在改建路段，热棒路基可用于治理由于融化盘偏移所引起的路基不均匀沉陷、纵向裂缝等病害。

3) 热棒路基设计

图3-75为热棒路基设计图。热棒路基设计主要包括热棒自身参数设计、热棒合理埋深、热棒间距等。

(1) 热棒自身参数的确定（工质、工质充装量、各部尺寸等）

热棒主要由工质和管壳组成，根据其使用要求和工作条件选择工质和管壳材料，设计合理的管壳尺寸，计算工质的充装数量。除此之外，还应该合理设计冷凝器的尺寸。

工质的选择应根据要求的热棒工作温度范围和管壳的耐压性能，以及工质与管壳材料

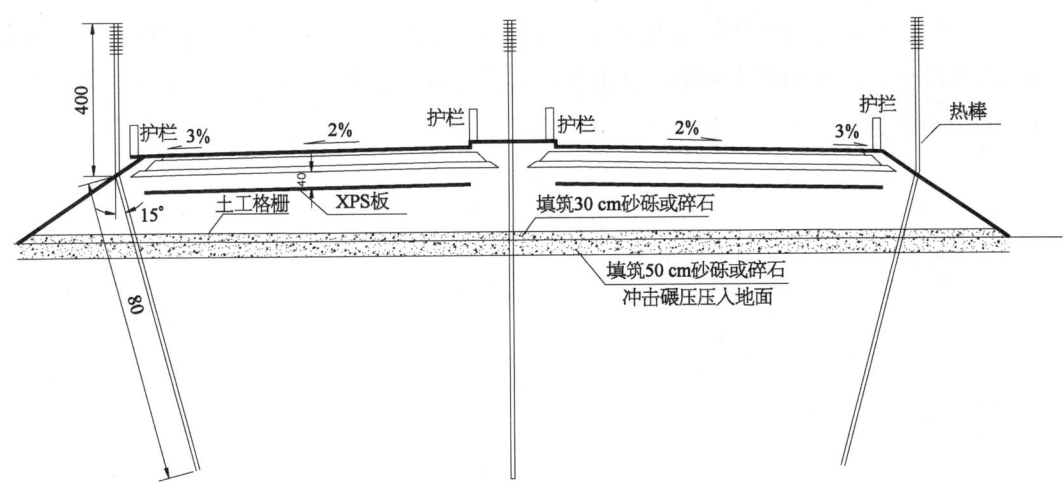

图3-75 热棒路基设计图

的相容性来确定。另外,工质的选择还应考虑工质与管壳材料不能起化学反应,否则在化学作用过程中生成的气体和其他物质将可能使热棒不能工作。工质的品质越高,热棒的热传输性能越好,因此在条件允许时,尽可能选用高品质因素的工质。

管壳材料的选择主要考虑热棒的使用条件和工程造价。管壳设计的任务是确定管壳的尺寸和壳壁的厚度。

工质的充灌数量是随热棒的总长度而变的,它等于热棒运行时,棒中蒸气工质与壳壁上液膜数量与棒底部液池中液体工质质量之和。

冷凝器的设计主要应考虑两点:一是冷凝器要有足够的冷凝面积,以确保蒸发段吸收的热量能及时散发到大气中去;二是冷凝器与管壳的连接最好不要有变径,这样可防止在变径段蒸气流速加大,过早出现淹没现象。

(2) 合理埋深的确定

热棒的埋设深度主要以被处治的构造物的基础埋深和地基弱化深度为依据。设置热棒的目的是在负温期有效制冷,明显降低土体温度,提升冻土上限,提高冻土地基的稳定性。所以只有当冻土的蒸发端埋置在多年冻土层以内,才能起到对多年冻土层以上土体进行冷却,提高冻土上限的作用。因此,热棒的埋深必须要在多年冻土层以下。将热棒插至多年冻土层,即大于最大融化深度,不但减少了冻胀过程中的切向冻胀力,而且消除了法向冻胀力,保证了热棒地基基础的稳定。在设计当中埋深取8 m。

(3) 设置间距和方式

热棒的间距主要是根据其制冷的有效半径确定。目前,我国三个厂家生产的热棒功率基本相等,根据在青藏公路、青藏铁路的使用情况,其有效半径在2 m左右。依据对地基处治的要求不同,热棒的间距一般为有效半径的1.0~2.5倍。在本次设计中热棒间距取3~4 m。

(4) 热棒技术要求

热棒的自身参数应包括工质、管壳、冷凝器等。工质一般采用液氨,管壳采用碳钢或不锈钢,冷凝器采用螺旋翅片管或螺旋齿形翅片管(图3-76)。热棒常用的规格和尺寸可根据冻土路基的使用要求和冻土地质条件进行热工计算确定(表3-34)。一般要求热棒的使用年限宜不小于30年。

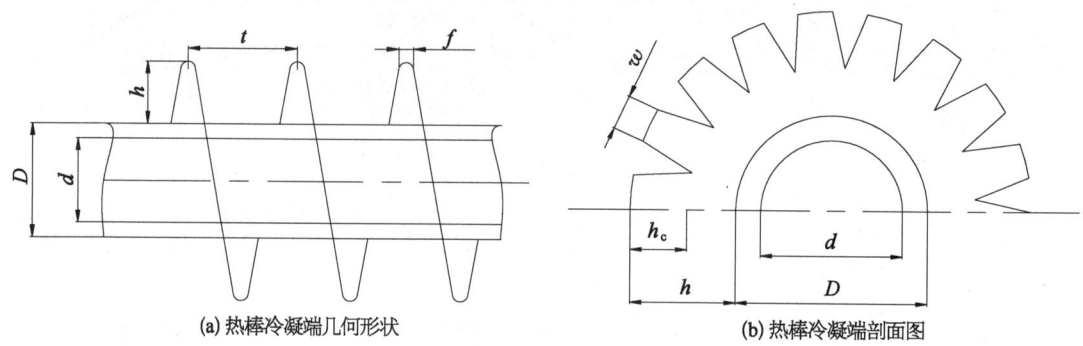

(a) 热棒冷凝端几何形状　　(b) 热棒冷凝端剖面图

图3-76　热棒冷凝端几何形状

D—基管外径;d—基管内径;f—翅片厚度;t—翅片节距;h—翅片高度;h_c—翅片齿形高度;w—齿宽

表3-34　热棒规格和尺寸一览表

基管外径D (mm)	长度 (m)	管壁厚度 (mm)	翅片高度h (mm)	翅片厚度f (mm)	翅片节距t (mm)	翅片齿形高度h_c (mm)	齿宽w (mm)
$\phi45$,$\phi51$	≤6	3.5~4.5	≤25	≤2	5~20	5~20	2~8
$\phi57$,$\phi60$,$\phi63$	≤9	3.5~5	≤25	≤2	5~20	5~20	2~10
$\phi70$,$\phi76$	≤12	4~5.5	≤30	≤2	5~20	10~25	2~10
$\phi83$,$\phi89$	≤15	4.5~6.5	≤40	≤2	5~20	10~25	2~12
$\phi102$,$\phi108$	≤18	5~7	≤50	≤2	5~20	10~25	2~12

4)热棒路基施工工艺

(1) 基本要求

① 按照设计要求,对拟使用的热棒进行结构设计和定制,实验合格后定型生产,各结构元件完好,企业完成自检。对自检合格的产品由业主委托有热棒检测能力的检测机构对热棒进行第三方检测,重点是热棒的气密性检测、启动性能检测。检测合格的热棒进行标记,出具出厂检验报告、产品出厂质量证明文件、第三方检测报告,防止不合格产品用于工程。

热棒结构特殊,特别是异形热棒,运输前先要对热棒进行固定,运输过程要保证热棒不损坏、不变形。L形热棒如图3-77所示。

② 施工前专门的技术交底。鉴于热棒路基尚没有可行的施工技术规范,施工人员不熟悉施工过程及质量控制注意事项,在所用材料、机械设备、人员准备充分,明确设计和施

图 3-77 共玉公路 L 形热棒

工意图,技术人员专门的技术交底后,方可进行施工。

③ 当必须与安装配合施工时,有关的基础工程必须应已完工,热棒路基一般在路面完成后进行,避免因路面施工时机械、人为因素造成热棒损坏、失效。

④ 施工准备。工程施工前,应对临时建筑、运输道路、水源、电源、照明、主要材料和机具及劳动力等进行充分准备,并做出合理安排,选择合适的钻机。

(2) 热棒路基的施工工艺

① 测量放线。根据设计文件的热棒间距和路线用经纬仪进行放样定位,并用白灰标示每根热棒的钻孔点位。若设计为双侧热棒时,路基两侧热棒应错位布设。

② 钻机定位 (图 3-78)。根据热棒外径、埋深等选择合适的钻机,平整场地,将钻机移至钻孔点位,固定钻机。一般采用较简单的地锚固定法,在地层较复杂、特别难钻、钻机震感较大的情况下,必须采用钢绳固定或支架支撑,避免发生意外。

③ 钻孔 (图 3-79)。根据钻机的种类选择合适的钻头及钻进方法。

在易塌孔地层中,简便易行有利于保护冻土的护壁方法是:钻进中向孔内投入泥球,用合金钻头搅拌涂抹孔壁,以达到保护钻孔、防止钻孔坍塌的目的。

热棒埋置角度控制:根据钻机的类型进行控制,其与钻直线夹角为 0°,孔直线度偏差 ≤5mm。

钻进角度控制:开孔时采用导向装置,用慢速钻进,液压给进加压,保证钻孔角度,为了避免钻进时钻头下俯,钻孔都必须预留一个倾角。

为保证埋入深度的准确,将充分利用钻探、测地雷达等勘察资料,准确确定路基下的冻土人为上限。

图 3-78
钻机定位

图 3-79
热棒路基钻孔

钻出的钻渣应及时清理，不得堆砌在路肩或边坡上。

④ 成孔检查。对钻好的孔位、孔径、孔深进行检查，检查合格后方可进行下一道工序。

钻孔施工完成后，应及时起吊热棒，进行热棒安装。如不能安装，则应采取临时措施保护钻孔，如用泡沫垫将孔口掩盖，防止孔内落入杂物等。

⑤ 热棒吊装（图 3-80）。在考虑吊装时，还要结合工件的强度、刚度、局部稳定性等选择最有利的受力位置，必要时应采取补强加固措施，以确保安全施工。

在吊装单支热棒时，利用热棒本身顶部端盖的环形槽作为受力点进行系吊（设计吊点），并根据热棒的长度采取必要的防护措施，防止因设备的摇摆而发生危险。要求吊车吊臂有效起吊高度需超出热棒的长度1 m。

吊装时应注意不要压伤和擦伤工件（尤其是上部的翅片部分）。主要吊装工序如下：吊装设备就位—起吊—热棒孔内就位—孔内热棒导正。

⑥ 回填。热棒吊装入孔后，先进行导正纠偏，如图3-81所示。

用砂土回填热棒与孔之间的间隙，要求回填密实。回填密实工作要点包括过筛细砂、每次填入厚度、加水、捣实。

热棒安装完成后，对施工场地进行清理，将施工垃圾清理远运至弃土场，并恢复路基边坡原状。最后对热棒施工进行全面验收。

图3-80　热棒吊装

(3) 热棒路基施工质量控制关键点

① 热棒质量检查。严把热棒进场质量关，不合格产品不能进场，避免热棒在运输过程中损坏、变形。失效的热棒严禁使用。

② 成孔质量检查。对钻好的孔位、孔径、孔深进行检查，监理工程师验收合格后方能进入下一道工序。

③ 热棒吊装。根据热棒的长度选择合适的吊车，系吊时选择合理吊点，吊装过程中避免压伤和擦伤齿片。

图3-81　热棒导正纠偏

④ 热棒路基孔口处理。热棒与孔之间的间隙，按要求用砂砾回填密实。

5) 热棒路基检测

(1) 测温传感器

在热棒施工时，在热棒的蒸发段安装测温热敏元件，通过测得管壁及周围土体温度来判断热棒工作状态。但该方法必须在热棒安装时埋置温度传感器，增加了热棒安装的工作量，提高了成本，且测量速度慢。如施工时未安装或传感器损坏，则无法对热棒进行检测。

(2) 便携式热棒数据采集仪

热棒数据采集仪的热棒工作状态检测系统分下位机和上位机。下位机用于现场热棒的温度采集，通过红外温度探头采集现场热棒的温度数据，并将数据通过一套专用的热棒温度采集软件记录于电脑中。上位机由热棒工作状态分析软件组成，通过下位机所采集的热棒数据，分析热棒的工作状态，并通过多种方式直观地显示热棒的状态。

因为白天高原气候多变，太阳光的照射、风吹的影响和地表温度不断变化等外界一系列的环境因素干扰，使得测得的数据趋同，较难分辨出热棒的不同工作状态。所以测试时间应选取在晚间（最好凌晨以后），高原的环境温度较低（热棒极可能处在工作状态），风比较小，无日照、无地表温度等外界干扰因素的影响，此时获得的数据是能够较真实地反映热棒本身实际的。

热棒工作状态可以从热棒散热片上的温度反映出来。当热棒工作状态良好时，散热片上的温度提升较高；当热棒工作状态较差或者完全不工作时，散热片上的温度提升较少或者完全不提升。其次，热棒散热片温度的测量因尽量减小干扰因素的影响，否则干扰严重，得不出真实的分析结果，因此热棒工作状态的检测方法为：

① 热棒数据采集的对象是热棒散热片上不同高度的温度。
② 数据采集时间是热棒工作季节的晚上和清晨。
③ 热棒工作状态是由比较附近热棒散热片温度的高低和温度梯度的大小得出的。

最后将采集的热棒温度数据通过专门的热棒工作状态分析软件分析其工作状态，得到热棒是否正常工作的结论，从而达到检测热棒的目的。

3.3.4 通风管路基施工技术

1) 通风管路基的工作原理

通风管路基主要由路基土体、道渣和通风管构成，如图3-82所示。通风管路基和片块石路基一样，也是通过调节大气与路基间的对流换热，利用天然冷源来实现路基自身及其下部地基土的冷却降温作用的"气冷路基"，是一种有效的主动保护措施。通风管路基是在路基一定高度的位置铺设贯通、垂直于路基走向的通风管道，用以增大路基与大气之间的对流换热强度，利用比路基温度低的空气的流通带走路基热量，达到冷却地基的目的。

2) 通风管路基的适用条件

通风管路基对流降温效果显著，工程造价低，施工工艺简便，而且青藏高原上有着丰富的风能资源，非常适合修筑通风管路基，一般适用于路基高度大于2 m的高温高含冰量多年冻土区路段。

图3-82 通风管路基

3) 通风管路基设计

通风管路基是一种新型的路基形式，在青藏公路、青藏铁路项目中也只是在部分试验段使用，在多年冻土区公路建设中还未大规模应用。因此，通风管路基在多年冻土区的作用机理、工作特点等需要得到进一步的揭示，设计理论和方法仍需深入研究。根据通风管路基工作机理和工程设计中的需要，基于数值模拟计算，对通风管路基的温度场进行分析，揭示管径、路基高度等对路基温度场的影响，提供一些设计参数。

图3-83是不同管径的通风管路基温度曲线。可以看出，管径为0.70 m的通风管路基降温效果与管径为0.30 m和0.50 m的通风管路基相似，在路基运营期内，通风管的降温效果一直比较稳定，路基下0℃基本保持在-2.5 m处左右。

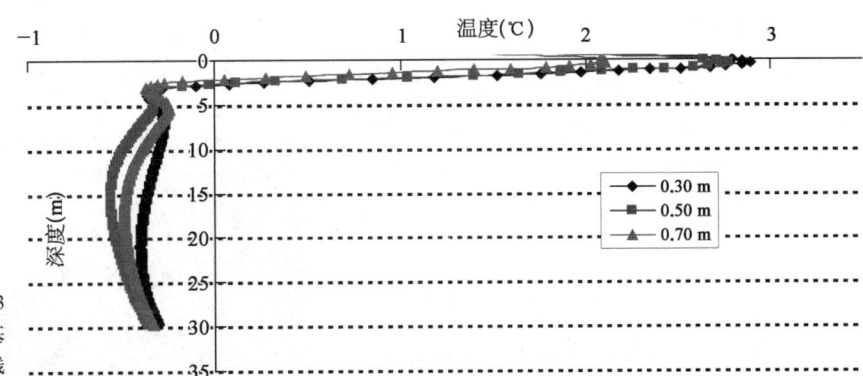

图3-83 不同管径的通风管路基运行20年路中温度曲线

为了比较不同填土高度的通风管路基降温效果，选择管径为0.50 m的通风管路基，计算了填土厚度分别为0.80 m、1.30 m、1.80 m和2.30 m四种类型的路基运行20年的温度场。统计了在路基运行20年的各种类型路中位置的温度曲线，如图3-84所示。图中给出了填土

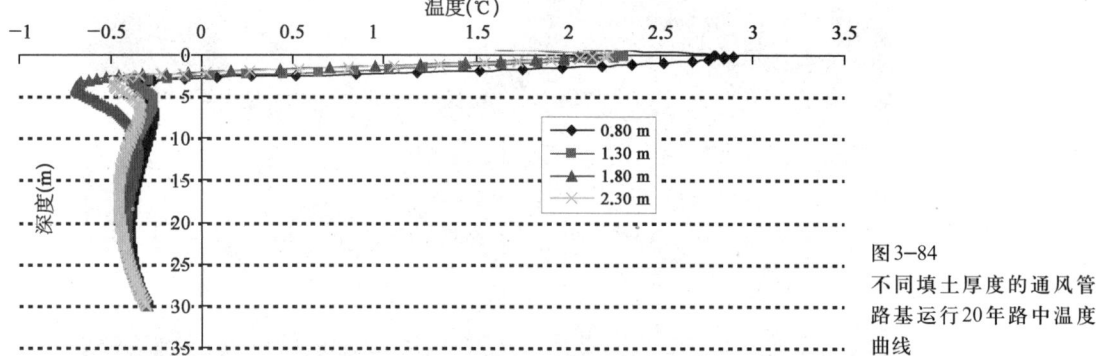

图3-84 不同填土厚度的通风管路基运行20年路中温度曲线

厚度分别为0.80 m、1.30 m、1.80 m和2.30 m的路基在第二十年10月份路中的温度，在数据处理时已经除去路基的温度，图中温度曲线为路基下地基的温度曲线。可以看出，随填土厚度的增加，路基下人为上限的抬升差异不大，对于路基下多年冻土的温度影响也不大，因此在实际设计时可以根据具体情况确定路基填土高度。

本项目通风管路基按照以下参数设计：

① 通风管路基的管材采用内径0.4 m、外径0.5 m的钢筋混凝土预制管，管长1 m。

② 通风管的埋深应大于3～5倍管径，距路基顶面以下1 m，且通风管铺设应比原地面高0.7～1 m距离，一方面可以获得较高的风速，另一方面可以避免地表水流入通风管，影响通风管的效果。

③ 通风管纵向按照相邻两管壁间距2 m布置，通风管伸出路堤边坡长度应大于30 cm。

④ 在进行通风管路基的设计时，必须调查当地的主风向，尽量使通风管与当地主风向保持一致，否则会影响通风管路基的降温效果。

4）通风管路基施工工艺

（1）基本要求

① 按照设计要求，对拟使用的通风管进行结构设计和定制，实验合格后定型生产，对于预制混凝土通风管，建议在气候条件和养生条件较好的地方集中预制，对自检合格的产品由检测机构对其进行检测，重点是通风管的混凝土配合比检测、抗压强度检测，通风管尺寸必须符合设计要求，外观平整光洁，承插口无开裂和碰撞损伤。该检测属于抽检检测，按照使用量要求对预制的每批次按照相应抽检频率抽检，检测合格的出具检验报告、第三方检测报告，防止不合格产品用于工程。通风管成品如图3-85所示。

图3-85 通风管成品

② 施工前专门的技术交底。鉴于通风管路基尚没有可行的施工技术规范，施工人员不熟悉施工过程及质量控制注意事项，在所用材料、机械设备、人员准备充分，明确设计和施工意图，技术人员专门的技术交底后，方可进行施工。

③ 施工前基底处理和路基填筑。应本着"宁填勿挖"的原则，尽量减少对附近原地表的开挖。同时，按设计与施工技术细则要求，根据冻土分布地段路堤含冰量的不同分别进行处理，通风管以下路堤必须按设计要求压实处理。

④ 为保证边坡的压实度，路基填筑时路基两侧应比设计超宽30 cm以上。为保证通风管左右两侧通风顺畅，路拱横坡应适当放缓，横坡设置成为0.5%～1%。路基底面整平、碾压后，进行平整度和压实度检测，检测合格后方可进行通风管安放工序。

(2) 施工工艺

通风管路基施工按照：管底基础整修→管底基础验收→测量放线→通风管吊装→管位置精调→通风管固定→连接处M10砂浆勾缝→通风管管间砂砾料回填、压实→通风管上部填料填筑、压实的施工流程进行施工。

① 管底基础处理、验收。通风管以下路堤必须按设计要求整平、压实，平整度和压实度应达到路基顶面交验标准，并设置0.5%～1%的双向人字横坡。

② 测量放线。在路基面上恢复路中线，并根据通风管的设计位置和高程测量确定每道通风管吊装位置，并以白灰线标示。

③ 通风管吊装、位置精调、固定、勾缝，如图3-86所示。通风管采用装载机吊装、人工配合安装的方式进行。施工时，每段通风管小管口一端必须与相邻大管口一端搭接，搭接长度不小于5 cm。每吊装一段通风管后，都应对整道通风管的顺直度进行检查，并进行精调，然后吊装下一段通风管。每道通风管安装完毕后，应对通风管管道进行检查，确保沿路基横向，每道通风管都能从一端看到另一端。当通风管管壁设计有透壁孔时，透壁孔一侧应位于通风管的下部。通风管两端伸出路堤长度应满足设计要求，通风管两端必须取齐。

通风管位置精调并检查后，采用楔形混凝土块对通风管的位置进行固定，确保后续施工工序施工不会影响到通风管的顺直。

采用M10砂浆对通风管与通风管连接处进行勾缝处理，勾缝前通风管与通风管连接处应洒水处理。

④ 通风管管间回填、压实，如图3-87所示。对通风管顺直度、位置固定及砂浆勾缝检查后，进行管间回填。为保证纵向通风管之间能够回填、压实，回填材料必须采用砂砾，并采用液压高速夯实机进行压实。

⑤ 通风管上部填筑。填料应采用自卸汽车运输，使用推土机初平，平地机终平，平整面不得有明显的局部凹凸，非渗水填料平整面应做成向两侧横向排水的4%坡度。

路堤压实应采用重型振动压路机沿路线纵向由两侧向中间进行，各区段交接处应互相重叠压实，纵向搭接长度应不小于2.0 m，横向压实重叠应不小于0.4 m，并按照规范要求控

(a) 通风管吊装

(b) 通风管与通风管搭接

(c) 通风管固定

(d) 管节与管节M10砂浆勾缝检查

图3-86　通风管吊装、精调、勾缝检查

(a) 通风管管间砂砾回填

(b) 液压高速夯实机

图3-87　通风管管间回填、压实

制压实度和平整度。通风管两端伸出路堤长度应满足设计要求，为保证美观，通风管两端必须取齐，如图3-88所示。

图3-88 通风管两端取齐

(3) 通风管路基质量控制关键点

① 通风管检验。施工前应对通风管进行质量检验,通风管尺寸必须符合设计要求,外观平整光洁,承插口无开裂和碰撞损伤。

② 通风管基础处理和路拱横坡。通风管底面压实度、弯沉和平整度应达到路基顶面交验标准,并设置0.5%～1%的路拱人字横坡。

③ 通风管搭接、精调、位置固定、砂浆勾缝。沿路基横向,相邻两段通风管搭接长度不小于5 cm。沿路基横向,每道通风管都能从一端看到另一端。管节横向连接处必须采用M10砂浆勾缝处理。

④ 通风管管间回填。纵向通风管管间回填材料必须采用砂砾,并采用液压高速夯实机进行压实。

⑤ 通风管上部回填。通风管两端伸出路堤长度应满足设计要求,为保证美观,通风管两端必须取齐。

5) 通风管路基质量及检测要求

① 通风管基本技术性能测试(满足设计指标要求)。

② 通风管基础压实度、平整度、弯沉、路拱横坡检测(满足路基顶面交验标准,路拱横坡0.5%～1%)。

③ 通风管吊装、搭接、精调、位置固定、M10砂浆勾缝(满足过程控制要求)。

④ 通风管管间回填(满足过程控制要求)。

3.3.5 片块石+通风板路基施工技术

1) 片块石+通风板路基的工作原理

片块石+通风板路基是指在片块石层顶部铺设长宽高为 6 m×1 m×0.3 m 的通风板（采用 C30 钢筋混凝土预制或现浇而成），其上布置 3 个直径为 0.2 m 的通风孔，以达到降低片块石路基顶面温度，加强其内部对流换热效果。片块石路基宽度从 10 m 增加至 12.5 m 时，其对流换热降温效果将有所削弱。片块石层上部增设通风板后，由于通风作用，片块石层上部温度降低，增加了片块石层顶部和底部的温差，加强其对流换热作用。其结构示意图如图 3-89 所示。其施工现场如图 3-90 所示。

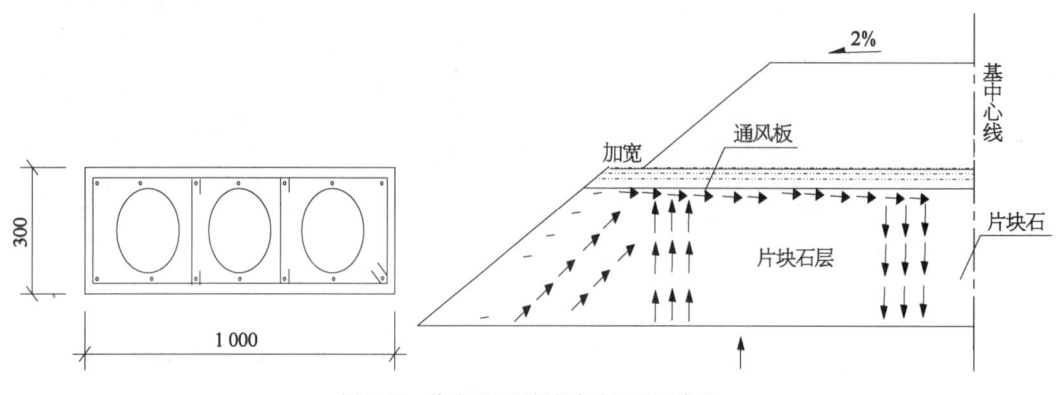

图 3-89 片块石+通风板复合路基示意图

(a) 横向

(b) 纵向

图 3-90 片块石+通风板复合路基

2) 片块石+通风板路基适用条件

片块石+通风板路基适用于路基高度 > 3.5 m，且路基纵向填土高度差别不大的富冰、饱冰冻土段。

3) 片块石 + 通风板路基设计

在基底处理完成后,先填筑1.2～1.5 m片块石通风路基,其上依次设置0.2 m厚碎石整平层、土工布、0.2 m厚砂砾垫层、土工格栅等附属结构。设置通风板一方面可以加强路基与外界的热量交换,另一方面可以增大片块石层底面和片块石层顶面间温度梯度,增强片块石层内空气的自然对流。因此,通风板的埋设位置宜尽可能靠近片块石结构层,即铺筑于0.2 m厚的砂砾垫层顶面。

然而公路路基某一断面路基填土高度受原地面标高和设计标高控制,并随着纵向不断变化,若通风板铺设于片块石的砂砾垫层顶面,通风板的铺筑宽度也会随着纵向不断变化,不但加大了施工难度,而且也不美观。因此,设计要求通风板埋设在路面顶面下某一固定位置,并规定单个通风板横向长度(横向长、纵向宽、竖向高别为6 m×1 m×0.3 m),路基两侧设置加宽予以调节。

4) 片块石 + 通风板路基现浇施工工艺

(1) 片块石 + 通风板路基现浇施工工艺流程

片块石 + 通风板路基的通风板下部各结构层的施工控制参照片块石路基施工。通风板现浇施工(图3-91)应制定专项施工方案,并按要求制作首件工程,经检测合格后方可进行大面积施工。专项施工方案应考虑施工季节、每日气温变化规律对混凝土强度形成的影响,合理的施工季节为每年6—9月。现场每日早上10时前完成混凝土浇筑,确保在混凝土在形成阶段,外界气温达到最高值,下午进行模板安装、钢筋笼、PVC管敷设等工作。

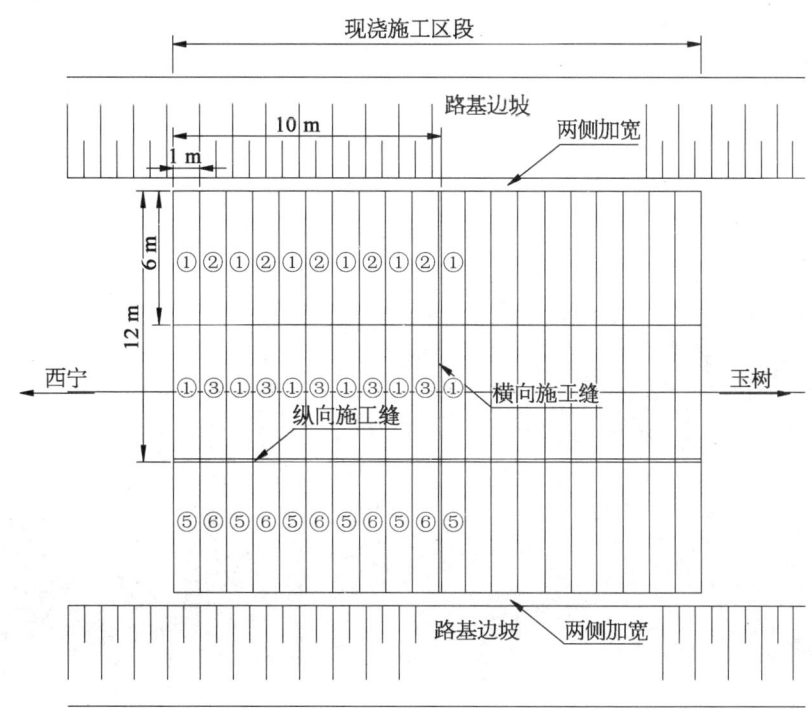

图3-91
通风板现浇平面图

用于制作通风板的钢筋必须具有出厂证明和合格报告；水泥、砂、碎石进场需检验符合设计、规范要求，并出具试验合格报告；C25混凝土根据其28 d试验强度报告，按批复的配合比拌和；模板在专业模板加工厂定制，尺寸符合设计及规范要求。

① 路基放样、整修。恢复路基中桩，边桩，测量路基高程，整修路基，为确保通风板铺设的平顺性和平整度，以及横向通风管道畅通，不设路拱横坡。现场检测路基平整度、压实度和弯沉值等项目，并确保达到路基交验标准。以插短钢筋挂线标示通风板的浇筑位置。

② 铺设薄膜，如图3-92所示。路基顶面为通风板的底板，为确保混凝土强度形成所需水分不散失，在现浇混凝土板的底部铺设一层高强隔水薄膜。隔水薄膜横向、纵向搭接宽度应＞0.5 m。

③ 安装模板，如图3-93所示。侧模板根据设计图纸尺寸加工制作而成，并采用钢模板。由于模版尺寸横向长度过长，为防止模板变形，还应加装限位装置。侧模板安装完成后，应对其内部尺寸和侧模板底部是否托空进行检查。

为使现浇后的通风板与下承层之间不出现滑动，每块通风板在通风管管节与管节之间下插3个短钢筋，管钢筋下部插入砂砾层，插入深度≥10 cm，短钢筋上部与通风板一起现浇形成。

图3-92　铺设薄膜

横向每两块通风板（12 m），纵向每10块通风板（10 m），设置一道施工缝，缝宽2 cm，采用塑料板或沥青麻絮填塞。

④ 制作、放置钢筋笼，如图3-94、图3-95所示。钢筋网制作、绑扎应在钢筋加工区进行，钢筋的尺寸、间距、数量应符合设计要求，绑扎牢固，无脱筋。

图3-93　安装模板

图3-94　钢筋笼加工

图3-95 钢筋笼放置

图3-96 敷设PVC管

⑤ 敷设PVC管，如图3-96所示。通风管采用内部设置直径20 cm的高强PVC管来实现横向通风的目的。PVC管应满足国家标准和设计要求，PVC管应完整无破损。每块通风板的3道PVC管长度均应大于6.2 m，以保证其能顺利穿过两侧横向端模板、钢筋笼。PVC管中部易出现挠度过大的问题，应在通风管的底部增加垫块；横向相邻两块通风管应采用短接头连接，连接长度≥15 cm，以保证通风管的横向通顺。

以上工序结束后，施工单位、监理单位应根据设计图纸，对每块通风板的配筋数量、钢筋绑扎、保护层厚度、短钢筋插设、PVC管完整性、垫块等仔细检查。监理工程师签字确认无问题后，方可进行下一步施工。

⑥ 混凝土浇筑、振捣、收面，如图3-97所示。混凝土自搅拌站中卸出后，应及时运到浇筑地点，并完成浇筑。在运输过程中应防止混凝土离析、水泥浆流失、坍落度变化及产生初凝现象。施工单位、监理单位必须对混凝土进行现场取样，每个批次平行取样不少于3个，具体检验参照《混凝土强度检验评定标准》(GB/T 50107—2010)执行。

浇筑采用赶浆法，从模板一端开始浇筑，向另一端推进。浇筑捣鼓时，浇筑与振捣必须紧密配合。振捣时，不得触动钢筋及通风管PVC管。加强混凝土的振捣，确保混凝土不出现空洞、蜂窝、麻面（特别在钢筋、管道密集处）。若施工出现问题时，应立即停止浇筑，并进行整改。

板面经振捣后，采用铁铲拍实，长尺刮平，再用木搓刀搓平，以确保混凝土表面密实、平整。

⑦ 通风板覆盖洒水养生及脱模，如图3-98所示。针对青藏高原蒸发量及风力较大的特点，通风板必须延长养护时间和脱模

图3-97 混凝土浇筑、振捣

图3-98 通风板养生

时间,增加洒水频次。养生应采用土工膜和草帘子覆盖养生,养生周期不少于15 d,洒水每天不少于2次。当混凝土强度达到设计强度的50%,混凝土的表面温度与环境温度之差不大于15℃,且能保证构件棱角完整时方可拆模。

（2）片块石＋通风板路基质量控制关键点

① 专项施工方案制定及审批、首件工程检查验收、施工季节及施工时段。通风板现浇施工应制定专项施工方案,并按要求制作首件工程,经检测合格后,方可进行大面积施工。现浇施工季节宜为每年6—9月。每日早上10时前完成混凝土浇筑。

② 通风板基础处理和路拱横坡。通风板基础压实度、弯沉和平整度应达到路基顶面交验标准,不设路拱横坡。

③ 通风板模板安装、短钢筋、钢筋笼加工、放置,PVC管敷设、垫块安装,施工缝设置。模板安装应牢固无脱空,加装限位装置,模板内按照设计要求插设短钢筋；钢筋笼钢筋的尺寸、间距、数量应符合设计要求,绑扎牢固,无脱筋,保护层厚度应≥2.5 cm；PVC管完整无破损,长度≥6.2 m,中部设置垫块,横向相邻两道通风管必须采用直接封闭垫圈连接；纵向、横向施工缝设置满足设计要求。

④ 通风板浇筑、振捣、收面。混凝土标号、配合比符合设计要求,并进行现场取样。浇筑采用赶浆法,浇筑与振捣作业必须紧密配合,振捣不得触动钢筋及PVC管,钢筋、管道密集处必须加强振捣,混凝土表面密实、平整。

⑤ 通风板覆盖洒水养生及脱模。养生应采用土工膜和草帘子覆盖养生,养生周期不少于15 d,洒水每天不少于2次。混凝土强度达到设计强度的50%,且构件棱角完整时方可拆模。

5）片块石＋通风板路基质量及检测要求

① 下部片块石路基（满足过程控制要求）。

② 通风板基础压实度、平整度、弯沉、路拱横坡检测（满足路基顶面验交标准,不设路拱横坡）。

③ 通风板模板安装、短钢筋插设、钢筋笼加工、放置,PVC管敷设、垫块安装,施工缝设置（满足过程控制要求）。

④ 通风板浇筑、振捣、收面（满足过程控制要求）。

⑤ 通风板洒水覆盖养生、脱模（满足过程控制要求）。

3.3.6 强制弥散式通风路基施工技术

1) 强制弥散式通风路基的工作原理

强制弥散式通风路基是通过在路基内铺设并联的高强PVC管,形成冷空气通道,采用小型抽吸式工业风机为冷空气在管道内的流动提供动力,同时通过配套相应的风力发电机、蓄电池、逆变开关、温控开关等配套设备,保证系统在低温工况下自动运行,将外界冷空气强制输入路基,进而发挥主动降温的效果。计算表明:当进风量为500 m^3/h条件下,可使横向管道内获得2.2 m/s风速。其结构示意图如图3-99所示。弥散式通风路基如图3-100所示。

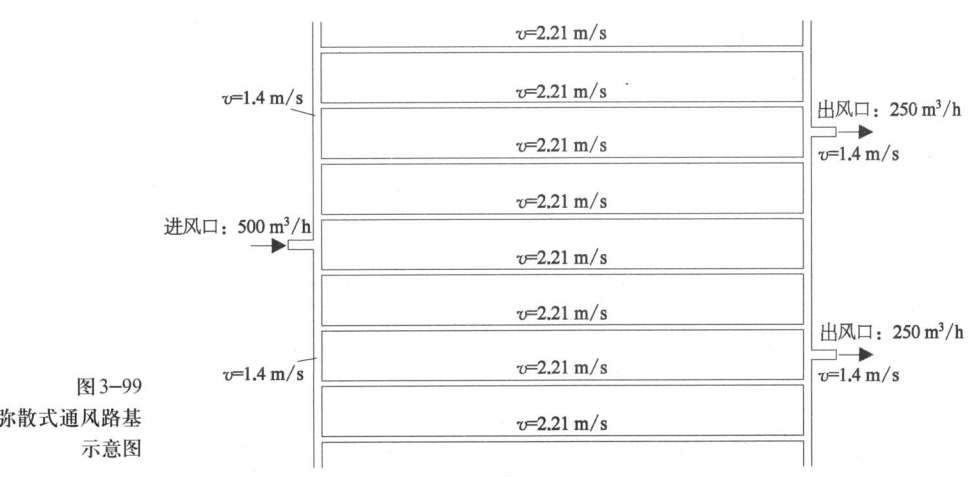

图3-99 弥散式通风路基示意图

图3-100 弥散式通风路基

2）适用条件

强制弥散式通风路基将外界冷空气强制输入路基，发挥主动降温的作用。一般适用于路基高度大于 8 m 的高温多年冻土段。

3）强制弥散式通风路基设计

每组强制弥散式通风装置由 1 个风机、2 根主风管、3 根延长管和 4 根弥散管组成。其中，主风管直径 25 cm，沿路基纵向埋设；弥散管直径 10 cm，沿路基横向埋设，弥散管纵向间距 1 m，与主风管采用渐缩管连接；延长管直径 25 cm，为 2 个进风口和 1 个出风口，与主风管采用三通接头连接，管材均采用高强 PVC 管。

4）强制弥散式通风路基施工工艺

（1）强制弥散式通风路基施工工艺流程

① 原材料进场。风机、主风管（图 3-101）、弥散管（图 3-102）、管件等材料设备入场时，应检查生产许可证、产品合格证等证明资料，按规定进行取样、检验和试验或委外送检，合格后方可用于施工。

② 下承层准备、测量放线。恢复路基中桩，边桩，测量路基高程，整修路基，为确保通风管铺设的平顺性，路基不设路拱横坡。现场检测路基平整度、压实度和弯沉值等项目，并确保达到路基交验标准。铺设 10 cm 厚中粗砂垫层，中粗砂必须过筛，最大粒径不超过 0.5 cm。

③ 铺设通风管。路基整修合格后，以白灰线标示主风管、弥散管的铺设位置。将满足设计要求的高强 PVC 管按照设计图纸和要求铺设，同管径的弥散管采用直接管件连接，不同管径的采用减缩管件连接，通风管与延长管连接采用三通接头连接，均采用密封胶圈接口。

④ 通风管检查。通风管铺设完成后，应对其平面位置和管件连接处的密封性进行检查，

图 3-101 主风管

图 3-102 弥散管

保证通风管平面位置准确,连接处连接密实不漏气。

⑤ 通风管上部填料填筑,如图3-103所示。通风管检查无误后,开始通风管管上路基填筑。通风管的主风管和弥散管抗压强度仍较小,施工车辆、机械等均不得直接碾压。通风管上部填料选用过筛后(筛孔应＜0.5 cm)的中粗砂,一方面保证管间压实,另一方面避免个别粒径较大的颗粒压破通风管。填筑采用递推卸料法,即在通风管的一端卸料,由推土机将填料向前依次推进,并进行粗平,松铺厚度应≥0.8 m。

图3-103　上部砂砾填筑

⑥ 碾压。推土机粗平后的路基采用平地机精平,重型振动压路机碾压,如图3-104、图3-105所示。

图3-104　碾压完成后

图3-105　上部填筑完成后

⑦ 风机、供电、温控设备安装,如图3-106所示。风机、供电、温控安装工作应在路基边坡防护工程、路基排水施工完成后进行,在此之前通风管的延长管管口采用管堵临时封堵,以防进入砂砾、风雪等。风机、供电、温控等设备基座应采用现浇混凝土制作,确保基础牢靠,并防止地表水的干扰。风机、供电、温控等设备安装完成后,应对其进行调试,确保其工作可靠。

图3-106　风机系统安装

(2) 强制弥散式通风路基质量控制关键点

① 原材料检查。风机、主风管、弥散管、管件等材料设备各项技术指标应满足设计要求。进场时，按规定进行取样、检验和试验或委外送检，合格后方可用于施工。

② 强制弥散式通风路基基底处理和路拱横坡。压实度、弯沉和平整度达到路基顶面交验标准，路基不设路拱横坡。铺设 10 cm 厚中粗砂垫层，中粗砂必须过筛，最大粒径不超过 0.5 cm。

③ 弥散管、主风管埋设、检查。弥散管、主风管管体完整、无破损，埋设位置准确。同管径、异管径、三通接口连接应牢固密实。铺设完成后，必须对连接处仔细检查，并进行气密性试验，试验合格并经过监理工程师验收后，方可进行下一工序施工。

④ 上部填料填筑。上部填料应选择中粗砂（过筛，最大粒径不超过 0.5 cm）进行填筑，松铺厚度 ≥ 80 cm，卸料必须采用递推卸料法。

⑤ 风机系统安装、调试。当上部施工影响到通风管时，应临时封堵。风机系统应在路基主体、防护排水工程完成后进行，风机系统基座应牢固可靠，保证不受地表水侵袭。安装完成后，应对其进行调试、验收。

5) 强制弥散式通风路基质量及检测要求

① 风机、主风管、弥散管、管件等材料设备基本技术性能测试（满足设计指标要求）。

② 基底的压实度、平整度、弯沉、路拱横坡检测（满足路基顶面验交标准，不设路拱横坡）。

③ 中粗砂垫层厚度、最大粒径、过筛状况（满足过程控制要求）。

④ 主风管、弥散管管体完整性、埋设位置、连接处检查、气密性试验（满足过程控制要求）。

⑤ 上部填料选择、松铺厚度、递推卸料法（满足过程控制要求）。

⑥ 风机系统基座制作、安装、调试（满足过程控制要求）。

3.4 不良地质施工技术

除多年冻土外，共玉公路沿线分布有水塘（积水坑）、水草沼泽地、风积沙、风吹雪、涎流冰等不良工程地质，在路基设计与施工中若不予以重视，将会影响路基稳定及公路的正常运营。现就几种不良工程地质施工做简单论述。

3.4.1 水塘、积水坑路基施工技术

共玉公路路线穿越高原草甸区，全线季节性冻土和多年冻土多有发育，部分段落为多

年冻土的退化区，地下水位较高，同时由于前期214国道改建时施工取土场地零散分布在本次设计线位置或附近，因此形成了大小不同的湖塘路基段落，如图3-107所示。

(a) K525+300—K525+352处水塘

(b) K568+640—K568+740处水塘

(c) K577+340—K577+380处水塘

(d) K610+140—K610+240处水塘

图3-107 共玉公路沿线水塘

根据现场核查情况，采用以下两种处理方案。

方案一：当路线经过的水塘较小，积水可排空时，基底采用排水清淤，回填砂砾或碎石土的处理方案，如图3-108所示。排水前应首先阻隔积水坑地表水、地下水补给。

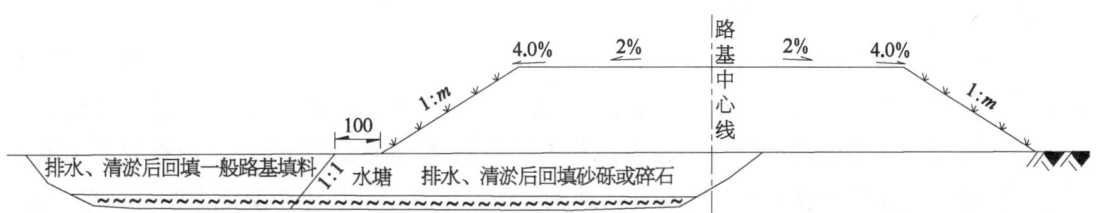

图3-108 小水塘、积水坑处理方案

方案二：当路线经过较大水塘，排水困难或水塘有持续的地表水补给时，采用抛填片块石的处理方案，如图3-109所示。工程实践表明：抛填片块石可以将基底范围的淤泥挤出，压缩有机活动层，改善地基承载条件，透水的片块石路堤基本不改变地表水的补给、径流和排泄条件及原有的水文地质状况，块石层的"热开关效应"可以有效减少暖季进入地基的热量，有利于保护冻土。对于处治多年冻土水塘，片块石结构合理、稳定性好，具有广泛的适用性和优越性。

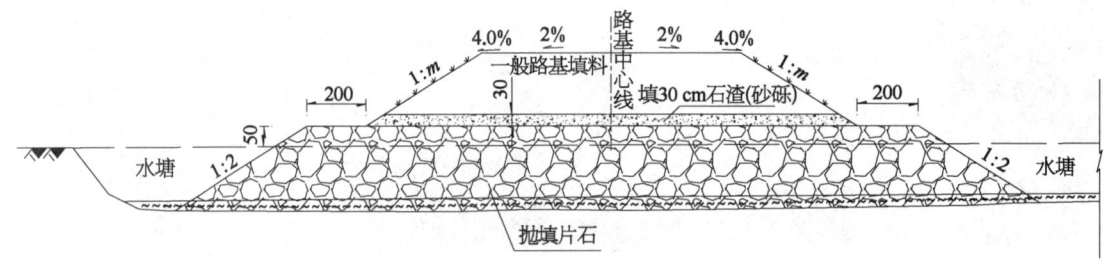

图3-109 较大水塘处理方案

抛填片块石施工应注意以下几点：

① 抛填片块石顶面标高应大于水塘、积水坑最高水位或积水坑边沿标高0.5 m以上。

② 片块石粒径应控制在20～40 cm，饱水抗压强度＞30 MPa，不允许使用风化石料，无级配要求。

③ 抛填片块石采用"倾填法"，一次填筑至设计标高，并预留10～20 cm沉降量。抛填片块石时，应先路中后两边、先低处后高处的方式进行。

④ 块石层的压实应采用重型振动压路机和三边压路机相配合，即重型振动压实和冲击碾压相配合。

⑤ 在片块石层与上部路基土层之间应设置厚度不小于20 cm的过渡层，过渡层采用碎石或者石渣，粒径要求5～15 cm。为防止路基上部细料漏入到块石层中，在碎石层或者石渣过渡层表面还应铺设一层透水土工布。

3.4.2 水草沼泽地路基施工技术

冻土水草沼泽湿地的工程地质特征是：地势低洼，地表水发育，植被发育，有机活动层厚度较小，多年冻土含冰量较大。冻土水草沼泽湿地的活动层一般由地表草皮和泥炭组成，具有高含水量、高压缩性和低承载力的特点。

水草沼泽发育路段地势低洼处同时多为多年冻土和季节冻土融化区。根据调查和勘察成果，水草沼泽段落经常有冻土交替发育，因此需要结合本区的多年冻土情况进行处治。

路基通过冻土沼泽湿地时，为维持路基工程的稳定，应尽可能保护好现存的多年冻土环境，尽量不改变沼泽湿地地段的水文、地质条件，尽量不破坏沼泽湿地上的有机覆盖层。图3-110为野马滩段的水草沼泽地。

(a) K523+550—K523+600 段

(b) K524+100—K524+325 段

图 3-110　共玉公路沿线水草沼泽地

对于季节性水草沼泽路段处理，根据水草和细粒土的厚度预填石渣（砂砾），填筑 80 cm 厚石渣冲击碾压压入地面，上部填筑 30 cm 厚石渣（砂砾），改善路基承载条件，隔断毛细水上升，不改变原有的水文状况。

3.4.3　风积沙路基施工技术

共玉公路 K508+800—K512+000 段分布有风成粉砂路基，厚度较浅，存在沙土液化隐患，影响路基稳定。基底处理方案为：填方路段，路基基底 80 cm 范围内粉沙层进行超挖后换填砂砾；挖方路段，路床 80 cm 范围内松散粉沙超挖后换填砂砾，以改善路基条件。并在坡脚或堑顶以外 20 m 范围内采用低立式经编方格状风沙障，如图 3-111 所示。

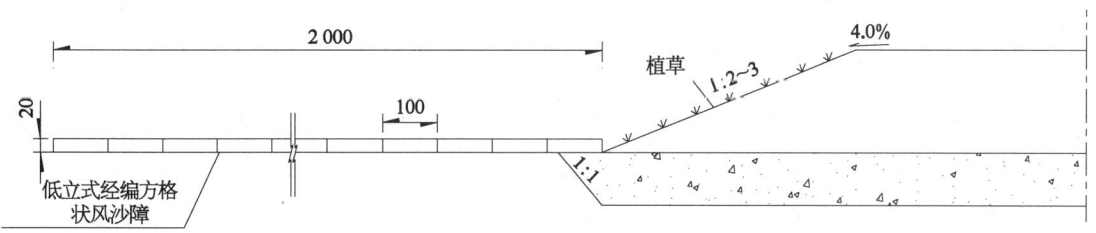

图 3-111　低立式经编方格状风沙障设计断面图

经编网采用高耐候改性聚乙烯经编网，主要指标为：经向断裂强度 ≥ 600 kN/m，纬向断裂强度 ≥ 400 kN/m，经纬向断裂伸长率 ≤ 50%，梯形撕破强力 ≥ 40 kN/m，顶破强力 ≥ 500 kN/m，网空隙度 30%～50%。

低立式经编方格状风沙障实施方法为：采用竹木制成 50 cm 高桩，在桩的上端开一条高 25 cm、可供两层网体嵌入的开口，在沙地上固定桩，按照 1 m×1 m 方形分布，桩插入沙地至开口处，每张经编网嵌入固定桩开口处，成立网。按 90° 角来回折行延伸，除边外，所有固定桩被相邻两经编网共用，相邻的经编网刚好形成许多方格状沙障，固定桩开口顶端用铁丝或桩套固定，如图 3-112、图 3-113 所示。

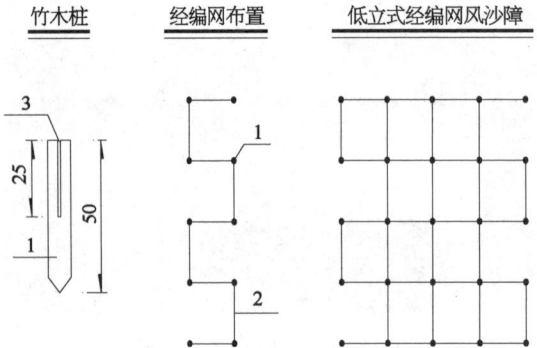

图3-112 低立式经编方格状风沙障示意图

(a) 低立式经编方格状风沙障　　　　　　　　(b) 风沙障方格

图3-113　K509+805—K512+000路左侧低立式经编方格状风沙障

3.4.4　冰雪害路基施工技术

本项目冰雪害段落主要集中在星星海、查拉坪、巴颜喀拉山越岭段。主要成因为冬季负温持续时间较长，温度较低，同时垭口段落分别受如星星海、野马滩、黑河、野牛沟、巴颜喀拉山局部气候影响，冬季降雪量较大。降雪长时间不易融化，形成路面冰雪害。主要危害形式为路面结冰危害行车安全。

根据调查资料、冰雪害的危害范围和危害程度，采取措施避免和减缓冰雪害对公路的危害。尽量放缓路线纵坡及路基边坡，填方路基边坡放缓至1:3，挖方路基边坡放缓至1:2，在路基外侧20～30 m外沿路基纵向设置2～3道挡雪墙，如图3-114、图3-115所示。

挡雪墙采用干砌片石，基础埋深0.5 m，底宽2.3 m，顶宽0.8 m。挡雪墙纵向长度10 m，纵向交错布设，横向间距5～10 m。挡雪墙采用干砌片石。

3.4.5　涎流冰路基施工技术

共玉公路涎流冰主要分布在歇武镇至通天河段，该段地形起伏极大，高达1 000～2 500 m，角峰、刀脊、冰槽谷、冰斗等冰蚀地貌分布普遍，切割强烈，相对高差在

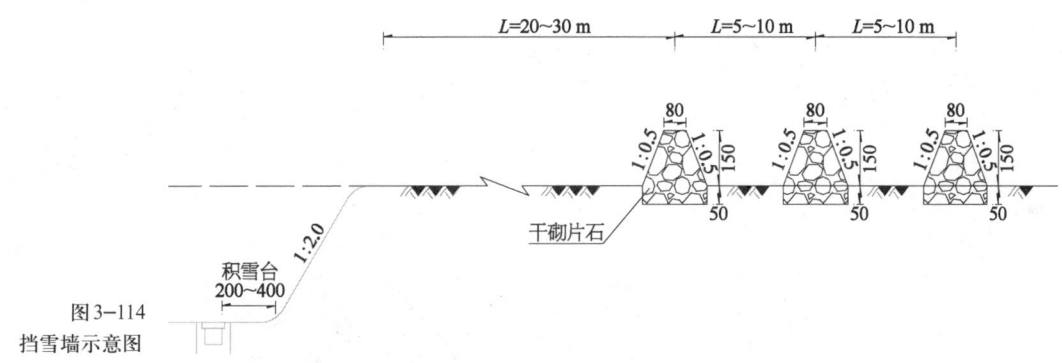

图 3-114
挡雪墙示意图

图 3-115
查拉坪 K570+800—
K571+100 段右侧
挡雪墙

600～800 m，山势陡峭，地形复杂。主要为三叠系地层，岩性主要为中、厚层砂岩、板岩夹页岩、片岩等，呈层状碎裂结构，由于构造作用和寒冻风化作用强烈，局部地段岩体极为破碎。

受地形因素限制，该段路基为傍山路基，部分段落以挖方路堑形式通过，路基位于山体阴坡侧，山坡汇水面积较大，山涧溪流在冷季层层冻结，逐步形成涎流冰，如图 3-116 所示。

涎流冰处治通常采用以下方法：

① 将路基上侧的泉水、夹层和透水层中的渗水从保温暗沟（导管）导流出路基外，如含水层下尚有不冻结的下层含水层，则可将上层水导入下层水中排出。

② 提高路基的高度，使其高于涎流冰面 60 cm 以上，因地形或纵坡限制不能提高路基

(a) K765+100—K765+250

(b) K766+160—K766+300

(c) K767+060—K767+200

(d) K776+800—K776+900

图3-116　共玉公路沿线左侧路堑涎流冰

时，可在临水一侧路外筑堤埂或在路侧溪流初结冰后，从中部凿开一道水沟，用树枝杂草加铺土或雪保温，使水流沿水沟流动，避免溢流上路。如地形许可，将溪流改远至远离公路处通过。

③ 在多年冻土区，可在公路上侧10～15 m外开挖与路线平行的深沟，以截断活动层泉流。在冬季宜使涎流冰聚集在公路较远处，保证公路不受涎流冰的影响。

④ 根据涎流冰的数量，在公路外侧修筑储冰池，使涎流冰不上公路。

针对共玉公路涎流冰的成因、数量及所处地理、水文、地质状况，主要采用了方法③和④。目前运营状况表明，基本消除了涎流冰对路基的影响。

第4章

沥青路面施工及质量控制技术

施工中应按照现行的《公路沥青路面施工技术规范》(JTG F40—2004)、《公路路面基层施工技术细则》(JTG/T F20—2015)等有关规范中所规定的施工工艺及质量检查验收标准进行施工。

① 为保证路面施工质量，沥青混合料、水泥稳定碎石混合料全部由拌和站集中拌和，并采用摊铺机摊铺。混合料在运输、摊铺时，不应产生粗细料离析现象，拌和料沿摊铺断面分布应均匀，碾压应充分，施工应达到规定的密实度标准。拌和场地应进行硬化，并应对路面用原材料采取防雨措施。

② 施工前必须进行各种混合料配比设计及相关试验，以进一步确定混合料的配比、含油量及含水量，并在施工中严格控制。各种路用材料在检验合格后方可使用。

③ 在铺筑沥青混合料前彻底扫除基层表面的松散颗粒和尘土，不留任何浮灰等松动的材料，然后喷洒透层油。透层油应洒布均匀，发现遗漏应人工补洒，以保证层间结合良好。

④ 为确保路面施工质量，施工单位除应建立相应的全面质量管理体系，严格工序管理，除按有关施工规范、规程的规定从严施工外，还应配置集料的制备、试验、配料、拌和、运输、摊铺、碾压养生等相关的现代化设备，并配备相应的试验、质量检验人员，以保证优质高效地进行施工。

⑤ 为了保证路面摊铺效果，确定、验证各项材料试验指标，必须先选取试验段进行施工，等检测完全满足设计要求后，再全线大面积进行摊铺。

4.1 沥青混凝土面层质量保障措施

(1) 原材料加工

沥青混凝土面层粗集料需采用反击式破碎机加工，材料需进行水洗、整形；集料加工时需进行过筛，根据筛网放置的倾斜角度和工程经验，应选择合理的筛孔尺寸。

(2) 沥青混合料的拌制

严格掌握沥青和集料的加热温度，以及沥青混合料的出厂温度，减少拌和机拌和仓出料口与运输车的高差，缩短热料落距，以减少温度散失量。每天开始几盘集料应提高加热温度，并干拌几锅集料废弃，再正式加沥青拌和混合料。拌和时集料温度应比沥青温度高10～15℃，热混合料成品在贮料仓储存后，其温度下降不应超过10℃，沥青混合料的施工温度通过在135℃及175℃条件下测定的黏度－温度曲线按照《公路沥青路面施工技术规范》(JTG F40—2004) 表5.2.2-1的规定确定。SBS改性沥青混合料的施工温度参照《公路沥青路面施工技术规范》(JTG F40—2004) 表5.2.2-3的要求。考虑到项目地区温度低，沥青混合料温度下降较快，施工时摊铺碾压工序应紧密配合，同时宜将混合料的拌和、摊铺、碾压温度适当提高。

(3) 沥青混合料的运输

运料车应有良好的篷布覆盖设施,且篷布四角均应压好,卸料过程中继续展盖直到卸料结束取走篷布,以便保温或避免污染环境。运料车每次卸料必须倒净,如有剩余应及时清除,防止硬结。

(4) 沥青混合料的摊铺及碾压

施工必须做好过程控制,采取措施减少温度损失,可在施工沥青层时在摊铺的车道两侧设置1 m高的帆布围栏,防止温度下降过快。

摊铺机的摊铺速度应根据拌和楼的产量、施工机械配套情况及摊铺厚度、摊铺宽度,按2～4 m/min予以调整选择,做到缓慢、均匀、不间断地摊铺。摊铺遇雨时,立即停止施工,并清除未压成型的混合料;遭受雨淋的混合料应废弃,不得卸入摊铺机摊铺。

沥青混合料的压实是保证沥青面层质量的重要环节,应选择合理的压路机组合方式和碾压步骤。混合料摊铺后必须紧跟着碾压,不得等候;为保证压实度和平整度,初压应在混合料不产生推移、开裂等情况下尽量在摊铺后较高温度下进行。不得在低温状态下反复碾压,防止磨掉石料棱角、压碎石料,破坏石料嵌挤。碾压温度应符合规范要求;必须有足够数量的压路机,沥青混合料在摊铺后初压前的温度损失极大,而初压后其冷却速率大大降低,因此初压的压路机数量必须保证两台以上,复压压路机宜不少于两台;碾压段的长度初压控制在20～30 m,复压及终压以50～80 m为宜。

压实完成12 h后,方能允许施工车辆通行。

4.2 水泥稳定碎石层质量保障措施

项目区的特殊温度条件对水泥稳定基层施工有很大影响,对路面基层施工工艺与质量控制提出了苛刻要求。首先,低温不利于混凝土强度的形成,在规定龄期内无法达到标准强度,必然导致施工进度缓慢,施工成本提高。其次,负温容易造成混凝土的早期损伤,降低混凝土性能,还有正负温的频繁交替变化,使硬化过程中的水稳碎石由于重复冻融而损伤,出现结构疏松、强度衰退、表面剥落等破损。第三,有效施工时间短,目前施工技术难以保证质量。

因此,本项目水泥稳定类基层施工中,控制碾压时间和养生是施工的关键环节。施工采取以"降低负温和低温影响程度,加快早期强度形成速度,减少混合料自由水分损失,控制级配组成"为主的技术保障措施,主要包括以下几方面:

① 水泥稳定结构层宜在气温较高季节组织施工,施工期的日最低气温应在5℃以上。

② 养生方法如下:

A. 每一段碾压完成以后应立即进行质量检查,并开始养生。

B. 用复合塑料薄膜覆盖养生，养生期内保持基层处于湿润状态。将草袋或透水无纺土工布湿润，然后人工覆盖在碾压完成的基层顶面，覆盖2 h后，再用洒水车洒水，7 d内正常养护。养生结束后，将覆盖物清除干净，用洒水车洒水养生，始终保持表面湿润。

C. 提高第一天养生温度，保证第二天后养生温度达到养生强度形成的临界温度7℃以上。

D. 养生期间应封闭交通，养生时间不少于14 d。

③ 如果施工工期紧张，需要减少养生时间或增加早期强度，可以考虑加入相应的水泥外掺剂，以适当缩短养生时间，增加早期强度。

④ 基层施工前对下承层充分洒水湿润。严格控制施工级配。

4.3　高寒高海拔区沥青路面施工条件特殊性

高寒高海拔区沥青路面施工条件特殊性主要表现在以下方面：

(1) 施工期短

高寒高海拔区公路的最佳施工时间为每年的5—9月，而路面基层与面层的适宜施工时间为6—9月，其中沥青面层可以施工的时间为7—9月。即使在这几个月，高寒高海拔区气温仍较低，日温差也较大，夜间往往出现负温，有效施工时间短。同时，降水又集中在7—9月，且雨雪无常，明显影响路面施工的连续性。因此，高寒高海拔区沥青路面的施工期明显短于一般地区。

(2) 施工温度低

高寒高海拔区常年低温，即使在路面的可施工季节，气温也较低。如五道梁地区6—9月的月平均气温在0～6℃，其中气温最高的7月日最高气温仅为11～20℃，且夜间经常出现负温。因此，高寒高海拔区路面施工温度明显低于一般地区，满足现行规范规定的施工温度要求较为困难。

(3) 碾压成型困难

高寒高海拔区气温低，加上多风、风大，热拌沥青混合料施工过程中的温度损失明显快于一般地区，使沥青混合料碾压成型困难。同时，高寒高海拔区气候干燥，蒸发率高，使路面基层施工中水分损失比一般地区速度快，且损失量大，对无机结合料稳定基层的强度有显著影响。

(4) 养生条件有限

在高寒高海拔区特殊的自然条件下，半刚性材料保温保湿养生难度明显大于一般地区，水分蒸发损失容易引起干缩裂缝，大温差使半刚性板体内产生较大温缩应力，而频繁冻融循环导致混凝土产生早期损伤。

4.4 水泥稳定砂砾基层（底基层）施工技术

1）原材料要求

(1) 粒料

试验表明，<4.75 mm 集料含量和通过 0.075 mm 筛孔的颗粒含量对混合料路用性能影响明显。为充分利用天然砂砾、降低工程造价和方便施工，宜掺入适当比例碎石（5～10 mm）调整粗细集料比例，掺量控制不超过 40%；建议 4.75 mm 筛孔通过率尽量控制在 50% 以下，且 <4.75 mm 细集料含量尽量靠近推荐级配下限；在级配范围曲线中宜选取粗集料上靠上限、细集料下靠下限的平顺反弯曲线。严格控制细料塑性指数，不宜大于 4。粒料（碎石或砾石）的抗压碎能力应满足压碎值不大于 35% 的要求。严格控制有机质含量不超过 2% 和硫酸盐含量不超过 0.25%。

(2) 水泥

考虑到高寒高海拔区气温低、昼夜温差大的特点及其对强度形成的影响，在保证施工需要的前提下，宜选择标号较高、凝结较快的水泥，以提高早期强度。

(3) 外加剂

针对高寒高海拔区的特点，应掺入适宜的外加剂（如 CS-1 外加剂），提高早期强度，改善抗收缩性能，施工方便且经济。

(4) 混合料设计原则

高寒高海拔区水泥稳定粒料组成设计的目标是：在高寒高海拔区特殊的环境条件下，混合料组成满足强度要求，并使抗收缩性能达到最优，且便于施工。设计原则是：综合考虑强度指标和抗收缩指标，确定最佳水泥用量和最优混合料级配，选择适宜的外加剂种类和确定剂量，以达到技术先进、经济合理的目的。

2）施工机械选型与组合

针对高寒高海拔区的气温变化特点，宜采用混合料厂拌和摊铺机摊铺的机械化施工方法，在施工中应充分重视选择和配套施工机械，保证水泥稳定粒料基层快速成型。如采用平地机和人工摊铺，则必须控制延迟时间和含水量。

3）修筑试验路段

多年的工程实践证明，在大面积施工基层之前，宜修筑一定长度的试验路段。由于高寒高海拔区日温差大、温度低，因此通过试验路修筑应确定每天的施工作业时间和作业段长度，尽量使混合料在进入低温或负温时间以前具有一定的强度，减小低温的影响。高寒高海拔区气温降温速率快于一般地区，且夜间温度较低，施工中应对施工现场的日气温变化状况进行实测,确定施工作业时间。施工开始时间的气温宜高于5℃,气温降低到7℃前1 h应停止摊铺作业,掺外加剂后可延长作业时间,在气温降低到5℃时停止作业。

4) 施工工艺

高寒高海拔区水泥稳定粒料基层采用厂拌法施工的工艺流程与一般地区基本相同。高寒高海拔区水泥稳定类基层施工中,控制碾压时间和养生是关键环节。水泥稳定粒料基层施工结束后,应立即进行保温保湿养生。如采用草袋、薄膜、厚砂等材料,也可以采用养生薄膜下铺设黑色或深色织物双层吸热保温,或单一采用黑色养生薄膜吸热保温,提高养生温度。尽量提高第一天的养生温度,第二天后的养生温度达到临界温度7℃以上即可。养生期一般不少于7 d,养生结束后应尽快铺筑面层或做封层。对于掺外加剂混合料,养生期可以缩短,如掺入CS-1外加剂混合料的养生期可以缩短为3 d。在养生期间应封闭交通。如不能封闭交通时,应限制重车通行,其他车辆的车速不应超过30 km/h。

5) 施工质量控制

施工质量控制可分为材料标准试验、施工过程质量控制及外形尺寸管理三大部分。控制标准与一般地区类似。

6) 水泥稳定类基层质量保障技术措施

针对高寒高海拔区路面半刚性基层的特殊施工和使用条件,根据试验研究,以"降低负温和低温影响程度,加快早期强度形成速度,减少混合料自由水分损失,控制级配组成"为主,提出高寒高海拔区半刚性基层强度形成和抗裂技术保障措施:

① 保证半刚性基层混合料设计抗压强度要求,取规范规定上限(3.0 MPa)。

② 混合料中掺入适宜外加剂,保证混合料强度快速形成,加快施工进度,降低工程施工成本。

③ 采用吸热覆盖措施,提高第一天养生温度,保证第二天后养生温度达到临界温度7℃以上。

④ 初期(3 d)洒水、保湿养生。

⑤ 采取有效措施封闭施工,或结合沥青面层与基层连续施工。

⑥ 基层施工前对下承层充分洒水湿润。

⑦ 合理设计级配组成,严格控制施工级配。

4.5 级配碎石层施工技术

(1) 施工工艺

为了保证级配碎石的施工质量，使成型后的结构层均匀、密实，总结试验路修筑经验，提出高寒高海拔区级配碎石"贯入油结"施工工艺。

(2) 注意事项

在级配碎石运输途中含水量会有一部分损失，故应视天气情况适当调整含水量，一般在阴天时比最佳含水量增加0.5%，晴天刮风时增加1%；试验路现场位于青藏公路K2993—K2995处，施工现场的风速较大，水分蒸发量也大，混合料拌和时在最佳含水量的基础上增加1%~2%。混合料采用自卸车运输，为防止运输过程中水分损失过大，可采用篷布覆盖。到达现场后应随机抽检级配组成与含水量。

根据已有施工经验，级配碎石作为松散性材料，施工过程中不易碾压密实稳定，提出采用"贯入油结"分层施工工艺，根据级配碎石结构层厚度，可分两层或三层施工。

对下层静碾初压整平后，利用沥青洒布车洒布一层沥青，沥青洒布量控制约为沥青贯入式洒布量的1/3~1/2。

待沥青渗透2 cm后铺撒上层混合料，进行静压稳压、振动复压和静压整平，如此施工直至达到设计厚度。

试验路施工中10 cm级配碎石分两层施工，洒布一层沥青，洒布量为1.5 kg/m^2，施工效果良好。其他相关工艺及要求同现行规范。

4.6 沥青碎石基层施工技术

高寒高海拔区沥青碎石基层施工与一般沥青碎石或大粒径沥青混合料基层相近，但由于施工条件的差异性，有一些特殊要求。

(1) 高寒高海拔区沥青碎石采用拌和机械拌制要求

① 高寒高海拔区特殊施工条件下，由于沥青碎石混合料的粒径较大，施工过程中的温度损失比一般沥青混合料快，保证低温施工的沥青碎石温度是确保施工质量的关键。为了满足施工温度要求，应适当提高沥青结合料加热温度和矿料加热温度，拌和温度根据沥青结合料性质、运输距离、施工气温等综合确定，以保证碾压终了温度不低于70℃。试验路修筑中，沥青结合料加热温度为160~170℃，矿料加热温度为170~180℃，混合料拌和出厂温度控制不低于165℃。

② 高寒高海拔区雨雪无常，路面施工季节又是该地区降水集中的时间，拌和厂储备的矿料容易雨淋受潮，且含水量变化较大。因此，矿料加热烘干时间应根据矿料潮湿状况进行适当调整，避免矿料加热温度不足或含有一定水分。

③ 由于沥青碎石的沥青用量较低，集料粒径较大，拌和时间应比一般沥青混合料延长，以混合料拌和均匀、所有矿料颗粒全部裹覆沥青结合料为准。试验路修筑中采用间歇式拌和机拌制，确定的适宜拌和时间为60 s。

④ 严格控制施工级配，避免控制不严导致混合料离析或沥青析漏，施工过程中等时间间隔从热料仓抽取集料，筛分检验级配组成，并测定沥青用量。

⑤ 虽然目前拌和机配备的成品储料仓的保温性能好，但在高寒高海拔区较低气温下混合料温度损失仍较明显，且沥青碎石在储料仓中容易出现离析和滴漏，尤其是沥青碎石的拌和温度提高后滴漏更为明显。因此，高寒高海拔区沥青碎石拌和后，不宜在成品储料仓中储存，应随拌随用。

(2) 高寒高海拔区沥青碎石运输和摊铺中的关键事项

① 沥青碎石粒径较大，运输中温度损失比一般沥青混合料大，应根据运输距离加强覆盖措施，采用双层篷布或棉被加篷布进行覆盖保温。运输车辆应保持匀速行驶，尽量避免急刹车和过大颠簸。

② 根据摊铺速度和运输距离合理配备运输车辆数量，减少运输车辆在摊铺机前的等待时间，以减小沥青碎石的温度损失。保证卸入摊铺机进料仓的混合料温度不低于150℃。

③ 沥青碎石级配较粗，应低速、均匀、连续摊铺，摊铺速度不宜超过2 m/min，同时，摊铺过程中应保证摊铺机进料口供料连续。低速摊铺能使布料器更均匀地向熨平板供料，减少离析，且可提高摊铺初始压实度，缩短碾压时间，有利于低温条件下的快速成型。

(3) 高寒高海拔区沥青碎石采用胶轮压路机和振动压路机联合碾压事项

① 沥青碎石中粗集料颗粒较多，碾压温度要求较高，粗颗粒容易形成嵌挤骨架结构，适当加快碾压速度，不容易产生推移。高寒高海拔区沥青碎石施工采用紧跟快压，减少温度损失，在温度较高时完成初压和复压，可以保证密实度。

② 沥青碎石集料粒径较大，碾压过程中应严格控制振动碾压频率、振幅和碾压速度，振动碾压宜采用轻振快速碾压，防治振动过大导致集料破碎。碾压机械组合、碾压遍数等碾压工艺参数应根据试验路修筑，考虑高寒高海拔区不同施工温度条件综合确定，应用中适时调整，否则高寒高海拔区多变的气候条件容易导致碾压终了温度过低。

③ 沥青碎石施工质量控制指标与现行规范相同。

4.7 沥青面层施工技术

对于高寒高海拔区路面，为了满足低温抗裂性能，宜选择高标号沥青。在强太阳辐射和极低的温度环境下，常年存放沥青，甚至裸放沥青是不适宜的。高寒高海拔区施工季节雨水多，降雨量形式多变，而且多为阵性降水，又急又大，施工中应使矿料保持干燥状态。

温度控制和碾压质量控制是保证多年冻土区沥青路面施工质量的关键环节。

(1) 温度控制

气温低而导致沥青混合料温度损失是无法改变的客观事实。做好过程控制，采取措施减少温度损失，不低于规定的施工温度，是确保施工质量的主要手段。

① 提高混合料出料温度。根据实践经验，混合料的出料温度可提高至 130～160℃。特别是在气温低至 5℃时，如以 8 min 为有效压实时间要求，摊铺厚度为 4 cm 的混合料的初铺温度必须达到 150℃以上。在施工时沥青的加热温度可控制为 130～150℃，矿料加热温度控制为 150～170℃。

② 选择合适的拌和厂位置，尽量缩短运距，以 30～40 min 的运距为限。

③ 减少拌和机拌和仓出料口与运输车的高差，缩短热料落距，以减少温度散失量。为此可在拌和机出料口处外接一段输料带。同时为了避免运输车受料过程中出现离析，运输车应适当移动位置，使混合料在车内分布均匀。

④ 在运输过程中，混合料必须用篷布覆盖，且篷布四角均应压好，避免出现"兜风"现象。

⑤ 运输车的运量应较拌和能力和摊铺速度有所空余，施工过程中摊铺机前方待料车可为 1～2 辆，"待机"时间不宜超过 5 min。

⑥ 沥青混合料必须缓慢、均匀、连续不间断地摊铺，摊铺过程中不得随意变换速度或中途停顿。摊铺速度应根据拌和机产量、施工机械配合情况及摊铺层厚度、宽度与摊铺速度控制在 3～6 m/min。

⑦ 摊铺机宜采用高密度的摊铺机，熨平板应加热。

(2) 碾压质量控制

① 所谓有效压实时间，是指混合料从摊铺后的温度冷却到最低压实温度的时间。有效压实时间的长短取决于混合料的初铺温度、气温、下承层温度、风力、摊铺厚度等。就施工而言，希望有效压实时间长一些，这样可以从容施工，确保施工质量。但青藏公路气温低，混合料温度散失快，混合料温度降低到 80℃不宜施工温度的时间短，即有效压实时间短。

表 4-1　青藏公路有效压实时间预估

气温（℃）	摊铺厚度（cm）	摊铺温度（℃）	有效压实时间 t
10	6	130	$Lnt = (35.77 - T)/20.972$
10	3.6	130	$Lnt = (133.81 - T)/26.167$
5	3.6	150	$Lnt = (157.5 - T)/28.779$
5	3.6	150	$Lnt = (155.24 - T)/35.449$

注：T 为摊铺温度。

通过不同铺筑厚度、不同铺筑温度在不同气温下沥青混合料的有效压实时间试验结果，可以得出有效压实时间的预估公式（表4-1）。估算出的混合料有效压实时间，有助于合理地组织沥青面层的施工，提高沥青面层的施工质量。

② 适当增加摊铺层厚度，延长有效压实时间。摊铺层厚度对有效压实时间有着重要的影响，在气温与摊铺温度相同的情况下，摊铺厚度为3.6 cm的有效压实时间与摊铺厚度为6 cm相比，减少1/3以上。通过提高面层厚度可以有效地降低混合料的冷却速率和延长有效压实时间，有利于解决低温下沥青面层施工质量难以保证的问题。建议在进行高寒高海拔区的沥青面层结构设计时，不宜完全套用一般地区沥青路面面层分类与厚度，条件允许的情况下面层宜厚一些。

③ 提高沥青混合料摊铺温度，以增加有效压实时间，措施同上述温度控制措施。

④ 碾压温度。沥青混合料在摊铺后初压前的温度损失极大，一般为4～8℃/min，在气温在5℃时，每分钟内的温度损失甚至更大，而初压后其冷却速率大大降低。因此，在高寒高海拔区进行沥青面层施工时，必须在混合料摊铺后立即碾压，即压路机应紧随摊铺机前进，初压压路机数量至少应有两台以上。

⑤ 碾压速度。根据当日气温、摊铺温度、摊铺层厚度，采用表4-1公式计算出有效压实时间，初拟碾压机的碾压速度，一般控制在2～4 km/h，轮胎压路机可适当提高，但不超过5 km/h。碾压工作段的长度随气温降低而缩短，一般可为10～35 m。根据有效压实时间的长短，拟定保证碾压质量的碾压机速度，计算出碾压工作段长度，可以保证在混合料温度降至80℃以前碾压成型。

⑥ 工序衔接。根据降温确定施工进度，并以此确定拌和机、运输和摊铺机械的工作效率。保证施工的连续性，避免"机待料、料待机"现象。

病害调查表明，路面病害中的松散、坑槽、波浪与沥青混合料密实度不足有密切关系，施工时应根据沥青混合料到场温度高低确定碾压机的碾压速度、工作段长度和碾压遍数等以达到规定的压实度。施工路段混合料到场温度低，工作段长度短时，碾压遍数应相应多于到场温度高的路段；温度高低决定碾压速度、工作段长度和碾压遍数。

4.8 单向导热路面施工技术

4.8.1 单向导热路面简介

（1）工程概况

单向导热路面＋片块石路基（图4-1）位于共玉公路科技示范工程，桩号K566＋400—K566＋960，长560 m。该段属山前冲积平原地貌，地势较为平坦开阔，植被、水草沼泽地发育，覆盖率达85%，冻胀草丘发育，地表积水严重。地层岩性主要为粉土（含卵石），卵石、地下水埋深0.8 m，属冻结层上水。该段属连续多年冻土区，主要发育富冰、饱冰冻土，融沉等级Ⅲ～Ⅳ级，天然上限为1.8～2.6 m，冻土年平均地温−0.27℃，为高温不稳定低温带，极差冻土工程地质段。

图4-1 单向导热路面+片块石路基

（2）工作原理

冻土区片块石路基的工作原理在于其冷季时的自然对流降温效应。路面加宽后，片块石层的宽度也相应增加，其高宽比发生变化，其自然对流降温效应将受到削弱；并且暖季时的吸热量也会因吸热面的增大而增大。这两方面都将导致下部冻土吸热量的增加。因此，将原片块石路基变更为单向导热路面+片块石路基。该复合路基的工作原理（图4-2）为：在冷季，片块石层发挥自然对流降温效应，带走下部冻土中的热量；在暖季，单向导热路面能够减少进入路基的外界热量，从而减少下部冻土的吸热量。因此，该复合路基能够在路面加宽的条件下减少下部冻土的吸热量，甚至变吸热为放热。这种单向导热路面+片块石路基具有形式简单、取材便利、环境友好、养护成本低等优点。

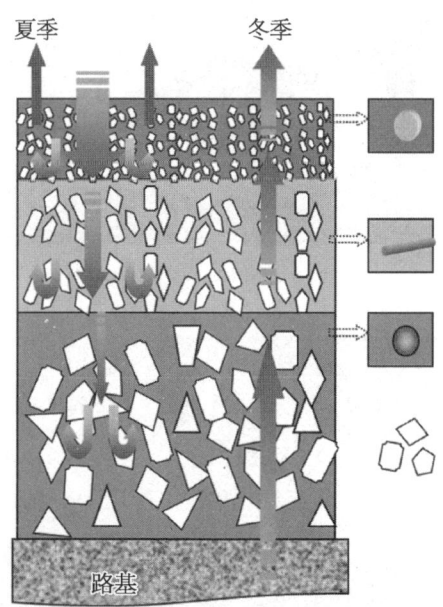

图4-2 单向导热路面工作原理

（3）适用条件

单向导热路面+片块石路基适用于路基高度＞3 m的富冰、饱冰冻土段。

(4) 设计方案

不清表，冲击碾压砂砾，冲入地表下30 cm，地表上填筑30 cm砂砾，设置1.2 m片块石通风路基，采用单向导热路面。单向导热路面由4 cm AC-13沥青混凝土上面层、5 cm AC-20沥青混凝土中面层、18 cm沥青碎石（ATB-25）基层、18 cm 2%低剂量水泥稳定碎石和20 cm厚级配砂砾组成，上面层AC-13、中面层AC-20和上基层ATB-25使用漂珠代替矿粉，实现路面各层之间的定向导热，采用漂珠替代矿粉的比例为5%、15%和30%，漂珠通过拌和楼窗口人工定量投放。

4.8.2 单向导热路面施工工艺

为保证路面施工质量，应建立健全质量管理体系，严格工序管理，遵照有关规程、规范精心组织施工，应配置集料设备、试验、生产、运输、摊铺、碾压养生等现代化成套设备，配备合格的试验、质检人员，以保证ATB-25基层、沥青面层优质高效进行，如图4-3～图4-6所示。

针对本项目所处区域的气候特点，温度控制、漂珠掺量和碾压质量控制是保证ATB-25

图4-3 沥青拌和站

图4-4 沥青拌和楼

图4-5 集料料仓

图4-6 漂珠

基层、沥青面层施工质量的重要环节。普通沥青混凝土不得在气温低于5℃时进行，SBS改性沥青混凝土不得在气温低于10℃时进行。

(1) 基层准备、透层油施工

铺筑ATB-25基层、沥青面层前，彻底扫除底基层表面的松散颗粒和尘土，不留任何浮灰等松动的材料，采用沥青洒布机路面全宽范围喷洒透层油，以保证层间结合良好。

(2) 测定基准线

准备好底基层后进行测量放样，标出沥青混合料松铺厚度，并放出引导摊铺机运行走向和标高的控制基准线。

(3) 拌制

严格控制沥青和集料的加热温度以及沥青混合料的出厂温度，沥青加热温度控制在150～160℃，集料温度应比沥青温度高10～15℃（每天开始拌和几盘集料时，应提高加热温度），沥青混合料出厂温度控制在145～160℃，如图4-7、图4-8所示。

漂珠通过拌和楼窗口人工定量投放，如图4-9所示。拌和后的沥青混合料均匀一致，无花白、无离析和结团成块现象，当混合料出现降温过快，粗细集料颗粒离析及其他影响产品质量的情况时，应予以废弃。

图4-7 集料拌和

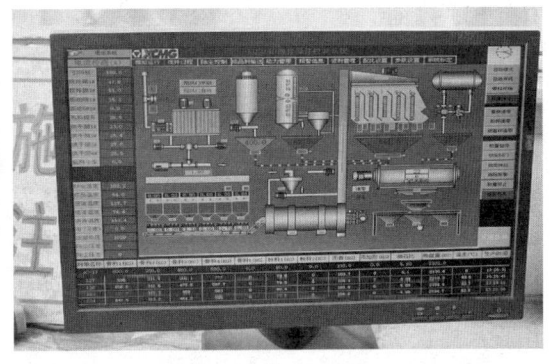

图4-8 沥青混合料拌制

(a) 称量

(b) 掺加

图4-9 漂珠掺加

(4) 运输

沥青混合料采用自卸车运输，如图4—10所示。装料时，通过前后移动自卸车来消除粗细集料的离析问题，自卸车地板和侧板涂抹隔离剂（柴油：水 = 1:3），运输过程中采用防水篷布覆盖整个运料斗。在摊铺机前形成供料车流，并应尽量减少等待时间，保证摊铺温度。

图4—10 沥青混合料运输

(5) 摊铺

采用自动找平装置的沥青摊铺机铺筑，分两幅摊铺，如图4—11所示。摊铺前30 min前，加热整平板至80～100℃，采用柴油喷雾器喷洒料斗、刮板送料器、整平板及螺旋输送器，安装自动找平装置和超声波控料器，检查操作系统。摊铺温度控制在130℃，及时用直尺检查松铺厚度，温度计检查摊铺温度。

(a) ATB-25上基层摊铺

(b) 下面层摊铺

(c) 上面层摊铺

图4—11 沥青混合料摊铺

(6) 碾压

沥青混合料的压实是保证沥青面层质量的重要环节，如图4-12所示。在摊铺成型后，应立即组织碾压。碾压的程序为：初压、复压、终压。

(a) ATB-25上基层碾压

(b) ATB-25上基层碾压完成后

(c) 下面层碾压

(d) 下面层碾压完成后

(e) 上面层碾压

(f) 上面层碾压完成后

图4-12 沥青混合料碾压

初压：采用钢轮压路机静压2～3遍，碾压速度2～3 km/h，碾压时应先消除纵向裂缝，然后从断面低的一侧向高的一侧碾压。

复压：采用振动压路机振动碾压3～5遍，碾压速度控制在4～5 km/h，复压后达到要求的压实度，并无明显轮迹。

终压：终压紧跟复压进行，采用胶轮压路机静压两遍，碾压速度控制在2.5～3.5 km/h。

(7) 路面检测验收及钻芯取样

路面施工完成后应进行现场压实度、平整度和弯沉检测，并进行钻芯取样，如图4–13～图4–15所示。

(a) ATB–25基层钻芯

(b) ATB–25基层芯样

(c) 下面层钻芯

(d) 下面层芯样

图4–13 钻芯取样

(a) 取样

(b) 称重

(c) 抽提

(d) 抽提完成后

图4-14 沥青混合料抽提

图4-15 路面弯沉检测

4.9 高寒高海拔区沥青路面施工质量多层次控制体系

4.9.1 MeDAC技术服务体系概况

沥青路面施工MeDAC技术服务体系（Monitoring Evaluate Decision Adjustment Control，MeDAC）是在沥青路面结构层及功能层施工中，为了实现沥青路面施工过程的均匀性、稳定性，确保卓越的路用性能，基于统计过程控制法的数理统计分析思想，将预防性控制与事后检验相结合，通过施工前混合料设计介入、施工前端监控、中端分析决策、后端调整控制，形成一整套能够代表业主为沥青路面施工参与各方（业主、监理方、设计方、施工方、中心实验室等）提供全要素、全方位、全过程、全员质量监控、分析、决策、调整、控制的技术服务体系，贯穿于设计审查至交工验收的路面施工全过程，主要由关键过程指标对最终质量影响分析、最终质量缺陷对过程监控指标要求、过程关键指标监测方法、过程质量控制方法四部分双向控制。该体系是由中交第一公路勘察设计研究院有限公司（简称中交一公院）经过几十年的公路勘察、设计、咨询、施工总承包、检测评价工作凝结而成的成果。

4.9.2 沥青路面施工复杂性与技术服务必要性

尽管我国经历了近20年的高速公路飞速发展后，大多数沥青路面早期病害已经大大减少，但在设计、施工、检测评价方面先进的技术多数从国外引进，自主创新技术相对落后，先进技术引进缺乏消化吸收再创新，导致目前沥青路面裂缝、坑槽、车辙等典型病害在某些省份、地区仍然屡见不鲜，路面难以达到设计寿命，本该进行中修的路面却急需提前进行大修，这将对人力、经济、环境等资源造成极大的浪费。

沥青路面施工是一项复杂系统工程，在原材料、试验检测、拌和、运输、摊铺、碾压中，不论哪一环节出现问题，都难以保证沥青路面的成功铺筑或路面的耐久性能，将成为天生缺陷工程产品和短命工程。当然从运营支出经费来看，目前养护费用仅占公路管养支出约9%，而路基路面养护费用却占到总养护费用的70%～80%，沥青路面又占到路基路面养护费用的80%。

因此，对于这样复杂的路面工程，很有必要通过技术服务来加强过程质控，保证各环节的有机衔接，确保公路路用性能的实现。

(1) 施工过程"顽疾"常见

沥青路面施工中常常因为各种主、客观原因，容易导致以下问题：

① 沥青用量不足：承包商偷工减料、拌和设备计量不准。

② 配合比不稳定：后场随意改变生产配合比，冷/热料计量不准，拌和设备系统误差。

③ 混合料温度不稳定：集料加热滚筒不稳定，沥青加热罐加热方式、运输保温不够，运距太远，无转运车。

④ 拌和时间不足：后场为了提高生产量，拌和楼系统误差。

⑤ 摊铺碾压工艺随意，原材料消耗动态台账数据失真，同一质量缺陷诱因多样性等。

(2) 施工环节复杂多变

① 环节繁杂：由原材料选型、混合料设计/验证、备料、拌和、运输、铺筑等多个环节组成，环环相扣，统筹安排，无缝衔接。

② 多方参与：由业主、设计方、监理方、检测方、施工方（含材料供应商、设备供应商）等多方参与，职责不同，需求不同，目标一致。

③ 领域广泛：沥青路面施工集工、料、机、环、财于一体，原材料来源不稳定，机械型号复杂，环境变化大，涉及多领域、跨学科、多维度的交叉，需要深度融合。

④ 指标变异：原材料质量（集料资源特性与加工特性取样）、矿料级配（抽提劣于热料仓筛分、燃烧炉法；振动筛层数与筛孔大小）、油石比（外观/温度/取样检测、抽提劣于燃烧炉法）、压实度（压实组合、工艺、遍数、智能压实检测动态变形模量等、无核密度仪）、温度（集料与沥青温度、干燥滚筒、燃烧器、温度离析、混合料转运车、摊铺速度与机械-红外热像仪检测）、平整度（出料温度、压实、下承层、接缝、环境温度等）、渗水系数、构造深度、厚度等关键控制指标变异性较大。

(3) 技术服务对症下药

① 固本溯源重中之重："求木之长，必固其根；欲流之远，必浚其源。"因此，结合当地环境、地材特点，保证原材料选型、混合料设计/验证等良好开端，将是铺筑成功的基础。

② 过程监控不可缺少：对施工过程的每个环节、直接或间接影响过程质量的重点可能因素都须进行重点控制，并制定实施控制计划，确保过程质量控制，如拌和温度、时间，运输时间、保温，倾倒混合料方式，摊铺温度，碾压温度与集料离析、压实度等。

③ 多方融合无缝对接：不论材料多么多样，环节多么繁杂，领域多么广泛，但是对重都需要人来完成，那么要想让怀着不同出发点的参与各方都向着最终提供一个合格的工程产品的目标进发，技术服务的参与将能够提供一方良药。另外，对于业主、设计方、监理方、检测方、施工方来说，各方对于沥青路面施工技术的理解大多局限于各自领域，理解的深度、广度、角度都难以满足施工质量的要求，只有通过技术服务力量的介入，才能使不同群体对同样的技术具有同样的理解。

④ 关键环节容易缺失或漏洞：油石比不足，随意调整配合比，拌和温度及时间不足，拌和/摊铺/碾压工艺不严格，拌和数据造假，设备系统误差。

4.9.3 沥青路面施工 MeDAC 技术服务体系特点

沥青路面施工 MeDAC 技术服务体系以全寿命周期建、管、养共享与绿色低碳相结合理念为主导，结合项目区域的气候环境特征、工料机供应、交通特征、施工技术环境、建设管理水平等客观条件，针对具体项目给出沥青路面施工质控的建设性指导意见，并通过多指标优选及三控双曲模型的固本溯源、"互联网＋可追踪技术"、"互联网＋实时监控"等自主核心技术手段，有效地减少甚至消除沥青路面早期病害的施工隐患，确保沥青路面成为应用先进工程技术的优良工程产品。

（1）路面结构及混合料设计阶段服务尽早介入

为从源头实现目标控制，MeDAC技术服务理念倡导从路面设计阶段介入为佳，即针对项目区域的气候条件、交通量特征以及地材种类，从区域道路使用性能需求出发，进行区域路面结构与材料的共享型设计，并确定可行的、高于规范要求的材料技术指标或标准，从而为原材料选型及混合料性能控制提供可靠的依据。

（2）基于多指标三控双曲模型固本溯源

① 基于全寿命周期建管养共享优化设计法，进行区域路面结构和材料的综合设计。

② 采用各结构层沥青、集料、添加剂多指标优化选型法，优选最佳原材料组合。

③ 采用基于三控点双曲模型的沥青混合料矿料级配均衡优选设计法，进行区域沥青路面不同结构层的混合料配合比设计。

④ 采用灰关联分析法优选施工方案、优化工序等，省时、有序、科学。

（3）施工前端监测、中端决策、后端控制的全过程联动质控机制

MeDAC技术服务是对路面施工进行的全过程服务，对于施工各参与方将起到不同的作用。对建设方或业主而言，主要解决施工问题，提高工程质量；对施工方来说，主要控制材料源头质量，抓好装备运行监控，改善施工技术水平，加快科研成果转化；对施工监理单位而言，协助其发现施工问题，及时提出解决方案，主要包括如下技术模块：

① 采用因果分析法并结合专家经验，依据项目区域特点、路用性能要求、原材料性能、施工装备状况，综合确定沥青路面施工关键控制指标。

② 采用模糊综合评价法进行沥青路面施工质量的事前监测、预见施工质量，为改善施工状况、调整施工人员或设备，提高路面性能等提供依据和条件。

③ 采用SPC法中的休哈特控制图，进行关键质控指标的动态监控，分析关键质控指标变异性水平及其影响因素，在施工过程实现快速、科学、理性决策。

④ 采用互联网＋实施质控技术，将③中的决策在后续的施工中适时调整、纠偏，以保证对施工质量进行连续、动态控制。

⑤ 采用无损检测结合钻芯取样的方法，进行完工路面关键质控指标进行检测，并对施工全过程的重大技术方案和质量控制问题进行专项分析，获取施工质量信息，为后期施工质量控制积累经验。

总之，技术服务并非取代哪一方的工作职责，而是通过提供优质技术服务与质量保证，顺应各方的需要，对工程质量的提高有着很好的促进作用。

（4）"互联网＋实时质控技术"

借助"互联网＋"的优势，采用沥青路面施工质量监控系统与不同权限的手机APP客

户端，应用物联网射频技术对配合比、温度、时间、施工环境、拌和、摊铺、碾压施工各环节的参数进行采集、调取、对比、分析，形成施工状态瞬态提示、关键指标即时预警、即时反馈，并对业主、监理、设计、服务、施工、监测各方不同级别管理/技术人员开设不同访问权限，主要内容包含：

① 为建设单位实时监控施工质量是否满足要求，是否存在重大质量隐患，以便决策是否可继续施工。

② 为监理单位实时监控施工各环节是否满足要求，是否应采取整改措施。

③ 为技术服务单位实时监控施工各环节存在的质量隐患，以便及时决策预防措施。

④ 为设计单位监控设计方案的可行性，以便及时优化方案，进行合理变更。

⑤ 为施工单位实时监控施工各环节组织、实施情况，以便及时决策整改或预防措施。

⑥ 为中心试验室实时监控原材料和混合料波动的关键因素，以便过程中重点控制。

总之，通过对配合比、油石比、出料温度、拌和时间、摊铺碾压信息的动态监控，结合静态数据，既可实现配合比对比、材料误差、生产量等统计分析，也可通过与历史数据对比对生产情况、施工质量进行综合评定，并对不同参与方进行提醒、预警，以便最后形成可行的综合决策及反馈方案。

(5) 可服务路面类型的多样性

MeDAC技术服务体系涵盖了水泥稳定类（碎石、砂砾、土）、二灰稳定类（碎石、砂砾、土）半刚性基层/底基层、沥青类或粒料类柔性基层（ATB/ATPB/级配碎石）、沥青混凝土（AC/SMA/OGFC/DAP/RAC等）、功能层养护（MS微表处/SS稀浆封层/CS碎石封层/FS雾封层等）混合料设计、施工服务及质控。

4.9.4 沥青路面施工MeDAC技术服务模式及主要内容

1) 技术服务模式

MeDAC技术服务体系充分体现了"细节决定成败"的道理，已经国内外七个大的路面工程技术服务中得到充分验证，该体系由如图4-16所示的各个细的环节有机衔接而成。

2) 技术服务内容

MeDAC技术服务体系包括了质量目标体系制定、实施规则与技术要求等预先策划、原材料质量认定、质量检测、中间交验、施工工艺流程审定、质量评定等动态策划。此外，还应包括人员培训、技术交流、新工艺与新材料技术研讨等内容。

(1) 协助业主构建全方位质控体系

包括质控规划、承包商及监理方质控执行抽检、质控方法及措施保障、质控方案制定，详细规定对于承包商人员素质、施工机具、施工组织与质量保证体系的具体要求。施工单位是沥青路面施工的直接实施者，其人员素质条件、工程设备条件、技术水平、项目管理水平等直接关系着沥青路面的施工质量。从保证沥青路面建设质量的角度出发，有必要针对工程项目的气候、交通、材料、进度要求等特点，对施工单位提出相应的要求。

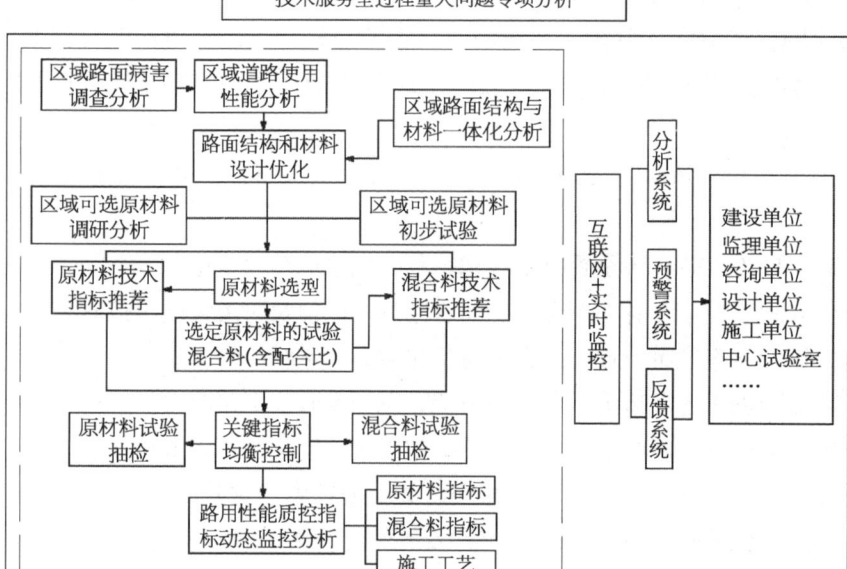

图 4-16 沥青路面施工全过程技术服务实施路线图

(2) 编制路面工程施工指南并进行专项培训

为了确保路面施工和老路维修工程施工质量，本部分工作充分利用其他类似项目的技术咨询经验，以及最新沥青路面病害处理的科研成果和实践经验，结合项目的具体条件提出专项施工技术指南，对沥青混凝土施工过程各环节的工艺要求做出规定，便于各参与单位对路面质量的控制。

为保证施工质量，有必要针对不同的结构层材料制定可操作性强、通俗易懂的施工指导意见，路面施工咨询单位计划为项目制定的专项施工指导意见（指南），如《老路维修施工指导意见》、《改性沥青混合料 AC-20C 施工指导意见》、《改性沥青混合料 AC-13C 施工指导意见》、《黏层、封层施工指导意见》等。专项技术培训在项目建设过程中，为提高施工单位、监理单位、现场管理人员在沥青路面施工方面的业务水平，提高沥青路面施工质量，监控咨询单位应根据项目具体进展安排相应的技术培训工作，主要包括以下内容：集料加工及质量控制培训，改性沥青加工及质量控制培训，沥青面层维修，拼接施工技术培训，中、上面层施工技术培训，黏层、封层施工技术培训，业主要求的与本项目有关的其他培训工作。

(3) 路面病害评定与处置方案

路面检测多为定点测值，受检测频率和检测位置的影响，部分路面的检测结果与路面实际状况之间可能存在一定偏差，导致了部分设计方案的针对性有所降低。为了使病害得到有效的处理，在施工时需要对路面实际病害进行详细的确认，在路面技术咨询工程中，全程参与现场路面病害评定。路面病害处置方案根据现场路面病害实际情况及发展状况，在设计的基础上提出路面病害处置方案，必要时调整相应设计图纸上的维修方案。在本项目中，将根据路面病害发展程度和具备的施工条件，提出有针对性的路面病害处置方案专项咨询。

(4) 路面加铺结构及配合比设计指导和优化

设计文件经过审查后，在设计理念和路面加铺结构上一般可以满足项目建设的需要。但设计文件通常由通用规范来体现设计思想，在指导施工过程中，需要对加铺结构进行必要的细化、优化，甚至是结合现场客观条件进行设计方案的优化。作为施工咨询单位，可以综合考虑项目特点、施工单位的设备状况、技术水平以及国内外近几年新建沥青路面施工、沥青大中修养护技术发展等，针对设计文件存在的不足提出优化建议，对路面病害处理方案、结构类型、混合料类型等方面提供优化、改进的技术支持。配合比设计指导和优化咨询单位对目标和生产配合比设计进行指导。对拌和站生产参数进行调试，并指导试验段的铺筑。目标配合比设计优化和验证目标配合比设计工作是配合比设计的初加工的过程，设计目的主要是确定符合设计要求的、经济的集料与沥青的混合料，对确定最佳胶结料用量、选择合理的集料比例、验证混合料各项性能具有重要的作用。优化的主要内容包括级配设计优化和矿料级配的优化选定。

最佳油石比验证、混合料高温稳定性能验证，即通过60℃条件下的车辙试验，测试混合料的动稳定度，用以验证混合料的高温稳定性。

混合料低温稳定性能验证包括在 -10℃条件下，通过小梁弯曲试验测试试件的应变值评价混合料的低温抗裂能力。

混合料抗水损害性能验证，即通过浸水马歇尔试验和冻融循环试验，评价混合料的抗水损害能力。生产配合比设计指导生产配合比设计主要是依据目标配合比设计结果，结合沥青混合料拌和站的机械性能和拌和站料仓骨料的级配组成情况，调试各料仓热料的比例是配合比设计精加工的过程。指导的主要内容包括拌和站生产参数调试（主要包括干拌时间、湿拌时间、骨料加热温度、沥青加热温度的设置、鼓风大小的选用）等。对于SBS改性沥青混合料，集料加热温度一般为200～210℃，改性沥青加热温度为170～175℃。一般情况下，干拌时间为5～10 s，湿拌时间为35～40 s，一个拌和周期为50～55 s。最终拌和出的混合料应均匀、无花白料，温度满足运输、摊铺要求。

(5) 拌和站振动筛的筛网设置

振动筛筛网设置首先应满足混合料级配控制的需求，同时便于生产拌和，减少等料、溢料现象，使拌和站保持较高的产能。热拌沥青混合料主要为AC-20和AC-13两种类型。为了满足级配的控制和最大程度提升拌和站产量，建议把拌和站生产AC-20和AC-13混合料所用的振动筛筛网设置如下：

① AC-20混合料所用振动筛筛网设置方案：4 mm、6 mm、11 mm、16 mm、23 mm方孔筛；AC-13混合料所用振动筛筛网设置方案：4 mm、6 mm、11 mm、16 mm方孔筛。上述筛网设置满足上、下面层交叉施工的需要，同时可以对4.75 mm关键筛孔通过率进行有效的控制。

② 拌和楼流量试验以目标配合比为基础，通过集料流量试验，确定设定产量下各规格集料的进料速度和各规格集料在热料仓中的分布，为生产配合比提供基础数据，提高生产配合比与目标配合比的适应性。

③ 生产配合比级配优化。生产配合比最佳油石比验证、水损害试验验证均可指导铺筑试验段（包括试拌、试铺）。在进行试验段铺筑之前，需要在拌和站进行混合料的试拌，对拌和出的混合料进行体积指标、矿料级配、沥青用量的检测，评价是否具备试铺的条件。当混合料的各项指标达到设计要求时，可以进行试验段的铺筑。铺筑试验段的咨询工作具体内容如下：协助业主进行施工前技术交底，协助施工单位确定试验路铺筑方案，指导试验路施工，对试验路进行技术总结，提交试验路总结报告，提供正常施工参数。

(6) 对施工单位进行比对试验及评估

试验室是沥青路面施工过程控制的关键，为了确保监理单位和承包商试验室正常运转，技术咨询单位拟在施工前和施工中对承包商试验室进行评估及相关试验的指导，主要内容包括：对试验室的仪器设备进行评价，对试验人员的操作水平进行评估，对重点试验的操作流程和关键环节进行统一，根据业主需要对相关试验进行培训。

(7) 对原材料（特别是沥青SBS含量）进行检测

原材料是高速公路路面质量的基础，应对原材料的质量严格控制，其技术指标应满足设计（规范）要求，同时应满足经过审核批准的施工指导意见（指南）的要求。需特别注意的是原材料检测应具有良好的代表性。原材料质量检测分全套性能检测和施工过程日常抽检两类。全套性能检测包括改性沥青、普通沥青常规全套性能试验；改性沥青、普通沥青PG等级性能检测；集料全套性能检测。全套指标的检测次数根据质量控制的需要确定，一般情况下每一个供应商抽检次数不少于2次。

(8) 基质沥青油源稳定性指纹识别专项检测

传统的沥青材料质量检测主要依靠对沥青的物理指标进行测试，如针入度、软化点等指标，来检查沥青材料的质量是否满足要求，是否稳定。但随着大量工程的建设，道路工作者发现基质沥青的物理检测指标虽然仍然满足要求，但越来接近控制下限，质量处于变化中，但缺乏有效的手段评价沥青质量的稳定。近年来，采用化学分析方法来判断基质沥青质量稳定性成为研究的热点，如采用质谱仪、红外光谱仪等设备进行分子定量、图谱定性判断等手段。

(9) 层间粘结强度及路面混合料粘结强度与评价

沥青路面是弹性层状体系，其层间结合状态在路面破坏中起关键作用，层间结合好，不容易产生推移和车辙等早期病害。利用拉拔和剪切设备进行层间粘结强度的测定与评价，避免层间不连续，保证施工与设计工况相吻合。路面材料应有一定的强度、刚度和稳定性，重视对路面混合料粘结强度的检测与评价，保证路面材料的强度。

(10) 路面施工质量快速无损检测

为了客观评价沥青路面各结构层的施工质量，施工咨询单位作为独立的第三方对各层位施工过程的质量进行检测和评价，根据检测数据和检测过程中发现的问题对阶段工作进行总结，并提出改进建议。利用无核密度仪、路面渗水仪、铺沙法等无损快速检测方法。无核密度仪可以快速检测路面压实度，且对路面无破坏，若检测出压实度不足，应立即增加碾压遍数或调整碾压方案。重视路面渗水系数的检测，路面渗水系数与压实度有很好的相关性。路面渗水试验为无损检测，多进行渗水检测，在满足规范要求的情况下减少取芯等破坏性检测次数。铺沙法检测路面的构造深度，其数据同时反映检测路面摊铺的不均匀系数（离析程度）。

(11) 路面施工各环节技术咨询根据施工工艺

从原材料、配合比、拌和、运输、摊铺、碾压等施工各环节，全过程进行技术咨询。施工工艺是否合理、施工质量控制措施是否有力，是关系到设计意图能否贯彻、质量目标能否实现的重要因素。加强日常质量巡查，及时发现并纠正施工过程中存在的各种不规范、不合理的施工工艺，解决施工过程中暴露出来各种技术问题，显得非常必要。为弥补上述不足，本项目实施过程中，将委派有丰富经验的工程技术人员常驻施工现场，协助业主加强日常质量巡查和施工质量控制，并及时高效地解决施工过程中遇到的各种技术问题，及时向业主提交巡查报告。同时，对各标段的沥青面层施工质量进行工程实体抽检，并以周报形式向业主汇报每周沥青路面的施工情况。施工过程中，技术人员不定期对沥青路面施工情况进行日常巡查，巡查内容包括原材料运输与堆放，拌和楼的运转情况，级配控制情况，温度控制情况，混合料的运输、摊铺、碾压工艺等。同时，对施工、监理单位的试验检测情况进行检查，并及时做好记录，对不合理的施工工艺和不规范施工操作应及时指出并向业主汇报，同时还应提出相应的解决方案和措施。每周根据日常巡查情况向业主提交周记，周记中对本周沥青路面施工工艺、施工质量、试验检测结果等进行分析与评价。施工过程中，及时解决业主、施工单位提出的各种技术问题，为业主提供技术支撑工作。

(12) 工程质量过程动态监控

派遣有经验的监控咨询人员常驻现场，组成巡视小组，对每天施工的全过程进行质量动态监控。主要包括以下内容：

① 界面的处理：维修后的界面是否清扫干净，铣刨后是否存在夹层，下面层是否污染。

② 黏层、封层施工：黏层撒布是否均匀，洒布量是否满足要求，封层是否满足设计要求。

③ 混合料的拌和、运输、摊铺、碾压各环节进行全过程的施工质量监控：

A. 后场施工情况监控：对进场的原材料质量情况、原材料堆放条件、拌和站的运转情况、生产配合比的执行情况、混合料成品质量进行巡查，必要时取样进行相关试验。

B. 前场监控：对沥青混合料的运输、摊铺、碾压工艺等进行全面检查。主要查看运输保温情况，摊铺温度、摊铺速度控制情况，现场机械是否满足要求，碾压工艺是否正确。巡查小组每周及时向业主提交施工周报，对本周施工过程中后场拌和楼运行状况、前场摊铺情况及试验检测结果等进行分析总结，对施工质量作出评价，对发生的问题提出改进意见。

C. 周报内容包括本周施工情况、存在的主要问题、解决措施、建议、质量检测、评价及周工作计划。

(13) 其他技术咨询工作

料场考察及集料加工工艺优化在各类原材料中，集料占据了90%以上的比重，集料质量的优劣对工程质量有着决定性的影响。选择优质的集料是施工准备工作的重中之重。为了选取品质优良的集料，监控咨询单位将协助业主和施工单位根据项目特点进行料场考察工作。

料场考察的主要内容包括：

① 料加工厂母材品质调查。集料母材品质属于资源特征的范畴，直接影响集料的压碎值、磨耗值、磨光值、密度、吸收率、黏附性等技术指标，一旦母材品质不良，应放弃该料场。母材的品质需要从母材的强度、母材的岩性、岩层发育状况等方面进行考察。

② 加工设备的配置情况及加工工艺调查。加工设备和加工工艺决定了集料的级配、颗粒状、含泥量等技术指标。要生产出本项目所用的集料，一般需要配置两级以上的破碎机生产线，并可将破碎的石料筛分成四档或五档成品集料。第一级破碎为颚式破碎机，第二级为反击式破碎机，第三级为立式冲击破（整形机）。生产出的集料规格如下：AC-20混合料，0~3 mm、3~5 mm、5~10 mm、10~15 mm、15~20 mm，或0~3 mm、3~5 mm、5~10 mm、10~20 mm；AC-13混合料，0~3 mm、3~5 mm、5~10 mm、10~15 mm。考察设备时需要了解生产线的产量是否满足需求。

③ 集料成品质量检测。料场考察过程中需要对成品料进行全面的质量检测。当母材品质、加工设备、场地建设满足要求但规格不满足要求时，也可以进行集料针片状颗粒含量、磨耗值、压碎值、含泥量等指标的检测，作为是否更换筛网的依据。

④ 场地建设情况。为了减少成品集料的污染、混料情况，料场的场地需要进行硬化，不同规格集料之间需要设置有效的隔离，并且需要搭建大棚储存成品集料。

⑤ 加工工艺优化和建议。当母材品质较好，但加工设备不足或加工工艺不良导致成品集料质量不满足要求时，可以补充加工设备，对加工工艺进行调整、优化。对于集料含泥量较高的料场，可以采取以下措施：优选母材，选取块状、夹杂盖山土少的母材，投入生产线；安装带有过滤筛的震动喂料器，将8 cm以下石屑、盖山土、夹层土筛除；使进入破碎机的母材清洁、无杂质；增加除尘设备。对于集料规格不满足要求的料场，可以更换筛网。可以采用以下尺寸的筛网进行集料的生产：生产AC-20混合料所用集料的筛网（方孔筛），4 mm、6 mm、11 mm、16 mm、23 mm，或4 mm、6 mm、11 mm、23 mm；生产AC-13混合料所用集料的筛网（方孔筛），4 mm、6 mm、11 mm、16 mm。

⑥ 设计文件优化。通过对设计文件的理解，现有设计文件完整，可以达到指导施工的目的，但是如果补充一些控制标准和施工工艺，则施工指导性会进一步提升。例如，设计文件缺少桥面病害处置措施，对病害的处理措施描述的不够细致等。

(14) 技术咨询提交的技术文件

① 病害处理方案动态调整专项咨询建议。

② 设计方案优化建议。

③ 集料料源考察与评价报告。

④ 混合料配合比设计优化报告，包括目标配合比设计优化及生产配合比设计报告。

⑤ 试铺段（首件工程）施工总结报告。

⑥ 原材料性能检测报告。

⑦ 包含原材料质量控制、现场施工情况、质量抽检情况、存在的问题及改进建议的技术咨询周报。

⑧ 专项技术咨询建议。

⑨ 技术咨询总结报告。

(15) 沥青路面施工MeDAC技术服务质控文件体系

① 沥青路面不同结构层原材料（沥青、集料、添加剂）选型建议。

② 沥青路面施工技术指南。

③ 沥青路面配合比设计指南（报告）。

④ 沥青路面施工质量技术培训（结合项目需求开展，并制定培训手册）。

⑤ 沥青路面原材料及混合料检测报告（结合项目情况不定期抽检）。

⑥ 沥青路面施工技术服务巡查报告（通常以半个月）。

⑦ 沥青路面施工质量控制专项报告（结合项目实情提出专项建设性意见）。

⑧ 沥青路面施工技术服务月度报告。

⑨ 沥青路面不同结构层试验段评估（总结）报告。

⑩ 沥青路面施工质量监控软件和手机APP软件使用指南。

⑪ 沥青路面施工技术咨询服务手册。

⑫ 沥青路面施工技术咨询服务总结报告。

⑬ 沥青路面施工技术咨询服务成果宣传影音资料。

4.9.5 沥青路面施工MeDAC技术服务体系支撑条件

1）组织机构保障

技术服务项目组由具有相关专业技术职称（副高、工程师、助工）、3～5年现场检测、施工、咨询服务经验的项目负责人、技术负责人及项目组成员（必要时根据项目需要配备试验检测工程师、试验检测员、机械工程师等相关专业人员）组成。

项目组工作直接面向建设管理或施工总承包单位，提供客观、真实可靠的监控数据，及时反映工程质量存在的问题，提出有效的解决措施和建议方案，通过建设管理单位和监理单位，由施工单位落实到施工过程中的各个环节，以有效地指导施工。

技术服务项目组是直接对建设管理单位或施工总承包单位负责的独立服务机构，与各

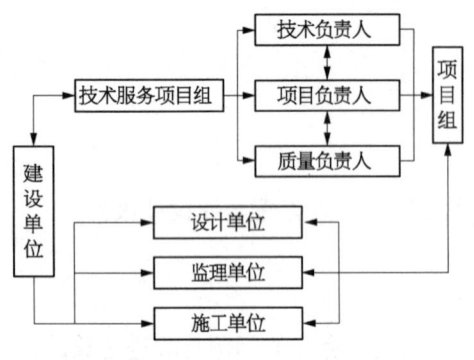

图4-17 项目各参建单位隶属关系图

参建单位的工作关系如图4-17所示。

在技术服务过程中，对于建设方或施工总承包商而言，更多的是需要解决施工过程中的问题，提高工程建设质量，帮助提高施工单位的技术水平，实现科研成果的转化。对施工监理单位而言，要发现施工过程中的问题，及时提出解决措施，促进工程质量的提高。而技术服务工作体系并不替代监理的工作职责，重要的是提供优质的技术服务与质量保证，它能顺应各方面的需要，对工程质量的提高有着很好的促进作用。因此，在工程建设及养护过程中推行技术服务工作体系具有重大意义。

2) 技术及设备保障体系

① MeDAC技术服务体系主要涵盖沥青路面基层、面层的施工服务，团队由3名博士、8名硕士、12名本科生组成，具备丰富的试验检测、一线施工、项目管理经验。其中，教高3人，高级工程师5人，公路水运检测工程师3名，试验检测员7人。

② 中交一公院是一家集道路检测、道路设计、技术咨询、养护施工、科技研发等为一体的综合性单位，拥有相关资质和人员配备条件，且各业务部门相互贯穿、充分交流，对于道路设计、施工、检测评价、技术咨询等过程的技术难题都能得到最权威的解答，为开展技术咨询服务提供了强有力的技术支撑。道路建养技术与装备研究所是中交一公院执行路面施工MeDAC技术服务体系主要部门，近年来主持参与交通部、科技部、发改委、中交建集团等纵、横向科研项目50余项，获得各类科学奖励10余项，获得专利20多个。并且在道路铺筑、养护、冬季安全领域的材料、装备方面进行了深入研究，拥有了波特王（坑槽修补料系列）、斯诺美特（融冰雪系列）、沥盾（铺面保护封层）三大品牌产品。

③ 中交一公院拥有国家综合甲级资质的试验检测中心，除常规试验检测设备配备齐全外，还拥有沥青路面原材料及混合料性能评价的BBR、DSR、TSR等高精密仪器设备，为开展技术咨询服务提供了强有力的硬件支撑。

3) 客观保障体系

(1) 施工单位配合是技术服务工作的基础

建议业主进一步加大协调力度，或者从体制上建立监控工作机制，如直接赋予监控单位一定的管理权限（并承担相应的责任），部分重要的试验数据应由监控单位签认等。

(2) 技术服务与监理工作的关系协调

监理单位是施工中各个环节的监督管理单位，对质量、进度、费用三方面同时管理。对技术质量方面的问题，技术服务与监理单位有着一定交叉。监理单位与技术服务必须相互配合，协调工作，才能达到业主预期的质量目的，业主也要加强对不同单位间的协调工作，明确分工、权力和责任，使技术服务工作达到预期的目的。

(3) 建立面向业主的第三方检测实验室

施工单位提供的检测数据由于主观故意的、无意的、客观等多种因素导致其准确性和可靠性大打折扣，为质量管理与技术决策带来了很大风险。除去施工单位自检和监理抽检数据外，业主可自行建立中心实验室或委托第三方的试验室开展试验检测，形成试验数据的相互校核的机制，使业主对质量水平心中有数。

(4) 技术服务工作良好开展的其他保证措施

建设单位为技术服务项目组提供原材料及出厂检验资料，针对施工过程采用的路面工程相关技术措施，应提前与技术服务项目组进行协商；建设单位为技术服务项目组安排提供现场工作相应的工作与生活条件。

第5章

多年冻土区桥涵施工关键技术

多年冻土区桥梁建设已有100多年的历史，工程建设中考虑到多年冻土物理、力学性质的差异及其在平面和剖面上分布的不均匀性，多年冻土地区的桥梁多采用上部简支、下部桩基础结构形式。上部结构简支具有适应不均匀沉降特点，下部采用桩基具有施工简便、不必挖掘基坑、承载能力大、对多年冻土地基的热干扰小等优点。多年冻土区涵洞的类型主要有盖板涵、箱涵、波纹管涵等，波纹管涵由于其具有较强的适应地基与基础变形的能力，目前被广泛应用于多年冻土区。但由于早期对桥涵基础冻胀、融沉及结构构造设计与施工认识的不足，已修筑的桥涵工程相继出现了大量的病害现象。根据青藏公路、东北多年冻土区公路以及S308线的桥涵病害调查，多年冻土区桥涵工程病害主要是基础冻拔、桥涵不均匀沉降变形及倾斜变形、桥梁墩台基础下沉、墩台混凝土碎落、墩台开裂、锥体护坡冻胀融沉、导流堤冻胀融沉、小桥涵冰塞、涵节错位、八字墙开裂、洞口建筑和涵底铺砌冻融破坏、波纹管涵锈蚀等病害，不仅影响行车安全，而且也给后期的养护维修带来了极大的困难。

5.1 多年冻土区桥梁施工规律与关键技术

早在20世纪30、40年代，苏联、美国和加拿大便开始了多年冻土区桥梁桩基础试验研究，但对于钻孔灌注桩的使用，受限于当时的设备能力，因其热扰动大、回冻时间长、所需劳动力多，被国外普遍认为不适合用于多年冻土区。随着钻孔和施工技术的发展，直至20世纪70年代，中国铁道科学研究院（简称铁科院）西北分院在青藏高原冻土区进行了打入桩、插入桩和钻孔灌注桩的对比研究，得出在多年冻土区钻孔灌注桩在技术上是可行的，钻孔灌注桩才开始得以应用。20世纪80年代，为了研究确定多年冻土区桥梁桩基的设计、施工以及基础计算方法，进行了昆仑山、清水河等大型桩场试验研究工作，对冻结力和横向土抗力进行了较为系统的研究，确定了地温对桩基承载力的影响规律，对各类桩的施工方法、回冻过程、低温混凝土及高寒地区测试元件的制作等方面进行了研究，为我国多年冻土区桥涵基础设计规范、施工技术提供了十分宝贵的研究成果。21世纪初，中交一公院在青藏高原建立了多个冻土桩基试验段，确定了多年冻土区桥梁的基础形式，提出了确定冻土桩基承载力、冻结力和冻拔力的计算参数和方法，制定了冻土钻孔灌注桩成孔、浇筑和检测工艺。通过采用先进适用的施工装备，最大限度地减少了对冻土的热扰动，加快了工程进度，保证了工程质量。经数十年的研究和实践，目前多年冻土区桥梁桩基础施工技术成果得到了广泛的应用。

由于低温下混凝土强度形成较常温下缓慢，且高原环境恶劣，因此增加了上部混凝土结构施工工艺难度。对于混凝土养生及保障混凝土强度形成等关键工艺措施，目前已开展了大量的试验研究，但仍然没有针对冻土区的标准工法。以共和至玉树（结古）公路工程查拉坪大桥（图5-1）为主要依托，通过对多年冻土区桥梁桩基础等一系列关键问题开展研究，为高原多年冻土区公路建设项目的桥梁施工提供技术指导。查拉坪大桥起点桩号K574 + 916.12，终点桩号K575 + 723.88，跨径组合为8 × (5 × 20) m，与路线前进方向右偏角为90°，上部结构为先张法预应力混凝土空心板，下部采用柱式墩、柱式台、摩擦桩基础。桩基础除桥台外，桩径均为1.5 m。

图5-1　查拉坪大桥

5.1.1　低温条件下混凝土强度形成规律与养生技术

据调查，在青藏高原多年冻土区，一年中出现正、负温交替次数可达18 ~ 25次。严寒的气候条件下若混凝土本身的配合比不合理，导致常见桥梁上下部病害，如主梁裂缝、墩台裂缝、混凝土剥蚀、脱落等。为此对低温下混凝土配合、养生等问题开展研究，从施工质量控制入手，为桥梁耐久性提供基础保障。

为研究不同低温下混凝土的初凝时间、终凝时间及其变化规律，考虑混凝土的配合比参数对凝结时间的影响，试验原材料参照实际施工原材料选取，试验设计混凝土配合比见表5-1。其中主要研究了20℃、0℃、−5℃和−10℃四种不同温度对混凝土初凝和终凝时间的影响规律，同时研究了混凝土配合比中水胶比、矿物掺合料和外加剂（减水剂、早强剂）对混凝土初凝和终凝时间的影响规律。

表 5-1　混凝土配合比

编 号	胶凝材料	水 泥	沙	石 子	粉煤灰	矿 粉	减水剂	早强剂	水胶比
A0		320	819	1 001	0	0	3.2	4.8	0.5
A1	320	320	819	1 001	0	0	6.4	4.8	0.5
A2		320	819	1 001	0	0	3.2	9.6	0.5
B0	350	350	802	980	0	0	3.5	5.25	0.48
B1		245	802	980	70	35	3.5	5.25	0.48
C0	380	266	787	962	76	38	5.7	5.32	0.45
C1		266	787	962	76	38	5.7	5.32	0.5

1) 低温环境对混凝土初凝、终凝时间的影响

（1）不同低温环境对凝结时间影响

低温环境下，混凝土凝结时间会受到较大影响，主要对在不同低温环境（20℃、0℃、-5℃、-10℃）混凝土凝结时间变化规律进行了研究，试验结果如图5-2、图5-3所示。

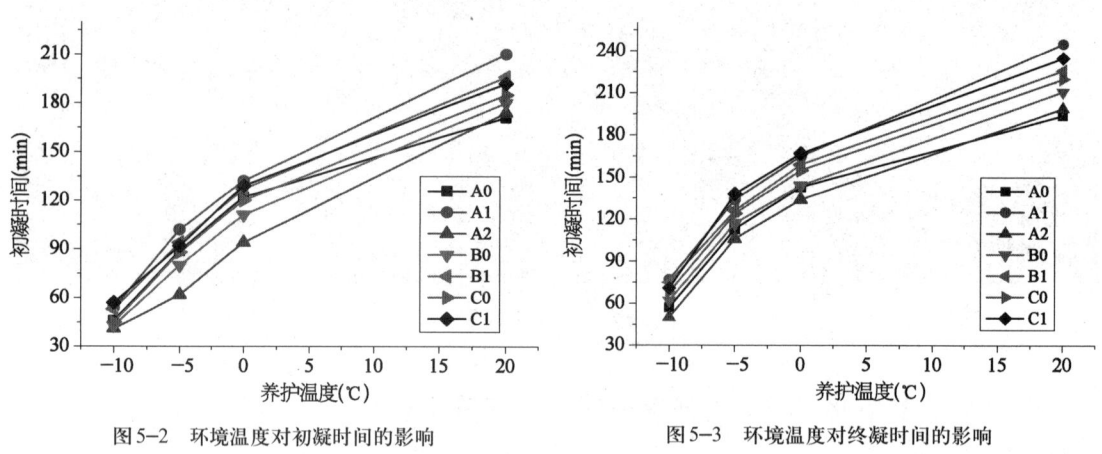

图 5-2　环境温度对初凝时间的影响　　　　图 5-3　环境温度对终凝时间的影响

从试验结果可以明显看出，每组混凝土在不同低温环境下，随着环境温度的降低，混凝土初凝、终凝时间都是逐渐延长的。如对于A0组混凝土，在20℃环境下水泥水化较为迅速，初凝时间和终凝时间分别为 46 min 和 57 min，随着温度降低，当环境温度在0℃时，水泥水化受到较大影响，初凝时间和终凝时间分别为 89 min 和 113 min，比在室温环境下分别增加50%左右；当温度继续降低到-5℃时，混凝土初凝时间和终凝时间为 122 min 和 143 min；当环境温度为-10℃时，混凝土初凝时间和终凝时间为 171 min 和 194 min。这主要是由于温度对水泥水化这种化学反应的作用，温度降低，参加化学反应的物质活性下降，从而降低水化反应速率，进一步表现为凝结时间增加。

另外，还可以明显看出，随着温度降低，混凝土初凝时间和终凝时间的差值逐渐变大，出现这种现象的原因是低温环境对混凝土终凝的时间影响要比初凝时间影响大。在凝结初期，混凝土内部由于水化反应产生热量以及外部环境温度无法在短时间内影响混凝土内部温度，外部环境对初凝时间影响较小；初凝完成后，环境温度接近混凝土内部温度，混凝土中大部分水凝结成固态，凝结成固态的水无法参与水泥水化反应，凝结较为缓慢。

(2) 外加剂对混凝土凝结时间影响

针对胶凝材料为 320 kg/m³ 的混凝土配合比，研究不同减水剂用量在低温环境下混凝土凝结时间变的化规律，不同减水剂掺量对初凝和终凝时间影响规律如图 5-4 所示。

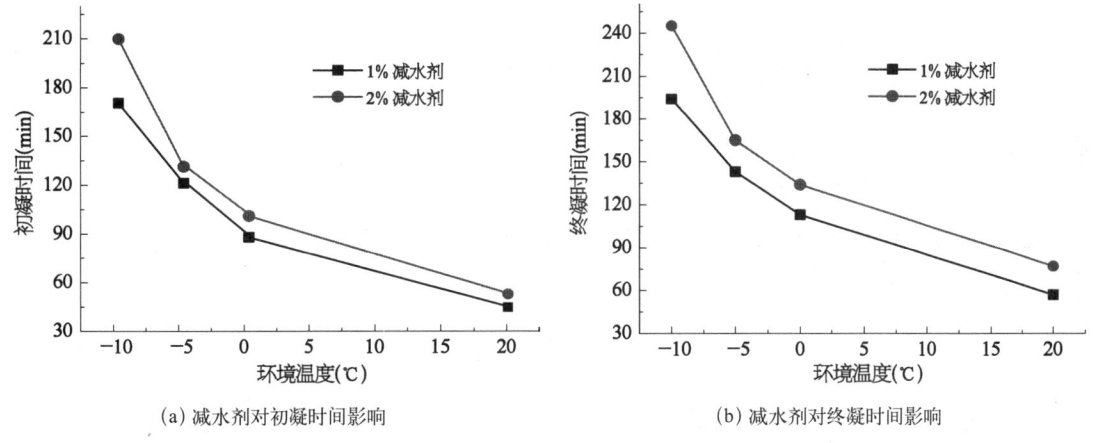

(a) 减水剂对初凝时间影响　　(b) 减水剂对终凝时间影响

图 5-4　减水剂在低温环境对混凝土凝结时间影响规律

由图 5-4 可知，减水剂的加入没有改变混凝土初凝和终凝时间随低温环境变化的整体规律，都是随着温度降低，混凝土初凝和终凝时间不断延长。从图中可以看出，减水剂掺量增加，混凝土初凝时间和终凝时间是延长的。在环境温度高于 -5℃ 情况下，减水剂掺量对终凝时间影响要比初凝时间影响大，减水剂掺量从 1% 增加到 2%，随着温度降低，初凝时间分别增大 14.81%、12.75% 和 7.58%，终凝时间分别增大 25.97%、15.67% 和 13.33%；环境温度为 -10℃ 时，减水剂掺量从 1% 增加到 2%，初凝时间增大 18.57%，终凝时间增大 20.82%。与 -10℃ 环境温度相比，在环境温度不低于 -5℃ 情况下，减水剂对凝结时间影响较小。

针对胶凝材料为 320 kg/m³ 的混凝土配合比，研究不同早强剂用量在低温环境下混凝土凝结时间变的化规律，不同早强剂掺量对初凝和终凝时间影响规律如图 5-5 所示。

由图 5-5 可知，环境温度大于 -5℃ 情况下，早强剂掺量增加，混凝土初凝时间和终凝时间都是减少的；环境温度在 -10℃ 时，早强剂掺量增加，混凝土初凝时间和终凝时间没有明显变化。说明在施工中，早强剂不应低于 -5℃ 环境使用。早强剂对混凝土初凝时间影响较大，原因是混凝土初始温度较高，早强剂能更好地发挥作用，随着混凝土温度逐渐接近外部环境温度，早强剂作用减弱。在施工过程中，为保证早强剂更好发挥作用，应尽量

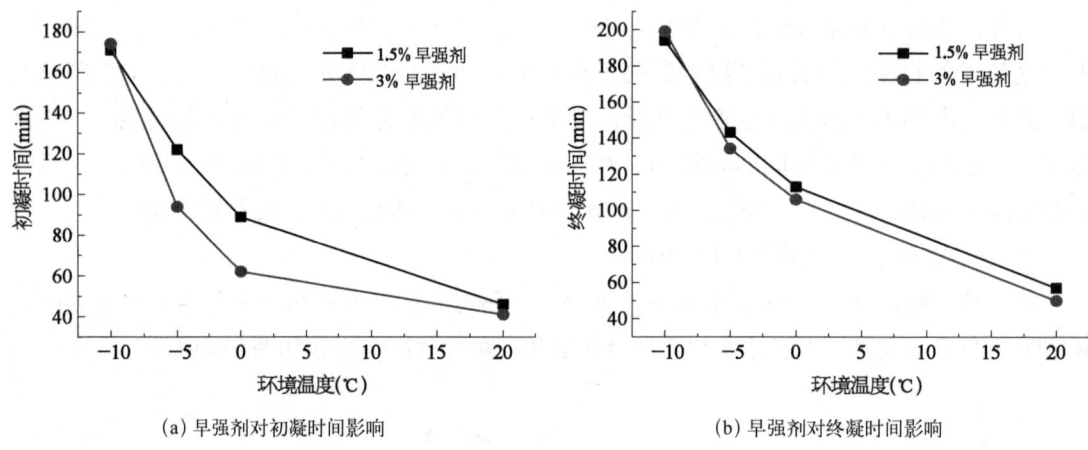

(a) 早强剂对初凝时间影响　　　　　　　　(b) 早强剂对终凝时间影响

图5-5　早强剂在低温环境对混凝土凝结时间影响规律

做好混凝土保温工作。

(3) 矿物掺合料对混凝土凝结时间影响

在相同胶凝材料用量情况下，研究掺加30%粉煤灰和矿粉对混凝土凝结时间的影响规律，试验结果如图5-6所示。

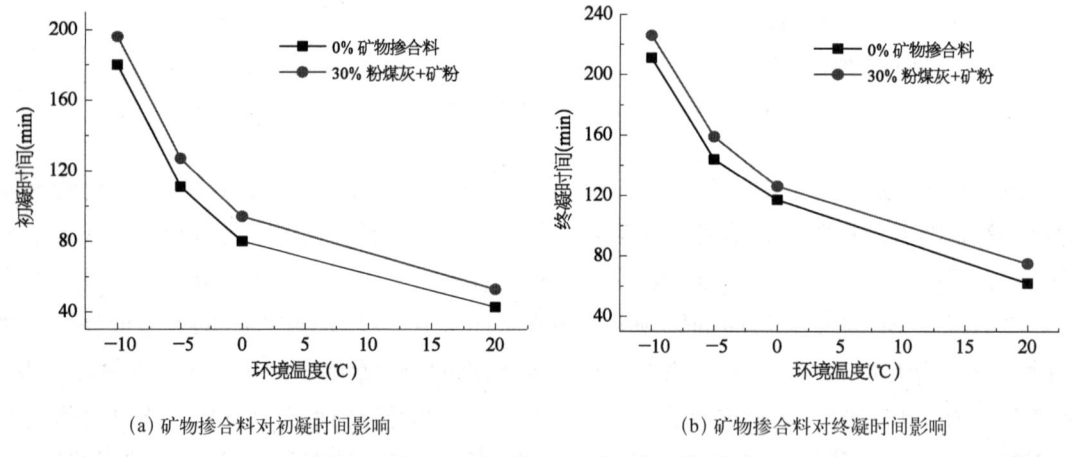

(a) 矿物掺合料对初凝时间影响　　　　　　　(b) 矿物掺合料对终凝时间影响

图5-6　矿物掺合料对混凝土凝结时间的影响规律

由图5-6可知，掺加矿物掺合料会增大混凝土初凝和终凝时间，且环境温度越高，矿物掺合料对混凝土凝结时间影响越大。环境温度为20℃时，掺加30%粉煤灰和矿粉后，混凝土初凝时间和终凝时间分别增加了18.87%和17.33%；当温度降低到-10℃时，掺加30%粉煤灰和矿粉后，混凝土初凝时间和终凝时间分别只增加8.16%和6.64%。说明温度降低，矿物掺合料对混凝土凝结时间影响变小。

(4) 水胶比对混凝土凝结时间影响

针对胶凝材料用量为380 kg/m³的配合比，研究不同水胶比对混凝土初凝和终凝时间的影响规律,试验结果如图5-7所示。由图5-7可知,随着水胶比增大,混凝土初凝时间和终凝时间略有延长,但不明显,只有低温环境下水胶比对混凝土凝结时间稍有影响。出现这种现象的原因是在单位体积混凝土中水泥用量相同时,水胶比低意味着混凝土用水量低,在较短时间内水泥水化产物可在浆体中累积到一定浓度,使浆体达到一定密实度,表现为水泥凝结时间较快。本项目水胶比大于0.25,属于高水胶比,即使两组水胶比存在一定差异,但是混凝土中仍有足够水分进行水泥水化反应。

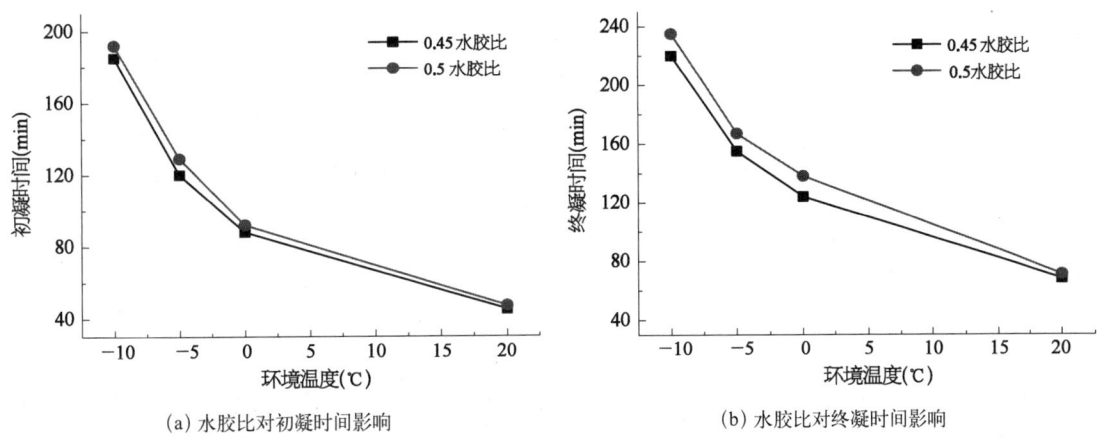

图5-7 不同水胶比对混凝土凝结时间影响规律

2) 低温条件下桩基混凝土配合比指标

(1) 水胶比对桩基混凝土性能的影响

通过水胶比对抗压强度和抗冻性能的影响规律研究,对于低温环境下桩基混凝土水胶比而言,为保证其较好的强度性能和抗冻性能,建议其水胶比不大于0.45。

(2) 胶凝材料用量对桩基混凝土性能的影响

通过研究胶凝材料对抗压强度和抗冻性能的影响规律,在低温环境下桩基混凝土配合比中胶凝材料用量参数的选择时,建议其不低于380 kg/m³。

(3) 矿物掺合料对桩基混凝土性能的影响

通过研究矿物掺合料对混凝土抗压强度和抗冻性能的影响规律,对桩基混凝土来说,须采用粉煤灰和硅灰复掺,同时发挥粉煤灰和硅灰优势,实现两种不同矿物掺合料的优势互补。同时,考虑硅灰的掺入对混凝土流动性能有显著地降低作用,建议采用10%粉煤灰和5%硅灰复掺。

(4) 减水剂对桩基混凝土性能的影响

根据聚羧酸减水剂和萘系减水剂对混凝土抗压强度和抗冻性能的试验结果,为了保证桩基混凝土具有良好的工作性能、力学性能,以及服役期的耐久性能,建议使用聚羧酸减水剂。

(5) 早强剂对桩基混凝土性能的影响

根据三乙醇胺和亚硝酸钙早强剂对混凝土抗压强度和抗冻性能的试验结果,为了保证桩基混凝土具有良好的早强要求,以及后期的力学耐久性能,建议使用亚硝酸钙早强剂。

3) 低温环境下适宜的混凝土施工养生技术

(1) 低温环境下混凝土施工技术问题

高原冻土区的自然环境是极其恶劣的。极低气温、冻融交替、强烈辐射、干旱气候和大风环境等不利条件都对混凝土施工质量造成了不利影响。具体涉及以下技术问题：在低温环境条件下混凝土硬化问题；混凝土中水泥水化放热对冻土的热影响；混凝土内外温差过高引起混凝土开裂问题；混凝土在养护期间的失水问题。

由此可见,高原多年冻土区如何选取既能保证混凝土质量,又经济易行的施工方法,是摆在广大施工技术人员面前的现实问题。因此,应通过对混凝土的计算和分析,确定合理的混凝土施工温度和湿度控制施工工艺和养护方法,并最终达到以下目标：

① 确保混凝土在负温条件下能够持续硬化不受冻,并且在规定的时间内获得所需的强度和耐久性。

② 尽量减少混凝土对冻土的热影响。

③ 确保混凝土在水化过程中不因为环境因素致使混凝土因内外温差过高,导致混凝土开裂。

④ 尽量减少混凝土在养护期间的水散失。

(2) 高原冻土区混凝土施工温度控制措施

对于高原冻土区低温条件下混凝土拌和物温度的控制措施,建议按环境温度的不同而采取不同的措施。具体如下：

① 当环境气温为 -15℃时,如暖棚温度为0℃,则不但要加热水,还要加热沙子；暖棚温度为5℃,若混凝土运输时间在45 min以上时,需要加热沙子；暖棚温度为10℃以上时,只需要加热水,沙子只需提前在暖棚预热一下,而不需要加热。

② 当环境气温为 -10℃时,如暖棚温度为0℃,则不但要加热水,还要加热沙子；暖棚温度为5℃,当混凝土运输时间在30 min以内时,需要提前将沙子运入暖棚；混凝土运输时间在30 min及以上时,沙子温度必须达到与暖棚相同的温度；暖棚温度为10℃以上时,只需要加热水,沙子只需提前在暖棚预热一下,而不需要加热。

③ 当环境气温为 -5℃时,如暖棚温度为0℃,混凝土运输时间较短,则只需要加热水,运输时间在0.5～0.75 h之间,还需要提前将沙子运入暖棚,达到和暖棚相同的温度；运输时间在0.75 h以上时,还需要加热沙子；暖棚温度为5℃,只要运输时间不超过45 min,就只需要加热水；暖棚温度为10℃以上时,只需要加热水。

④ 环境气温为0℃时,只需要加热水。

因此,当环境气温在 -15～-10℃时,以暖棚温度为15℃左右为宜,如混凝土运输时间较长(45 min以上),则提前将沙子运入暖棚稍稍预热一下即可；环境气温在 -10～

−5℃，暖棚温度以10℃为宜；环境气温在−5～0℃，则暖棚温度以5℃左右为宜，但混凝土运输时间宜控制在45 min左右；当环境气温在0℃及以上时，不需要搭建暖棚，只需要对拌和水进行适当加热；当环境气温在5℃及以上时，不需要任何加热措施，混凝土的入模温度也能达到5℃以上。

相关研究表明，混凝土的入模温度由5℃提高到10℃，混凝土温度下降延续的时间变化很小，即混凝土入模温度对降温时间的影响可以忽略不计。因此，应该改变以往冬季混凝土施工强调加热原材料拌制"热混凝土"以自体御寒的做法；更合理的做法是拌制"低温混凝土"，强调体外保温以达到抗冻临界强度。混凝土拌制温度低时，其拌和用水量较低，和易性好，流动性大，有利于混凝土浇筑均匀密实和混凝土的耐久性，也有利于增强混凝土的抗裂性。减少拌和用水意味着增加骨料含量，这又可减低混凝土的干缩性。也就是说，低温混凝土不仅可以减少温缩裂缝和干缩裂缝，还能提高混凝土的耐久性。

(3) 高原冻土区混凝土施工养护措施

养护是混凝土拌和物经密实成型后，保证水泥能正常完成早期水化反应，演变成水泥石结构，以便获得预定的物理力学性能和耐久性能所采取的工艺控制措施。它是获得优质混凝土的关键工艺之一。由于高原冻土区环境温度较低，混凝土的养生工艺显得尤其重要。

高原多年冻土区混凝土施工养护措施的选择主要应综合考虑自然条件、混凝土结构特点、原材料情况、能源供给状况、工期限制和经济指标等因素。由于高原多年冻土区施工工地一般较为偏远，多数工地交通不便，无电力供应，所以对工期要求不紧和无特殊限制的混凝土结构，从节约能源和降低施工费用着眼，应优先考虑选择蓄热法、综合蓄热法和负温法等不加热的养护施工方法。但是，由于高原多年冻土区一年中适宜混凝土施工的时期较短，一些地段如果不采取加热养护，则无法保证工程质量。另外，一些工程有工期限制，特别是新建大型公路工程或者集中改造桥梁工程，如果不实施加热养护就无法连续作业。在这些情况下，应考虑暖棚养护法、蒸汽养护法等加热养护施工方法。通常要经过技术经济分析比较才能确定。

合理的施工养护方案，首先应当在能避免混凝土早期受冻前提下，用最低的施工费用，在最短的施工期内，能获得优良的混凝土施工质量。也就是在施工质量、施工期限、施工费用三方面综合考虑选择的方案。

5.1.2　多年冻土区桥梁上部结构施工方法

由于多年冻土区复杂的地质条件和特殊环境，桥梁上部结构一般采用适应大变形的简支梁，断面形式主要包括预制空心板、预制混凝土T梁、预制混凝土小箱梁。在桥位处需要大跨径跨越或跨线、场地位于高地震烈度设防区时，桥梁上部断面也可采用预应力混凝土连续梁、连续刚构、钢-混凝土组合结构等方案。对于混凝土预制梁、钢-混凝土组合桥梁其上部结构均需专用的预制梁场，对于现浇箱梁施工方案常采用挂篮悬臂浇筑法。

1）混凝土预制梁施工

（1）梁的预制

混凝土梁预制场选址与布置要经过多方案比选，现场应悬挂预制场平面布置示意图，图中对梁场的建设规模、桥梁名称、台座数量、梁片型式等进行说明。梁预制场建设要与桥梁下部结构施工基本同步启动，避免出现上下部施工进度不协调造成的窝工。预制场地设施应满足施工便利化、标准化的要求，预制梁台座、养护自动喷淋设备等关键设施应精细化设计，以满足预制梁的设计技术要求。

（2）预应力施工

预应力施工可分为先张法和后张法两种方法。先张法是在混凝土浇筑前在台座上张拉预应力筋，待混凝土强度形成后放松预应力筋，依靠混凝土与预应力筋的粘结产生预应力作用。先张法对台座要求高，且无法张拉曲线筋，因此只在小型板梁中使用。后张法则是先浇筑混凝土，预留预应力管道，待混凝土强度形成后，利用锚具张拉预应力筋。张拉采用油表读数与伸长量双控制的方法，先将预应力钢绞线拉到初始控制应力 $0.1\sigma_k$，在预应力筋上标记，再按照 $0.2\sigma_k$、$0.5\sigma_k$、σ_k 逐级张拉，在张拉过程中记录伸长量，将其与理论伸长量进行比较，确认无异常后，张拉至设计应力。若伸长量与理论计算值相差超过6%，应停止张拉，重新校订和测定预应力筋的弹性模量，直至找到原因后方可继续施工。预应力筋张拉的一般顺序为：先下后上，先中间后两边，对称张拉。

张拉结束后，立即进行压浆。当气温低于5℃时，在无可靠保温措施下，禁止压浆作业。压浆工序应在一次作业中连续进行，直至完成。压浆结束后，应立即进行封锚工序。封锚混凝土应认真插捣确保锚具处的混凝土密实。封锚混凝土浇筑后，静置1~2 h，带模浇水养护。脱模后在常温下一般养护时间不少于7 d。气温低于5℃时不得浇水，养护时间应加长，采取保温措施。梁体预制完成后，出坑时间一般不少于10 d，存梁时间一般不宜超过2个月，上拱不超过2 cm。

（3）梁的架设

小箱梁、T梁架设宜采用架桥机或钢导梁方式，板梁可采用起重机架设。在固定吊具与梁片时，应在接触面安放护梁铁瓦或胶垫。在吊装就位前，应先进行试吊。试吊时，先将梁吊离支撑面2~3 cm后暂停，对跨中、支点等部位进行仔细检查，经确认受力良好后，方可撤除支垫，继续起吊。梁片的起吊应平顺匀速进行，两端高差不大于30 cm。梁片下放时，应先落一端，再落另一端，确认梁片两端测斜撑已固定完好，方可拆除吊具。

2）混凝土现浇箱梁施工

对于现浇混凝土箱梁和连续刚构桥施工，采用挂篮悬臂浇筑法在施工期间不需要搭设支架，也不影响桥下行车或通航，逐段浇筑易于控制总体线形，另外挂篮设备可重复使用，施工成本经济，因此挂篮悬浇是目前最为常用的施工方法。挂篮悬浇法施工流程如图5-8所示。挂篮设计一般由施工单位根据使用习惯自行设计。设计时应考虑挂篮最大载重能力为实际施工荷载的1.2～1.5倍,且在最不利荷载工况下应满足以下技术指标:混凝土浇筑前后,前吊点最大挠度差值不应超过20 mm,底模纵向钢梁挠度应控制在$L/400$,抗倾覆安全系数、自锚固系统、吊杆或吊带的安全系数均不小于2.0。

在施工过程中,对于采用挂篮悬臂浇筑法的连续梁桥,为了承受施工过程中可能出现的不平衡力矩,应采取措施对其0#块处进行临时墩梁固结。

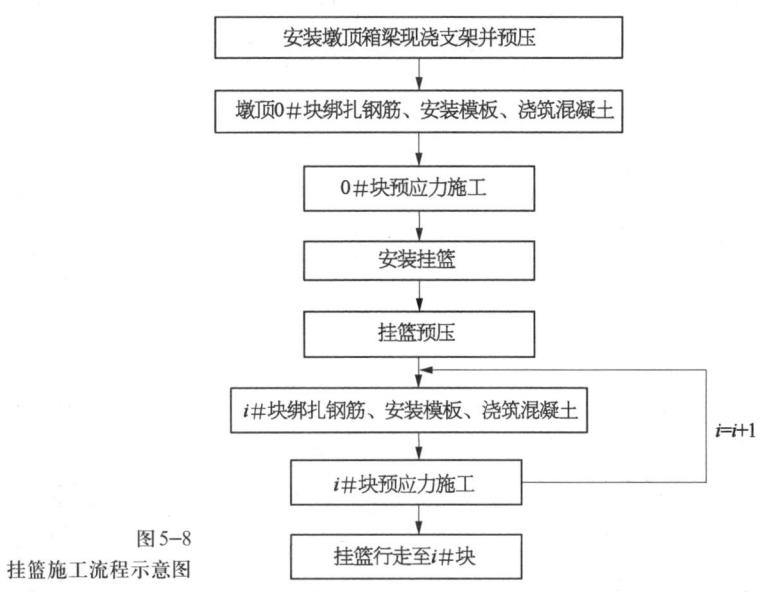

图5-8 挂篮施工流程示意图

5.1.3 多年冻土区桥梁桩基回冻规律

以查拉坪大桥作为工程依托,对其16号桩布设32 m测温电缆(图5-9),探头分布情

(a) 测温电缆

(b) 电缆位置

图5-9 测温电缆埋设

况为：在 0～10 m 深度，每 0.5 m 一个测温探头；10～20 m 深度，每 1 m 一个测温探头；20～32 m 深度，每 2 m 一个测温探头。通过试验、监测研究高温多年冻土区桥梁桩基回冻规律，为冻土区公路桥梁桩基工程施工建设提供技术支撑。

1）桥梁桩基温度监测分析

图 5-10 和图 5-11 为查拉坪大桥 16-2 号桩 2012 年 7 月 29 日 17 时桩基混凝土灌注后的桩基外侧混凝土水化放热过程曲线（温度随深度的变化曲线）。

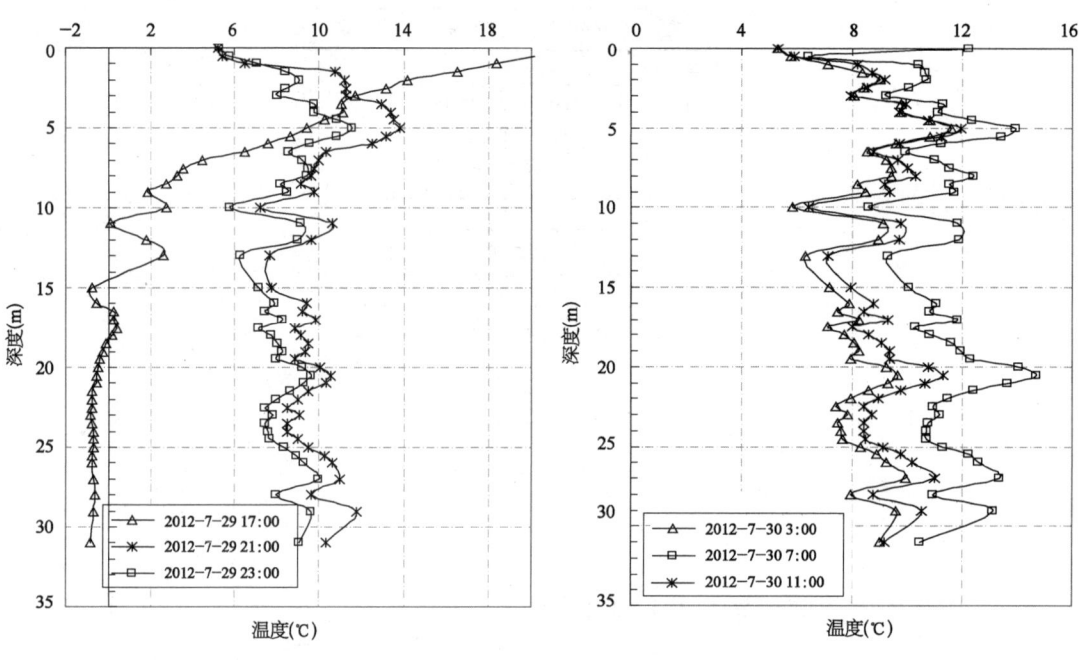

图 5-10　灌注后第一天水化放热曲线　　　　图 5-11　灌注后第二天水化放热曲线

由图 5-10 可以得出，在桩基水泥混凝土灌注前，由于施工的热扰动，桩基孔内沿深度方向温度曲线 0～15 m 深度基本为正温，15 m 以下温度约为 -0.8℃。灌注桩基水泥混凝土后，由于入模温度（约 12℃）和水泥水化热的影响，桩侧温度在灌注后 3 h 迅速升高到约 10℃，由图 5-11 可以得出，在桩基水泥混凝土灌注后约 12 h，桩侧土体温度升高到约 12℃。这表明桩基水泥混凝土初始入模温度和水化放热过程对桩侧土体的温度有很大的影响。

图 5-12 和图 5-13 为查拉坪大桥 16-1 号桩基水泥混凝土水化放热过程曲线（桩侧）。桩基在 2012 年 7 月 21 日凌晨灌注，由图 5-12 知当日下午 16 时桩侧土体迅速升温至 15℃左右，第二天下午 17 时 30 分，桩侧土体温度达到约 20℃，之后随着时间的增加，桩侧土体温度开始降低，灌注 7 d 后，桩侧土体温度基本与第一天下午 16 时时温度相同。由图 5-13 可以得出，在 8 月 16 日，桩侧土体部分开始回冻到 0℃以下；至 8 月 24 日，桩侧土体 8 m 以下都回冻到了 0℃以下。由此可以得出，在该冻土条件和入模温度下桥梁桩基桩侧土体回冻到 0℃以下需要约 45 d 的时间。这对桩基承载力的形成和桥梁上部结构的施工组织设计具有重要

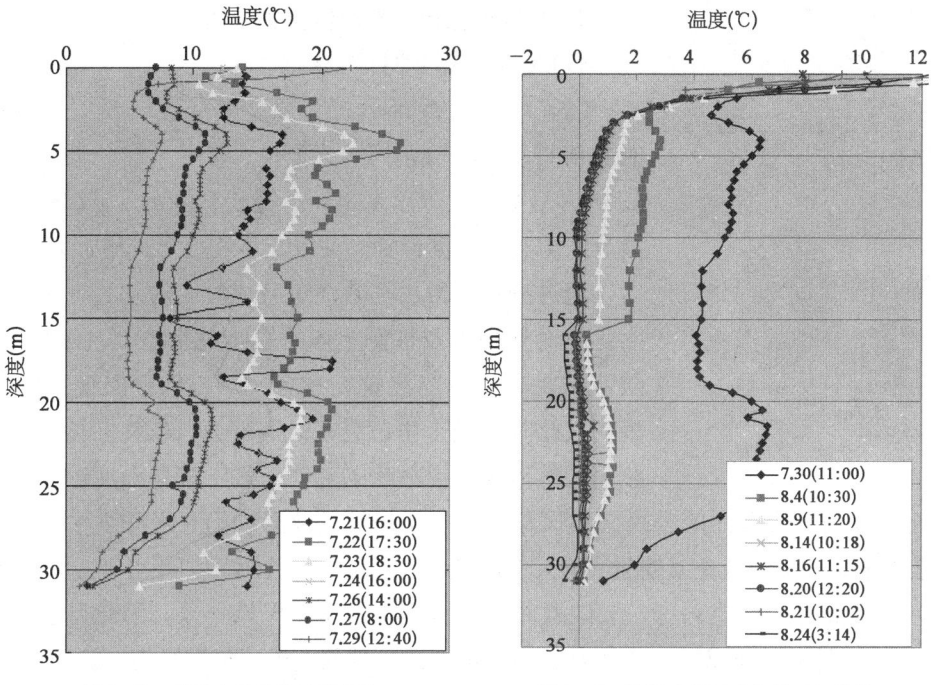

图 5-12 桩侧水化放热过程曲线　　　图 5-13 桩侧土体回冻临界时间曲线

意义。

图 5-14 为查拉坪大桥 16-1 号桩 2012 年 8 月至 2013 年 4 月桩侧土体温度随时间的变化曲线（回冻过程）。随着运营时间的增加，由图知桩侧土体温度逐渐降低，由 2012 年 8 月 24 日的约 -0.3℃ 回冻到 2013 年 3 月 15 日的约 -0.9℃。

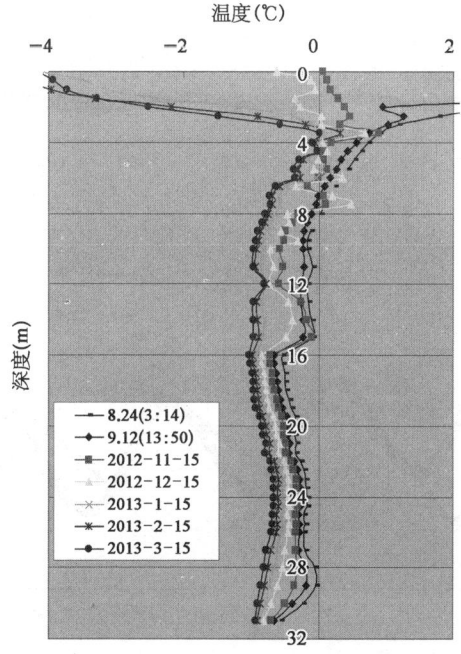

图 5-14 桩侧土体回冻过程曲线

2）桩基水化和回冻数值模拟分析

（1）水化热影响时间分析

以查拉坪大桥16号桩为原型开展数值模拟分析，建立的数值计算模型如图5-15所示。其中，桩长30.0 m，桩径1.5 m，模型地层厚度40.0 m，宽度15.0 m。施加桩前土体地温数据由实测数据得到，并以土体初温形式施加给土体。

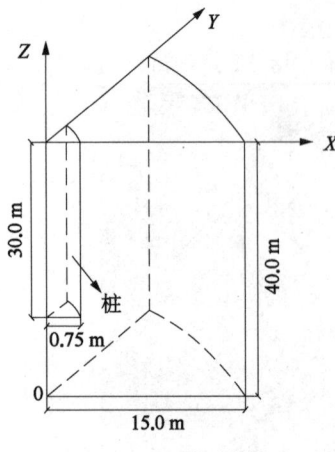

图5-15 水化热计算模型

通过分析，得出随着浇筑完成时间的加长，水泥混凝土水化热对桩身以及桩侧土体的影响越来越弱（图5-16）。从数值结果来看，当浇筑完成60 d后，桩身温度下降至0℃，表明在此时桩周土体已经完成冻结。但是就桩身温度计算曲线与天然地区地温曲线的对比可知，桩身温度远远大于天然温度，而且曲线并没有开始进入循环状态，说明在此时桩身部位仍有水泥水化热放热的影响，只是影响很小。将桩身温度曲线与天然地温曲线趋势放大（图5-17）可知，大约在200 d的时候，桩身温度曲线趋势与天然地温曲线趋势形态基本上保持一致。因此可以认为，在桩基混凝土完成浇筑200 d后，水泥水化热基本完成，桩周土体回冻同时完成。

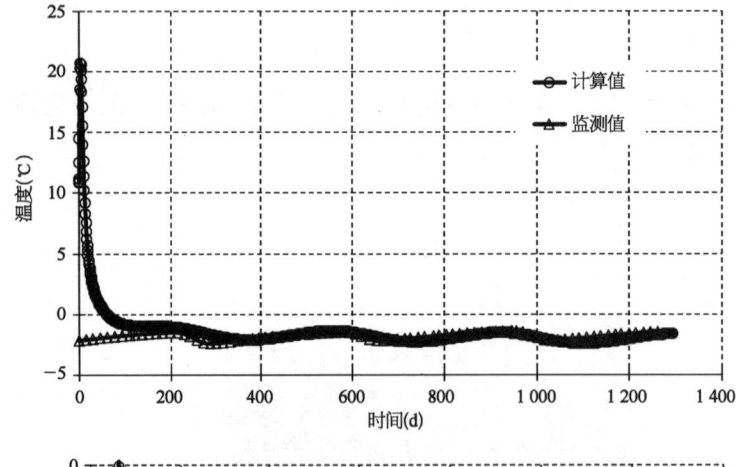

图5-16 桩身温度曲线与天然地温曲线趋势对比图

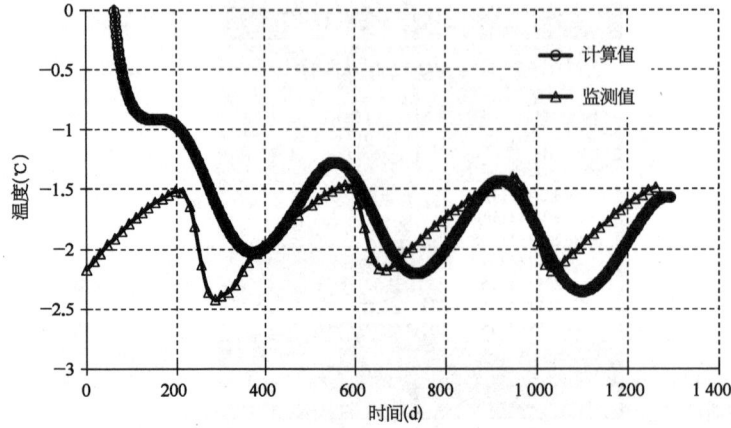

图5-17 桩身温度曲线与天然地温曲线趋势局部放大对比图

(2) 不同深度处水化热影响规律分析

在桩长深度范围内，不同深度处水化热受外界环境、土体地温等因素的影响，从而导致不同深度处的水化热曲线也存在较大差异，离地表越近，受外界气温波动影响越大；离地表越远，冻土年平均地温越低，受外界气温波动影响越小。图5-18为不同深度处桩侧温度随深度的变化图，反映了在桩长范围内桩侧温度受外界影响的规律。从图中温度曲线的形态特征来看，可以将桩基温度变化分成三个范围：

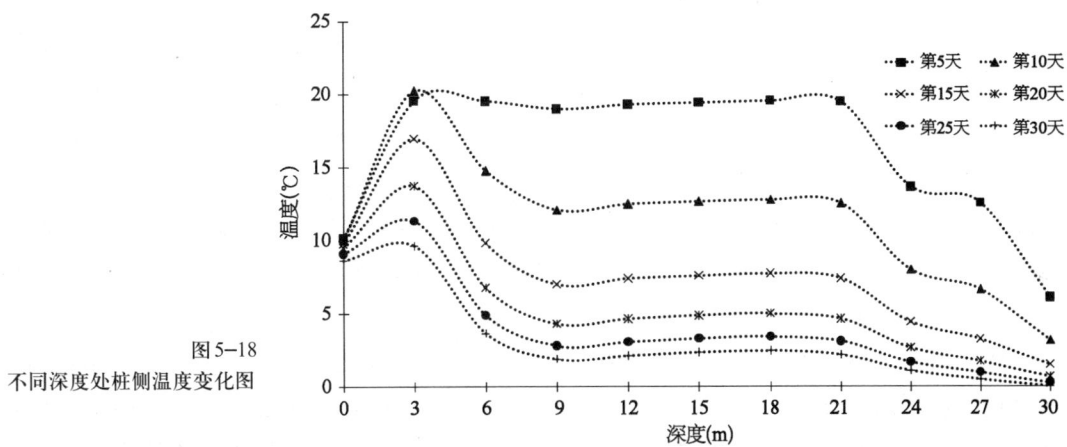

图5-18 不同深度处桩侧温度变化图

① 从地表到9 m范围内。该区域温度曲线下降幅度较小，温度普遍较高，并且随着深度的降低，温度急剧下降。该区域受气温影响较大，水泥水化热在该区域的影响不甚明显。该区域属于气温影响区。

② 从9 m到21 m范围内。该区域正好处于桩基的中心区域，受气温和地温的影响都比较小。在此深度范围内，桩侧温度曲线基本上重合，没有明显的上升或下降趋势，温度较为稳定。该区域属于水化热影响区。

③ 从21 m到桩底范围内。该区域温度较前两个区域都低，温度下降至0℃的时间也较短。从前文分析可知，该区域受冻土地温的影响较大，水化热在传导过程中损耗比较大。该区域属于地温影响区。

(3) 桩侧温度的影响因素

关注桩侧温度最高值可以看出，不论是在气温影响区还是水化热影响区，温度最高值基本上都保持在21℃左右，温度最高值变化不大，表明气温对温度最高值的影响较小。而在地温影响区域内，温度最高值明显小于前两个区域，最高值仅仅维持在15～16℃。由此可见，地温对温度最高值的影响较大。

通过以上分析可知，在桩长范围内，不同深度处温度受水化热影响的程度是不一样的。离地表越近，温度受气温影响较大，离桩底越近，温度受地温影响较大。只有在桩基中间部位，温度受其他因素的干扰才较小，才能准确地反应混凝土浇筑以后桩周土体的回冻规律与影响范围。因此，在研究和分析冻土地区桩基施工工程中桩周土体的温度场分布特征与土体回冻规律时，最好选择桩基中部地区进行研究，从而避开气温和地温的影响，得到水泥水化热影响特征。

图5-18反映了水泥混凝土桩基浇筑第5天、第10天、第15天、第20天、第25天以及第30天时不同深度处的桩侧温度变化特征。从图中可以看出，从地表（0 m处）到3 m范围内，桩侧温度处于上升状态，到3 m深度时桩侧温度达到最高值。从3 m深度处开始，桩侧温度不断降低，到9 m深度处时达到该段温度曲线的最低值。从上面分析可知，0 m到9 m范围是气温影响区，该段区域内地温受气温影响较大。根据气温对桩侧温度的影响程度的差异性，可以进一步将该区域分成两个阶段：第一阶段，0 m到3 m范围内，桩侧温度不断升高，表明气温对桩侧温度的影响不断加强，属于气温影响加强区；从3 m到9 m范围内，桩侧温度不断降低，表明气温对桩侧温度的影响不断减弱，属于气温影响消退区。在3 m深度处，桩侧温度达到最高值，是气温影响地温程度的临界点。从9 m深度处开始到21 m深度处，桩侧温度曲线基本上处于平滑状态，温度波动起伏较小，与上文分析的属于水化热影响区对应。超过21 m深度后，桩侧温度曲线开始急剧下降，最终达到平衡状态。该区域与上文分析的地温影响区域特征一一对应。

从上面的分析可知，在桩长范围内可以将桩基温度变化分成三个范围，气温影响区、水化热影响区以及地温影响区。另外，在气温影响区，根据气温影响程度的不同，又可以进一步划分为气温影响加强区和气温影响消退区。因此，在分析水化热回冻规律时，需要考虑不同区域内温度变化特征。

5.1.4 高温多年冻土区桥梁桩基施工方法

1）高温冻土区桩基施工原则

高温冻土区桩基施工流程如图5-19所示，主要包含以下内容：

① 多年冻土环境是极其脆弱的，一经扰动、破坏，难以恢复。工程施工中的环境保护应体现"预防为主，保护优先，建设与保护并重，快速施工"的原则。施工前，施工单位应严格按照设计文件要求组织施工，建立合格的质量管理体系，对职工进行高原多年冻土区冻土工程性质、施工技术特点和冻土环境保护要求、卫生保障等基本知识培训，严格按照设计要求完成公路工程和冻土环境保护工程的施工。

② 施工时应遵守国家环境保护法律、法规、条例，采取有效措施，保护好多年冻土环境。

③ 施工前应对高速公路工程的各分部工程施工进行统筹安排，合理部署施工力量，正确选用施工方法、适宜的施工季节和时段，编制好施工组织设计。桩基础施工的最佳季节是寒末暖初，也就是4—6月份，这个季节外界气温低，对冻土影响小，容易保证桩孔的稳定。

④ 施工中，应尽量减少大临工程用地量，限制施工人员活动范围。施工场地、施工营地、施工便道及取弃土场应严格按设计要求布置，不得随意变更位置和扩大范围。在施工

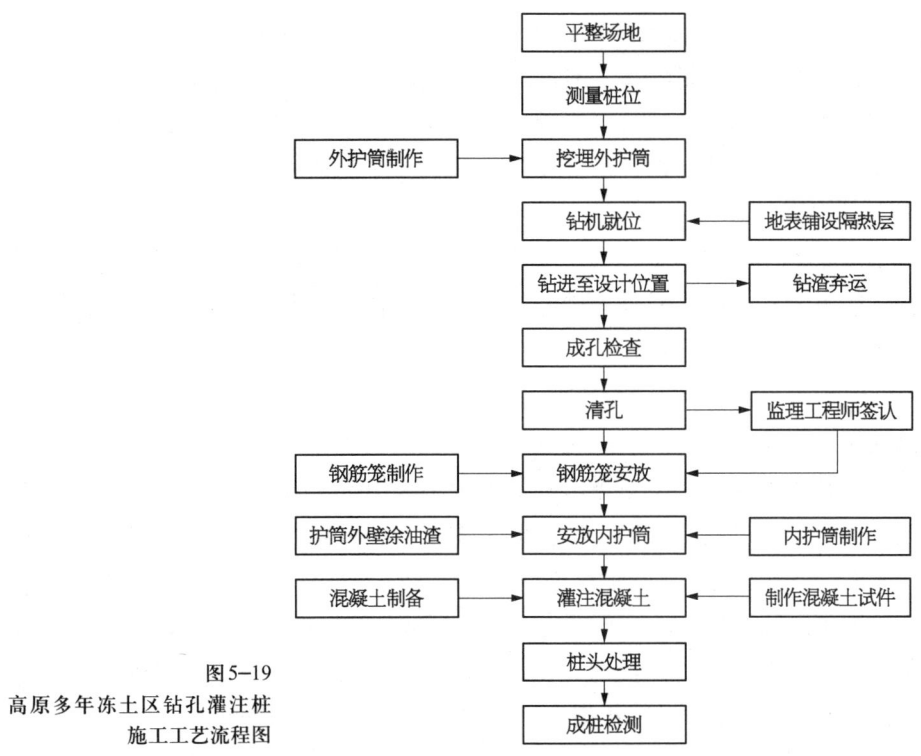

图 5-19 高原多年冻土区钻孔灌注桩施工工艺流程图

结束后，应根据设计要求进行必要的环境恢复。

⑤ 灌注混凝土应采用低温、早强、耐久混凝土，严格控制混凝土的入模温度，最大限度降低混凝土水化热对冻土的扰动，确保混凝土的质量。

⑥ 桩基成孔时应采用旋挖钻机干法成孔。干法成孔可以避免湿法成孔泥浆带入热量对冻土的扰动，大大缩短了桩基回冻时间，确保了工程质量。

⑦ 对于基础采用保持冻结原则进行设计的桥梁，其桩基设计承载力只能在地温场恢复到新的平衡、冻结力形成后才能完全达到。由此可见，对于采用保持冻结设计原则、桩基设计承载力中考虑了桩周冻结力的桥梁桩基工程，在施工过程中进行桩周地温监测、了解桩周土回冻情况，可以为判断桩基承载能力是否达到设计要求提供一定的依据。

2) 钻机技术要求与钻孔质量控制

(1) 钻机技术要求

由于冻土地基的温度状况直接影响基础的承载力，冻土地基经施工扰动后回冻过程的快慢决定了墩台和上部工程的施工进度安排。因此，高原冻土地区灌注桩施工应选择钻孔施工过程带入热量小、对多年冻土热扰动小的钻机类型。另外，高原气候恶劣，工作环境差，施工事宜时间短，因此在大型工程施工中，应选择工作效率高、劳动强度低的钻机类型。在高原冻土区进行钻孔灌注桩施工常用的钻机类型有冲击钻机和旋挖钻机两种。

① 冲击钻机成孔。冲击式钻机能在各种冻土条件、岩性及地下水条件下钻孔，但钻孔进度较慢，施工导入的热量较多，对冻土的扰动大；且成孔不规则，孔径误差较大，成孔过程中应采取必要的防坍孔措施。另外，由于成孔不规则，混凝土灌入量相应增大，造成不必要的浪费。研究表明，设计尺寸相同的桩基用冲击钻机成孔比用旋挖钻机成孔多浇筑10%～15%的混凝土。

② 旋挖钻机成孔。旋挖钻机施工成孔进尺快，孔壁规则光顺，定位准确，可以实施干钻法成孔，能够大幅度减小对冻土地基热扰动，有利于实现保护多年冻土的设计原则，并且可以有效减少孔壁坍塌现象。

旋挖钻进施工工艺的特点和优势技术还在于：旋挖钻机自带动力（内燃）和走行装置。配有旋挖筒钻和短螺旋钻头、短螺旋嵌岩钻头、筒式嵌岩钻头等四种钻头。短螺旋嵌岩钻头、筒式嵌岩钻头用于岩层中钻进，其他两种钻头用于一般地层中钻进和清底，四种钻头均可提渣。由于钻进过程中一般不需要泥浆护壁，也不需要另配出渣工具，具有占地面积小、移动灵活、钻进速度快、环境污染小、对冻土扰动小等优点。

在高原冻土区桥梁桩基础钻孔灌注桩施工时，首选旋挖钻机成孔，并尽量采用干钻法，以最大限度地减少对冻土的热扰动，并迅速恢复地基温度，迅速形成冻结力，及早进行接续工序。目前，工程中基本采用了旋挖钻机施工，收到了良好效果。

(2) 钻孔质量控制

① 施工准备。

A. 熟悉资料：熟悉设计图纸，了解地质条件及地层岩性的分布情况，以及多年冻土类型和冻土上限。

B. 场地平整：钻机作业场地及行走道路以填方为主，尽量避免挖方，减少对原地面开挖引起的热扰动。一般在原地面上填筑50 cm的粗粒土。在钻机底座下的发动机散热部位铺设聚苯乙烯保温板，以减少对地基土的热侵入。施工水中基础时，采取筑岛围堰。

C. 测量放样：遵循"由整体到局部的原则"，先放出墩台位，再由墩台位放出桩位。桩位放样时，纵横向误差不大于5 mm，并在桩的前后距中心2 m处分别设置临时护桩，以便随时可检查桩位和标高。

D. 护筒加工及埋设：护筒直径宜大于孔径（20 cm），护筒除可保护孔口、使钻孔作业正常进行外，还是降低冻土对桩基础冻拔力的重要措施。将护筒埋入冻土上限以下不小于0.5 m，并于护筒外涂1 cm厚的沥青渣油，减少护筒外表面的亲水程度，降低冻土对桩基础的上拔力。

用比护筒稍大的旋挖钻头钻至冻土上限以下0.5 cm深度后安放护筒。护筒外侧事先涂满渣油。护筒准确就位后，护筒外侧空隙用渣油拌制的粗颗粒土回填密实。护筒埋设平面误差不大于5 cm，上下竖直误差不大于1%护筒长度。在地质条件较差或地表水较大、易塌孔的情况下，可以采取以下方法处理：先做一个更大的护筒（比桩径大50～60 cm），采用≥8 mm的钢板卷制，用震动打桩锤打桩沉入。该护筒起常规的保护孔口稳定的作用。必要时钢护筒不断跟进,以保证钻孔成型。待钻孔完成后,再插入外表面涂渣油的防冻胀内护筒。

② 成孔施工。

A. 钻孔前,纵横调平钻机,保持钻机垂直稳固、位置准确,防止因钻杆晃动引起扩大孔径。

B. 钻机调整好后,将钻头着地,进尺深度调整为零。

C. 钻进时原地顺时针旋转开孔,然后以钻机自重加以液压作为钻进压力,初入孔时,下压力控制在 80~90 kPa。

D. 初钻入冻土时采取不给进量钻进,在钻进岩层时,提高下压力,控制在 100~150 kPa,钻到坚硬岩层旋挖钻斗无法钻进时,换用短螺旋嵌岩钻头破岩,利用旋挖筒钻出渣。

E. 当钻斗被旋转挤满钻渣后,停止下压及回旋,逆时针方向转动动力头,稍向下送行,关闭钻头回转底盖。上提钻斗时缓慢进行,防止提速过快,钻头碰撞孔壁。提离孔口后,钻机自身旋转至翻车斗处,用动力顶压顶杆,将底盖打开,倾卸钻渣。然后关闭底盖,旋回孔位,对准孔位慢慢将钻斗放至孔底,继续钻进。

F. 钻进到设计深度时,及时检查孔深及沉渣厚度,当沉渣厚度大于规范允许厚度时,及时清孔。清孔时将钻斗放至孔底,顺时针旋转将虚渣清除。清孔后再次进行孔深、孔位及垂直度检测,合格后转入下道工序。清孔前对设置内护筒的范围(约 5 m)进行扩孔,孔径扩大 10 cm。

G. 当孔深距设计标高差 0.5 m 左右时,就应将钢筋笼、导管及其他机具、材料等准备就绪,以避免因等待机具、材料而造成不必要的时间浪费。

H. 钻孔过程中,及时填写钻进记录,绘制地质剖面图,并在现场配备木制渣样盒,收集渣样,验证与设计是否相符。

I. 钻机挖出的钻渣由自卸汽车运至设计指定弃土场集中处理。

(3) 桩身制作方法

① 桩身钢筋制作。为便于钢筋笼运输,钢筋加工棚顺桥纵向设置。钢筋笼在钢筋棚内加工成型,在现场整体吊装,以减少桩孔的停滞时间。

A. 雨天、雪天及大风天气不得在现场进行施焊。施工中在现场搭建钢筋笼集中加工,既保证了钢筋笼加工质量,又提高了施工效率。

B. 钢筋笼制作均采用整体制作。钢筋焊接时,主筋内缘应光滑,钢筋接头不得侵入主筋净空内。钢筋笼下端应整齐,用加强箍筋全部封住不露头,使混凝土导管能顺利升降,防止与钢筋笼卡挂。

C. 钢筋笼加工完成后,采用小型龙门吊将钢筋笼整体吊装至专制运输车上,或采用滚动法将钢筋笼滚至低处的专制运输车上,外侧绑 $\phi48$ 钢管固定。拖运采用拖拉机或其他小型车辆牵引。

D. 桩基成孔后，要对桩孔的孔深、孔径、孔壁、垂直度等进行检查，合格后尽快吊装钢筋笼，减少桩孔的闲置时间。

E. 钢筋笼吊装采用16 t吊车吊装入孔。吊装前在钢筋笼上、下端及中部每隔2～4 m，于同一截面上对称设置四个钢筋"耳环"，确保钢筋笼与孔壁保持设计保护层厚度。吊装钢筋笼时，整体吊装入孔，主筋与加强筋必须全部焊接。吊放钢筋骨架入孔时，下落速度要均匀，切勿撞击孔壁。钢筋笼入孔后，牢固定位。当吊装20 m以下钢筋笼时，钢筋笼吊点一般设在总长度上部的1/3处；当吊装20 m以上钢筋笼时，宜采用两吊点吊装，第一吊点设在骨架的下部，第二吊点设在骨架长度的中点到上三分之一点之间。起吊前应在骨架内部临时绑扎钢管，以加强其刚度。起吊时先提升第一吊点，使骨架稍提起，再与第二吊点同时起吊，随着第二吊点不断上升，慢慢放松第一吊点，直到骨架同地面垂直，停止起吊，解除第一吊点，检查骨架是否顺直，如有弯曲应整直。当骨架进入孔口后，应将其扶正并徐徐下降，严禁摆动碰撞孔壁。当骨架第二吊点下降到孔口附近时，用钢管穿过加劲箍的下部，将骨架临时支撑于孔口，将吊钩移至骨架上端，取出临时支撑，继续下降，直到吊装完成，松开钢筋笼骨架的吊点，测量钢筋骨架的标高是否与设计标高相符，偏差不得大于±5 cm，同时利用护桩检查钢筋笼的中心。

F. 钢筋笼吊装后，利用吊车试设内护筒。就位后，对内护筒标高、轴线偏位及垂直度进行检查，合格后用短钢筋将内护筒和外护筒焊接相连，并在主筋上接长四根钢筋环焊接到内护筒上，起到固定作用，然后进入下道工序。

② 灌注桩身混凝土拌制、运输和灌注技术。对于采取保持冻土地基冻结状态原则设计的地基，暖季灌注桩混凝土拌制应采取措施减少混凝土灌入钻孔中时携带过多的热量。为此，可以采取以下措施控制混凝土入模温度：将砂子和碎石储存在遮阳棚内；采用井水，随用随取；安排清晨或夜间时段施工。

A. 寒季灌注桩混凝土拌制为防止混凝土受冻，应采取以下加热措施：采用锅炉加热拌和用水；搭设暖棚，在棚内采用暖风机预热砂石料；水泥使用前在库内预热；安排白天10时至16时时段施工。

B. 远距离运输混凝土应采用混凝土搅拌罐车。运输途中以2～4 r/min的转速转动，卸料前以常速再次搅拌。当气候寒冷时，在混凝土罐车设保温罩，以减少混凝土在运输过程中的热量损失。

C. 灌注桩混凝土灌注应遵循以下原则：

a. 桩基成孔和钢筋笼吊装验收后，尽快进行混凝土灌注，减少成孔的闲置时间。

b. 混凝土入模温度应控制在2～10℃范围内。

c. 混凝土坍落度应控制在18～22 cm；采用导管法灌注混凝土，以防止混凝土离析，并确保混凝土密实度。

d. 灌注混凝土时要对混凝土面的位置随时测量，保证导管埋入混凝土的深度为2～4 m；混凝土灌注需连续进行，不得中断。

e. 为确保桩头混凝土质量，桩顶混凝土超灌厚度不小于0.5 m。

在寒季施工时，混凝土灌注后应采用棉被覆盖桩顶，以防混凝土受冻。根据桩基础混凝土强度增长和地基土回冻规律确定上部结构施工进度安排。

5.2 高温多年冻土区涵洞施工关键技术

多年冻土区涵洞施工主要存在基坑内施工导致开挖后不能及时回填而带来的冻土环境变化，从而对涵洞结构稳定性产生不良影响的问题。针对一般涵洞施工的特点，波纹管涵因其基础处理简单、施工周期短的优点而被广泛使用。依托共玉公路开展多年冻土区涵洞施工关键技术研究，主要从冻土区涵洞的病害机理分析，涵洞施工的基本要求及对策，冻土区涵洞施工工艺研究方面进行，综合提出满足冻土保护和质量要求的涵洞快速施工技术。

5.2.1 冻土区涵洞的病害机理分析

1) 青藏公路多年冻土区涵洞病害调研

2010年8月，根据青藏公路整治改建工程的施工进度，对K2899—K3007共108 km的段落的涵洞使用情况进行了调查。调查路段为昆仑山多年冻土热不稳定区（K2890—K2923）及楚玛尔河断陷盆地多年冻土热不稳定区（K2923—K2987）。

调查路段108 km共有51道涵洞，其中钢筋混凝土盖板涵46道，全部为旧涵，新修金属波纹管涵5道。表5-2为调查路段涵洞情况。从中可以看出，该段盖板涵基本完好率为41.3%，一般破坏率为21.7%，严重破坏率为37%，半数以上涵洞已经产生破坏。金属波纹管涵洞使用情况良好，无病害发生。

表5-2 青藏公路 K2899—K3007 涵洞调查情况

项　目		涵洞类型		合　计
		盖 板 涵	金属波纹管涵	
调查涵洞总数量		46	5	51
基本完好的涵洞	数量（道）	19	5	24
	比率（%）	41.3	100	47.0
一般破坏的涵洞	数量（道）	10		10
	比率（%）	21.7		20.0

(续表)

项目		涵洞类型		合计
		盖板涵	金属波纹管涵	
严重破坏的涵洞	数量（道）	17		17
	比率（%）	37.0		33.0

(1) 钢筋混凝土盖板涵调查情况

钢筋混凝土盖板涵洞身破损的形式包括：台身倾斜或倒塌、台身开裂以及洞身铺砌损坏。洞口破坏形式包括：翼墙倾斜或翼墙与涵身脱开、翼墙墙体开裂或顶部抹面损坏，以及洞口或急流槽铺砌损坏和出入口铺砌被掏空等。在各种破坏类型中，涵洞洞口病害最为普遍（图5-20～图5-25）。

图5-20 K2919+000处涵洞

图5-21 K2925+300处涵洞

图5-22 K2933+800处涵洞

图5-23 K2906+050处涵洞

图 5-24　K2900+350 处涵洞

图 5-25　K2900+950 处涵洞

由于青藏公路的涵洞经历了较长时间的使用，经历了冻土反复冻融的破坏，涵洞的出入口因为和涵体本身强度不一样，首先产生破坏。因此不论是基本完好的涵洞，还是严重破坏的涵洞，出入口基本上都有破坏。表 5-3 为调查路段涵洞病害情况表。进出口破坏的涵洞合计有 38 道，占盖板涵总数的 82.6%，其后才是涵体本身由于冻胀作用出现的底部变形及盖板断裂，沉陷等病害。

表 5-3　调查路段涵洞病害情况　　　　　　　　　　　　　（道）

项　目		进出口破坏	涵身变形	涵洞淤积、积水、积冰	涵顶盖板变形	合　计
多年冻土区	一般破坏	20	4			24
	严重破坏	18	5	5	5	33
合　计		38	9	5	5	54

(2) 金属波纹管调查情况

该段共有5道新修金属波纹管涵，因为修筑时间较短，涵体本身没有明显的病害发生。5道涵洞中有一道涵洞采用平头式出入口，其余均不做处理，管节伸出路堤边坡外直接放置；一道涵洞边坡未作处理，其余均采用干砌片石护坡。

图5-26为K2935+950处波纹管涵洞，该处波纹管涵采用自然放置出口，未做干砌片石护坡。从图中明显看出边坡冲刷严重，涵体无明显变形，流水通畅，无生锈腐蚀现象。

图5-26　K2935+950处波纹管涵洞

图5-27　K2953+100处波纹管涵洞

图5-28　K2944+000处波纹管涵洞

图5-27为K2953+100处波纹管涵洞，该处涵洞采用干砌片石对涵洞周围进行保护。图中发现涵洞顶部未用干砌片石保护的边坡被雨水冲刷，形成一条条小的沟壑，但涵洞出口保护良好，涵洞整体良好，无明显变形破坏。

图5-28为K2944+000处波纹管涵洞，该处涵洞采用平头式出入口，有干砌片石保护洞口，整体良好，无明显变形。只是出口管节安装不是很好，两管节之间有5cm左右的空隙，螺栓外漏，不影响使用，长期使用是否会产生病害需要进一步的观察研究。

金属波纹管涵洞因为安装时间较短，使用效果都比较良好，未出现明显的变形和生锈腐蚀现象。出入口采用干砌片石防护的效果要优于没有防护的，但不影响涵洞本身的使用。

青藏公路的调查表明，公路涵洞的破坏的主要原因是：由于地基的冻融循环及不均匀变形导致涵洞各部分受力不均衡造成的不均匀沉降。而金属波纹管作为一种预制构件，现场安装施工，各部分结构性能相同，整体性好，适应变形能力强，是一种新型材料的涵洞，在多年冻土区有很好的应用前景。

2）G214线多年冻土区涵洞病害调研

G214线是西部地区干线路网改造的重点，青海境内长1 084 km，其中K280＋000（鄂拉山北坡）—K660＋000为冻土段，本段是青藏高原腹地大片连续多年冻土区逐渐向岛状多年冻土区过渡带，分布着连续、不连续的多年冻土以及深季节性冻土，冻土地温普遍较高。调查路段起点K490＋000位于黄河沿，经野马滩、小野马岭、野牛滩、野牛沟、龙根滩、龙根查依玛到达终点查拉坪段K590＋000，全长100 km，共有涵洞231道，其中钢筋混凝土盖板涵183道，金属波纹管涵47道，石砌拱涵1道，见表5-4。G214线涵洞原多以钢筋混凝土盖板涵洞为主，随着金属波纹管涵的应用及推广，在G214线的改扩建过程中，对冻土地区的涵洞工程逐步以适应变形能力更强的金属波纹管涵替代原有的钢筋混凝土盖板涵。

表5-4　G214黄河沿至查拉坪段涵洞数量　　　　　　　　（道）

项　目	冻土工程地质类型		合　计
	多年冻土区	融区及季节冻土区	
涵洞总数	109	122	231
钢筋混凝土盖板涵	73	110	183
金属波纹管涵	37	10	47
石砌拱涵	0	1	1

从表5-5中可以看出，在多年冻土区有37道金属波纹管涵，基本完好的涵洞比率为75.68%，一般破坏的比率为10.81%，严重破坏的比率为13.51%；季节冻土区为10道，基本完好比率为80%，一般破坏和严重破坏的比率均为10%。从表5-6中可以看出，在多年冻土地区有73道钢筋混凝土盖板涵，基本完好的比率为54.79%，一般破坏的比率为28.78%，严重破坏的比率为16.43%；季节冻土区为10道，基本完好比率为79.09%，一般破坏的比率为10%，严重破坏的比率为10.91%。从以上数据可以看出，在多年冻土区，金属波纹管涵的基本完好率要远远高于钢筋混凝土涵的基本完好率；而在季节冻土区，两者的基本完好率基本相同，说明金属波纹管涵在多年冻土区的适用性要好于钢筋混凝土盖板涵，而在季节冻土区，两者均可使用。

表 5-5　G214 黄河沿至查拉坪段金属波纹管涵使用状态调查

项　　目		冻土工程地质类型		合　计
		多年冻土区	融区及季节冻土区	
调查涵洞总数量		37	10	47
基本完好的涵洞	数量（道）	28	8	36
	比率（%）	75.68	80	76.6
一般破坏的涵洞	数量（道）	4	1	5
	比率（%）	10.81	10	10.64
严重破坏的涵洞	数量（道）	5	1	6
	比率（%）	13.51	10	12.76

表 5-6　G214 黄河沿至查拉坪段钢筋混凝土盖板涵使用状态调查

项　　目		冻土工程地质类型		合计
		多年冻土区	融区及季节冻土区	
调查涵洞总数量		73	110	183
基本完好的涵洞	数量（道）	40	87	127
	比率（%）	54.79	79.09	69.4
一般破坏的涵洞	数量（道）	21	11	32
	比率（%）	28.78	10	17.49
严重破坏的涵洞	数量（道）	12	12	24
	比率（%）	16.43	10.91	13.11

(1) 钢筋混凝土盖板涵调查情况

图 5-29 为 K553+456 处钢筋混凝土盖板涵。该涵位于季节冻土区，进出口为八字墙，

图 5-29　K553+456 处钢筋混凝土盖板涵

图 5-30　K557+194 处钢筋混凝土盖板涵

(a)

图5-31　K567+082处钢筋混凝土盖板涵

(b)

(c)

图5-32　K570+215处钢筋混凝土盖板涵

涵身无明显变形，边坡冲刷，八字墙脚部分损坏，涵内积水，涵顶路基未见明显变形。

图5-30为K557+194处钢筋混凝土盖板涵。该涵位于季节冻土区，进出口为八字墙，该涵加长处断裂，填土渗漏，出入口较好，涵顶路基凸起，路基与涵连接处有明显的跳车现象，边坡冲刷，冲刷土向洞口淤积，但不严重。

图5-31为K567+082处钢筋混凝土盖板涵。该涵位于富冰、饱冰多年冻土区，进出口为八字墙，该涵进出口有冻胀，边坡冲刷，涵底淤积，厚度为0.5 m，涵顶路面有轻微跳车现象。

图5-32为K570+215处钢筋混凝土盖板涵。该涵位于富冰、饱冰多年冻土区，进出口为八字墙，进口外接跌水井。进出口冻胀，跌水井与八字墙分离，铺砌损坏，涵身剥落，渗水。涵顶路面为六棱砖，沉陷严重。

表5-7为调查路段钢筋混凝土涵病害情况。通过分析可以发现，钢筋混凝土盖板涵不论

表 5-7　G214 黄河沿至查拉坪段钢筋混凝土涵病害情况　　　　　　　　（道）

项　目		进出口破坏	涵身破坏	涵洞淤积、积水、积冰	涵顶、侧路基沉陷	合　计
多年冻土区	一般破坏	7	7	5	0	19
	严重破坏	8	6	3	5	22
融区及季节冻土区	一般破坏	3	2	3	0	8
	严重破坏	4	4	5	2	15
合　计		22	19	16	7	64

在多年冻土区还是季节冻土区，发生的病害明显要比金属波纹管多，特别是涵洞进出口的破坏及涵洞自身的破坏。

（2）金属波纹管涵调查情况

金属波纹管涵的主要病害形式有涵洞底部的波浪变形，涵身中部的沉陷，涵洞内积水、积冰及淤积，涵洞顶部的路基沉陷，进出口铺砌的损坏，以及涵底过水面的腐蚀生锈。图 5-33～图 5-36 为调查路段金属波纹管涵。

从以上金属波纹管涵的使用情况可以发现，金属波纹管涵在冻土区整体使用情况良好，

图 5-33　K532+990 处金属波纹管涵

图 5-34　K557+864 处金属波纹管涵

图 5-35　K563+520 处金属波纹管涵

图 5-36　K554+346 处金属波纹管涵

涵身无明显变形，涵顶路面平整，涵洞出入口病害较少，出入口为干砌片石护坡的涵洞现状较好，出入口为水泥护坡的涵洞水泥护坡有裂缝，但不影响正常使用。涵底过水面普遍出现腐蚀生锈现象。

表 5-8　G214 黄河沿至查拉坪段金属波纹管涵病害情况　　　　　　　　（道）

项　目		进出口破坏	涵身变形	涵洞淤积、积水、积冰	涵顶、侧路基沉陷	合　计
多年冻土区	一般破坏	0	2	1	2	5
	严重破坏	0	0	3	2	5
融区及季节冻土区	一般破坏	1	0	0	0	1
	严重破坏	0	0	1	0	1
合　计		1	2	5	4	12

表 5-8 为调查路段金属波纹管涵病害情况。从表中可以看出，该段金属波纹管涵的主要病害是涵内积水、积冰以及淤积，其次是涵顶路基的沉陷、变形，仅有一处进出口破坏。根据以往多年冻土区涵洞情况的调查经验，进出口破坏是多年冻土区涵洞破坏的重要原因，而金属波纹管涵的使用大大降低了涵洞进出口破坏的比率，提高了涵洞的使用效果及寿命。在调查过程中还发现，大部分金属波纹管使用状况良好，涵底未见明显变形，出入口良好，涵顶路面平整，未见涵跳现象，说明波纹管涵在结构上能满足多年冻土区路基不均匀沉降的需求。但表 5-7 中所示的 4 处涵顶路基沉陷破坏处，路面翻浆严重，路基严重变形。分析现场情况得知，该处涵洞为改建旧涵涵洞，施工时可能是将旧路涵洞处横向开挖，除去旧涵，原位安装波纹管涵，管顶填土没有压实，造成后期管顶路基沉降，路面翻浆。

3) 多年冻土区涵洞病害机理分析

青藏公路及 G214 线是青藏高原多年冻土区最具典型代表的两条干线公路，通过长期的观测和调查分析得出，这些涵洞破坏的主要原因是公路路基及涵洞的修筑改变了多年冻土区天然环境，加上涵洞施工时开挖基坑、砌筑基础等作业破坏了原地层的水热平衡，如果因施工材料供应不及时或其他原因使基坑暴露时间过长而积水，大量的热量（太阳辐射能）进入冻土地基，使地温升高，基底冻土融化，人为上限下移，降低了地基承载力。在冻融作用下致使涵洞过早的破坏，最终影响路基的稳定性。

5.2.2　涵洞施工的基本要求及对策

(1) 涵洞基坑施工

明挖基础基坑，开挖宜在寒季施工。必须暖季施工时，应采取遮阳防雨措施，必要时应搭设防雨篷。基坑顶应设置挡水埝，严禁地表水流入基坑。应及时排除冻结层上水和冻土本身融化水，基坑排水不得污染环境。基坑开挖前，应将施工所用的各种材料全部备齐。基坑开挖宜快速施工，严禁拉槽式开挖。

(2) 混凝土浇筑与养生

寒季施工时，必须注重混凝土配合比的确定和混凝土的搅拌、浇筑及养生。浇筑的混凝土在未达到受冻临界强度前不得受冻。混凝土必须采用集中拌和，混凝土罐车运输。混凝土所采用的集料应清洁，不得含有冰雪和冻土块及其他易冻裂物质。所采用的外加剂和掺合料应满足低温与抗冻性能的相关要求。应采取相应的保温措施，严格控制入模温度、浇筑温度，加强收缩裂缝、冻痕及养生保温措施有效性的检查。

(3) 金属钢波纹管施工

金属钢波纹管进行基坑开挖前，应完成涵身管节及洞口主体部件和基础材料备料等工作，并经检验合格。金属钢波纹管管节应连接紧密，不得漏水。金属钢波纹管基础材料应采用一定级配的天然砂砾，最大粒径应不超过50 mm，0.075 mm以下粉黏粒含量不得超过5%，采用压实机械进行分层碾压，压实度应不小于85%。

(4) 台背回填

涵洞台背的各种填料宜采用天然砂砾等轻质材料，不得采用含有泥草、腐殖质或冻土块的土。台背回填应严格控制分层厚度和密实度，应设专人负责监督检查，且宜采用小型机械压实。台背填土的压实度应不小于96%。

5.2.3　冻土区涵洞施工工艺研究

多年冻土区涵洞施工需要在冻土区开挖基坑后再进行涵洞基础和涵身的施工，受模板安装和混凝土浇筑施工工艺及养生周期的限制，冻土开挖后因不能做到及时回填保温而导致冻土水热环境的变化，进而对涵洞构造物的结构稳定性产生一定影响。《多年冻土地区公路设计与施工技术细则》中对涵洞的施工要点提出了一般要求以及"快速施工"的原则，但快速施工仍是定性的描述，没有明确的时间节点。通过对共玉公路涵洞施工工艺、关键工序及时间要求进行研究和分析，提出适合多年冻土区涵洞施工各工序所必须的最短时间节点要求，最终形成多年冻土区涵洞快速施工方法。

1) 冻土区涵洞类型及其适用性

多年冻土区常用的涵洞结构有钢筋混凝土盖板涵、现浇钢筋混凝土箱涵、拼装式钢筋混凝土箱涵和钢筋混凝土圆管涵、金属波纹管涵等。这些涵洞在多年冻土区使用各有其优缺点。

(1) 钢筋混凝土盖板涵

盖板为简支结构，横断面既具有一定刚度，又具有一定适应变形的能力。如果采用框架式基础，纵向合理分割，可以显著提高在多年冻土区不良地质条件下的适用性；施工组织方案机动灵活，不需要大型施工机械，涵洞较长时，可采用分段修筑的方案，利于冻土环境保护。

(2) 现浇钢筋混凝土箱涵

横断面（涵洞横向）刚度较大；基地截面积大，基地水泥混凝土水化热对冻土环境影响大。

(3) 拼装式钢筋混凝土箱涵和钢筋混凝土圆管涵

横断面刚度较大；如果地基基础设计不合理，纵断面会产生过大的不均匀变形；预制拼装可有效缩短工期，同时避免了水泥水化热对冻土环境的影响，但拼装预制构件自重大，小型机械难以实现吊装，对吊装设备要求高。

(4) 金属波纹管涵

横断面刚度较大；产品集中采购，现场拼装，自重较混凝土箱涵轻，易于吊装；施工周期短，涵管安装后即可立即回填，对冻土环境扰动最小。

根据青藏公路及G214线多年冻土区涵洞建设及养护经验，钢筋混凝土盖板涵及金属波纹管涵具有较强的适应性，施工工艺成熟，施工质量易于控制，是最常用的两种典型涵洞形式。

2) 钢筋混凝土盖板涵施工工艺

钢筋混凝土盖板涵施工工艺主要包括：准备工作、基坑开挖、钢筋施工、基础施工、洞身施工、洞口施工、涵底铺砌施工、盖板制作与安装、台背回填。

(1) 准备工作

涵洞施工前，应首先对涵洞设计图纸进行方案复核，掌握方案设计要点，根据设计方案制定涵洞施工组织方案；完成涵洞现场放样，核查地质资料，尤其是冻土上限及分布情况；制定基坑遮阳防（排）水方案；人、料、机准备就绪。

(2) 基坑开挖

由于公路沿线涵洞数量多、工程分散、基础埋置较浅，故共玉公路多年冻土区的涵洞基础施工以明挖为主。

基坑开挖后，多年冻土环境受到扰动，因此基坑开挖施工应以快速为原则，避免人为因素导致基坑开挖后不能及时进行后续工序施工而吸收大量的环境热，进而对下伏冻土造成不利影响。

多年冻土区自然环境恶劣，高寒缺氧，人工开挖劳动强度大，进度慢，效率低下，因此基坑开挖必须采用机械化施工。基坑底尺寸应比基础的平面尺寸增宽0.5～1.0 m，确保基础能够支立模板并满足排水要求。

根据共玉公路施工实践总结，对于基础埋置较浅、季节性断流的干性涵洞基础，1 d即可完成基坑开挖；对于基坑地质条件较差、需要进行基础换填的，基坑开挖深度及开挖量增大，则涵洞基坑开挖工期一般为2～3 d。

对于涵址地质条件较差、需进行基底处理的涵洞，开挖前应首先开挖探坑，查明现场地质条件后，会同设计单位及监理明确基底处理方案，并根据确定的基底处理方案做好填料准备及运输工作后，方可开展基坑开挖；基坑开挖后应立即进行基底处理，避免地下水反渗或基坑暴露时间长使外部热量进入加剧对冻土的扰动，基坑开挖应控制在 2 d 之内，原则上不得超过 3 d。

为克服冻土开挖困难，加快施工进度，减少施工对地基土的热干扰，基坑开挖时宜采用"基坑爆破一次成型，机械化快速开挖"的工艺。通常一次爆破可扬弃土方 30% ~ 50%，再配合机械开挖，当天即可成型。爆破开挖前充分做好爆破设计和准备工作，开挖后应连续快速施工，严禁拉槽式开挖。爆破宜采用防水抗冻性能好的乳化炸药，严禁采用甘油类炸药。爆破钻孔时应采用有效措施防止钻孔塌孔、回淤回冻，保证爆破效果。

太阳辐射热量及外部水热是对冻土环境影响最大的两个外部热源，因此基坑开挖后，应及时做好防晒阻水工作，搭建遮阳及防雨篷。同时，基坑顶面周围应做好排水设施，避免积水。

涵洞基础开挖，按保持冻土冻结原则设计的涵洞地基，宜选择寒季（5 月底以前和 10 月初以后）施工；按允许冻土融化原则设计的涵洞地基，宜选择暖季（5 月底以后和 10 月初以前）施工。对于按保持冻土冻结原则设计的明挖基础，受工期等因素的限制不得已安排在暖季施工时，应避开高温季节，并满足以下要求：

① 基坑顶设置挡水埝，严禁地表水流入基坑。

② 及时排除季节冻层内的地下水和冻土本身的融化水；基坑内排出的水应妥善排放，不得污染环境或扰动冻土的热平衡。

③ 必须搭设遮阳篷和防雨篷。

④ 施工前做好充分准备，各工序快速衔接，缩短基坑开挖暴露时间。

(3) 钢筋施工

钢筋施工一般采用在基坑内现场绑扎的方案，钢筋施工完成后，再进行模板安装和混凝土浇筑。该方案具有施工组织灵活、人员及机械配置要求较低的优势，缺点是作业时间较长。

因此，为缩短基坑开挖后的暴露时间，应在基坑开挖后、模板安装施工完成前即应在现场完成钢筋施工，模板安装完成后采用机械吊装安放钢筋笼，随后立即开展混凝土浇筑作业。

(4) 基础施工

基坑开挖前，根据涵洞实施方案及模板规格计算确定模板数量，并将模板提前运至施工现场。基坑开挖后，立即开展基础模板安装作业。根据共玉项目施工实践总结，基础施工的模板安装工期需要 1 d，基础混凝土浇筑作业工期需要 1 d。为了防止浇筑基础混凝土及混凝土水化热引起基底融化，应按设计要求设置保温层，设计无要求时，所铺设的保温材料应在基础外缘加宽 1 m。基础混凝土浇筑完成后，待混凝土强度达到 2.5 MPa 时（2 ~

3 d），即可拆除模板，进入洞身施工作业。

(5) 洞身施工

洞身施工时，模板的作业应充分考虑涵洞设计方案、模板数量、施工队伍配备情况，合理确定施工工艺流程，通过共玉项目的施工实践总结，根据涵洞规模大小，洞身模板安装施工主要采用以下方案：

① 分离式路基宽度窄（基本在 10～12 m），涵洞长度较短（基本在 10～16 m），采用一次性完成模板安装、一次完成混凝土浇筑的施工方案；模板安装控制在 2 d 之内全部完成安装到位，否则应加大人员及机械投入，以缩短基坑暴露时间。

② 整体式路基宽度较大（基本在 20 m 以上），涵洞长度较大，原则上应采用一次完成模板安装的方案，但此时施工所需模板数量大，人员及机械配备要求高，施工投入增加较多，施工效率下降。因此，实际施工中涵洞施工队往往采用多工点平行作业、单工点分段模板安装、分段浇筑混凝土的循环施工方案。

根据共玉项目施工实践总结，一般模板安装原则上按照 1 个伸缩缝模板安装 1 次，根据涵洞每 4～6 m 设置 1 处伸缩缝的情况，单次模板安装长度在 10～12 m，单次模板安装工期需要 2 d。此时，对于涵顶填土较高的，涵洞长度可超过 30 m，则至少需模板安装 3 次，加上前道工序混凝土浇筑及拆模最短时间的要求，需要 3～4 d。据此计算，则该涵洞基础完成混凝土施工工期需要 9～12 d。

(6) 洞口施工

涵洞洞口主要采用八字墙和一字墙两种形式。八字墙式对水流阻力小，工程量也小，采用较普遍。一字墙式又称端墙式，构造简单，适用于小孔径涵洞，一般在洞口两侧砌筑锥体护坡，以保护路堤伸出端墙外的填土不受冲刷。

涵洞洞口施工工艺与洞身部分基本一致，即开挖完成后首先进行模板安装，再进行混凝土浇筑作业，待混凝土达到一定强度后拆除模板，进入下道工序作业。根据共玉公路施工实践总结，涵洞洞口按照进、出口同步施工的原则，同时开展模板安装作业。对于采用较多的八字墙洞口，模板安装工期需 4～5 d，混凝土浇筑工期需 1 d，混凝土浇筑后需 2～3 d 达到拆模强度后方可进行模板拆除作业，洞口施工工期共需 7～9 d。

(7) 涵底铺砌施工

洞口混凝土浇筑完成后，在达到初凝拆模强度的 2～3 d，即可完成涵底混凝土铺砌的施工。根据共玉公路施工实践总结，涵底铺砌施工工期需 2～3 d。

(8) 盖板制作与安装

作为标准构件，钢筋混凝土盖板涵的盖板部分一般均采用集中预制、现场拼装的施工工艺。

盖板提前在预制场完成加工制作，涵洞开始施工后运输至现场，待墙身混凝土浇筑完成并通过养生达到设计强度后，即可安装盖板。根据共玉公路施工实践总结，墙身混凝土达到设计强度的养生时间需要 7～10 d，盖板安装及防水处理根据涵洞长度的不同，需

1～3 d。

(9) 台背回填

盖板安装完成后，在涵身结构混凝土达到设计强度并且涵身防水施工完毕，经检查验收合格后，方可进行台背回填施工。

台背回填必须从涵洞两侧同时、对称、水平分层进行施工，并逐层碾压密实，压实度标准应满足设计要求。

3) 钢筋混凝土盖板涵施工要点

根据以上对共玉公路涵洞施工工艺的总结分析，从基坑开挖至台背回填，按照涵洞规模大小的不同，施工工期一般在25～42 d，再加上施工期间可能出现的恶劣天气、施工组织及质量控制问题、机械故障以及其他意外情况的发生，则施工工期进一步延长。

因此，通过施工组织优化，缩短基坑开挖后的暴露时间，成为最大限度降低施工对冻土环境扰动的关键。根据以上总结分析，多年冻土区涵洞快速施工要点如下：

① 施工组织计划是涵洞施工进度和质量的根本保障，应高度重视涵洞施工组织计划的研究和制定。对于单体涵洞，应避免因人员、机具投入不足而采用分段施工的组织方案。

② 分离式路基段涵洞基坑的开挖应采用一次全部开挖成型方案；整体式路基或高填方路段涵洞规模较大时，受模板、人员及机具配置的影响，涵身采用分段支模、分段浇筑施工方案的，基坑开挖应采取与涵身施工一致的分段开挖方案，不得采用基坑一次拉槽开挖而涵身分段施工的方案，以缩短基坑暴露时间。

根据共玉公路施工实践，基坑开挖工期原则上按照1～2 d完成安排；超过2 d时，宜采用分段开挖施工方案。

③ 基坑开挖应全部采用机械化施工方案；开挖困难路段，宜采用"基坑爆破一次成型，机械化快速开挖"的工艺。

④ 基坑开挖后应及时搭设遮阳篷和防雨篷，并在基坑顶缘设置挡水埝，减少外部水、热对基坑冻土的扰动。

⑤ 涵洞基础（包括洞身基础和洞口基础两部分）施工应采用"开挖多少、施工多少"的原则。根据共玉公路施工实践，基础混凝土施工至初凝达到拆模强度时的工期需3～4 d。

⑥ 基础混凝土施工模板拆除后，即对基坑进行第一次部分回填。回填厚度以不超过基础高度0.5 m为宜，并采用基础两侧对称填筑的原则。为进一步减小外部水、热对冻土的扰动，回填前可铺设保温板。

⑦ 在基坑第一次回填完成后开始涵身施工，因涵身规模较大而需分段施工时，应采用自下而上的原则，第一次洞身施工的高度应以不高出涵底铺砌0.5 m为宜。

⑧ 涵身（包括洞身洞口两部分）混凝土施工模板拆除后，即同时开始涵底铺砌和基坑第二次回填作业。基坑回填厚度以不高出涵底铺砌0.5 m为宜，并采用与涵底施工同步、对称填筑的原则。根据共玉公路施工实践，涵身混凝土施工至初凝达到拆模强度时的工期需

3～4 d。

⑨ 经过以上工序，开挖基坑内的工程部分施工已基本结束并及时完成了基坑回填，工期为7～10 d。基坑二次回填后已基本达到或超出原始地面高度，此后再进行涵身地面线以上部分的施工，对下伏冻土已基本不造成扰动影响。采用分段施工方案的，按此工序循环施工即可。

4）钢波纹管涵洞施工工艺流程

钢波纹管涵洞施工工艺流程可分为路堤（直接填筑）法和反开槽回填法，由于后者多用在路基施结束后（新建公路）和改建涵洞（养护工程），所以不影响路基施工整体进度，一般后者较为多见。两者施工工艺相差不大。

① 路堤法的工艺流程为：施工前准备→施工放样→设置围堰→排水清淤→平整场地→检测压实度、含水量等→水准测量→基础分层回填→检测压实度、含水量等→水准测量→平整场地→施工放样→拼装管节→检测密实度、含水量等情况及管底纵坡→检测并补救防腐涂层→涵管就位→两侧分层回填→检测压实度、含水量等→管顶分层回填→检测压实度、含水量等→进出口处理。

② 反开槽回填法的工艺流程为：施工前准备→施工放样→开挖涵管及施工场地→平整场地→检测压实度、含水量等→水准测量→基础分层回填→检测压实度、含水量等→水准测量→平整场地→施工放样→拼装管节→检测密实度、含水量等情况及管底纵坡→检测并补救防腐涂层→涵管就位→两侧分层回填→检测压实度、含水量等→管顶分层回填→检测压实度、含水量等→进出口处理。

③ 施工前的准备主要包括以下内容：涵洞施工前应设1名管道安装指挥人员，负责指挥吊装及施工人员的现场操作；设置1～2名技术人员负责放线、涵管安置等控制关键技术，同时配置适当的辅助人员；涵洞施工前应备齐所需的机械设备及相关工具，如推土机、挖掘机、压路机、洒水车、水准仪、经纬仪、起吊设备、套筒扳手等；涵洞施工前应备齐所需的材料，如基础回填砂砾材料（经检验合格后方可）、螺栓螺母、石棉（或橡胶）垫等；涵洞施工前应准备涵洞施工过程中试验、检测仪器和设备，落实试验人员；涵洞施工前必须对到现场的涵管节及其附属配件进行检测，一方面检测其结构尺寸是群满足要求（如直径、波形及其参数、管节的法兰孔对应与否），另一方面检测其表面防腐是否达到要求；必要时需在镀锌涂层表面再增涂沥青或其他防腐材料；涵洞施工前施工单位需要通知监理及相关人员到场，并按程序办理施工前的相关手续；涵洞施工前应根据具体情况修筑相应长度施工便道，并合理组织过往车辆。

④ 涵管拼装工艺流程为：检查涵管管节→吊装涵管→运输至施工场地→拆除包装→校对涵管进出口等次序→对齐法兰盘及法兰孔、初步上螺栓和螺母→填充橡胶或石棉密水垫→对称拧紧螺栓→均匀在涵管内外侧涂沥青→涵管吊装就位。

⑤ 波纹管涵的施工关键技术主要有：施工季节应严格控制，防止在冰冻季节施工影响

工程质量；寒冷冰冻地区对基础换填材料要求较高，特别是对粉黏粒含量应严格控制，以防止产生严重冻胀导致涵管破坏；基础与涵管侧面、顶部的填料应分层碾压，压实度需达到设计要求，否则易引起涵管应力集中、涵管变形和涵管两侧的跳车；为防止施工过程中管滚动出现偏移轴线的现象，可在压实后的地基表面刻深约20 cm槽呈凹弧形以安放涵管；同时两侧回填时分别回填$D/4$、$D/2$、D（D为管径）高度且两侧分别压实（不至于形成过大的侧压力）；涵管拼装应严格控制涵底纵坡，并加强管节的防腐措施，确保涵洞使用性能和服务寿命满足要求；基础放样时应根据设计要求或工程经验，针对不同地区在涵管纵向适当预留一定的预拱度；管节在运输、装卸过程中，应采取防碰措施，避免管节损坏；涵洞端墙应放在路基施工结束后施工，以防止端墙开裂。

⑥ 波纹管涵洞施工中应注意以下关键问题：

A. 运输与装卸。涵管在运输装卸过程中应采取防碰撞措施，避免管节损坏或碰伤防腐蚀层。涵管装卸应采用吊具进行，不允许采用滚板或斜板卸管。

B. 基础。波纹管涵洞基础应结合土质、路基填土材料和高度，设置预留拱度。基础采用砂砾回填时，压实度应按重型压实标准达到设计压实要求。

C. 波纹管涵成品质量。管节端面应平整并与其轴线垂直；斜交管涵进出水口管节的外端面应按斜交角度进行处理。

D. 敷设。管节安装从下游开始，使接头面向上游；每节涵管应紧贴于垫层或基座上，使涵管受力均匀；所有管节应按正确的轴线和图纸所示坡度敷设。如管壁厚度不同，应使内壁齐平。在敷设过程中应保持管内清洁无脏物，无多余的砂浆及其他杂物。任何管节的位置设置必须准确，尽可能采用吊装设备敷设到位。

E. 接缝。涵管接缝宽度应不大于10 mm，用具有弹性的不适水材料填塞接缝的内外侧。当管节采用套环接缝时，应按接缝形式分别采用沥青麻絮、水泥砂浆或沥青砂浆填塞所有接缝，使其稳固、耐久、不漏水。在填塞沥青砂之前，应在管的外表面和套环内套面涂刷沥青涂层，以增强其黏性，并采取措施以免沥青砂外漏。管节接头和进出口不得水、渗水。

F. 进出水口。进出水口的沟床应整理顺直，使上下游水流稳定畅通。

G. 回填。涵洞处路堤开槽宽度宜不小于4倍孔径范围+涵直径，同时按水平分层，对称地按照要求的压实度填筑、夯（压）实。用机械填土时，涵洞顶上填土（虚填）厚度必须大于0.3 m时，才允许机械通过。

⑦ 拼装式钢波纹管涵洞应根据不同的拼装方式设计不同的施工工序和关键控制点。

A. 上下半圆对接拼装，一般采用两侧焊接的法兰水平方向上下对接。施工时应注意：螺栓长度和对应位置应精心设计和加工，确保对应拼装；密封防水应予以考虑；尽量将法兰位置偏离最大等效应力和最大切向应力集中的区位；最大切向应力控制螺栓剪应力。

B. 轴向整圆对接拼装，一般采用周向焊接的法兰轴向向水平对接。施工时应注意：螺栓密度和尺寸应能适应不均匀沉降导致的应力集中；不均匀沉降导致的应力集中控制螺栓剪应力；圆管不同管节之间采用外套波纹管环接，一般要注意密封防水和外套波纹管的上下对接设计。

C. 片状波纹板拼装应进行施工工序设计，合理组织各片的次序。施工时应注意：波纹钢板件长度和宽度根据钢板尺寸及吊装、运输和拼装条件等确定；板件之间拼接时必须采用搭接，并用高强螺栓连接，不得焊接。

波纹钢板件拼装搭接时，上部板件应在外侧，以防止土体中水渗入管内。板件拼装搭接螺栓应在管内，螺帽在管外（图5-37）。这样既方便安装，可防止螺帽被盗，而且管外回填土后对螺栓也有固定作用。

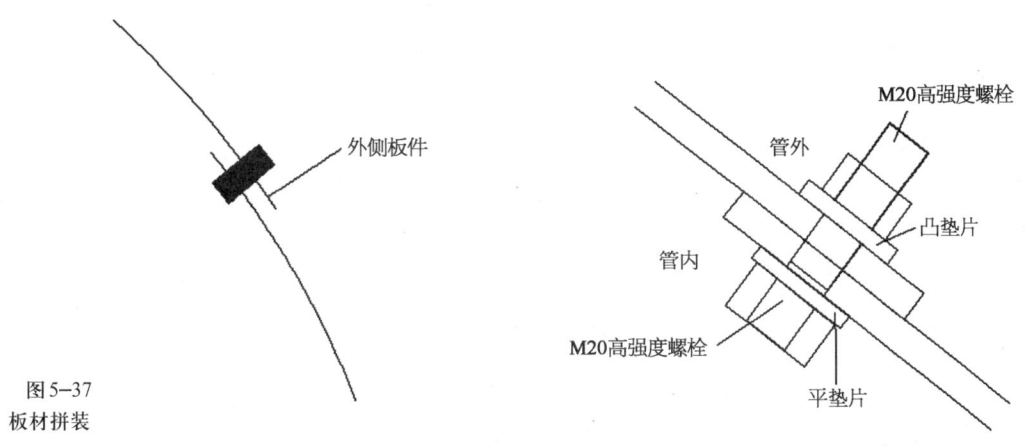

图5-37
板材拼装

设计板的尺寸既要便于运输安装，又要尽可能减少螺栓数量，加工时根据设计的弧长、波形参数等确定螺栓孔位，螺栓孔位置应偏离最大应力集中区。板件拼接时，上部板件应在外侧，以防止土体中水渗入管内。板件拼装搭接螺栓应在管内，螺帽在管外。

钢波纹管施工与普通混凝土施工基础施工相同，但钢波纹管拼装施工工期要小于普通混凝土施工。钢波纹管出厂时已经进行了镀锌防腐处理，在施工现场只需进行涂刷防腐沥青处理，一般两名普通工人1 d即可涂刷完。孔径小于2 m的钢波纹管出厂时已经进行了焊接，不需要拼装。孔径大于2 m的钢波纹管一般每天可拼装15 m，且受天气影响较小。拼装完成后可采用吊车直接放入基坑内，节约了普通混凝土涵洞支模板、搅拌运送混凝土及养护时间，大大节约了工期。一般大孔径钢波纹管（孔径大于3 m）相比较于普通混凝土涵洞工期可节约30 d左右。

综上，通过对施工工艺进行研究和施工组织方案优化，重点加强和保障基坑内部工程的施工进度，基坑暴露时间由25～42 d大幅缩短至7～10 d，与传统施工工艺相比，最大程度降低了外部水、热对冻土环境的扰动。

第6章

高海拔高寒区公路隧道施工技术

多年冻土区隧道有别于一般地区隧道，具有气候严寒、日温差大、岩土风化严重、岩石裂隙发育等特点。因此，隧道防冻问题是多年冻土区隧道施工的最大技术难题，冻害可使隧道衬砌结构因冻胀而开裂、剥落，甚至失稳。洞顶吊冰柱，边墙挂冰溜，路面变冰湖，洞口处热融滑塌，这些均会对安全行车产生严重影响，大大增加运营管理难度与养护费用，造成很大的经济损失。施工中应严格遵守施工程序，全过程进行监控，必要时应加强地质超前预报与监控量测、冻土观测及温度观测工作，实行信息化施工，以确保施工与运营期间安全。

6.1 高海拔高寒区隧道喷射混凝土施工

与一般地区喷射混凝土施工相比，高原严寒气候条件下喷射混凝土需在低温下进行喷射作业，施工时存在着以下难点：由于气温低，输水管及喷头注水冻结，无法喷射；喷射到岩壁上难以凝固，出现成片混凝土脱落现象；岩面温度低，喷射混凝土粘不上，易受冻害；冻土层受热扰动，对喷射混凝土与岩体整体结构产生负面影响；温度低，速凝剂效果差，混凝土在低温下的强度发展不能满足施工要求。施工中需从混凝土的配比、拌制、喷射工艺等入手，保证喷射混凝土的质量。

6.1.1 喷射混凝土的配比选择

喷射混凝土配合比一般不采用普通混凝土强度设计计算公式进行计算，而由经验与试验确定。

1) 水泥用量

水泥用量过少，回弹量大，早期强度增长慢；水泥用量过大，成本高，扬尘大，混凝土收缩增大，通常每立方米混凝土水泥用量以375～400 kg为宜。但在高原多年冻土中，水泥用量过少的喷射混凝土往往不能满足早期强度的要求，特别是难以达到抗冻临界强度（混凝土在受冻以前必须达到的最低强度）的要求，因此要适当增加水泥用量。如风火山隧道喷射混凝土水泥用量在400～470 kg/m^3，昆仑山隧道喷射混凝土水泥用量在470～480 kg/m^3，鄂拉山隧道喷射混凝土水泥用量约为430 kg/m^3。

2) 胶骨比

一般地区常用胶骨比（水泥∶骨料）在1∶(4.0～4.5)，由于高原冻土区喷射混凝土的水泥用量一般较高，胶骨比有所降低，在1∶4.0左右，昆仑山隧道喷射混凝土的胶骨比甚至达到1∶3.4，鄂拉山隧道喷射混凝土的胶骨比为1∶4.1。

3) 水灰比

水灰比是影响喷射混凝土强度的主要因素。当水灰比为 0.2 时，水泥不能获得足够的水分与其发生水化反应，硬化后有一部分未水化的水泥颗粒。当水灰比为 0.4 时，水泥有适宜的水分与其水化，硬化后形成致密的水泥石结构。当水灰比为 0.6 时，过量多余的水分蒸发后，在水泥石中形成毛细孔。当水灰比适宜时，喷射混凝土表面平整，呈水亮光泽，粉尘和回弹均较少。适宜的水灰比值为 $0.4 \sim 0.5$。

4) 纤维材料的使用

纤维增强混凝土是一种采用喷射法施工的典型的复合材料，它同时含有抗拉强度不高的混凝土基本材料和抗裂性大、弹性模量高的纤维材料，这种复合材料有以下几种作用：

(1) 抗裂性能

在喷射混凝土中掺入一定数量的纤维，混凝土在受力开裂过程中，由于存在三维乱向均匀分布的纤维，在构件的受拉边缘和裂缝尖端，传递的力受到纤维的约束，并由集中受力变成分散受力，阻止了基体中裂纹的扩展和张开，因此对于混凝土抗拉、抗弯、抗扭强度等有明显的改善作用。与普通混凝土板的开裂荷载相比，掺聚丙烯纤维混凝土板提高了 26.7%，掺玻璃纤维混凝土板提高了 11.0%。

(2) 抗渗性能

纤维阻止裂缝的发生和扩展，使得纤维混凝土具有较高的抗渗性，掺有体积率 $0.05\% \sim 0.1\%$ 的聚丙烯纤维可使试件抗渗性提高 40% 以上。

(3) 抗疲劳性能

试验表明聚丙烯纤维混凝土具有优良的弯曲疲劳性能，尤其在高应力比下与普通混凝土相比，疲劳寿命可成倍增长。

(4) 延性、韧性性能

纤维在裂纹的扩展和张开过程中能够吸收大量的能量，与普通喷射混凝土相比，纤维混凝土的延性及韧性得到了大幅度提高。从试验结果看出：与普通喷射混凝土相比，喷射抗碱玻璃纤维混凝土的弹性模量提高了 1.32 倍，变形模量提高了 1.49 倍，说明喷射纤维混凝土的抗变形能力加大，有利于喷射纤维混凝土的受力变形。

(5) 抗冻性能

冻融破坏是混凝土在水和正负温度反复作用下发生的物理变化过程，聚丙烯纤维的掺入使水泥水化产物将由一个微观密实体逐步成为一个微观疏松体，混凝土微孔结构不断增加，相当于在混凝中加引气剂。另一方面，随着混凝土微裂缝的发生扩展，聚丙烯纤维不仅抑制混凝土早期塑性开裂，阻止混凝土内部微裂缝的扩展，限制混凝土基体破坏的进程。由于聚丙烯纤维的"引气"效应和阻裂效应，混凝土的抗冻性得以提高。此外，纤维混凝土与浆砌石粘结强度基本不受冻融循环作用的影响。

(6) 粘结性能

昆仑山隧道试验段喷射混凝土配制时掺入了聚丙烯纤维，在施工过程中，同时进行取样工作及强度测试，取样方式为喷射大板，获得普通混凝土粘结强度试件20组，纤维喷射混凝土粘结强度试件15组，测得纤维喷射混凝土的平均粘结强度为1.72 MPa，高于普通喷射混凝土的平均粘结强度1.54 MPa。

6.1.2 喷射混凝土材料防冻保温

由于气候寒冷，要保证喷射混凝土的质量，就必须保证混凝土到达喷射机后有一定的温度，高原冻土区隧道混凝土在拌制时通常需要对原材料进行加热。拌和站搅拌设备采用彩钢板全封闭保温，棚内设300 kW电热器进行取暖，使保温棚内温度在5℃以上。如棚内温度达不到5℃时，随时增加取暖设备，同时在棚口挂设门帘（图6-1～图6-3）。

图6-1 拌和站保温棚

图6-2 洞口保温棚

料仓中砂存放处底部布置暖气管（图6-4），保证寒季砂料不被冻结。原材料加热以水加热为主，采用自动电热开水器加热后用自来水中和到30～60℃。砂石料采用暖气管加热，温度不宜超过40℃。同时，搅拌时间应适当延长，一般控制在3 min。

喷射混凝土拌和物出搅拌机时的温度控制在20℃以上，进喷射机时混凝土的温度控制在5℃以上，喷射混凝土的强度达到5 MPa前不得受冻。在运输过程中，在装料斗上加盖麻袋等制成的保温被，确保运输过程中喷射混凝土的温度；在喷射混凝土进入料车时要进行一次温度检测，施喷前还要进行一次温度检测，以确保喷射混凝土温度。

图6-3 料仓钢桁架保温棚

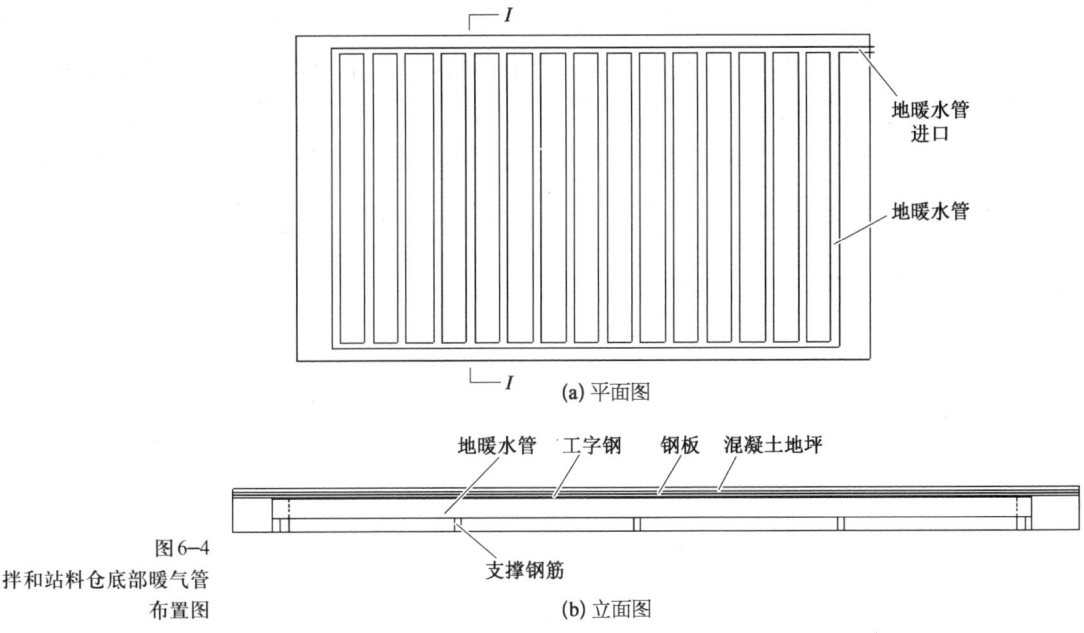

图 6-4 拌和站料仓底部暖气管布置图

6.1.3 喷射混凝土施工工艺

冻土隧道喷射混凝土施工宜采用湿喷工艺（图6-5），机械化流水作业，组成搅拌站→输送车→湿喷机的作业线。

1) 低温早强喷射混凝土材料性能要求

水泥：优先选用普通硅酸盐水泥，水泥标号不得低于425#。

砂：采用洁净的中砂或粗砂，细度模数宜大于2.5，含水率宜为5%~7%。

碎石：采用坚硬耐久的碎石，粒径宜不大于15 mm，其中针状颗粒含量不大于15%，含泥量不大于1%，冻融损失小于5%。

配比：选择喷射混凝土的配合比既要考虑混凝土强度和其他物理力学性能的要求，又要考虑施工工艺的要求，与围岩的粘结力不低于0.5 MPa。

重量配合比：水泥：（砂＋石）＝（1∶3.5）~（1∶4）。

水灰比：0.4~0.5。

含砂率：55%~60%。

水泥用量：450~480 kg/m³。

速凝剂：4%。

外加剂：选用HS-1，掺量1.8%。

2) 原材料温度控制要求

暖季施工：砂、石料不需加热，水温加热至35℃为宜，速凝剂加热至40℃为宜，防冻剂和水泥温度应大于0℃，保证拌和物到达喷射机时的温度在10℃以上。寒季施工：气温连续5 d低于5℃或低于0℃，应按寒季施工措施组织施工。材料采用地炉加热装置进行预热，并采取适当的保温措施。水泥、石子及防冻剂温度应大于0℃，砂子温度应大于或等于10℃，水温度控制在50～70℃，出搅拌机混凝土的温度控制在20℃以上，进喷射机时混凝土的温度控制在10℃以上。

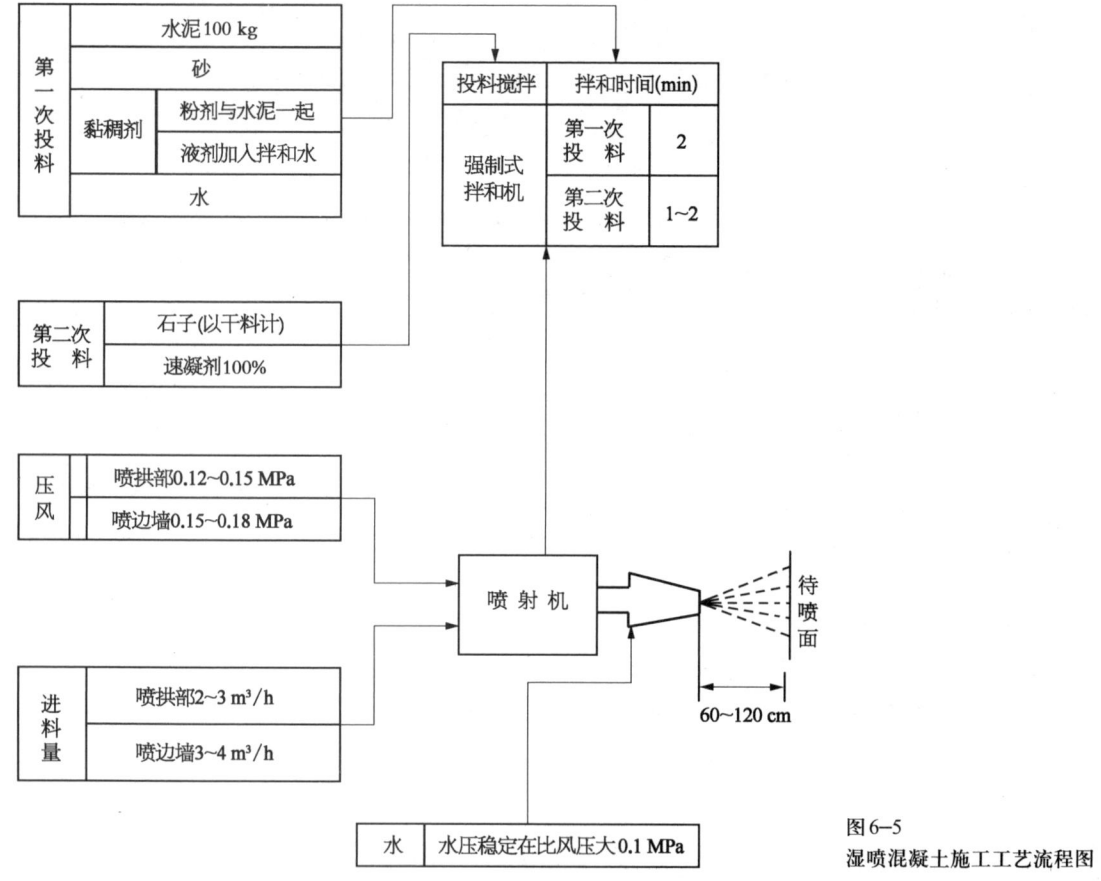

图6-5 湿喷混凝土施工工艺流程图

3）喷射作业

① 喷射作业分区段进行，逐步推进，先墙后拱，自下而上。如岩面凹凸不平，应先将凹处喷平，然后向上喷射。

② 喷嘴与受喷面的距离应控制在0.6～1.0 m，喷嘴垂直于受喷面做螺旋形轨迹移动。

③ 喷射时要随时注意风压，保持系统风压≥0.5 MPa，喷嘴处保持0.3 MPa左右的工作风压。适宜的工作风压有利于减少回弹量，增加一次喷射厚度。

④ 喷射厚度以保证喷射混凝土不滑移、不坠落为前提；一次喷射厚度向下喷射时不超过150 mm为宜，水平喷射不超过100 mm为宜，而向上喷射不超过70 mm为宜。

⑤ 喷射混凝土的强度达到5 MPa前不得受冻。

⑥ 宜采用螺旋输送机上料，喷混凝土机械手作业。

⑦ 在喷射混凝土进入料车时及施喷前应温度检测，以确保喷射混凝土温度。

4）螺旋输送机与机械手

(1) 螺旋输送机

喷射混凝土是隧道施工初期支护的主要手段之一，但却是地下工程中作业条件最恶劣的施工工序，喷射机旁的粉尘很大，操持喷嘴的工人处在粉尘的包围之中，劳动环境条件极为恶劣，严重危害工人的身体健康。人工给喷射机上料是一项繁重的体力劳动，操持喷嘴进行喷射作业的工人的劳动强度也极大，特别是在喷射时，输料管内充满了待喷料，喷射时的反弹力较大，这样施喷人员很难按照喷射混凝土规程进行喷射。

上料机械的生产率应大于喷射机的生产率，并要求在不自带动力的情况下可以轨行或轮胎行走。在昆仑山及风火山隧道施工中采用了螺旋输送机，因湿喷时的混凝土坍落度较大，采用螺旋输送机上料可将混凝土进一步搅拌，且浆液也不会流失，更有利于保证喷射混凝土层的质量。在接料斗下部螺旋外壳上备有放水机，喷射作业完成后便于螺旋清洗。

(2) 喷射混凝土机械手

喷射混凝土时，如果由工人操持喷嘴进行喷射，由于喷嘴出口距岩面约 1 m，骨料的反弹及喷射产生的粉尘对施喷人员有极大的危害，加上生产率的大幅度提高，因喷射压力的增加而使反射力加大，工人的劳动强度更大。特别是采用湿喷时，由于喷嘴重量及软管内充满混凝土而加重，考虑到工人的劳动安全性，在昆仑山及风火山隧道施工中采用机械手来代替人工喷射，选择PRJ系列喷混凝土机械手。

这种机械手能自动保持喷嘴与受喷面垂直且保持最佳距离；喷嘴的运动轨迹可按设计的程序任意调节；可自动控制加水量，有遥控和全自动控制功能，并可以迅速互换。用机械手喷射混凝土具有以下优点：有可伸缩的较大臂杆，可实现较远距离的喷射作业，免去了脚手架的搭建工作；可在安全地点遥控机械手作业，避免了回弹物的伤害；喷嘴、软管以及喷射时的反作用力均由机器承受，减轻了操作人员的劳动强度；可按喷混凝土规程实施喷射，使喷混凝土层质量得到保证；可减轻喷射粉尘对施工人员的危害。

5）常见问题的处理措施

(1) 防止开裂的措施

收缩裂纹一般不影响喷射混凝土支护的使用，但是贯通的裂缝会减弱其抗渗性，对于一些有振动影响或处于不良地质条件下的喷射混凝土支护，均会使其工作状态变差。施工中要注意以下几点：保证喷射混凝土施工后 14 d 以内具有潮湿的养护条件；在满足喷射混凝土强度及施工工艺要求的情况下，尽可能地减少单位水泥用量；严格按设计掺量进行钢纤维的使用，以确保喷射混凝土有足够的抗拉强度。

(2) 管路堵塞的识别及排除方法

常见堵管部位的识别及排除方法见表6-1。

表 6-1 常见堵管部位的识别及排除方法

堵塞部位	识别方法	堵塞原因	排除方法
喷头	喷头出料突然中断，喷射机压力表急剧上升	大块石子或其他杂物卡住	停止电机，关闭停气阀，排除压缩空气，拆开喷头取出杂物
输料胶管	喷头出料突然中断，喷射机压力表急剧上升。当向喷射机输入压缩空气时，出料弯管至堵塞部位的输料胶管发硬	大块石子或其他杂物卡住；混凝土湿度太大；风量不够或压力突然降低；输料管弯曲过甚	停止电机，关闭进气阀，排除压缩空气，用锤敲击软管堵塞处，使堵物松散，用 $0.3\sim0.4$ MPa 的风压疏通，排出堵物
喷射机出料弯管	喷头出料突然中断，喷射机压力表急剧上升。当向喷射机输入压缩空气时，胶管内无气、发软	喷射机操作失误；大块石子或其他杂物卡住	停止电机，关闭停气阀，排除压缩空气，拆开输料管弯头取出堵物
喷射机底盘下料口	喷头出料突然中断，喷射机压力表急剧上升，但喷嘴处有小股压缩空气喷出	大块石子或其他杂物卡住下料口	停止电机，关闭停气阀，排除压缩空气，拆开输料管弯头取出堵物

6) 施工质量检查与控制

① 每批材料进场后，必须进行质量检查，合格后方可使用。

② 设专人检查配合比，严格按配合比施工。检查拌和物的均匀性、坍落度及出机温度，严禁将不合格的喷射混凝土拌和物运往喷射现场。

③ 喷射混凝土施工过程中要及时检查喷射混凝土表面，检查是否有松动、开裂、下坠、滑移等现象，否则要清除重喷。

④ 当喷射混凝土达到一定强度后，可用锤击听声法检查密实度，对空鼓、脱壳处要及时进行处理。

⑤ 每喷射 20 m 制取喷射大板试件一组，同时钻取芯样一组，按《锚杆喷射混凝土施工支护技术规范》进行检查、验收。

6.2 高海拔高寒区隧道模筑混凝土施工

高寒隧道模筑混凝土的施工有其特殊性。首先，在环境恶劣、气温极低的条件下，需要保证混凝土浇筑后其强度的发展能够满足要求，在规定的时间内达到抗冻临界强度和拆模强度。其次，在隧道后期运营过程中，模筑衬砌混凝土将常年承受冻融循环作用，衬砌混凝土要具备一定的抗冻性，以确保其在使用年限内满足服役要求。

6.2.1 模筑混凝土的外加剂选择

(1) 防冻剂和早强剂

防冻剂能降低水的冰点，从而使得负温下混凝土中有液相水的存在，保证混凝土的硬化。早强剂的作用在于加速水泥水化速度，促进混凝土早期强度的发展，使混凝土在规定时间内达到足够的抗冻强度。通常防冻剂中含有早强剂成分。

高寒区隧道在寒季施工时，外界气温极低，养护过程中若隧道内保温措施不能落实到位，水泥水化反应就不能顺利进行，混凝土的早期强度发展不能满足要求。因此，混凝土在拌制过程中应加入防冻剂和早强剂，确保混凝土在规定时间内达到足够的强度。

(2) 引气剂和减水剂

引气剂是指能使混凝土在搅拌过程中引入大量均匀、稳定、封闭的微小气泡，以改善混凝土拌和物的和易性，并在硬化后仍然能保留微小气泡的外加剂。掺引气剂是提高混凝土抗冻耐久性的有效措施，这是因为混凝土在反复冻融过程中破坏是由于混凝土中可冻水分冻结时膨胀产生很大的膨胀压力所致，若尚未结冰的可冻水能迅速向周围气泡中移动，则可缓和所产生的压力，使混凝土免于或减轻冻融破坏。然而含气量过多，混凝土的强度会有明显的下降。同水灰比条件下，硬化混凝土中含气量每增加1%，抗压强度降低3%～5%。而减水剂的减水作用可以降低水灰比，提高的混凝土强度，可一定程度上补偿因使用引气剂造成的强度损失。通常将引气剂与减水剂同时使用。

(3) 复合外加剂

单一的外加剂往往不能满足高寒高海拔地区衬砌混凝土施工的需要，一般寒区隧道混凝土采用含多种成分的复合外加剂。风火山隧道模筑混凝土选用铁道部科学研究院研制的复合外加剂，其主要性能见表6-2。其主要技术性能及特点如下：

① 高减水率。减水率高达20%。

② 负温增强效果显著。在单位胶凝材料相同的条件下，掺入该复合外加剂的混凝土在规定负温条件下7 d、14 d、28 d的抗压强度比同期基准混凝土分别提高20%～40%、30%～40%、25%～35%。

③ 适应性强。可与不同水泥匹配使用，亦可与各种活性掺合料配合使用，功能相互补充、相互激发。

④ 坍落度保持适宜，凝结时间适宜。

⑤ 超塑化。在大幅度增加混凝土流动性的条件下，减少混凝土的泌水和离析，从而有效地改善了混凝土的和易性。

⑥ 使用温度范围广。混凝土施工时，在不同气温条件下选用不同的复合外加剂。气温为－5℃以上时，掺Ⅰ型复合外加剂；气温为－10～－5℃时，掺Ⅱ型复合外加剂；气温为－5～－10℃时，掺Ⅲ型复合外加剂，掺量为10%～11%。

表 6-2　复合外加剂基本性能指标

指　　标		复合外加剂Ⅰ	复合外加剂Ⅱ	复合外加剂Ⅲ
减水率（%）		19.8	20.0	18.5
泌水率比（%）		0	0	0
含气量（%）		4.2	4.5	4.4
凝结时间差（min）	初凝	+20	+40	+40
	终凝	+50	+43	+43
抗压强度比（%）	−7 d	26.3/−5℃	23.5/−10℃	20.9/−15℃
	28 d	102	110	126
	−7+28 d	115	123	120
	−7+56 d	132	129	129

昆仑山隧道模筑混凝土选用 DZ 系列低温早强耐久耐腐蚀外加剂。主要性能指标见表 6-3。

表 6-3　DZ 系列低温早强耐久耐腐蚀外加剂基本性能指标

试　验　项　目		性　能　指　标	
		标　准　要　求	试　验　结　果
减水率（%）≥		8	18～21
泌水率（%）≤		100	93
含气量（%）≥		2.5	4.8～5.0
凝结时间差（min）	初凝	−120～+120	−60～+40
	终凝		−10～+60
抗压强度比（%）≥	温度范围（℃）	−20～−5	−20～−5
	R_{28}	95～85	125～106
	R_{-7+28}	95～80	126～110
	R_{-7+56}	100	136～120
90 d 收缩率比（%）≤		120	80～106
渗水高度比（%）≤		100	40～57
300 次冻融损失性能指标（%）≤		100	60～90

(续表)

试 验 项 目	性 能 指 标	
	标 准 要 求	试 验 结 果
耐 SO_4^{2-} 侵蚀能力（mg/L）	≥4 000	极限可达15 000
对刚劲锈蚀作用	无	无
Cl^- 渗透性能不大于（C）	1 000	680～1 000
抗裂性能不大于（kg/m³）	0.5	0.08～0.23
与水泥适应性	可与祁连山牌、昆仑山牌42.5R、32.5R普通水泥匹配	

由于四季的交替和昼夜温度的变化，多年冻土区的隧道模筑衬砌混凝土往往需要经历多次的冻融循环作用，普通混凝土的力学性能随经历的冻融循环次数下降较快，不能满足抗冻的要求。因此，在混凝土的配制过程中，需要掺入引气剂和减水剂或复合防冻剂提高抗冻耐久性，保证衬砌混凝土在设计的使用年限内满足使用要求。

6.2.2 模筑混凝土的运输

混凝土在运输过程中，特别是在寒季施工必须采取保温措施，以尽量减少热量损失。混凝土采用混凝土输送车运输，运输车需采取保温措施（图6-6），已建寒区隧道的运输措施如下：

昆仑山隧道：混凝土采用混凝土输送车运输，在输送车的转筒外采用棉絮和棉帐篷材料加设保温罩，保温罩不能影响转筒正常运转。运至工地后应及时组织泵送入模，停留时间不能超过混凝土初凝时间。

图6-6 姜路岭隧道混凝土罐车保温

风火山隧道：采用2台TST-6型6 m³轨行式混凝土搅拌运输车水平运输，尽量减少混凝土的运输和现场停留时间，控制时间为30 min。

大坂山隧道：前期拌和站设置于洞口附近的保温棚内，后来在洞内条件具备后，将拌和站移入洞内，尽量靠近混凝土浇筑现场，缩短运输距离。同时在运输车上设置5 cm厚的木板保温层，并在顶部覆盖篷布，制成混凝土运输保温车。

鹧鸪山隧道：密封混凝土运输容器并包裹保温垫，防止熟料在运输过程中热量散失而降低入模温度。

6.2.3 泵送混凝土的施工

由于高原缺氧，应尽可能采用机械进行施工，减少人工作业，因此衬砌混凝土采用泵送施工。泵送混凝土是用混凝土输送泵将混凝土通过输送管路送至浇筑部位的一种施工方法。泵送混凝土必须要有良好的流变性能，具有摩擦阻力小、不离析、不阻塞和凝聚性适宜等能顺利通过泵送管道的性能。因此在进行配合比的设计时，就必须充分考虑水泥掺量、骨料粒径、砂率等因素的影响。

① 粗骨料：最大粒径小于1/3泵管直径。

② 细骨料：细度模数在2.40～3.20，同时控制通过0.135 mm筛的细砂含量，应小于全部含量的15%，保证泵送混凝土的砂浆包裹量。

③ 负温泵送混凝土的坍落度依据泵送高度选在100～200 mm，具体数值可参照表6-4。

表6-4 不同泵送高度时负温泵送混凝土坍落度选择

项目	30 m以下	30～60 m	60～100 m	100 m以上
坍落度（mm）	100～140	140～160	160～180	180～200

④ 水泥用量与砂率：负温泵送混凝土的水泥用量比一般混凝土为要多出20～30 kg/m³，保证混凝土泵送时不离析、不塞泵。另外，由于可泵性的要求及泵送连续性的要求，砂率应比普通混凝土大2%～5%，此时负温泵送的砂率约在40%。

⑤ 对混凝土泵的使用要求。

A. 泵管保温：为了保证负温混凝土的正常泵送，泵管可采用岩棉或棉被保温，在施工气温为－15℃时，采用30 mm加厚的岩棉可保证泵管不挂腊，保证混凝土在入泵口与出泵口的温度损失小于2℃。

B. 泵管使用要求：弯管冬季易于结冰堵塞，应加厚保温层，不应使用太薄的配管，且各管接头处必须牢固，在地面上的配管应尽量垫起，以防止泵管与地面冻结；同时，可以采用局部加温的方法，减少热损失。局部加温的方法：为把焦炭放入灰槽子点燃，每隔6 m放一个，灰槽子每隔10～15 min移动一次，以免局部温度过高，造成堵管。

C. 堵管的排除：

a. 反泵排除法：反泵行程4～5个，同时可用皮锤敲击堵塞处，加以振动，使管内产生反泵负压，以便空气容易从管接头进入管内。

b. 拆卸输送管法：当反堵无效果时，应立即拆除泵管，及时换上备用新管，清理旧管。施工时，应尽量多备几根泵管，以及时处理事故之用。

6.2.4 模筑混凝土的养护

由于气候寒冷，模筑混凝土的养护采用综合蓄热法。混凝土浇筑后应采用塑料布等防水材料覆盖裸露表面,以防混凝土失水。再在防水材料上覆盖保温材料,防止混凝土热量过快散失,对边、棱角部位的保温厚度应增大到面部的2～3倍。在有代表性的部位或易冻的部位布置测温点。测温头埋入深度应为100～150 mm,也可为混凝土厚度的1/2。鄂拉山隧道、姜路岭隧道一次模筑混凝土和二次模筑混凝土衬砌外都设计有保温板,在寒季施工时,可在模筑混凝土施工后提前铺设保温板,兼顾混凝土养护的保温作用。

不得随意拆除保温材料,确保混凝土不受冻。养护期间应防风、防失水。当气温有明显变化时,特别是初冬和冬末期间应注意混凝土反复冻融对混凝土的伤害,做到及时保温。

当混凝土温度降到0℃时,混凝土强度必须达到受冻临界强度,否则混凝土受冻后会降低其最终强度和耐久性。采用蓄热法养护时,受冻临界强度为混凝土计强度的40%;采用综合蓄热法养护时,当室外最低气温不低于-15℃时,受冻临界强度不得小于4.0 MPa,当室外最低气温不低于-30℃时,受冻临界强度不得小于5.0 MPa。鄂拉山隧道、姜路岭隧道的一次模筑混凝土设计强度等级为C30,受冻临界强度为12 MPa,在强度达到12 MPa前不得受冻;二次模筑混凝土设计强度等级为C45,受冻临界强度为18 MPa,在强度达到18 MPa前不得受冻。同条件下混凝土试块达到受冻临界强度并冷却到5℃后方可拆除保温层。

6.2.5 鄂拉山隧道低温混凝土施工方案

鄂拉山隧道进口K300+960—K301+270属多年冻土段,施工设计采用初喷C30低温早强钢纤维混凝土稳定围岩,然后施工做C30低温早强一次模筑混凝土衬砌快速形成对围岩支撑的能力,最后进行C45二次衬砌混凝土施工。

多年冻土地段混凝土施工于2011年9月份开始,气温-8～10℃,昼夜温差大。白天日照时间长、温度高,隧道冻土表层积雪融化,洞口段表层围岩形成松散状泥夹石,如果施工时混凝土入模温度过高、自身带入的热量过多,加上水泥水化产生的水化热,将导致内层冻土层融化,影响施工安全;施工时混凝土接触冻土层面温度为负温,混凝土在低温条件强度增长比常温下增长速度缓慢许多,在0℃以下混凝土强度几乎停止增长,混凝土中水分子结冰反而会破坏自身结构,在恢复正温养护以后,由于负温下水分子结冰形成的空隙比正常凝结的混凝土显著增加,从而使混凝土的各项物理性能显著下降,不利混凝土的耐久性。必须采取适当的措施,既要保证低温早强混凝土浇筑所带入的热量最小,使水化热温升不致对冻土结构产生破坏,又要保证低温早强混凝土能够在低温条件下正常硬化,并在混凝土温度降至0℃以前达到抗冻临界强度和拆模强度。经过分析,采取以下几项措施:

① 添加高性能减水剂,尽可能降低水灰比,提高混凝土早期强度,使之在规定时间达到抗冻临界强度和拆模强度。

② 控制混凝土出机温度、入模温度，降低混凝土自身带入的热量对冻土层融化影响。

③ 添加防冻剂，使混凝土在负温下保持足够的液相，让水泥的水化作用得以继续进行，转入正温后强度能够进一步增长达到或超过设计强度等级。

④ 选择普通硅酸盐水泥（早强型），降低混凝土凝结时间。

⑤ 优选级配良好的砂、石料，提高混凝土的工作性能。

⑥ 把混凝土出机温度控制在 8～13℃、入模温度控制在 5～10℃。

⑦ 根据《公路隧道施工技术规范》(JTG F60—2009) 确定 C30 低温早强混凝土抗冻临界值 ≥ 12 MPa，拆模强度 ≥ 21 MPa。

1) 原材料选择

低温早强混凝土的施工与普通混凝土的施工有着很大的差别，特别要注意外加剂的选择和掺量，各类原材料的质量控制，配合比要进行多次调整优化，满足在规定时间内达到抗冻临界强度，后期强度达到设计要求，同时还要满足抗渗、抗冻融循环要求，为此对各类原材料进行了大量的比对试验工作，根据试验结果选择以下原材料：

(1) 外加剂

山西鸿翔 HXFDN 复合早强减水剂（带适量引气功能），是以聚羧酸系高性能减水剂加早强剂复配而成，其主要性能指标见表 6-5。其中，减水成分是尽量降低混凝土单方拌和用水量，以减少混凝土水化凝固后水分子形成的空隙，提高混凝土早期强度。水灰比减少则单方混凝土水泥用量减少，同时降低水泥的水化热。早强成分能够加速水泥水化，提高混凝土早期强度，使其能够尽早地获得抗冻临界强度值。引气功能能够在混凝土中引入大量微小气泡（含气量控制在 3%～6% 范围内），减少混凝土在冻融循环中因体积收缩变化而引起的混凝土结构破坏，增强混凝土的抗冻性能。

表 6-5 HXFDN 复合早强减水剂主要性能指标

试验项目	减水率 (%)	泌水率比 (%)	含气量 (%)	抗压强度比 (%) ≥				收缩率比 (%)	锈蚀作用
				1 d	3 d	7 d	28 d		
标准要求	≥25	≤50	≤6.0	180	170	145	130	≤110	无
试验结果	25～27	30～50	4～5	186～198	175～186	151～160	134～142	95	无

(2) 防冻剂

防冻剂（-10℃）能够使混凝土中的水分子在负温条件不至于凝结成冰，保证混凝土能够在负温条件下正常水化形成强度增长，以尽快形成支撑围岩的能力。HXFDN 防冻剂主要性能指标见表6-6。

(3) 水泥

根据低温早强混凝土的施工特点和要求，选用西宁生产的金圆牌普通硅酸盐早强水泥，采用水泥运输罐车运输，现场水泥罐集中储料；普通硅酸盐水泥跟外加剂有较好的适应性，而且早强水泥凝结时间较普通水泥时间缩短，能够尽快形成强度的增长。其性能指标见表6-7。

表6-6 HXFDN防冻剂主要性能指标

试验项目	泌水率(%)	含气量(%)	抗压强度比(%) −10℃				渗透高度比(%)	300次冻融循环(%)	对钢筋锈蚀作用
			R_{-7}	R_{28}	R_{-7+28}	R_{-7+56}			
标准要求	≤100	≤6.0	≥12	≥100	≥90	≥100	≤100	≤100	无
试验结果	82	4.8	18	102	108	92	93	91	无

表6-7 金圆牌普通硅酸盐早强水泥性能指标

试验项目	比表面积	安定性	凝结时间(min)		强度(MPa)			
					抗 压		抗 折	
			初凝	终凝	3 d	28 d	3 d	28 d
标准要求	≥300	沸煮	≥45	≤390	≥17	≥42.5	≥3.5	≥6.5
试验结果	342	合格	120	234	22.3	50.6	4.4	7.6

(4) 骨料

骨料是混凝土的骨架，其质量好坏直接影响到混凝土的质量，需选用级配良好、质地坚硬、不含易冻坏物、无碱活性的骨料。

通过实地调研、取样试验比较，选用青根河砂场水洗河砂。该砂场河砂质地坚硬，级配良好（Ⅱ区砂），颗粒洁净，含泥量少于2%，泥块含量无，其他指标均符合要求。

选用DK322处顺鑫碎石场生产的5～31.5 mm的碎石，该碎石母岩为花岗岩，饱水抗压强度超过110 MPa，利用二级（一反击破）破碎生产5～10 mm、10～20 mm、16～31.5 mm三种规格单级碎石，经按2:4:4比例合成5～31.5 mm连续级配，保证配制出来的混凝土有良好的工作性；其压碎指标小于10%，坚固性小于5%，含泥量小于1%，泥块含量无,其他指标均符合要求。

(5) 拌和用水

根据施工条件,选用隧址区河流水,经检验符合混凝土拌和用水要求。

2) 混凝土配合比

混凝土配合比选定的好坏直接影响工程结构物的质量,低温早强混凝土配合比设计比普通混凝土配合比设计要考虑的因素多很多。首先必须满足设计文件抗压强度、抗渗和抗冻融循环的要求;其次要保证混凝土在规定时间内获得足够的抗冻临界强度,使之不遭受冻害;再次要满足施工的要求,即工作性能和拆模强度要满足泵送混凝土快速施工;同时要考虑混凝土在硬化过程中释放出的热量对冻土的影响。为此查阅相关资料,进行大量的试配工作后,按以下方案进行配合比设计:

(1) 确定设计参数

经试验分析,确定基准配合比参数控制范围。

水灰比:0.43～0.48。

水泥用量:360～400 kg/m³。

砂率:38%～42%。

用水量:165～180 kg。

坍落度:160～200 mm。

复合早强减水剂掺量:水泥量3%。

防冻剂掺量(-10℃):水泥量3%。

(2) 配合比试验

① 常温试验。试配时根据鄂拉山隧道同时期的温度条件,在试拌混凝土时选择了将砂、碎石、水泥都控制在5～10℃,通过调节水温的方式将混凝土出机温度控制在8～13℃,制作标准养护3 d、7 d、28 d抗压强度试块,同时制作3 d、7 d、28 d同条件养护试块,对其抗压强度做增长对比分析。

② 低温试验。用上述配合比进行试拌,制作相应的试块进行负温试验,成型后的试块先在20℃的室内静置2～4 h待其初凝,然后放入低温箱(低温箱温度根据鄂拉山隧道以往月平均气温以及现场环境温度控制情况取-10℃)中养护7 d后取出,转入标养室继续养护56 d。如$f_{(-7+56)\,d} \geqslant f_{28\,d}$且$f_{28\,d} \geqslant f_p$(试配强度),同时抗渗性能、混凝土工作性能满足设计要求,则该配合比可用于施工,否则应重新进行配合比设计。

(3) 确定理论配合比

按照上述配合比设计方案确认基准配合比,并在基准配合比试验的基础上,进行上下水灰比0.05参照配合比试验。根据试配时混凝土的工作性能进行适当的调整,最后根据试块抗压强度、抗渗试验、抗冻融循环试验结果,确定施工用理论配合比单方材料用量为:水泥387 kg,砂741 kg,碎石1 112 kg,水157 kg,复合早强减水剂11.61 kg,防冻剂11.61 kg。理论配合比性能试验结果见表6-8。

表 6-8 理论配合比性能试验结果

试验项目	工作性能	抗渗试验	300次冻融循环	标准养护条件抗压强度（MPa）			抗压强度比				渗透高度比
				3 d	7 d	28 d	R_{-7}	R_{28}	R_{-7+28}	R_{-7+56}	
标准要求	良好	≥S10	≤300	—	—	—	≥12%	≥100%	≥90%	≥100%	≤100%
试验结果	良好	S12	合格	28.7	32.3	39.6	18	102	96	108	96

3) 混凝土施工质量控制

(1) 搅拌站设置

为保证能够拌制出入模温度、坍落度、可泵性等均能满足施工要求的混凝土，并确保衬砌混凝土的施工质量，采取集中拌和站统一拌制混凝土，拌和站设备全部用彩钢房封闭，房内设置暖气片，砂、石料放置在保温大棚内。采用两台锅炉集中供热，其中一台5 t的锅炉专门为拌和用水加热，一台10 t的锅炉为设备房以及砂、石料仓加热；确保冬季施工砂、石料、水温保持在要求范围之类。

(2) 原材料保温措施

水泥、外加剂均不直接加热，水泥储存在散装水泥罐，外加剂放置在彩钢房内，房内设有暖气片供热，保证外加剂不受冻并在正温使用；水采用锅炉直接加热，加热温度控制30～60℃；砂、石料统一堆放在大棚内，采用暖气片集中加热，温度维持在5～10℃，如达不到这个温度，采取在暖棚内生煤炉子方法增加供热量，使砂石料温度满足混凝土拌和需要。

(3) 混凝土拌制

水泥、外加剂和经过加热后的水、骨料分别计量，其计量误差控制在：水泥、水、外加剂为±1%，骨料为±2%。经过计量的原材料按设计的搅拌顺序进行搅拌，当水温高于60℃时应调整投料顺序，使水先与骨料预拌，然后再投入水泥、外加剂正式搅拌；混凝土搅拌时间应不低于90 s；考虑到混凝土在运输过程中有部分热量损失，应将混凝土出机温度控制在8～13℃。

(4) 混凝土运输与浇筑

混凝土采取混凝土运输车运输，并在混凝土运输车搅拌筒外加设一层保温棉制作的保温罩，保温罩既要起到保温作用，又要不影响转筒的正常转动。

混凝土运输过程中，运输罐车应保持2～4 r/min的低速转动，运至浇筑现场后应立即浇筑，停留时间不能超过2 h。

混凝土浇筑前应检查台车是否就位准确，支撑是否牢固，确保混凝土浇筑过程中台车不发生位移。

浇筑混凝土时应测量混凝土的温度，确保温度维持在5～10℃，两边对称分层浇筑，每层厚度宜为30～50 cm，并用振捣器捣固密实。

(5) 混凝土保温、拆模与养护

为了保证混凝土施工质量，应根据天气条件进行适当保温措施。明洞浇筑施工时，应采用钢管搭设简易大棚、保温棉被覆盖、棚内生火等措施；洞内施工时，应封闭洞口，防止冷空气进入，保证混凝土的环境温度处于正温以上，使混凝土不致冻坏，尽快凝结硬化达到规定抗冻临界强度。

低温早强一次衬砌混凝土必须达到设计强度的70%方可拆模，龄期36 h以上，并以同条件养护试块抗压强度值为准。

混凝土拆模后应立即进行养护7～14 d，由于高原冬季气候特别干燥，湿度只有20%～30%，混凝土的养护尤为重要，采用将棉被打湿覆盖混凝土表面的养护，或使用温度5～10℃的水喷洒混凝土表面养护。

4) 质量控制与检验

(1) 原材料质量控制

混凝土原材料是控制混凝土内在质量的关键，水泥应按进场批次严格检验，不得使各种水泥混合使用，超过储存时间的水泥坚决杜绝使用，或进行复检根据检测结果降级使用。骨料进场后应按不同品种、规格分类堆放储存，使用前应对级配、含泥量、针片状颗粒含量等指标进行复检。细骨料应在每次开盘前从料堆上、中、下抽样进行含水率检测。

每批进场的外加剂都需进行试验，特别是外加剂的减水率、防冻剂的防冻效果在混凝土质量上起关键作用。减水率达不到，势必加大混凝土拌和用水量，提高水灰比，从而降低混凝土的抗压强度；防冻剂达不到规定值，会影响混凝土的抗冻效果，甚至破坏混凝土结构。

(2) 混凝土工作性能控制

混凝土工作性是指混凝土的流动性、黏聚性、保水性和泵送性能的综合。混凝土工作性能好能够加快施工速度，节约施工成本。每次新拌混凝土都应检验混凝土的坍落度，观察混凝土的黏聚性、保水性等性能。一旦发现混凝土达不到要求，应进行适当的调整，确保混凝土工作性能满足施工需要。

(3) 搅拌站管理体系

搅拌站应该建立详细的管理制度和质量保证体系，严格控制计量误差，确保按配合比施工，试验人员应在混凝土拌和前对配合比相关数据进行确认。加强对拌和设备的日常保养，定期对设备进行全方位的检修，确保设备在良好的运行状态。

(4) 温度监测控制

为保证低温早强混凝土的施工质量，在混凝土的拌制、运输、浇筑、养护过程中，应设专人对温度进行测量。测量温度包括：自然环境温度、搅拌站内温度、原材料温度、拌和物温度、混凝土入模温度和浇筑完后的温度、混凝土内部温度。

自然环境温度：应每4h测量记录一次，并记录当天最高和最低气温。

搅拌站温度：每个工作班检测2次。

原材料温度：混凝土浇筑前检测1次，浇筑过程中每4h检测一次。

出机温度和入模温度：应每车混凝土进行检测记录，分析运输过程中温度降低速率（红外测温仪或插入式测温仪）。

混凝土浇筑后温度：应每2h检测一次，发现温度过低应采取措施进行加热保温（红外测温仪）。

混凝土内部温度：在混凝土浇筑时预先埋设测温元件于模筑混凝土内部监控温度上升情况，测温孔上、中、下对称埋设并编号，每2h检测一次，记录混凝土内部温度上升情况，分析温度上升趋势，监测温度最高点是否对冻土产生影响，根据这个分析数据来调整混凝土的出厂及入模温度、浇筑时需要采取的保温，以及拆模后养护措施，这是低温早强混凝土施工成功的关键所在。

(5) 硬化混凝土质量控制

低温早强混凝土成功关键是在规定时间内达到抗冻临界值，所以现场不仅仅制作标准养护试块，也需要制作同条件养护试块。在浇筑现场每工作班或100 m^3 同配合比混凝土随机抽取制作不少于一组标准养护试块，其中还应制作一组拆模强度试块，$f_{(-7+28)d}$、f_{28d} 同条件养护试块各一块。如有必要还应制作3 d、7 d同条件养护试块，分析混凝土强度增长趋势，按规范制作抗渗、抗冻融循环试块，将各类试块试验结果与设计要求相对照进行合格判定。

在已完成多年冻土段施工的低温早强混凝土，经抽样试验评定其强度和抗渗、抗冻融指标全部合格，混凝土配合比经试验室验证以及现场随机抽取试块结果，全部达到设计要求。

6.3　高海拔高寒区隧道机械化施工

6.3.1　高海拔、低气压环境下施工设备适应性研究

1) 高海拔、低气压环境对施工设备的影响

(1) 对以内燃机为动力的机械的影响

高海拔严寒条件对以内燃机为动力工程机械的影响主要有以下几个方面：功率下降，油耗上升；热负荷增加，排放恶化；故障增多，使用寿命缩短；性能改变；低温启动困难。

(2) 增压型柴油机工作特性的变化

一般来讲，当增压型柴油机在不同海拔高度保持平原地区功率时（即等功率），平

均海拔每上升 1 000 m，排温上升 4%～6%（风冷柴油机上升约 8%），增压器转速上升 5%～8%。柴油机能否在不同海拔高度保持功率不变，主要受增压器转速、排温及构成燃烧室各零件的热负荷的限制；当增压型柴油机在不同海拔高度保持排温相同时（即等排温），平均海拔每上升 1 000 m，功率下降 7%～9%，增压器转速上升 1% 左右；当增压器在不同海拔高度保持转速不变时（即等转速），平均海拔每上升 1 000 m，功率下降 7%～9%。

(3) 对工程机械整机性能的影响

高原环境对工程机械整体性能的影响主要表现在：牵引功率下降，整机出力不足；牵引比油耗上升，经济性变差；行驶速度下降，加速过程延长，加速性能变差，直接影响到整机的作业循环时间及生产率；系统温度超过允许范围，热负荷增加，严重影响整机工作可靠性；启动性能变差，冬季整机启动十分困难；工作装置动作迟缓无力。

2) 工程机械高原适应性对策

(1) 柴油机功率恢复型增压技术

高原功率恢复型增压，主要是针对自然吸气型和强化型增压柴油机在高原地区功率下降的问题，采取增压技术或重新进行合理的匹配，在设定的海拔高度范围内，使其各项性能指标恢复到原机出厂水平。

(2) 降低柴油机热负荷的主要措施

降低柴油机热负荷的主要措施有：适当增大进、排气门叠开角；增大叠开期内的进、排气管压力差，合理选择进、排气歧管；增大进、排气门的时间和截面；采用中冷及热平衡技术。

(3) 匹配的空气滤清系统

由于高原作业环境大气粉尘比平原大，进气阻力上升快，一方面增加了发动机的充气阻力，使发动机的功率进一步降低；另一方面也增加了保养频度和难度，缩短了空滤器使用保养寿命。滤清效率的降低导致发动机的早期磨损和大修期缩短，因此选用合适的空气滤清系统十分重要。

(4) 高原施工中工程机械油料的选用

在高原施工中，由于气候条件恶劣，工程机械在高原作业时会出现启动困难或零部件磨损加快等现象，各种油料黏度增大导致发动机启动阻力增加，液力系统散热性能下降，究其原因与油品有很大关系。

柴油使用性能包括燃烧性、低温流动性、黏度等，其中低温流动性用来判断柴油在什么样的环境温度下使用，用其凝点高低来表示。在高寒地区选择柴油低温流动性（凝点）是最重要的指标。

工程机械设备高原所需油品必须满足两点要求：润滑机油黏温性能稳定和优良的低温分散性能。

(5) 柴油发动机低温启动措施

高原地区解决发动机低温下不能正常启动的具体解决办法是：对于固定式机械设备

（如发电机、固定式内燃压风机等设备）要建机房，机房内采用暖气、电热炉或火墙来保温加热，安装火焰预热装置等措施保证发动机高原低温启动；对于小型车辆，通过建车库保暖、冷却液加热启动等措施保证设备的低温正常启动。

6.3.2 高海拔寒区特长隧道施工机械选型配套原则及建议

针对鄂拉山隧道与姜路岭隧道的特殊的气候、地质、工程条件，结合以往内燃机械在高原地区的工作情况，并参考我国一系列高海拔寒区特长隧道建设经验，依托工程隧道在施工机械配套方面采用了以下原则：

(1) 多用机械，少用人工

鄂拉山隧道与姜路岭隧道气候属高原大陆半干旱气候，冬季气候寒冷漫长，多风雪，夏季气候凉爽短促，雨水较充足，中高山脉终年霜雪不断，降水分布地区差异明显，随地势升高降水量增加，降雨主要集中在5—9月份；全年冰冻期长达7个月，年最低气温 −10.3 ℃，极端最高气温26.6 ℃；最大积雪深度16 cm，最大冻结深度277 cm。处于稀薄的氧环境中，一部分人由于缺氧会有不适的感觉，劳动能力降低，反应严重的会丧失劳动能力或有生命危险。

因此，在高海拔寒区进行特长隧道施工时，为保证施工安全、经济、高效，应遵循"多用机械，少用人工"的原则。同时要考虑多用大型设备，少用小型设备；选用新设备，少用或不用旧设备。通过用机械代替施工人员进行作业的方式尽量减少进场施工人员数量，减少施工人员暴露在低氧环境下的时间，减少施工人员的劳动强度。

(2) 多用电动、风动机械，少用内燃机械

根据高原气压低、空气稀薄、含氧少，内燃机效率低，空气污染严重的实际情况，为确保人员安全，创造良好施工环境，洞内应全部采用电动、风动施工机械。

相较于以内燃机为动力来源的施工机械，电动、风动机械不必考虑高海拔地区缺氧所带来的功率损失以及废气污染的问题，同时还能减少围岩受热融化，保持冻结围岩稳定，具有诸多优点。在隧道施工过程中，有一些内燃施工机械在低海拔地区使用较为广泛，但仍有电动机械可以替代，如内燃空压机可以替换为电动空压机，风动凿岩机或可用电脑导向台车代替，运渣过程中装渣机可用有轨的梭式矿车代替。

(3) 提高内燃机械在高海拔寒区的工作能力

在低温、低氧、低气压等恶劣条件下进行特长隧道的施工，对内燃机械的工作能力提出了严峻的考验。可以对内燃机械进行通暖加热来提高其低温冷启动性能。使用增压设备来提高内燃机械在缺氧环境下的工作效率。并且在高海拔地区，内燃机中燃料燃烧没有低海拔地区充分，也会排出更多的有毒气体，为了保证良好的施工环境，保障施工人员的安全和健康，还应增加废气处理装置。

(4) 经济高效原则

考虑到高原机械工效降低，富余系数又不宜过大，以避免设备能力不足或浪费，用最

低的投入换取最大的经济效益。不追求单台设备先进，力求设备合理匹配，整个施工作业线科学先进。有条件情况下应配备有轨运渣设备，并应根据实际施工工序和进度来调度相应数量的梭式矿车和自卸汽车，以保证施工循环流畅、运营高效，避免因某一环节脱节导致时间白白浪费，延误工期。

(5) 重视机械维护

在低温环境下，应注意油料的选择、钢材的冷脆性等对施工可能产生影响的因素。对特种油料、易损零配件进行分类备料。

配备专门的机械队和设备紧急维修队，保证机械完好率，提高设备出勤率。制定合理的日常维护计划，对出现的故障情况进行及时有效排除。

保证发电机组具有一定的功率储备，以满足高海拔地区施工用电和生活用电的需要，储备系数可选1.2～1.4。

6.3.3 鄂拉山隧道施工机械配套

鉴于鄂拉山隧道与姜路岭隧道的缺氧、严寒条件给隧道施工带来严峻的考验，在机械配套、管线布设、机械化作业过程中根据施工需要，按照经济、实用、高效、安全的原则配置适应低温、低气压、高海拔的设备，不盲目追求施工速度快、价值高、性能优的设备，充分考虑设备对现场条件、工程实际的适应性，充分发挥现有设备的潜能。依托工程机械配套包括隧道施工开挖、锚喷支护、二次衬砌和施工机械保障四条机械化作业线，具体情况如下：

(1) 鄂拉山隧道与姜路岭隧道主要机械设备配置

鄂拉山隧道与姜路岭隧道主要机械设备配置见表6-9和表6-10。

表6-9 姜路岭隧道主要机械设备配置表

项 目	设备名称	规格型号	数 量	用 途
超前预支护	管棚钻机	KR840-12	4台	钻孔
	注浆泵	UB3	4台	注浆
掘 进	凿岩机	YZ28	30台	打炮眼
装 渣	挖掘机	PC-220	4台	装渣
	侧卸式装载机	ZLC50C	4台	装渣
喷 锚	锚杆台车	H530	4台	打锚杆
	电焊机	BX300	4台	焊接
	冷弯机	—	4台	弯曲钢材
	喷锚料拌和机	—	4台	搅拌喷锚料

（续表）

项　目	设备名称	规格型号	数　量	用　途
混凝土衬砌	水泥混凝土拌和站	HZS50	4套	搅拌水泥混凝土
	混凝土运输罐车	—	4台	运输混凝土
	混凝土输送泵	HBT60	4台	输送混凝土
	水泥混凝土喷射机	TK-961	4台	喷射水泥混凝土
	插入式振动棒	NH-70	8台	密实混凝土
	二衬钢模台车	12 m	4台	二衬施工
辅助设备	发电机	400 kW	4台	供电
	空压机	4L-20/8	8台	风动力
	工程车	—	12辆	运输

表6-10　鄂拉山隧道主要机械设备配置表

项　目	设备名称	规格型号	数　量	用　途
超前预支护	注浆机	GZJB	1台	注浆
装　渣	挖掘机	PC220	2台	装渣
	装载机	柳工50、三凌60B	2台	装渣
	电动扒碴装载机	LZ-120	2台	
喷　锚	钢筋弯曲机	GW40	1台	弯曲钢材
	拌和站	90	1台	搅拌喷锚料
混凝土衬砌	搅拌机	JB350	2套	搅拌水泥混凝土
	罐车	7.5 m³	6台	运输混凝土
	混凝土输送泵	HBT60	2台	输送混凝土
	混凝土喷射机	PS-7D-2	3台	喷射水泥混凝土
	防寒洞钢模台车	6 m	2台	防寒衬砌施工
	一衬钢模台车	6 m	2台	初衬施工
	二衬钢模台车	12 m	2台	二衬施工
辅助设备	发电机	200 kW/250 kW	2台	供电
	空压机	CT-132A	5台	风动力
	通风机	75 kW	2台	通风
	自卸汽车	福田欧曼、斯通	5辆	运输

(2) 人员配置

按1个隧道口配置情况：下设6个班组，进行中支撑和横撑拆除、仰拱落底开挖。

表6-11 主要劳动力配置表（一个洞口）

班组名称	组 数	每组人数	总人数	备 注
开挖班	6	6	36	两组负责上断面开挖，两组负责下断面开挖，一组负责核心土开挖，一组负责仰拱开挖
立架班	3	6	18	一组负责上断面，一组负责下断面，一组负责仰拱
喷锚班	3	7	21	一组负责上断面，一组负责下断面，一组负责仰拱
仰拱班	1	10	10	负责仰拱钢筋的绑扎和浇筑混凝土、仰拱填充
一衬班	1	8	8	负责冻土段暗洞拱墙一衬混凝土浇筑，冻土段施工完成后并入二衬班
二衬班	2	12	24	负责暗洞拱墙二衬混凝土浇筑
合 计			110	

6.4 高海拔高寒区隧道保温层施工

6.4.1 保温层铺设在二衬内表面

① 一般施工工艺如下：

A. 首先检查隧道二衬表面是否平整，以及是否存在空洞、蜂窝或深裂缝、渗漏水等问题。如有以上问题应预先处理解决，必须保证衬砌表面平顺、干燥，之后再继续下一步工序。

B. 在隧道二衬表面测位、放线、打眼，并设置膨胀螺栓，膨胀螺栓混凝土内埋设深度不得小于设计深度（膨胀螺栓必须与二衬表面垂直且紧固于衬砌内；膨胀螺栓规格和间距按设计要求设置）。

C. 将FL-U形件固定在螺栓端头，FL-U形件与螺栓垂直，不可出现松动。

D. 用保温板将FL龙骨U槽填实后，再将FL龙骨用FL自攻钉固定在FL-U形件上，如图6-7所示。FL龙骨延展方向同隧道纵深方向一致。FL龙骨加长时，必须使用FL接长件连接。

E. 将保温板镶嵌在FL龙骨框架内，保温板块必须连接紧密。

F. 用FL自攻钉将防火板固定在FL龙骨框架上。板与板相接时，留2～3 mm伸缩缝。整个施工面延隧道纵深每隔30 m留一个25 mm宽伸缩缝。要求整个施工面随隧道拱成自然弧形且平整牢固。

G. 用专用腻子及网带将防火板之间缝隙密封并打磨平整。

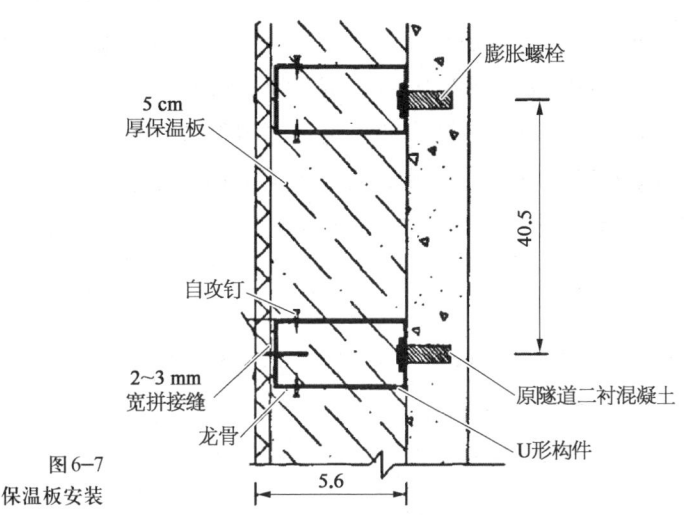

图 6-7 保温板安装

② 针对保温层铺设在二衬表面时防火要求高，且宜脱落等问题，张祉道等（2004）对国外类似结构进行了改进，提出了一种预制拼装方案，如图 6-8 所示。其施工工艺如下：

A. 预先将泡沫塑料用胶粘在钢筋混凝土预制块上（预制块每块长 2 m，宽 1 m，厚 6 cm，内表面已涂有防火涂料）。

B. 在二衬上打孔（ϕ24 mm，深 25 cm），为保证打孔精度，须用样板确定孔位及方向。

C. 孔中塞入膨胀螺栓。

D. 安装保温预制板，拧紧螺帽。

保温层在衬砌内缘采用安装预制板的办法防碰撞及防火性能好，万一有损坏，也便于今后拆换。预制板拟采用轻骨料钢筋混凝土在工地生产，每块约重 180 kg，安装时应有简单

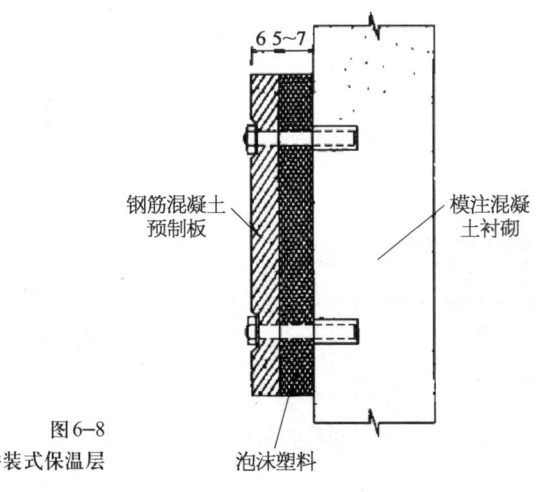

图 6-8 拼装式保温层

起重机械。

6.4.2 保温层铺设在初衬与二衬之间

首先在初衬表面铺设第一层防水板，铺设施工工序简单，施工工艺已经非常成熟。主要施工工序为：初衬基面处理→铺设土工布→铺设防水板。

第一层防水板采用无钉铺设方法，即先采用专用射钉及热熔垫圈将土工布固定在喷射混凝土上，专用热熔垫圈按梅花形布设；然后利用手动电热熔接器加热，使防水板焊接在固定土工布专用的热熔垫圈上。土工布、防水板按照从下向上的顺序铺设，环向铺设时，下部防水板应压住上部防水板，松紧应适度并留有余量，保证土工布、防水板全部面积均能贴到围岩。

铺设完第一层防水板后，有四种方法安装保温板和第二层防水板（李占奎，2012）。

（1）胶结法

胶结法是把TN–1型聚氨酯黏结剂均匀地涂抹在第一层防水板和保温板表面，晾置片刻，至黏结剂开始凝胶后将保温板贴在第一层防水板表面，并人工用力加压密贴，直至达到足够的胶结强度；然后把TN–1型聚氨酯黏结剂均匀地涂抹在保温板的另一面和第二层防水板表面。利用同样的方法将第二层防水板和保温板粘接牢固。

（2）吊绳吊挂法

在第一层防水板内表面、第二层防水板外表面均预先焊接连接带。连接带利用防水板边角料加工而成，宽约5 cm，长约20 cm，连接带两端与防水板表面焊接，中间预留供吊绳穿过的空隙，形成吊环状。吊绳材料为普通塑料带。吊绳吊挂法如图6–9所示。

自隧道一侧边墙底开始施工，保温板安装与第二层防水板铺设同步进行。首先将吊绳与第一层防水板内表面吊环通过系扣连接牢固，从保温板缝隙穿出（或单独在保温板上钻小孔穿出）；然后与第二层防水板外表面的吊环通过系扣连接，拉紧吊绳，收紧两层防水板，即可将保温板固定在中间位置。

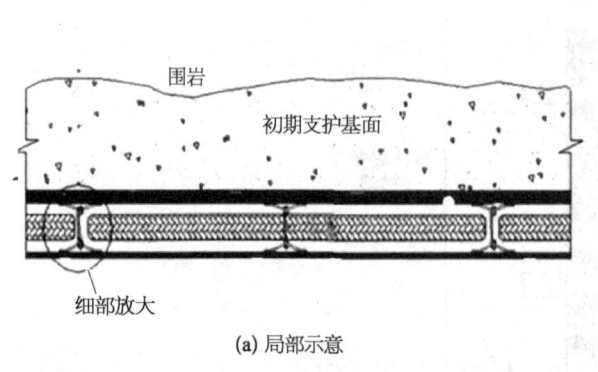

(a) 局部示意

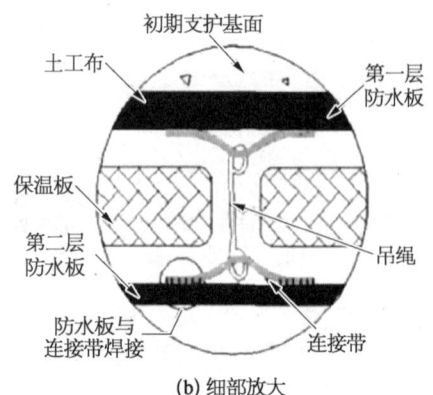

(b) 细部放大

图6–9 吊绳吊挂法

(3) 环向钢筋固定法

首先在靠近隧道两侧边墙处混凝土底板打设 $\phi 20$ mm 短钢筋，每根短钢筋长约 35 cm。短钢筋伸出混凝土面 20 cm 左右，隧道纵向间距为 1 m；然后安装拱墙环向固定钢筋，要充分考虑二衬断面尺寸，保证环向固定钢筋安装在保温板与第二层防水板之间设计位置。环向固定钢筋就位后，将其与短钢筋焊接牢固。如果二衬为钢筋混凝土结构，直接利用伸出仰拱面的环向预留主筋作为短钢筋与环向固定钢筋焊接牢固即可。准备工作完成后，在侧面将保温板塞进第一层防水板与环向钢筋中间的夹层内。拱墙保温板安装完成后开始铺设第二层防水板。第二层防水板外表面同样焊接连接带，形成吊环状，利用吊绳通过吊环与 $\phi 20$ mm 环向固定钢筋系牢即可。环向钢筋固定法如图 6-10 所示。保温层施工如图 6-11 所示。

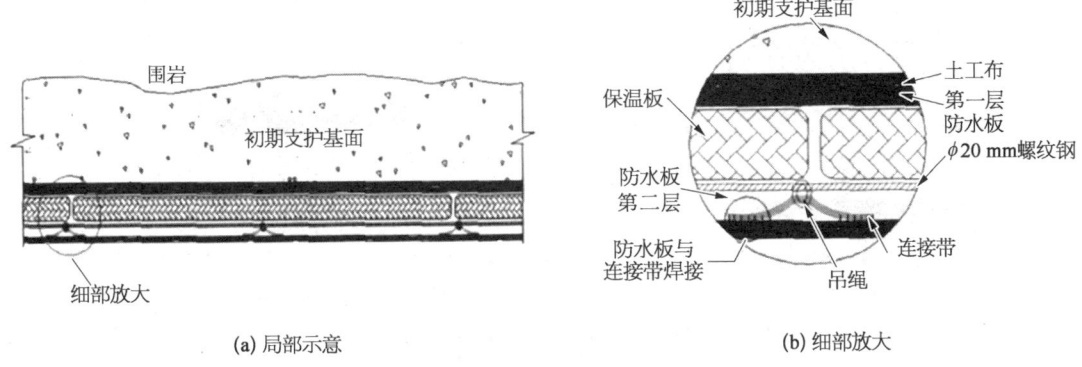

图 6-10 环向钢筋固定法

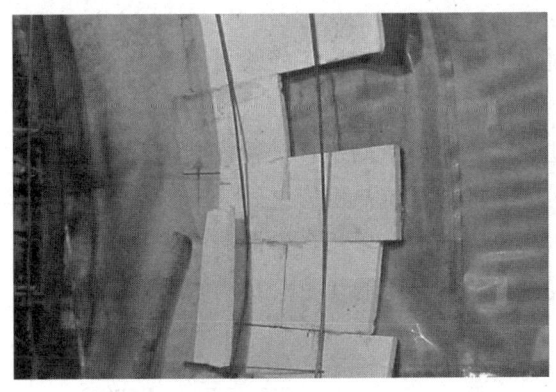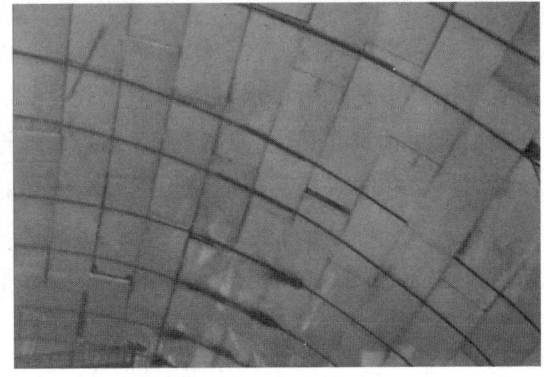

图 6-11 姜路岭鄂拉山隧道保温层施工

(4) 防水板连接带环向张拉连接法

防水板连接带利用防水板剩余边角料加工而成，宽约 5 cm，长度根据保温板具体尺寸确定。连接带与防水板属于同一种性质材料，二者可以利用手动电热熔接器加热焊接牢固。连接带不仅可以通过其两端与第一层防水板表面焊接将保温板固定牢固，还可以作为焊接第二层防水板的固定媒介，这是利用防水板连接带的一个显著优点。

铺设保温板时，由隧道两侧边墙开始向拱顶逐块进行。首先，将两条连接带的一端焊接在防水板上表面，保温板就位后，拉紧两条连接带，将连接带的另一端同样分别焊接在防水板表面，这样第一块保温板固定完毕；接着，将固定第二块保温板的连接带焊接在固定第一块保温板的连接带表面。铺设第二层防水板时，直接将防水板与连接带通过热熔焊枪焊接牢固即可。防水板连接带环向张拉法如图6-12所示。

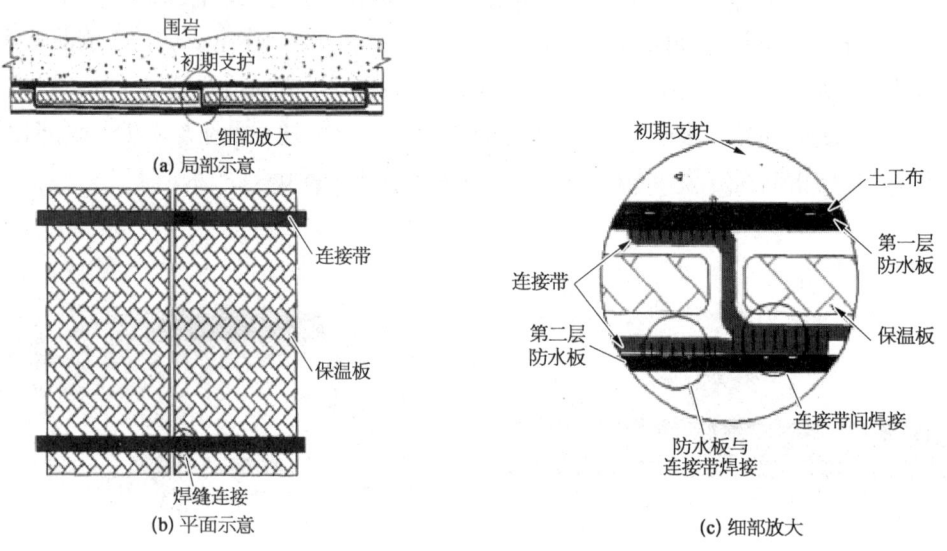

图6-12 防水板连接带环向张拉连接法

6.4.3 保温层离壁铺设

保温层离壁铺设方式在国内应用较少，因此也没有成熟的施工经验可以参考，国外如挪威等国家多是采用单层衬砌作为永久支护，衬砌结构主要有两种形式。一种是衬套系统全断面均为预制混凝土管片，混凝土管片通过固定在岩体上的锚杆进行安装，管片背后铺设保温材料和防水板，边墙背用混凝土回填，拱部衬套系统与围岩之间为密封空气层（图6-13a）。另一种形式在此基础上进行了改进，其边墙部位也采用预制混凝土管片，但拱部采用聚乙烯泡沫板，并在内侧喷60～70mm混凝土做防火处理（图6-13b）（邓刚，2008）。

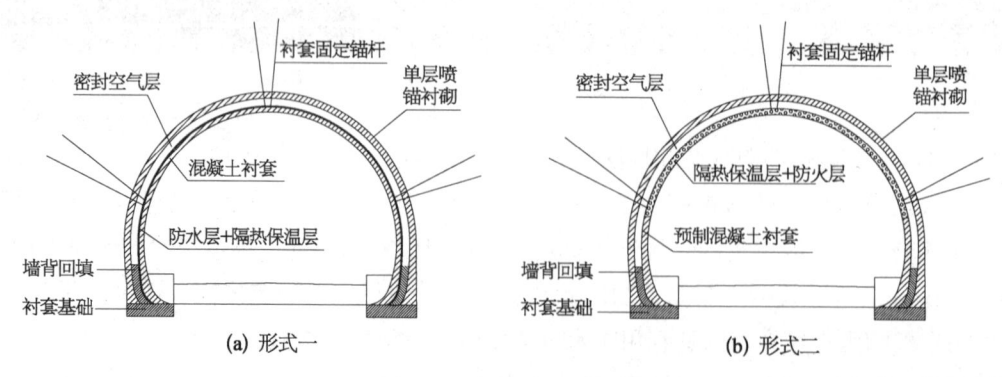

图6-13 离壁式保温层形式

6.5 高海拔高寒区隧道防排水施工

通过搜集国内外寒区隧道的施工案例，总结了寒区隧道防排水及保温层的施工技术。其中隧道防排水的一些施工工艺，如衬砌施工缝、沉降缝处橡胶止水条和橡胶止水带的施工，初衬表面防水板的施工，环、纵向排水盲管的施工，二衬抗渗混凝土的施工等，和一般地区隧道相同，且有大量施工资料可以参考，因此下文将不再详细介绍，主要介绍一些和一般地区有差异的、适用于寒区隧道的防排水及保温层施工技术。

6.5.1 中心深埋水沟施工

中心深埋水沟断面形式的选择，应根据隧道地质条件确定。断面尺寸应根据水力计算。一般地质条件下，可采用内径不小于 40 cm 的预制钢筋混凝土圆管。暗洞防排水设计如图 6-14 所示。

施工前，先用台钻在预制钢筋混凝土圆管上按设计图纸打渗水孔，以便将隧道底部的地下水引至中心深埋水沟，同时也便于与横向排水管相连，将衬砌背后的地下水引至中心深埋水沟。

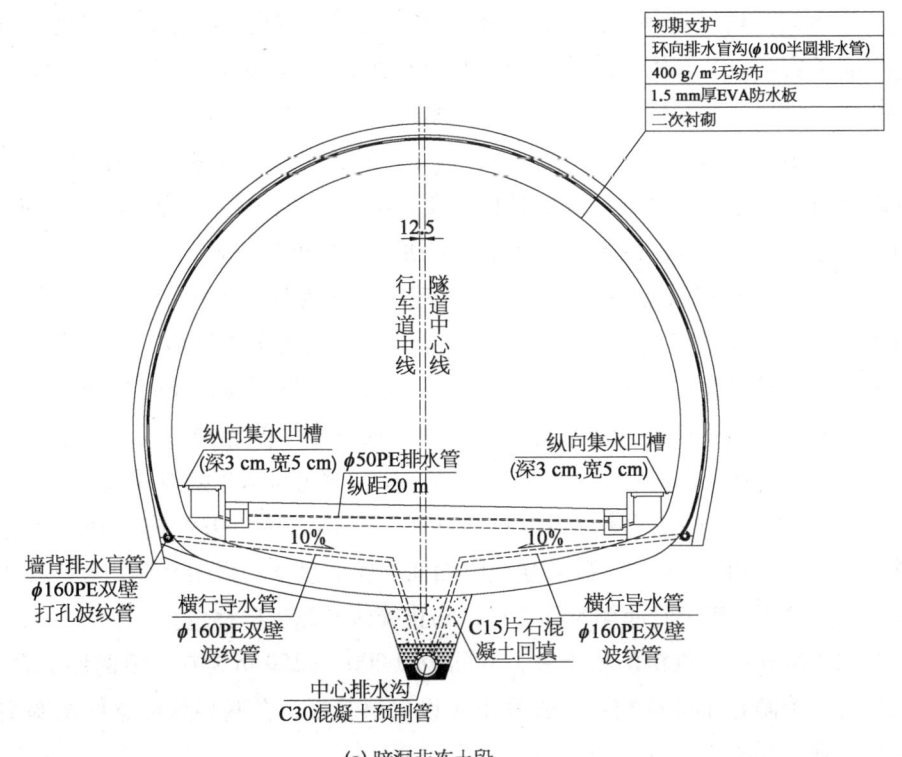

(a) 暗洞非冻土段

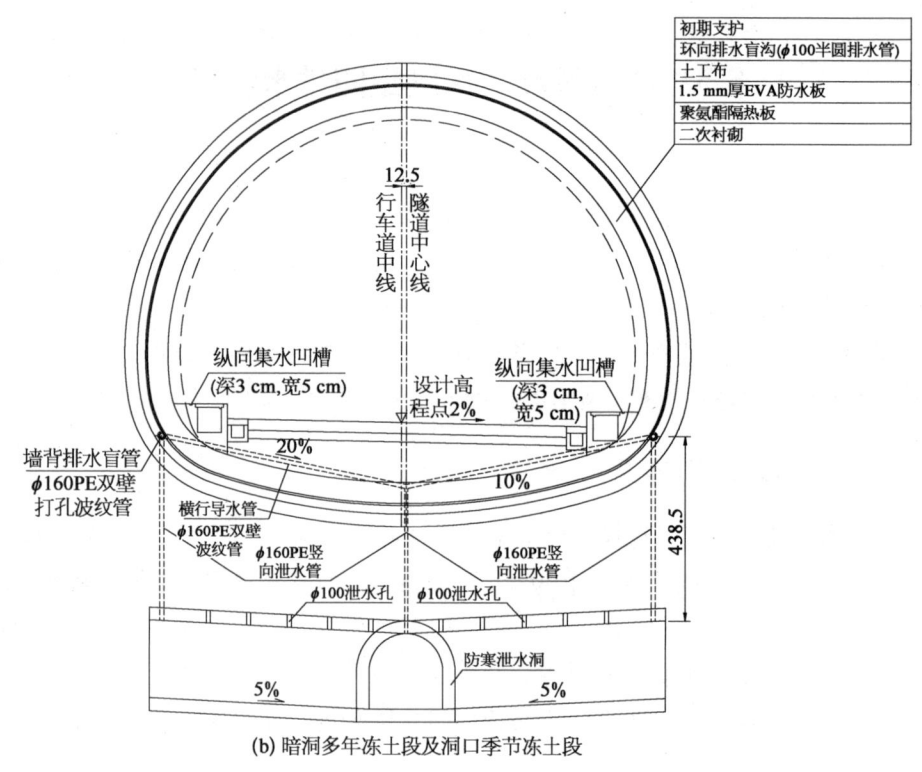

(b) 暗洞多年冻土段及洞口季节冻土段

图6-14 暗洞防排水设计图

中心深埋水沟基槽每循环开挖长度应根据围岩情况合理选择，通过围岩监控量测数据分析，确保施工安全。Ⅴ级围岩地段每循环开挖长度2～3 m为宜，Ⅳ级围岩地段3～5 m为宜；Ⅲ级围岩地段6～8 m为宜。Ⅴ级围岩地段采用挖掘机配合人工一次开挖成型；Ⅲ、Ⅳ级围岩地段采用控制爆破，分3～4次开挖成型，开挖时应尽量减少对围岩的扰动。在围岩稳定性较差及地下水丰富地段，开挖时极易发生坍塌或流砂现象，现场可采用放坡开挖、钢管桩防护、超前井点截水、径向注浆等施工方法，确保施工安全。

开挖好基槽后灌注混凝土通常定位凹形基座，使水管顶部置于最大冻结深度线以下。管段铺设时，首先要保证将具有透水孔的一面朝上。管段逐个放稳后，再用水泥砂浆将段间接缝密封填实。待砂浆凝固后，应逐段进行通水试验，发现漏水及时处理。之后用土工布覆盖管段透水孔，在横向盲管出口处注意与中心深埋水沟的连接方式。施工时应严格控制标高和坡度，不得有隆起现象，杜绝出现反坡现象，避免排水不畅造成淤塞。

水沟铺设完成后应进行回填，回填材料除满足保温条件、方便施工外，宜先回填厚50 cm，粒径3～5 cm的碎石层，碎石层至路面面层底面以下均采用水泥处置碎石排水基层材料或素混凝土回填。回填时两侧对称进行，防止管体单侧受压移位。

中心深埋水沟还应设置沉淀检查井，其间距以200～250 m为宜，断面形状宜为圆形，也可采用矩形。为防止水流冻结，检查井下应设双层盖板，在两层盖板之间填塞泡沫塑料或其他保温材料，厚度应不小于100 cm。

6.5.2 防寒泄水洞施工

防寒泄水洞宜设置于隧道中心线底部，埋置深度应保证沟内水流不冻结，且不小于隧址区围岩的最大冻结深度；应满足暗挖时不至于引起隧底坍塌的要求；埋深不宜过深，避免不必要的延长防寒泄水洞的长度和增加工程造价。

防寒泄水洞断面尺寸应根据实际泄水量及施工条件等因素综合确定，且不宜小于 1.8 m×1.8 m。由于防寒泄水隧洞的开挖断面较小，故可采用全断面开挖，人工打眼，光面爆破，小型机具无轨运输出渣，在Ⅱ类围岩地段，采用小导管注浆进行超前支护和加固。

防寒泄水洞应设置横导洞。横导洞纵向间距宜为30～50 m，拱脚纵向排水管与横导洞以直径 ϕ100 mm 的钻孔连通。防寒泄水隧洞和横通道周边的混凝土衬砌内应设置足够的泄水孔或较深的泄水钻孔，充分排出地下水。如果围岩中有细小颗粒可能流失时，衬砌背面应设置反滤层。泄水孔直径可采用 ϕ100 mm，环向间距宜为50～80 cm，呈梅花形布置。衬砌混凝土采用强制式搅拌机洞外拌和，混凝土运输车运送，模筑衬砌，并预留泄水孔。

沿隧道纵向中心线设钻孔将隧道仰拱底部排水盲沟与泄水洞连通，竖向泄水钻孔的深度、角度、位置应根据地下水量的大小和围岩情况确定，间距宜为8～10 m，钻孔直径 ϕ100 mm。

在Ⅱ、Ⅲ级围岩地段，竖向泄水孔中设100 mm硬质塑料花段，管壁上间隔20 cm交错钻眼，眼孔直径为8 mm。在中间透水段，竖向泄水孔间隔为10 m，并在局部富水段加密至5 m，确保排水顺畅。

防寒泄水洞应设置检查井，间距宜为300 m，断面形状为圆形或矩形。为防止水流冻结，检查井下应设置双层盖板，在两层盖板之间填塞泡沫塑料或其他保温材料，厚度应不小于150 cm。

防寒泄水洞应设置保温出水口。出水口地形陡峭且地质条件较好时，可采用端墙式；地形平坦时，应采用圆端掩埋保温包头式。

6.5.3 保温水沟施工技术

保温水沟一般宜采用侧沟式，水沟上部设双层盖板，在上下两层盖板间充填保温材料，保温材料宜采用PU泡沫塑料、沥青玻璃棉、矿渣棉等，并应有防水、防潮措施，其厚度宜不小于35 cm，下部为排水沟构造。水沟断面应不小于30 cm×30 cm，沟底纵坡与隧道纵坡一致。

保温水沟宜间隔50 m设置检查井，检查井内应设置沉淀池，以方便检查和清淤。

6.5.4 "前截后挡"型路基边坡防排水结构施工

多年冻土区隧道洞口段临时边仰坡及路堑边坡宜采用"前截后挡"型的路基边坡防排水结构（图6-15）。

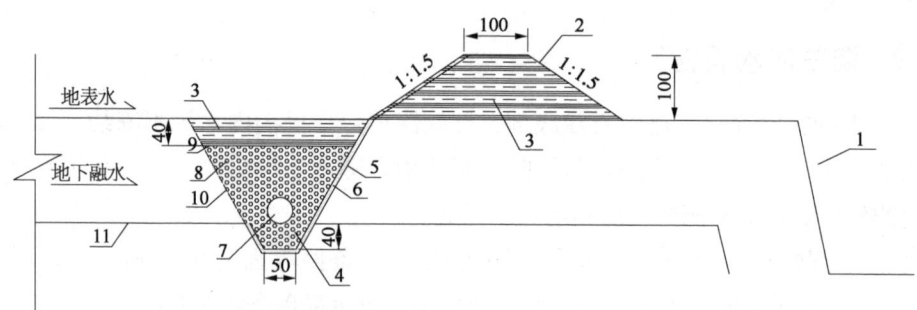

图 6-15 "前截后挡"型排水系统断面布置图

1—多年冻土区隧道洞口段临时边仰坡或路堑边坡；2—挡水埝；3—黏性土；4—保温渗水暗沟；5—防水板；6—保温隔热保温层；7—$\phi200$ mm 双壁波纹管；8—级配碎石；9—无纺土工布；10—暗沟开挖线；11—多年冻土上限

前截即采用保温渗水暗沟截排地下融水，后挡即采用挡水埝处理地表水。

(1) 结构优点

① 功能全面，彻底阻断水源。采用前截后挡机理，将挡水埝与保温渗水暗沟相结合，全面处理地表水和地下融水，彻底阻断了水源这一多年冻土区路基病害产生的主要因素。

② 结构形式稳定，排水性能好。挡水埝与保温渗水暗沟既分工明确，又紧密配合，缺一不可。挡水埝下方的地下融水不再是简单的阻挡，而是通过暗沟及时排走，减低暖末寒初之季土体冻胀程度，保障了挡水埝结构的安全；保温渗水暗沟采用级配碎石回填，在经过长久的冻融循环后仍有很好的透水性、集水性、抗冻性，上部应按要求做好隔水层，且地表水通过挡水埝得到及时的排放，防止侵入地底影响暗沟排水性能。

③ 长期服役性好，减少养护成本。这种排水系统由于其结构稳定、不易失效，具有很好的长期服役性，解决了多年冻土区排水系统屡清屡堵、有投入无收获的现象，极大地降低了养护难度，减少了工程投入，在多年冻土区斜坡路基排水中具有一劳永逸的效果。

(2) 具体施工步骤

① 多年冻土区隧道洞口段临时边仰坡或路堑边坡开挖，将坡面浮渣清除，并将坡面清理干净，及时防护。

② 保温渗水暗沟施工前认真核对水文地质情况，弄清水源和水流方向，准确定位放样后沿暗沟开挖线开挖沟槽，沟槽底部宽 0.5 m，深入多年冻土上限以下 0.4 m 左右。在沟槽底部和侧壁按顺序铺设防水板、隔热保温层、防水板，铺设范围在上坡侧需超出多年冻土上限，下坡侧超出坡面高度 1 m，以作为挡水埝迎水面隔水层。

③ 沟槽内填洗净级配碎石，回填至多年冻土上限处，安装 $\phi200$ mm 双壁波纹管，继续回填至坡面下方 0.4 m 处，铺设无纺土工布，土工布采用黏性土回填至坡面高度，用来隔断地表水。回填完表层用草皮覆盖。

④ 参考超出坡面的防水板位置，施工挡水埝，并利用防水板做好迎水面防水层。挡水埝宜采用黏土分层填筑，黏土来源困难时可采用粗颗粒土填筑，每层虚铺厚度不得大于 0.25 m。挡水埝底部可采用压路机压实，上部采用手扶打夯机等小型压实机具夯实。挡水埝

应填筑密实，坡面平顺，保证其排水性能。

6.6 高海拔高寒区隧道施工通风

高海拔高寒地区施工时应充分考虑高寒、高海拔、低气压、氧气含量低等特点，选择合理的通风方式和通风参数。施工通风基本参数的选择，应充分考虑能解决低压低氧条件下人员机械作业的基本的供风问题和低氧时加大供风速度加剧低温条件下工作面热量散失的矛盾。风机功率计算时，应充分考虑高原降效影响。风机选型应优先选用高原型风机。施工通风应充分考虑其对洞内环境温度的影响，必要时应对空气源温度进行控制，如图6-16所示。

图6-16 姜路岭隧道施工通风

6.6.1 施工通风设计标准

隧道在整个施工过程中，作业环境应符合下列职业健康及安全标准：

① 空气中氧气含量，按体积计不得小于20%。

② 粉尘容许浓度，每立方米空气中含有10%以上的游离二氧化硅的粉尘不得大于2 mg。每立方米空气中含有10%以下的游离二氧化硅的矿物性粉尘不得大于4 mg。

③ 有害气体最高容许浓度：一氧化碳最高容许浓度为30 mg/m^3；在特殊情况下，施工人员必须进入开挖工作面时，浓度可为100 mg/m^3，但工作时间不得大于30 min；二氧化碳按体积计不得大于0.5%；氮氧化物（换算成NO_2）为5 mg/m^3以下。

④ 隧道施工通风应能提供洞内各项作业所需的最小风量，每人应供应新鲜空气4 m^3/min。

6.6.2 通风设计原则

（1）通风系统

隧道掘进工作面都必须采用独立通风。隧道需要的风量须按照爆破排烟、同时工作的最多人数分别计算，并按允许风速进行检验，采用其中的最大值。隧道施工中对集聚的空间和衬砌模板台车附近区域，可采用射流（空气引射器气动）风机等设备，实施局部通风的办法。隧道在施工作业期间，应实施连续通风。

(2) 通风设备

① 压入式通风机必须装设在洞外或洞内新风流中，避免污风循环。通风机应设两路电源，并装设风电闭锁装置，当一路电源停止供电时，另一路应在 15 min 内接通，保证风机正常运转。

② 必须有一套同等性能的备用通风机，并经常保持良好的使用状态。

③ 隧道掘进工作面附近的局部通风机，均应实行专用变压器、专用开关、专用线路及风电闭锁供电。

④ 隧道应采用抗静电、阻燃的风管。风管口到开挖面的距离应小于 15 m，风管百米漏风率应不大于 2%。

6.6.3 通风计算方法

1) 施工通风量的计算

(1) 根据同一时间洞内工作人员计算

$$Q = kmq$$

式中 Q —— 所需风量（m³/min）；

k —— 风量备用系数，常取 $k = 1.1 \sim 1.2$；

m —— 洞内同时工作的最多人数；

q —— 洞内每人每分钟需要新鲜空气量，通常按 3 m³/min 计算。

(2) 根据爆破时的最多炸药用量计算（根据隧道掘进长度）

$$Q = 0.13 \times \sqrt[3]{AS^2L^2}/t$$

式中 Q —— 所需风量（m³/min）；

A —— 同一时间内爆破最大炸药量（kg）；

t —— 爆破后要求有害气体稀释至允许浓度的通风时间（min）；

S —— 坑道内净断面面积（m²）；

L —— 坑道全长（m）。

2) 通风机的选定

(1) 通风机风压计算

$$h_{机} \geq h_{摩总}$$

$$h_{摩总} = \sum h_{摩} + \sum h_{局} + \sum h_{正}$$

式中 $h_{机}$ —— 通风机具有的风压；

$h_{摩}$——沿程克服摩擦力所损失的压力；

$h_{局}$——沿程克服局部阻力所损失的压力，分为两种：由于风流转弯所造成阻力和风道断面变化所造成的阻力；

$h_{正}$——风流遇到的正面阻力。

(2) 通风机风量计算

通风根据作用原理，可分为离心式和轴流式两种。对于隧道施工，要求通风机风量大、重量轻，便于装卸运输，多采用轴流式风机。

$$Q_{风机} = PQ$$

式中 Q——计算所需风量；

P——管道的漏风系数（与管道接头、风管质量、风管长度、风压等有关）。

根据上述公式计算出隧道内所需供风量及风压，确定通风机及通风方案。

6.6.4 施工通风安全措施

以"合理布局，优化匹配，防漏降阻，严格管理、确保效果"作为施工通风管理的指导原则，强化通风管理。

1) 通风管理措施

① 设专人负责通风设备的管理，按需开停风机。每洞安排2人对通风管进行维护和维修。

② 风机操作人员要经过培训并考试合格持证上岗，必须熟悉通风机结构性能、工作原理、技术特征、供电系统和控制回路，以及通风系统和各风门的用途等情况，能够独立操作。

③ 不得随意变更保护装置的整定值。操作高压电气设备时应用绝缘工具，并按规定的操作顺序进行。除故障紧急停机外，严格按照上级命令进行通风机的启动、停机操作，严禁无请示停机。

④ 隧道通风系统必须经过验收合格后方可投入正常运行，运行期间应加强巡视及维护工作，保证通风系统各项性能、技术指标达到设计要求。

2) 施工通风安全技术措施

(1) 风机安装

① 风机支架应稳固结实，避免运行中振动，风机出口处设置加强型柔性管与风管连接，风机与柔性管结合处应多道绑扎，减少漏风。

② 通风机前后5 m范围内不得堆放杂物，通风机进气口应设置铁箅，并应装有保险装置。

③ 当巷道内的风速小于通风要求最小风速时,可布设射流风机来卷吸升压,提高风速。
④ 洞内风机采用小平板车移动,移动前提前做好风机支座或支架。射流风机应逐个移动,以保证洞内不间断的空气循环。
⑤ 通风机应有适当的备用数量。

(2) 风管安装

① 风管必须有出厂合格证,使用前进行外观检查,保证无损坏,粘接缝牢固平顺,接头完好严密。通风管应优先采用高强、抗静电、阻燃的软质风管。

② 风管挂设应做到平、直,无扭曲和褶皱。在平行导坑作业时,先由测工在拱顶测出中线位置,然后用电钻打眼,安置膨胀螺栓;在正洞作业时,衬砌地段根据衬砌模板缝每 5 m 标出螺栓位置,未衬砌地段先由测量工在边墙上标出水平位置,然后用电钻打眼,安置膨胀螺栓。布 8 号镀锌铁丝,用紧线器张紧。风管吊挂在拉线下。为避免铁丝受冲击波振动、洞内潮湿空气腐蚀等原因造成断裂,每 10 m 增设 1 个尼龙绳挂圈。

③ 通风管破损时,应及时修补或更换。当采用软风管时,靠近风机部分,应采用加强型风管。通风管的节长尽量加大,以减少接头数量,接头应严密,每 100 m 平均漏风率不宜大于 1%。弯管平面轴线的弯曲半径不得小于通风管直径的 3 倍。

④ 风管最前端距掌子面 15 m,并且前 45 m 采用可折叠风管,以便仰拱放炮时将此 45 m 迅速缩至炮烟抛掷区以外。

3) 通风系统日常管理和维护措施

① 通风机应有专人值守,按规程要求操作风机,如实填写各种记录。
② 通风机使用前应卸去废油,换注新油,以后每半月加注一次。
③ 风机应尽量减少停机次数,发挥风机连续运转性能。需停机或开启时,根据洞内调度通知进行。为减少风机启动时的气锤效应对风管的冲击破坏,应采用分级启动,分级间隔时间为 3 min。
④ 开启轴流风机前,射流风机必须开启运转,以控制风流方向,防止污浊空气形成小循环。
⑤ 综合保障班组中应设专职风管维修工。每班必须对全部风管进行检查,发现破损等情况及时处理。对于轻微破损的管节,采用快干胶水粘补:先将破损部位清洁打毛后,再行粘补;破损口小于 15 cm 时,直接粘补;破损口大于 15 cm 时,将破口缝合后再行粘补,粘补面积应大于破损面积的 30%。粘补后 10 min 内不能送风。对于严重破损的管节,必须及时更换。
⑥ 因洞内渗水和温度变化的影响,风管内会积水,故应定期排水,以减少风管承重和阻力。

6.6.5 鄂拉山隧道施工通风方案

1) 通风方法选择

公路隧道主要施工通风方法有:压入式、吸出式、混合式通风。长大隧道(3~8 km)

一般设置有辅助坑道,其施工通风方式有:横洞、平导、斜井、竖井通风。鄂拉山隧道进口端独头掘进2.6 km,由于地形限制,整条隧道难以设置斜井和竖井,但两洞间沿隧道纵向设有3座车行横洞,因此确定分阶段通风,前期采用混合式通风,后期采用巷道式通风。

2) 通风设计计算

高海拔地区隧道具有低气压、低氧气含量和低气温的特点,根据青藏铁路隧道施工经验和相关文献资料,高原隧道施工通风设计必须考虑特有的利用率问题,在计算风量的基础上还要增加30%~50%,以保证隧道内正常施工环境。根据鄂拉山隧道进口的掘进深度结合类似隧道通风经验,确定分三阶段进行通风,同时对通风设备进行选型、配套、管理。

(1) 第一阶段($L<500$ m)

隧道掘进120~150 m时在洞口配置通风设备开始通风,前期(500 m以内)用110 kW轴流风机安置在洞口配用ϕ1 000风管作压入式通风。

(2) 第二阶段(500 m$<L<$1 500 m)

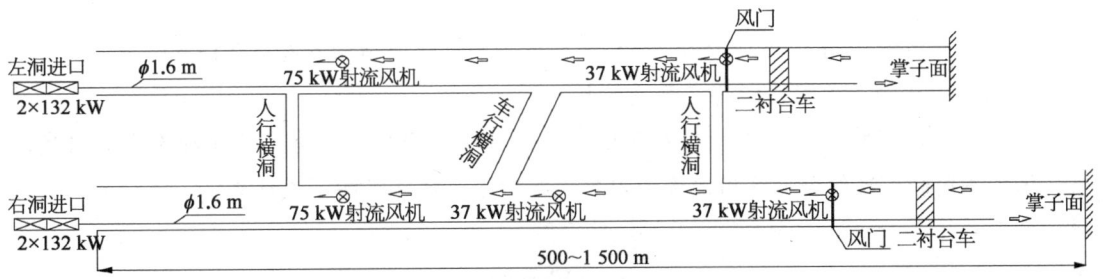

图6-17 第二阶段通风布置

隧道掘进至500 m以上,考虑风管管路风量损失及风压降低等因素,隧道通风作业的效果明显减弱,通风效率降低。加上隧道为1.76%的上坡施工,洞内高于洞口,根据空气动力学原理,轻、热空气在空间上部,而重、冷空气在空间下部,烟尘主要在隧道上部流通,不能迅速地流向洞口方向。因此,需要加大通风机功率和通风管直径来提高供风量,同时考虑利用射流风机向洞外抽排污染空气,一送一抽形成负压,使掌子面至二衬作业区域内形成空气对流,改善通风环境。风门安装位置视通风效果确定。第二阶段通风布置如图6-17所示。

① 施工通风量计算。

A. 根据同一时间洞内工作人员计算:

$$Q_{人} = kmq = 1.2 \times 80 \times 4.5 = 432 \text{ m}^3/\text{min}$$

式中 Q——所需风量(m³/min);

k——风量备用系数,取$k = 1.2$;

m——洞内同时工作的最多人数,取80人;

q——洞内每人每分钟需要新鲜空气量,通常按 4.5 m³/min 计算。

B. 根据爆破时的最多炸药用量计算(根据隧道掘进长度):

$$Q = 7.8/t\sqrt[3]{AS^2L^2} = 7.8/30 \times \sqrt[3]{144 \times 96.2^2 \times 60^2} = 438.5 \text{ m}^3/\text{min}$$

式中 A——同一时间内爆破最大炸药量(按Ⅳ级围岩爆破设计计算取 144 kg);
t——爆破后要求有害气体稀释到允许的通风时间(按 30 min 计算);
S——坑道净断面面积(取 96.2 m²);
L——出风口至掌子面距离(按台阶法施工最大取 60 m 计算)。

C. 按最小风速检验风量计算:

$$Q = 60Sv = 60 \times 96.2 \times 0.15 = 865.8 \text{ m}^3/\text{min}$$

式中 Q——需风量(m³/min);
S——隧道断面积(m²);
v——最低平均风速(m/s),按允许最低平均风速全断面开挖取 0.15 m/s。

D. 按内燃机械工作需要新鲜空气量计算:

供风量应足够将内燃设备所排放的废气全面稀释和排出,使有害气体降至允许浓度以下,根据不同的工况组合计算出配置的内燃设备功率,计算可按下式计算:

$$Q = \sum_{i=1}^{N} T_i K N_i$$

式中 K——功率通风计算系数,我国暂行规定为 2.8~3.0 m³/min;
N_i——各台柴油机械设备的功率;
T_i——利用率系数。

$$Q_{内燃机} = 110 \times 0.6 + 145 \times 0.5 + 4 \times 150 \times 0.45 + 2 \times 85 \times 0.5 = 493 \text{ m}^3/\text{min}$$

表 6-12 一个工作面内燃设备配置表

机械名称	配置台数	工作台数	单机功率(kW)	内燃机利用系数 T_i
PC-200 挖掘机	1	1	110	0.6
ZLC50 装载机	2	1	145	0.50
自卸汽车	8	4	150	0.45
混凝土罐车	4	2	85	0.50

计算风量取上述四种情况计算的最大值。考虑到高寒低压缺氧的特殊环境，人员、机械需氧量增加30%～50%。即需要的最大风量为

$$Q = (1 + 40\%) \times 865.8 = 1\,212.1 \text{ m}^3/\text{min}$$

② 漏风计算。在风管的接头、缝合等处都存在漏风现象，所以在进行风压计算和选择风机时，必须进行漏风计算。

$$风管漏风系数 P_c = 1/[(1-\beta)^{l/100}]$$

式中　β——达西系数，一般取0.015；
　　　l——风管长度，第二阶段取最大1 500 m；
$P_c = 1/((1-0.015)\wedge 1\,500/100) = 1.254$

通风机供风量不小于：$Q_j = P_c Q = 1.254 \times 1\,212.1 = 1\,520.0 \text{ m}^3/\text{min}$。

③ 风机风压计算。通风机的风压用来克服沿途的阻力，在数值上等于风道（或风管）的沿程摩擦阻力和局部阻力之和。

$$H_f = H_{摩擦} + H_D + H_{其他} = R_f Q_j Q_i/3\,600 + H_D + H_{其他}$$

式中　Q_j——通风机供风量，取设计风量（m^3/min）；
　　　Q_i——管道末端流出风量（m^3/min）；
　　　H_D——隧道内阻力损失，可取50；
　　　$H_{其他}$——其他阻力损失，可取60；
　　　R_f　风阻系数，$R_f = 6.5\alpha L/D5$，摩阻系数 $\alpha = \lambda\rho/8 = 0.002\,25 \text{ kg/m}^3$，$D$为风管直径（m），$L$为通风管长度（m）。

$H_f = R_f Q_j Q_i/3\,600 + H_D + H_{其他} = 0.002\,25 \times 1\,520 \times 1\,212.1/3\,600 + 50 + 60 = 111.2 \text{ Pa}$

④ 通风设备选型。在隧道开挖至500 m后，新购两台132 kW轴流风机安设在两洞口，配套ϕ1 600 mm风管，进行压入式通风。在隧道开挖至1 000 m时，在距离洞口500～1 500 m间每隔500 m安装37 kW射流风机向洞外抽排污染空气，也可在距离洞口500 m的拱顶挂设75 kW风机抽排污染空气。通风设计选型见表6–13。

表6–13　通风设计选型

序号	风机型号	风量（m^3/min）	风压（Pa）	高效风量（m^3/min）	高效点功率（kW）	最大配用电机功率（kW）	备注
1#	SDF$_c$–No13	1 670～3 300	1 487～5 920	2 691	259	132×2	左洞

(续表)

序 号	风机型号	风量 (m³/min)	风压 (Pa)	高效风量 (m³/min)	高效点功率 (kW)	最大配用电机功率 (kW)	备 注
2#	SDF₀–No13	1 670～3 300	1 487～5 920	2 691	259	132×2	右洞
3#	SDF₀–No11					2×37 或 75	左洞
4#	SDF₀–No11					2×37 或 75	右洞

(3) 第三阶段（1 500 m＜L＜2 600 m）

在隧道掘进超过 1 500 m 后，结合隧道内施工用电电压降低比较多而实施的高压进洞方案，采用巷道式通风方案：右洞作为新鲜空气进风通道，左线作为污浊空气排风通道，掘进最长距离为 1 500 m。具体为：在隧道第二个车行横洞处（距离洞口 1 380～1 430 m）安设储风箱和分风机，把左洞口 2 台 132 kW 轴流风机移至 2# 车行横洞口处分风后分别向掌子面压入式通风，实现巷道式通风。为避免洞内行驶车辆排烟造成二次污染空气循环，对施工车辆的行走路线做出了规定：重车从左线隧道进出，轻车从右线进出，这样车辆排放的废气尾烟就会随污染空气一起从左线流向洞外。第三阶段通风布置如图 6-18 所示。

① 巷道式通风计算。

A. 通风量计算。

$$Q = Q_{内燃机} + Q_人 = 493 + 432 = 925 \text{ m}^3/\text{min}$$

B. 通风阻力计算。

$$\Delta p_c = \left(\sum \xi + \sum \lambda_i \cdot L_i / d_i\right) \cdot \rho \cdot v^2 / 2$$

式中　ξ——局部阻力系数；

λ_i——隧道内沿程摩擦阻力系数；

L_i——隧道的长度（m）；

d_i——隧道内的水力直径（m），$d_i = 4A/U$，隧道断面周长 U，断面净空 A；

V_i——隧道内所需满足的风速（m/s）；

ρ——空气容重，取 1.273 kg/m³。

C. 选取某型射流风机。

$$P_{j正} = \rho \cdot v_j \cdot \varphi \cdot (1 - \psi) \cdot K$$

式中　$P_{j正}$——单台通风机克服的阻力（Pa）；

K —— 喷流系数；

v_j —— 射流风机出口风速（m/s）；

φ —— 面积比，$\varphi = F_j/F_s$，F_j 为射流风机的出面积，F_s 为隧道横断面积；

ψ —— 速度比，$\psi = v_s/v_j$，v_s 为洞内风速（m/s）。

D. 射流风机台数的计算。所需射流机台数 $n = \Delta P_c / \Delta P_j$

式中　n —— 射流风机台数；

ΔP_c —— 通风阻力。

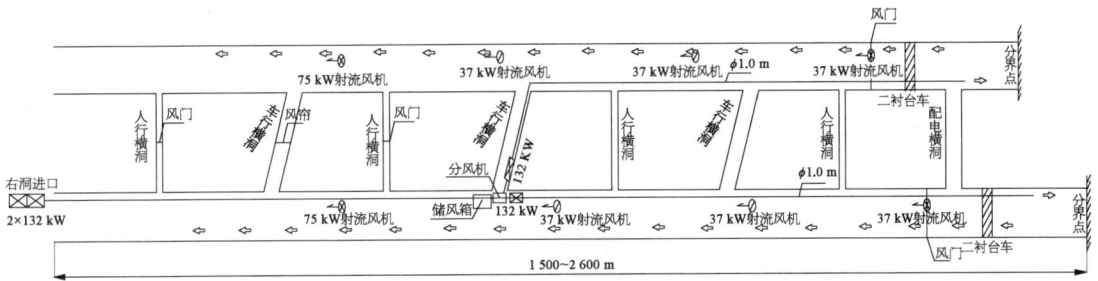

图 6—18　第三阶段通风布置

说明：1. 由于第三阶段通风难度最大，采用巷道式混合通风方案：右洞口 2×132 kW 风机不动，将左洞 2×132 kW 风机移至右洞 2#车行横洞口，设置大型储风箱安置分风机后由 132 kW 风机分别向左右洞掌子面送风，并于二衬台车前安装射流风机挂设风门向洞外抽排污染空气。

2. 注意事项：储风箱可自制成钢结构外包帆布（风包）或砌成密闭砖房结构，体积需计算确定；风门宜安设在二衬台车前，以保证 37 射流风机向外抽排污染空气时形成回风道，风门以内作业（掌子面、仰拱、二衬区域）有较好的空气环境；拱部安装射流风机宜安设大型射流风机和小型风机相结合排污，从洞口计算安装射流风机的间隔为 300～700 m，具体视排烟效果确定；对施工车辆的行走路线做出规定，重车从左线隧道进出，轻车从右线进出，这样车辆排放的废气尾烟就会随污染空气一起从左线线向洞外。

② 通风辅助管理。第三阶段（1 500 m 后）采用巷道式通风，将左洞口 2×132 kW 风机移动右洞 2#车行横洞口，设置大型储风箱安装分风机后由 1 台 132 kW 轴流分别向掌子面压入式通风。要加强通风设备的管理，设专人值班负责通风机的操作，按需进行通风机的开停，以满足通风需要的同时做到节约电力消耗。

通过实际观测发现隧道的烟尘主要来源是：洞内掌子面放炮后的烟尘；装载机装渣和挖机找顶平整场地时，破碎岩石扬起的粉尘；运输车辆行驶，轮胎带起的路面灰尘。对于放炮后的烟尘主要通过通风排出，对于装渣时的粉尘可以通过每次放炮后向掌子面喷洒水雾减少，有条件时可装设水幕降尘器（静电除尘器），降低粉尘改善通风效果；对于路面粉尘，安排洒水车每天放炮后出碴过程中向隧道路面洒水（尤其是出渣前后的洒水工作），可以有效降低隧道内烟尘。

实现巷道式通风后，为防止射流风机吸出的污染空气通过人（车）行横洞对流形成二次污染，对贯通了的人（车）行横洞中部要及时设置固定式风门密封，同时为抵御放炮冲击气流，风门要牢固，并加强日常检查及维护。

安排专人负责通风管的铺设和维护。通风管的铺设一要平、顺、直，尽量减少弯折，以减少风阻；二要注意防损，以降低风量风压损失，风管通过混凝土衬砌模板台车及各种作业台架时要尽可能平直通过,在台车设计时要预先考虑风管布通过位置;另外在仰拱检底放炮时,应把风管束起并遮盖,以免放炮石块飞溅损坏风管。

加强机械设备的管理力度,凡是进入隧道的装载机、挖掘机、自卸车必须检修完好,尤其是发动机的排烟要正常,有条件的应加装空气净化装置,减小内燃机燃烧的污染源。

③ 改为巷道式通风的优点。

A. 节约通风管。如按前期压入式通风一直实施下去,直到隧道贯通,从技术上也是可行的,目前国内有过单线隧道独头掘进 5 000 m 通风的成功经验。但从经济上分析和通风效果上对比,就不如巷道式通风合适了。采用巷道式通风可以节省风管投入 1 500 m,ϕ1 000 软风管按 45 元/m 计算,节约投入成本 67 500 元。

B. 改善了通风质量和效率。通过通风机的前移,缩短了通风管长度,有效减少风量损失和风阻,保证隧道施工掌子面的风压风量,保证作业区域内有较好的施工环境。

6.7　高海拔高寒区隧道施工监控量测

6.7.1　施工监控量测

1) 监控量测的目的、意义

近几年来随着我国高等级公路的迅速发展,公路隧道蓬勃兴起,全国各地先后建成了较大规模的公路隧道,取得了可喜的成绩。通过这些隧道工程实践,推动了公路隧道工程技术的发展,促进了科学技术的进步,如新奥法技术、CAD 技术、支护与衬砌技术、超前预支护、防排水技术、新材料的应用等,这些新技术在隧道施工过程中已被广泛采用,收到了很好的效果。但是,由于岩土工程自身的多异性、不均匀性和偶然性等特点,使得每项工程都有一定的独特性,只有在施工过程中结合监控量测,跟踪了解围岩的动态,及时地变更设计和指导施工,才能使每项岩土工程设计更加经济合理。监控量测作为岩土工程动态设计的核心,对评价施工方法的可行性和设计参数的合理性,了解围岩及支护结构的受力、变形特性等能够提供准确而及时的依据,对隧道二次衬砌的施作时间具有决定性意义。因此,它是保障隧道建设成功的关键因素。

监控量测可以及时提供隧道洞内拱顶下沉、周边收敛和地表下沉测量,以及时判断隧道围岩及支护结构变形和隧道洞口浅埋段地表沉降和稳定情况。通过上述测量,可以判断施工工艺的可行性,提出更加恰当的施工方法,实现隧道信息化动态施工控制,达到既能安全快速施工,又能节省工程造价的目的。同时,若进行选择项目(支护结构应力状态量测和围岩体内部位移等信息),可以对隧道支护参数的合理性进行分析判断,为支护参数的调整提供科学的依据。

① 及时掌握围岩的施工力学性能，并对围岩的稳定、安全性作出评价，对隧道的不稳定状态及时预警，防止隧道塌方。
② 验证支护结构形式、支护参数的合理性，确定二次支护的时间。
③ 对支护结构、施工方法的安全性作出评价及建议，以指导现场施工。
④ 为变更设计、调整施工方法提供科学依据。

2) 监控量测内容
(1) 必测项目
必测项目包括：地质与支护情况观察，周边位移量测，拱顶下沉量测，地表下沉量测。
这类量测是为了确保在施工过程中的围岩稳定和施工安全而进行的经常性量测工作。量测方法简单，量测密度大，量测信息直观可靠，并贯穿在整个施工过程中，对监视围岩稳定，指导设计施工有巨大的作用。土建施工完成，量测工作亦告结束。
(2) 选测项目
选择项目包括：围岩与初期支护间、初期支护与二次衬砌间接触压力量测，锚杆轴力量测，围岩内部位移量测，钢支撑内力量测，喷射混凝土及二次衬砌混凝土内应力量测。
选测项目是必测项目的拓展和补充，对特殊地段、危险地段或有代表性的地段进行量测，以便更深入地掌握围岩稳定状态与支护效果。对已完成的支护实施有效监控，做出评价；对未开挖地段提供参考信息，指导未来设计和施工。选测项目安装埋设比较复杂，量测项目较多、时间长、费用较大，但工程竣工后还可以进行长期观测。
(3) 孔隙水压力、流量测试
实测水量与压力，为工程变更或调整支护参数提供依据。
(4) 温度监测
实测围岩、气候的温度，为冻胀力计算、量测读数修正提供参数与依据。
(5) 围岩冻胀力监测
通过围岩与初期支护间、初期支护与二次衬砌间埋设压力盒，并通过该断面的孔隙水压力、温度量测进行计算围岩冻胀力。
考虑到隧道属于高海拔寒区隧道施工困难，同样监控量测工作开展也将很困难，监控量测加大自动监测内容，其他附加的冻胀监测、围岩温度、渗透水压力监测拟采用自动监测。

3) 量测断面布置原则
(1) 必测项目
地质及支护状况观察：隧道开挖面观察，每次开挖后进行一次；初期支护完成区段观察，每天至少进行一次。一般按 10 m 间距进行地质观察。
根据相关规范要求必测项目按以下原则进行断面布置：洞口浅埋段（$H \leqslant 2B$）并且围

岩为Ⅵ级时，按5～10 m间距布设断面，围岩为Ⅴ级时，按10 m间距布设断面；洞内Ⅵ级按5～10 m间距布设断面；Ⅴ级围岩段按10～15 m间距布设断面；洞口Ⅳ级围岩段按15～20 m间距布设断面。量测断面可根据具体情况加密或减少。

位于Ⅳ～Ⅵ级围岩的洞口浅埋段进行地表下沉量测。一般情况下，单洞隧道一个量测横断面不少于5个点。地表下沉量测横断面纵向间距见表6-14。

表6-14 地表沉降测点埋设

埋置深度 H	地表下沉量测断面的间距（m）
$H>2B$	20～50
$B<H<2B$	10～20
$H<B$	5～10

注：1. 无地表建筑物时取表内上限值。
2. B表示隧道开挖宽度。

（2）选测项目

选测项目是对一些有特殊意义和具有代表性的区段进行补充测试，一般在Ⅳ级、Ⅴ级和Ⅵ级围岩段及不良地质段设置，其主要目的是：及时掌握围岩的施工力学性能，并对围岩的稳定、安全性做出评价；了解和掌握隧道支护结构的受力状态，验证支护结构形式、支护参数的合理性，确定二次支护的时间；对支护结构、施工方法的安全性做出评价及建议，以指导现场施工；为变更设计、调整施工方法提供科学依据；有效避免塌方等工程事故。各隧道量测时间为隧道开挖时进行量测，到二次衬砌施作完成，且量测数据无异常后结束量测。

根据本项目的特点，应在洞口段、不良地质段及围岩突变段进行选测项目监测。

（3）孔隙水压力、流量测试

由于本项目围岩较差，裂隙发育，遇水软化、泥化现象明显，隧址区降雨量较大，又为高寒地区，此外还有断层等不良地质，因此在隧道施工期易出现涌水、突水等事故。根据隧道施工图设计，并结合超前地质预报结果，在隧道进出口段、冻融地段、涌水量较大地段、断层等不良地质段布置测试断面。

（4）围岩冻胀力监测

由于本项目处于高寒地区，拟建隧址区又为多年冻土区，并且一年气温差别大（-48～25℃），隧址区降雨量较大、围岩较差、裂隙发育，个别隧道周围水文条件较复杂，因此应在洞口段、冻融地段、涌水量较大地段、断层等不良地质段等布置冻胀力监测断面。

（5）围岩温度、气温监测

由于本项目处于高寒地区，拟建隧址区又为多年冻土区，并且一年气温差别大（-48～25℃），为监测围岩冻胀力，修正量测读数提供参数及依据，应在隧道进出口段布置温度监测断面。

4) 测点布置及量测方法

(1) 地质及支护状况观察

隧道掌子面每次爆破后通过肉眼观察、地质罗盘和锤击检查，数码相机记录，描述和记录围岩地质情况：岩性、岩层产状、裂隙、地下水情况、围岩完整性与稳定性。判断围岩级别是否与设计相符，填写围岩级别判定卡，必要时测量地下水流量，观察支护效果。

掌子面观察：每次开挖后进行一次。对已施工区段观察：每天至少进行一次。洞外观察：包括洞口地表情况、地表沉陷等。

(2) 地表下沉量测

隧道洞口浅埋地段，垂直隧道轴线方向设量测断面，分离式双洞隧道每个断面布设不少于5个测点。在选定的量测断面区域，首先应设一个通视条件较好、测量方便、牢固的基准点。测点应埋水泥桩，测量放线定位，用精密水准仪量测。隧道开挖掌子面距测点前30 m处开始量测，隧道开挖超过测点30 m并待沉降稳定以后停止量测。地表下沉量测断面布置示意图如图6-19所示。

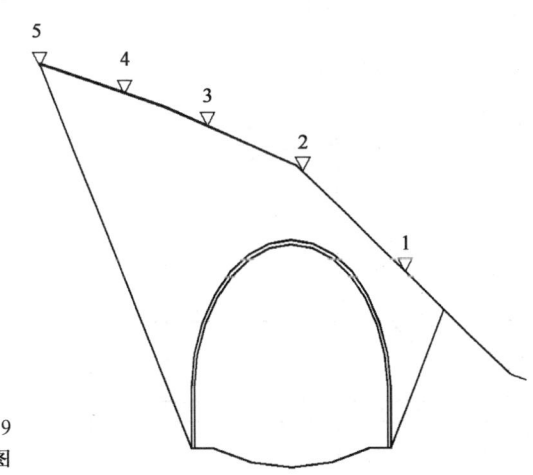

图6-19
隧道地表下沉量测断面布置示意图

(3) 拱顶下沉量测

拱顶下沉量测是在隧道开挖毛洞的拱顶及轴线左右各2～3 m共设3个带挂钩的锚桩，测桩深度30 cm，钻孔直径$\phi 42$，用快凝水泥或早强锚固剂固定。用精密水准仪、钢卷尺量测拱顶下沉。拱顶下沉断面布置需根据施工方法的不同而布置，分别如图6-19～图6-21所示。

(4) 围岩周边收敛量测

在预设点的断面，隧道开挖爆破以后，沿隧道周边的拱顶、拱腰和边墙部位分别埋设

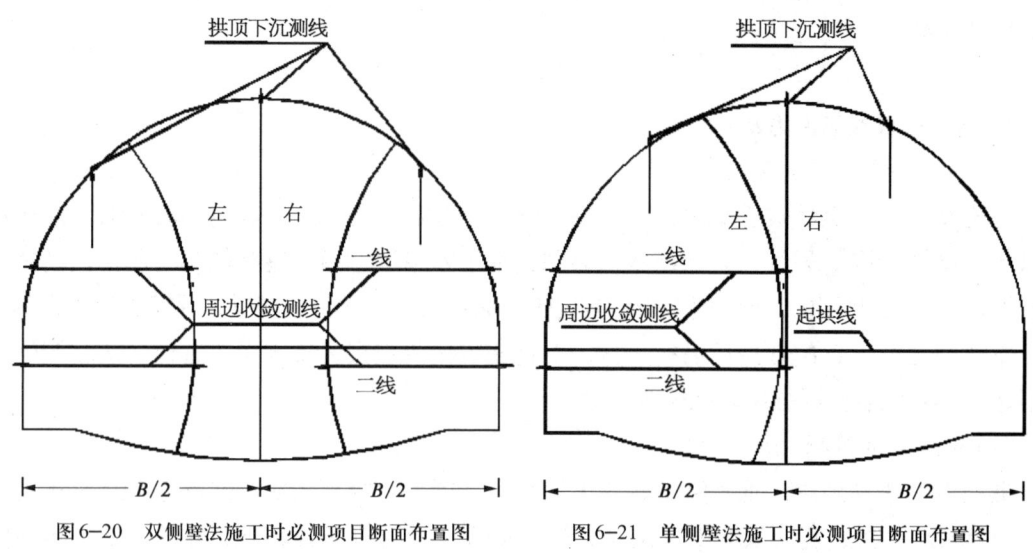

图 6-20 双侧壁法施工时必测项目断面布置图　　图 6-21 单侧壁法施工时必测项目断面布置图

测桩。测桩埋设深度 30 cm，钻孔直径 $\phi 42$，用快凝水泥或早强锚固剂固定，测桩头设保护罩。采用钢尺式周边收敛仪量测周边收敛变形。周边收敛断面布置需根据施工方法的不同而布置，分别如图 6-20～图 6-22 所示。当双侧壁、单侧壁施工完成其侧壁施工后，根据现场实际情况仍需继续监测，断面需按图 6-22 再进行布置并继续监测。

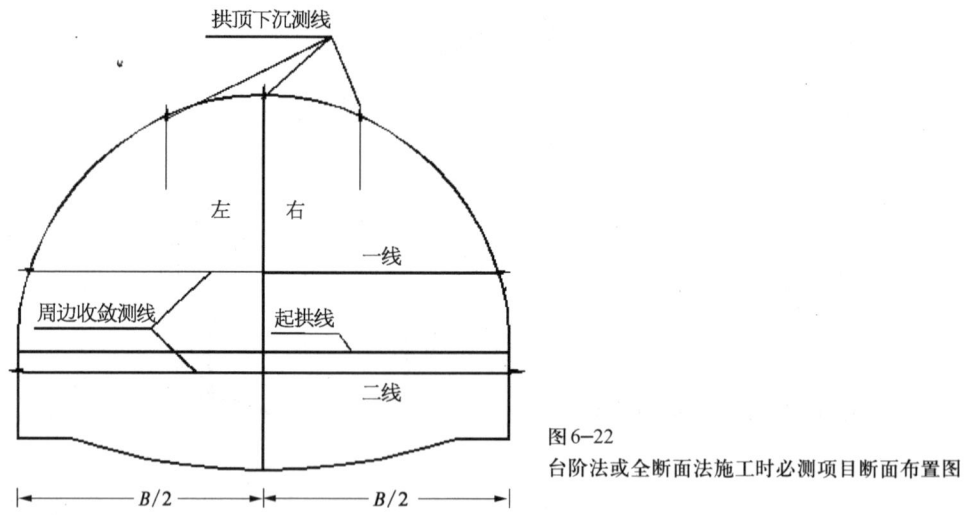

图 6-22 台阶法或全断面法施工时必测项目断面布置图

各测点应在避免爆破作业破坏测点的前提下，尽可能靠近工作面埋设，一般为 0.5～2 m，并在下一次爆破循环前获得初始读数。初读数应在开挖后 12 h 内读取，最迟不得超过 24 h，而且在下一循环开挖前，必须完成初期变形值的读数。

(5) 系统锚杆轴力量测

沿隧道周边埋设锚杆轴力计，每断面在拱顶、左右拱腰、左右边墙埋设锚杆轴力计 5 根，每根锚杆轴力计设 3 个测点。埋设在围岩不同深度，对锚杆不同深度的受力情况进行量测。埋设锚杆轴力计的孔深为3.0～4.0 m，孔径均为ϕ50。量测断面的测点布置位置及传感器数量如图6-23所示。

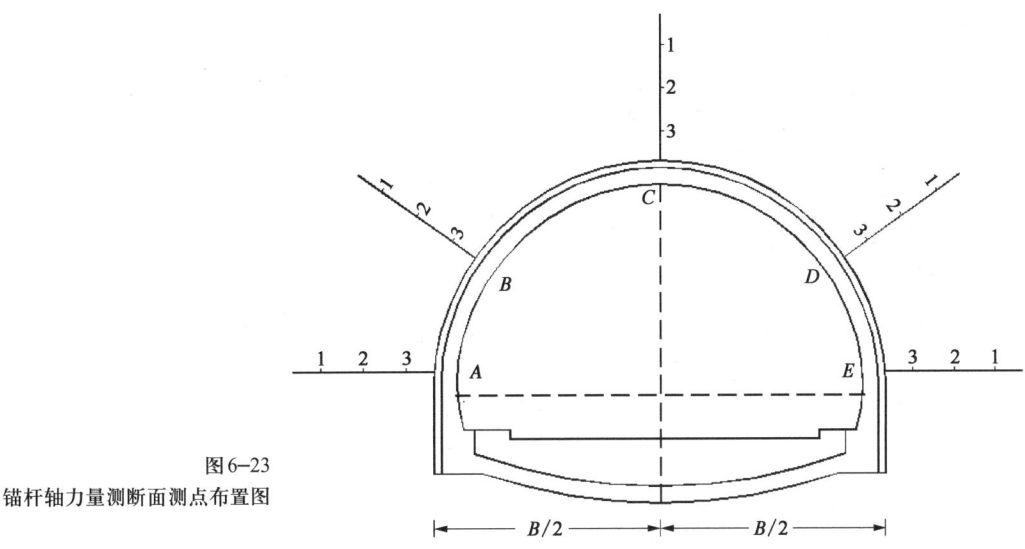

图6-23
锚杆轴力量测断面测点布置图

(6) 围岩内部位移量测

沿隧道围岩周边分别在拱顶、拱腰和边墙埋设3点多点位移计，每个断面测5个部位，埋设传感器的孔深3.0～4.0 m，孔径均为ϕ50。量测断面尽可能靠近掌子面，及时安装，测取读数。量测断面的测点布置位置及传感器数量如图6-24所示。

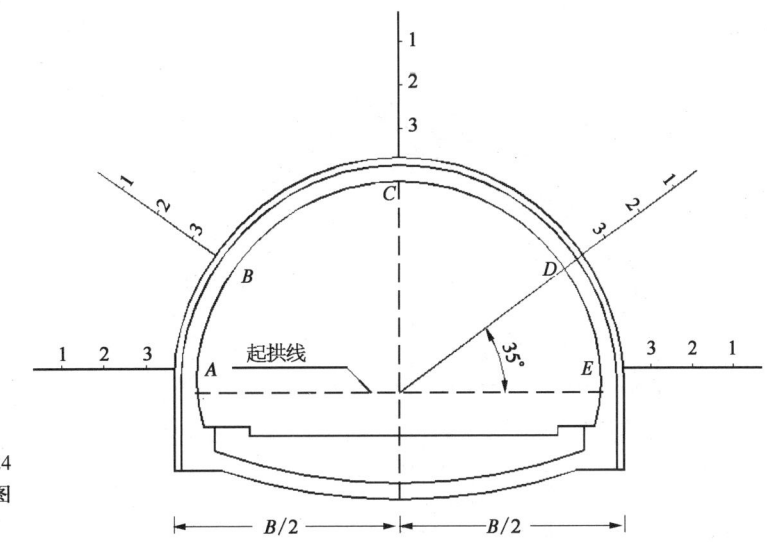

图6-24
围岩内部位移量测断面测点布置图

(7) 钢支撑内力量测

钢支撑内力量测仅限于围岩有钢支撑的地段，采用钢筋计量测，把钢筋计焊接在钢支撑上，量测钢支撑内力。钢支撑安装完以后即可测取读数。量测断面的测点布置位置与喷射混凝土轴向应力测点布置位置相同。量测断面测点布置位置及每测点传感器数量如图6-25所示。

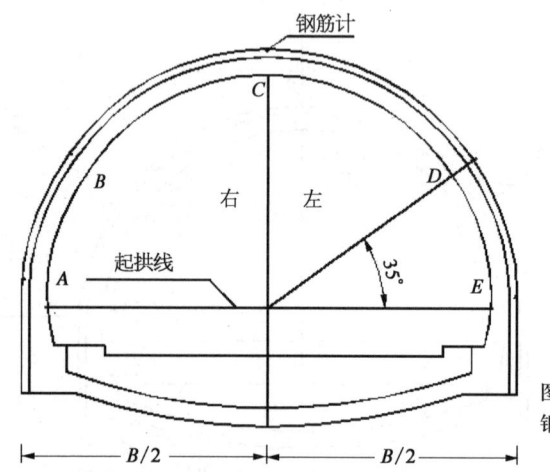

图6-25
钢支撑内力量测断面测点布置图

(8) 初期支护喷射混凝土及二次衬砌混凝土内应力量测

初期支护及衬砌应力是指喷射混凝土内应力和二次衬砌内应力。

沿隧道的拱顶、拱腰和边墙在喷射混凝土和二次衬砌混凝土内埋设应力计。围岩初喷以后，在初喷面上将应力计固定，再复喷，将应力计全部覆盖并使应力计居于喷层的中央，喷射混凝土达到初凝时开始测取读数，量测喷射内应力。在二次衬砌浇筑前，将应力计埋在二次衬砌中央，量测二次衬砌应力。量测断面的测点布置位置及传感器数量如图6-26所示。

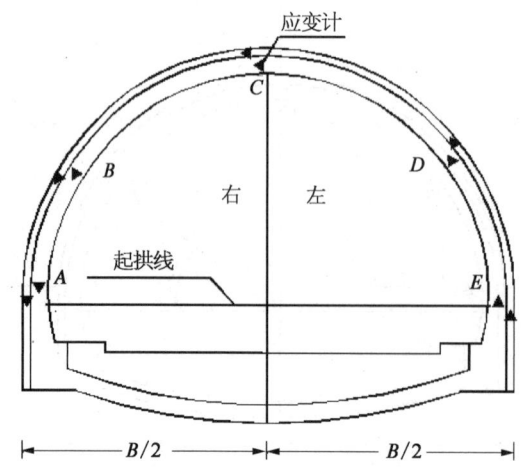

图6-26
初支与二衬应力量测断面测点布置图

(9) 围岩与初支间及初支与二衬间接触压力量测

初期支护作为临时承载结构，在工作一定时间后将产生破坏，隧道围岩的荷载最终将作用于永久支护的二次衬砌结构上。无论是隧道的初期支护结构还是二次衬砌结构，隧道支护结构的受力状态最终取决于作用在支护结构上的荷载。通过量测围岩与初期支护间的接触压力和初期支护与二次衬砌间的接触压力，对于了解隧道结构的受力状态和结构安全性具有重要的作用。沿隧道的拱顶、拱腰和边墙在各层界面处埋设压力盒。量测断面的测点布置位置及传感器数量如图6-27所示。

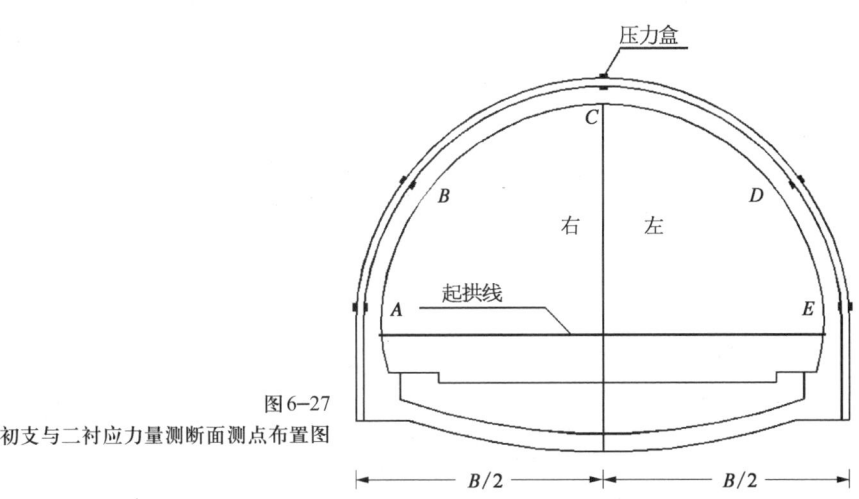

图6-27 初支与二衬应力量测断面测点布置图

（10）孔隙水压力、流量测试

采用振弦式渗水压力计（图6-28）和流量计对孔隙水压力和流量进行检测。

本项目隧道采用钻孔法安装，将振弦式渗水压力计打孔埋入所需测试的部位，测量隧道围岩的孔隙（渗透）水压力。

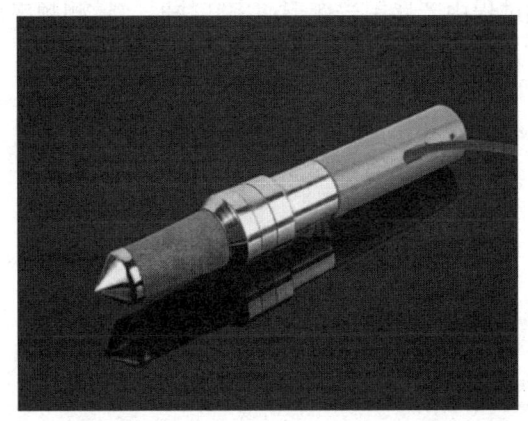

图6-28 振弦式渗水压力计

（11）围岩冻胀力监测

由于本项目处于高寒地区，拟建隧址区又为多年冻土，并且一年气温差别大（-48～25℃），并且隧道围岩较差，不良地质现象较多，因此在洞口段、不良地质段、围岩突变段埋设围岩与初期支护间的压力盒进行量测，其测点埋设位置和方法与接触压力量测一样（埋设了接触压力量测压力盒，冻胀力监测压力盒可不埋设），如图6-27所示。

（12）围岩温度、气温监测

由于本项目处于高寒地区，拟建隧址区又为多年冻土，并且一年气温差别大（-48～25℃），为监测围岩冻胀力，修正量测读数提供参数及依据，应在隧道进出口段布置温度监测断面。其监测断面仪器布置图如图6-29所示。

每次量测时进行气温监测。

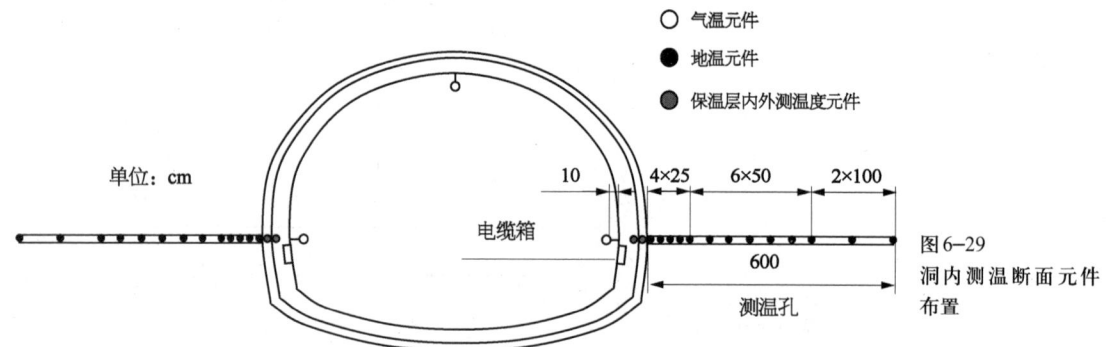

图6-29 洞内测温断面元件布置

5）量测频率

每个测点测取读数的频率不少于规范要求，按表6-15～表6-17检查净空位移和拱顶下沉的量测频率进行。对于采用分部开挖的地段，如正台阶开挖，上半断面开挖和下半断面开挖不在同一时间，当量测断面工作状态发生改变时的前后一个星期之内或距离测点一倍洞跨以内是按1次/d的频率采集数据，这样比规范要求的次数几乎多了一倍。如埋设的测点量测期间遭到破坏，恢复以后按新埋测点要求采集读数，这样增加了采集数据的次数和数据采集量。量测过程中若遇围岩变形速率较快时，量测频率应在规范规定的基础上加密。

表6-15 量测频率表

序号	项目名称	方法及工具	测量间隔时间			
			1～15 d	16 d～1个月	1～3个月	大于3个月
1	地质和支护状况观察	岩性、结构面产状及支护裂隙观察和描述，地质罗盘等	每次爆破后进行观察			
2	周边位移	各种类型收敛计	1～2次/d	1次/2 d	1～2次/周	1～3次/月
3	拱顶下沉	水平仪、水准尺或测杆	1～2次/d	1次/2 d	1～2次/周	1～3次/月
4	洞口浅埋段地表下沉	水平仪、水准尺	开挖面距量测断面前后<2B时，1～2次/d；开挖面距量测断面前后<5B时，1次/2 d；开挖面距量测断面前后>5B时，1次/周			
5	围岩体内位移（洞内设点）	洞内钻孔中安设多点杆式位移计	1～2次/d	1次/2 d	1～2次/周	1～3次/月

(续表)

序号	项目名称	方法及工具	测量间隔时间			
			1～15 d	16 d～1 个月	1～3 个月	大于 3 个月
6	锚杆轴力	锚杆轴力计	1～2次/d	1次/2 d	1～2次/周	1～3次/月
7	围岩压力与两层间压力	各类混凝土内压力盒	1～2次/d	1次/2 d	1～2次/周	1～3次/月
8	钢支撑内力	各类钢筋计	1～2次/d	1次/2 d	1～2次/周	1～3次/月
9	喷射混凝土、二次衬砌混凝土内应力	各类应变计	1～2次/d	1次/2 d	1～2次/周	1～3次/月
10	孔隙水压力、流量	渗水压力计、流量计	在需测试断面进行测试			
11	围岩冻胀力监测	压力盒	1～2次/d	1次/2 d	1～2次/周	1～3次/月
12	围岩温度监测	温度传感器	1～2次/d	1次/2 d	1～2次/周	1～3次/月

注：B 表示隧道开挖深度。

表 6-16 净空位移和拱顶下沉的量测频率（按位移速度）

位移速度（mm/d）	量 测 频 率
≥5 mm	2～3次/d
1～5 mm	1次/d
0.5～1 mm	1次/2～3 d
0.2～0.5 mm	1次/3 d
<0.2 mm	1次/3～7 d

表 6-17 净空位移和拱顶下沉的量测频率（按距开挖面距离）

量测断面距开挖面距离（m）	量 测 频 率
(0～1) b	2次/d
(1～2) b	1次/d
(2～5) b	1次/2～3 d
>5b	1次/3～7 d

注：b 为隧道开挖宽度。

6) 监测仪器、设备和器具

根据本隧道监控量测的具体情况，为了更好地实现对本项目隧道施工监测、信息反馈、

指导施工,真正体现新奥法在本项目隧道的应用,达到事前控制施工质量的目的,监控量测组拟投入以下设备及软件:

① 计算机、打印机、传真机、照相机及其他相应的办公设备。
② 精密水准仪、周边收敛仪及现场监控量测所需的仪器设备。
③ 2D-6、3D-6、ANASYS等有限元结构计算软件。
④ 其他配合检测所需的办公设备和相应的设施,交通工具。

根据工作要求,隧道监控量测拟投入的量测仪器规格型号见表6-18。

表6-18 监测仪器、设备一览表

序号	名称	型号	说明
1	精密水准仪	DSZ2	配测微器、塔尺
2	振弦频率检测仪	PZX-1	
3	振弦式孔隙水压力计	KYJ-30	
4	流量计	LZM-G	
5	温度监测传感器		
6	冻胀压力计	PZX-1	
7	隧道收敛计	SWJ-IV	
8	传感式测试系统	DST1-16	近程+中继+远程
9	台式电脑	兼容机	自备
10	笔记本电脑	DELL、IBM	自备
11	数码照相机	三星、索尼	自备
12	打印机	HP	自备
13	地质罗盘		自备

7) 数据的采集、处理及分析

洞内必测项目,各测点应在不受到爆破影响的范围内尽快安设,并应在每次开挖后12 h内取得初读数,最迟不得超过24 h,并且在下一循环开挖前必须完成。同时,也根据隧道开挖、工程进度和所量测数据的变化情况做适当调整,量测频率的确定主要是根据埋设断面时间间隔、断面与掌子面的距离及量测数据变化情况来确定。

现场每次所量测到的数据都立即输入公路隧道围岩与支护结构量测数据管理系统,数据系统能够自动生成时空曲线图,并对数据进行整理、比较、分析,从时空曲线图上观察曲线的变化和走势,了解围岩目前状态,预测围岩与支护结构的发展趋势,随时掌握隧道围岩和支护结构的动态变化,反馈信息,指导施工,预防坍塌事故的发生。

8) 信息反馈与预报

根据量测情况，以周报和月报的形式提交监控量测阶段报告，周报以电子版先发送至相关各方，在每个月底和月报一起打印纸质文档提交给业主。如遇量测数据异常及险情，先电话向有关单位通报，再以紧急报告或异常报告的形式向业主、监理、设计、施工等有关单位汇报，同时在施工现场及时将量测信息反馈到施工过程中去，指导施工。在本合同段所有隧道量测完后，提交监控量测总报告。

6.7.2 地质超前预报

1) 地质预报目的、意义

隧道围岩地质情况复杂多变，各种不良地质所导致的工程事故屡见不鲜。一方面，原工程地质勘察由于经济、时间、工程密度、技术难度等原因，对拟建隧道围岩的地质勘探难以详尽查明各种不同规模的地质构造或异常，仅以断层为例，实践结果表明勘察设计阶段地面测绘所查明的与围岩稳定性有关的大小断层一般不足隧道地下开挖实际揭露的一半，这说明勘察设计阶段地面地质勘察工作不易满足施工要求。这种情况下隧道施工过程中必然会出现预料不到的塌方、涌水和大变形等事件，从而经常不得不停止掘进加以处理。由此说明应该对公路隧道施工过程中围岩的稳定性状况和掌子面前方的成灾情况及时地进行超前预报。另一方面，这又无疑会加剧施工的难度，甚至出现坍塌等工程事故，以及隧道建成后出现危险变形等工程质量问题。如何预测隧道围岩不良地质及其稳定性，已是摆在隧道工程界的一个突出课题。

因此，通过及时超前预报掌子面前方围岩不良地质与软弱围岩范围，进一步确认并详细划分围岩级别，再结合掌子面观测和施工设计图，及时提出施工方案建议，在实际好的围岩段节省工程投资，对软弱围岩段的支护切实得到加强，真正比较好地实现对隧道的动态信息化施工管理，尽量避免或减少由于技术等原因所造成的工程事故，以及由此所造成的不必要的人力、物力、财力浪费，使隧道建设的投资分配更加合理，保证施工安全和工程质量，加快施工进度，缩短工期。

地质超前预报的意义体现在：在本工程隧道的相关地质条件下，通过施工现场超前地质预报，一般可以掌握掌子面前方 15～30 m（地质雷达）、100～150 m（TGP）范围内的地质情况。对于地质构造复杂的隧道，地质超前预报可以较为准确地判断掌子面前方的围岩情况，预防围岩坍塌、突水突泥，为提前采取施工措施提供较为翔实的科学依据。

2) 地质超前预报方法

(1) 地质超前预报步骤

首先对隧址区进行水文地质与工程地质调查，并查阅有关地勘资料和施工设计图件，掌握全区的整体地形、地貌、水文地质与水文地质单元、地质构造及其复杂程度、工程地质情况。

根据本工程隧道特点，采取长距离宏观预报与短距离准确预报相结合，开展多层次、多手段的综合超前地质预报，并贯穿施工全过程。先探后掘，通过超前预报判断有无异常及危险；根据不同的地质复杂程度，针对不同类型的地质问题，选择不同的方法和手段开展超前地质预报。

由于 TGP 地震探测仪须有约 70 m 距离布设炮孔、接收器和发射器，因此在隧道刚进洞时，采用地质雷达进行短距离地质超前预报探测；待隧道开挖满足 TGP 地震探测仪探测要求时，则采用 TGP 进行长距离探测，同时用地质雷达做短距离探测，以便相互印证。采用地质雷达和 TGP 等手段无法准确判断不良地质体的属性、位置与空间分布规模，但详勘资料划定的不良地质地段时，再结合超前钻孔法进一步确认。

现场探测时，进行地质观测、描述、素描和编录，包括掌子面及其附近的岩性、围岩节理裂隙发育程度、有无断层与褶皱、风化破碎程度、渗漏水情况、围岩完整性与稳定性及判断围岩级别等。

在对探测结果资料处理后，通过对比分析和地质解释，及时提交探测预报报告。提出掌子面前方围岩类别及其分段、不良地质体及其位置和规模，提出支护措施建议。

提交地质预报报告后，应经常到掌子面跟踪观察，此项任务需地质预报组长或主要技术人员长期驻扎工地，以便深入认识和把握该隧址区的地质规律，正确把握围岩条件，及时指导施工。

(2) 使用仪器及方法

① TGP 原理与方法。TGP 隧道超前地质探测仪是目前在这个领域的最新科技成果，它克服了原 TSP203 系统的诸多不足，预报精度和准确性得到大幅提高，是目前利用地震波方法进行隧道施工地质超前预报最有效的一种。其主要由四大部分构成：人工震源、传感器单元、记录单元和分析处理解释单元，预报距离一般为 100～150 m。TGP 测量系统配备有专门的分析软件，分析软件的主要任务之一是对测量信号进行各种数字滤波、选择放大等，以获得清晰的反射波图像。分析软件的另一功能是将反射波图像所提供的信息与隧道的空间坐标结合起来，通过一系列的数学运算求出反射事件本身的空间位置以及与隧道的相对位置。

TGP 方法属于多波多分量高分辨率地震反射法。地震波在设计的震源点（通常在隧道的左或右边墙，布置 24 个炮点用小炸药量激发地震波，布置一个或两个接收孔，分别接收 24 道激发所产生的反射波）。当地震波遇到岩石波阻抗差异界面（如断层、破碎带和岩性变化等）时，一部分地震信号反射回来，一部分信号透射进入前方介质。反射的地震信号将被高灵敏度的地震检波器接收，记录单元以数字形式记录下来。通过 TGPwin 软件处理，便可了解隧道工作面前方地质体的性质（软弱带、破碎带、断层等）和位置及规模。TGP 系统装配如图 6-30 所示。

TGP 数据是利用配套的专用 TGPwin 软件进行处理。TGPwin 软件中数据处理流程有 11 个主要步骤，包括频谱分析、带通滤波、能量均衡、纵横波分离、速度分析和偏移归位等。

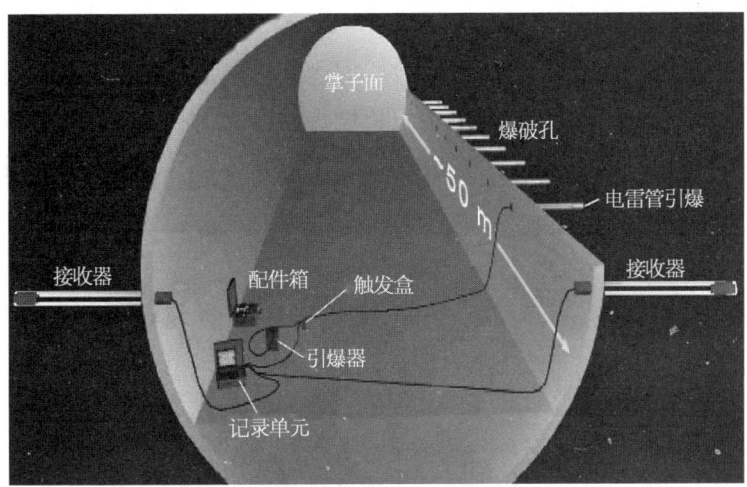

图6-30 TGP系统装配

处理结果可以提供在探测范围内地震反射层的2D或3D空间分布,同时还可以显示与其相对应的岩石力学参数和岩石强度指标。根据反射波的组合特征及其动力学特征、岩石物理力学参数等资料来解释和推断地质体的性质(岩溶、岩层软弱带、断层带、节理裂隙带、含水等)。

使用TGP地质超前预报系统的好处在于,了解前方存在的地质危险带情况,赢得施工和后勤保障的时间,使隧道开挖设备因停工带来的损失最小,确保支撑隧道的岩石牢固可靠,改善工地的安全,有利于缩短工期,节省费用。

② 地质雷达原理与方法。地质雷达法是一种地下甚高频~微波段电磁波反射探测法。其探测原理(图6-31)是:发射器通过发射天线向地下(隧道前方)定向发射电磁波,电磁波在传播的路径上当遇到有电性(介电常数和电导率)差异的界面时即发生反射,反射波由接收器接收,在时域上得到反射回波及其往返旅行时间,并首先沿两天线所在表面形成直达波被最先接收到,作为系统起始零点。取反射波往返时间之半,乘以相应介质的雷达波速度便得出反射目标所在深度,再根据反射波的形状、幅度及其在横向和纵向上的组合特征和变化情况,结合地质背景,判断目标性质即进行目标识别,进行地质解释,如断层破碎带、溶洞等。

地质雷达的工作频率越高,波长越小,探测距离越近,分辨率越高,反之亦然。因此,根据不同的工程要求按其功能可分为超前地质预报雷达和结构检测雷达。

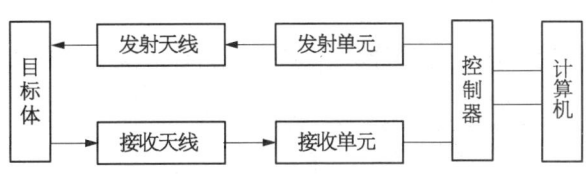

图6-31 地质雷达组成及原理框图

3)预报实施方案

对于隧道洞口段（30～70 m），采用地质雷达进行短距离预报。待隧道开挖满足TGP地震探测仪（70 m）探测要求时，则采用TGP进行长距离探测，同时用地质雷达做中短距离探测，以便相互印证。地质雷达测线布置如图6-32所示。TGP观测系统如图6-33所示。

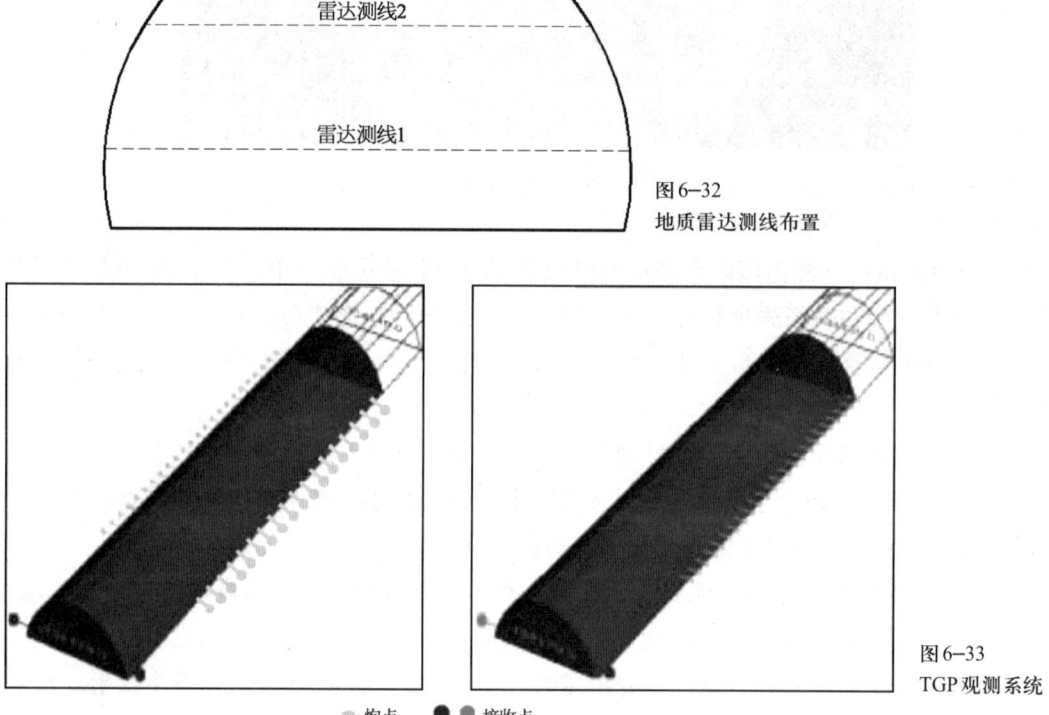

图6-32 地质雷达测线布置

图6-33 TGP观测系统

4)工作计划

地质雷达每30 m左右预报一次，搭接5～10 m；TGP每次探测100 m，与上次探测搭接20 m。发现岩溶、富水高压带及其他不良地质要加密探测，将几种方法的探测结果对比验证。

5)探测报告的内容及格式

(1)内容

包括工程概况、使用仪器及探测原理、掌子面地质情况、工作参数、探测结果、结论及建议、有关图件。

(2)格式

A4版面，包括封面、目录、正文及有关附图。

6)仪器设备

仪器设备见表6-19。

表6-19 仪器设备

序号	仪器设备名称	规格型号	数量	备注
1	TGP隧道地震预报仪	TGP-206	1	长距离超前地质预报150 m左右
2	地质雷达	EKKO-100	1	配100 MHz天线超前地质预报最远30 m

6.8 高海拔高寒区隧道施工人员健康保障

高海拔冻土隧道严寒、缺氧、紫外线强,给施工人员的健康带来了极大影响,成为劳动力流失严重的直接诱因,在施工人员的安全防护与健康保障方面与一般地区相比有显著差异。施工中如何有效防控高原病,考虑工地卫生医疗室、制氧机、氧气袋等设施的合理配置,做到预防保健和医疗相结合等;如何考虑体能下降因素,做好施工人员组织,都将直接影响施工安全和工程进度。

6.8.1 高海拔地区施工健康保障难点

① 自然环境恶劣,高原病威胁大。青藏高原被称为"生命禁区"。恶劣的自然环境对人体影响极大,施工人员急进高原后易发生急性高原反应,影响劳动作业能力,严重时出现高原肺水肿和(或)高原脑水肿,威胁高原施工人员的生命安全。

② 交通状况差,卫生救援难度大。公路工程施工往往沿线交通状况差,道路时常遭遇泥石流、洪水、雪崩和塌方,车辆难以通行,随时都有被困途中的可能,给疾病救治带来极大困难。

③ 施工条件艰苦,职业性损伤问题突出。在高原从事体力劳动,由于受低压低氧环境的影响,加重了人体的生理负荷,易导致心电图和超声心动图异常,表现为心电轴右偏,右室肥厚,肺动脉高压明显,诱发高原心脏病。另一方面,由于高原低压、低氧的影响,使异物的吸收、分布、排泄和代谢转化发生改变,从而导致人体对异物敏感性增强,耐受力降低,因此更易导致尘肺、粉尘性慢性支气管炎、肺功能损害、职业中毒、职业性听力损伤等职业病。

④ 高原生态环境特殊,自然疫源性疾病多发。高原地区卫生条件差,除平原常见传染病,如病毒性肝炎、细菌性痢疾、伤寒沙门菌属感染外,还有一些自然疫源性疾病,如鼠疫、布鲁菌病、包虫病、野兔热、出血热等。在低压低氧环境中从事重体力作业,免疫力

下降，可能导致传染病的发生和流行。另外，高原地区的饮用水资源和水质与平原地区相比有较大差异，普遍存在重金属、氟化物、硫酸盐含量超标，且大多没有经过净化消毒处理，长期饮用可导致胃肠功能紊乱，免疫力下降。

6.8.2 高海拔地区施工健康保障措施

青藏高原气候寒冷，氧气不足，早晚温差大，紫外线强，空气干燥，气候多变，地理环境复杂，经济与交通欠发达，医疗技术与设备较落后，且常有风、雨、雪等引起泥石流、暴风雪和雪崩等自然灾害。进入该地区进行大型工程施工，易发急性高原病和工人劳动效率大大减低等。为搞好高原大型工程施工保障参工人员的人身安全和工作效率，故在项目开工前期一定要做好以下工作：施工队伍及参工人员的选择，进行健康教育，普及高原卫生知识；制定完善的医疗保障措施；建设良好的施工驻地；储备充足的药材及医疗设施；制定适合高原地区的施工方案。

(1) 对高海拔的认识

① 按照国际通行的海拔划分标准，1 500～3 500 m为高海拔，在这个高度的地区如果居住足够长的时间，大多数人都可以适应；3 500～5 500 m为超高海拔，在这个高度的地区人体的体质差异及环境适应能力决定能否适应。

② 高原反应的表现：呼吸困难、胸闷气短、干咳、头痛、头昏嗜睡、乏力、厌食、恶心、呕吐、失眠、微烧等；多数人会因缺氧而嘴唇和指甲根发紫，因空气干燥而出现喉咙干痒、嘴唇干裂、鼻孔出血、皮肤粗糙等；严重者会出现感觉迟钝、情绪不宁、精神亢奋、思考力、记忆力减退、听觉、视觉、嗅觉、味觉异常、产生幻觉等，也可能发生浮肿、休克或痉挛等现象；部分人会有脱发现象；长期居住高海拔地区的人体红细胞分部宽度偏高。

③ 不宜上高原参工的人员：一般来说，凡是患有心、肺、脑、肝、肾等疾病，贫血、高血压病和视网膜疾病患者，均不宜进入高海拔地区。正患上呼吸道感染并发烧，体温在38℃以上，或者虽在38℃以下，但有呼吸道疾病及感冒症状明显者，应暂缓进入高海拔地区。

(2) 对高原施工人员的医疗保障措施

① 针对高原特点，加强健康教育，普及高原卫生知识。要认真贯彻预防为主的卫生工作方针，在进入高原施工之前，对全体施工人员进行教育，针对高原环境气候特点，讲述高原常见病、多发病的防治知识，使每个工作人员都了解高原缺氧环境对人体造成的危害，并掌握预防方法，消除恐惧心理，树立适应环境、战胜自然的信心，增强自我保护意识，以积极主动的姿态配合卫生部门搞好疾病预防工作。

人员上场应采取"梯次"上山的办法；上山后应遵循"循序渐进"的原则，准备7～10 d的适应期以减少身体的不适应及所形成各种剧烈的高山反应。坚持"管理人员、先遣人员先上，待条件具备后大批人员再上"的原则。

② 注重避免高原病的诱发因素。一是防止过度劳累。进入高原地区，因海拔高，氧气

不足，机体得不到足够的氧气，同时劳累会增加机体的耗氧量，更易诱发高原病。二是减少冷热刺激。高原早晚与中午温差大，且常有风、雨、雪等发生，白天紫外线照射强烈，机体遇过冷过热刺激或冷热不均，易出现免疫力和内分泌系统功能紊乱而诱发高原病。三是防止上呼吸道感染。因高原低温环境易使机体抵抗力下降而发生急性上呼吸道感染。另外，鼻咽黏膜充血水肿也可诱发高原病。

隧道专业施工队伍的选择应尽量选择吸收当地劳务，利用他们的高原施工经验和体能稳定的特点。

③ 制定适宜的工作制度。针对山上体力消耗大劳动生产率降低等特点，施工作业尽量采用以机械代人工的方式。同时，改平原隧道施工的"三班制"作业为"多班制"，每班控制 4 h，同时根据不同季节，增减劳动力。

(3) 良好的驻地建设可防止高原病的发生

舒适的居住环境能有效降低职工对高原施工的恐惧心理，从而安心工作。项目部驻地建设中（图 6-34），职工的办公、住宿的房间全部安装了制氧设备，整个办公居住房间全部安装封闭外窗，使得房间内部的氧气含量比外部环境高。

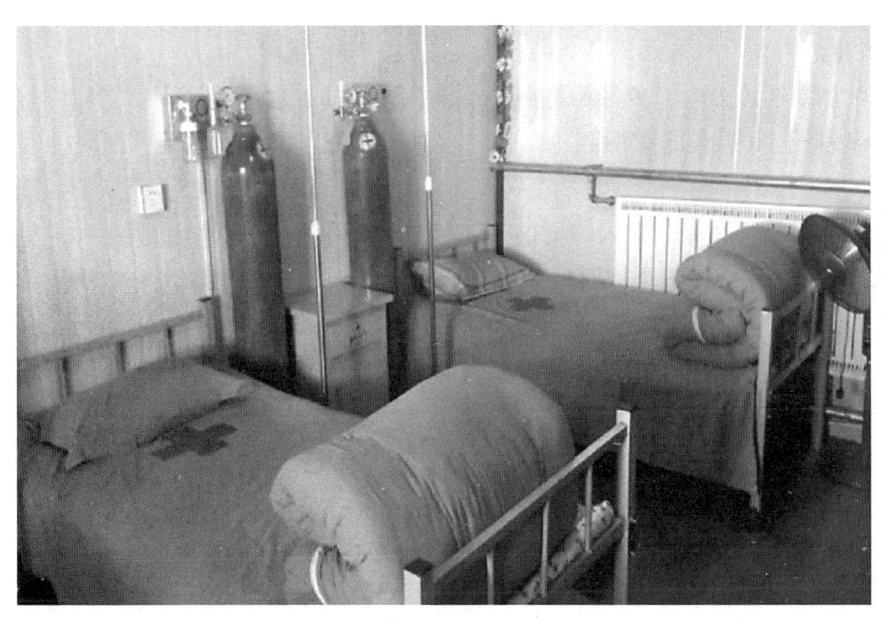

图 6-34
驻地建设

(4) 加强责任心，做好卫生防病工作

根据施工地域属于高寒山地和少数民族地区的特殊性，要突出做好以下几个方面的工作：

① 根据施工住地的地理特点，做好高原常见病的预防工作。由于施工地域属于高寒山地气候，早晚温差大、缺氧、空气干燥、紫外线强、气候多变，施工劳动强度高，体力消耗大，加之施工人员初入此地对环境的不适应等特点，应进一步加强卫生防病工作。

② 预防高原病，重点预防急性高原病。低海拔地区的人员或初次进入高海拔地区时应逐步增加海拔高度，必要时可在中途停留休息。初到高原地区的人员不应立即参加高强度体力消耗大的工作，应休息数日以适应环境，逐渐增加劳动量与劳动强度。进入高原地区后不宜吸烟饮酒，过量吸烟或过量饮酒易导致突发性高原病。

③ 施工人员进入高原地区要避免高体力消耗，补充足量的水、能量和维生素，合理安排作业量，合理饮食，保证充足的睡眠，如出现高原病应早期就地治疗，及时送往低海拔地区。

④ 高海拔地区早晚温差大，气候多变寒冷，必须注意保暖，防止感冒。切勿将肌肤直接裸露在日光下暴晒，以防止紫外线灼伤，可使用防晒霜或高原擦脸油。要防止嘴唇干裂，觉得嘴唇干时不要用舌头舔舐唇部，以防嘴唇进一步开裂，可用水润湿嘴唇或搽润唇膏等，及时补充水。

⑤ 如有呼吸困难、胸闷气短等症状可适量吸氧，有条件者晚上可熬姜汤和用热水烫脚，一方面可解除疲劳，另一方面可防止感冒。

(5) 做好医疗后送工作

由于高寒山地施工的环境特殊，情况复杂，对于伤病员的医疗后送工作必须认真细致，防止发生意外。

① 加强巡诊力度。多深入到施工人群中间，细心了解每个工人的身体状况及思想变化，做到每晚睡前和早晨起床后到每个住宿点进行巡查，以早期发现并及时处理高原病初期症状者。

② 加强抢救力量。进入高原地区，尽量增派和选择有经验的医生和卫生人员参加，在抢救伤病员过程中，卫生人员要认真细致地检查，充分考虑到伤病情的严重程度，做好相应处置。

③ 做好伤病员的思想工作。做到及时了解伤病员的思想变化，进行思想沟通，做好解释工作，克服恐惧心理，使他们配合治疗。

④ 做好伤病后送工作。为了不影响施工人员的工作情绪及任务的完成，该后送的伤病员应及时组织后送，不要因为轻症者对高原病的恐惧而影响施工任务的完成，也不能为了一味地追求完成施工任务而延误重症者后送机会。

⑤ 后送前要做好准备工作。对危重患者要就地抢救，病情平稳后方可考虑后送。后送时要派医生护送，以便处置紧急情况。后送途中要做好保暖、救治及安全等措施，防止发生冻伤或其他意外事故。

(6) 做好后勤医疗保障

有针对性地做好药材储备，如图 6-35 ~ 图 6-38 所示。施工出发前，考虑到高原道路交通不便，药材的补给工作难度较大，因此进驻高原地区前应加大药材的储备及携运量，特别应针对高原常见病、多发病加大针对性的药品储备。每个施工队伍配备供氧设备，有条件者携带适用于高海拔地区的便携式制氧设备。

在山上应设立卫生室，每个施工队配备卫生员，密切观察施工人员的身体状况，建立个人健康档案，储备必需的药品、氧气袋和常用医疗器材，做到一般病现场能够治疗，其他病症及时转移到后方医院医治，保障施工人员的数量和战斗力。

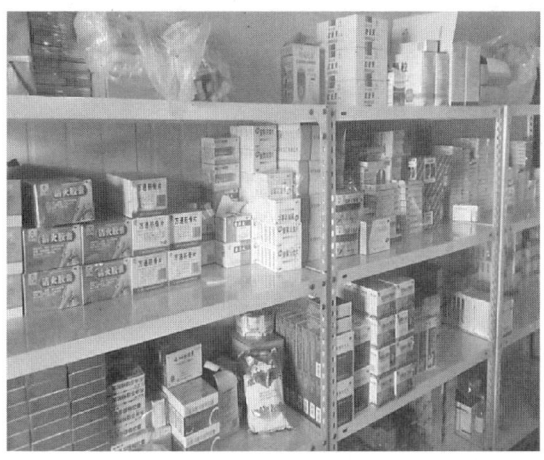

图6-35　工地医疗室

图6-36　便携式氧气装置

图6-37　工地集中制氧设备

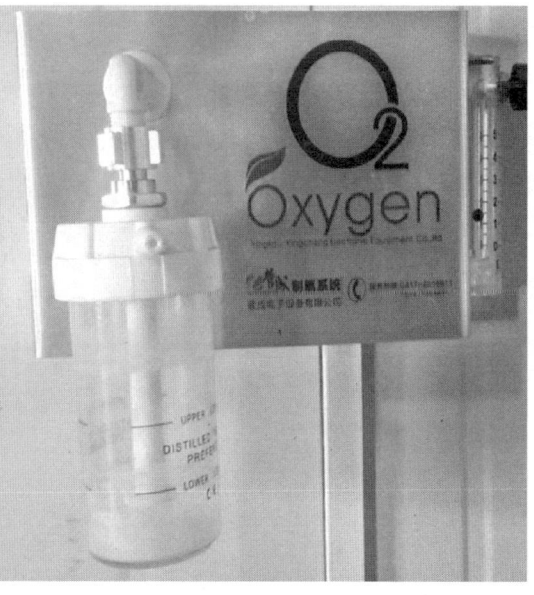

图6-38　工地供氧设备

总之，高海拔施工并不可怕，可怕的是对高原施工人身安全防护意识没有认识和了解。有了对高原施工人身安全的了解，对症下药，保护好项目部参工人员的身心健康，在保证施工人员人身健康安全的前提下保质保量地完成施工任务。

第7章

多年冻土及不良地质公路隧道施工技术

针对共和至玉树公路鄂拉山和姜路岭多年冻土隧道施工中遇到的具体难题，以及雁口山和通天河隧道遇到的粉砂层和软岩不良地质，综合运用数值仿真、室内试验和现场监测等方法，开展系统深入研究，解决多年冻土及不良地质施工技术难题，形成不良地质公路隧道施工关键技术，为类似条件下工程建设提供技术支持。

7.1 多年冻土隧道洞口边仰坡热融滑塌防治

7.1.1 多年冻土边仰坡热融滑塌机理

1) 洞口段温度场分析模型

为简化计算，忽略横向传热，将洞口段三维温度场视作沿纵向的二维瞬态温度场，如图7–1所示。外界对洞口段冻土边坡的温度场影响主要为大气对流换热和太阳辐射热影响，将两者综合为一个因素，作为热分析的边界条件，将太阳辐射引起的热量转换为等效的气温增量，模型初始温度取 −0.7℃，喷射混凝土及模筑混凝土温度均取10℃。冻土热物性参数见表7–1。衬砌热物理参数见表7–2。

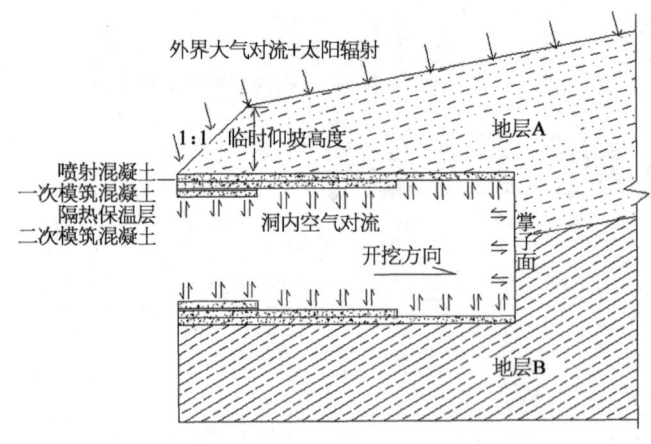

图7–1 洞口段开挖支护温度场分析物理模型

表7–1 冻土热物性参数

土体名称	密度 (kg/m³)	含水量 (%)	融化情况下		冻结情况下	
			热导率 [W/(m·K)]	比热容 [kJ/(kg·K)]	热导率 [W/(m·K)]	比热容 [kJ/(kg·K)]
含亚黏土的碎石土	1 500	23.0	1.10	2.21	1.29	1.74

表 7-2 衬砌热物理参数

材　料	热物理参数		
	热导率 [W/(m·K)]	比热容 [J/(kg·K)]	密度 (kg/m³)
混凝土	1.85	970	2 500
保温隔热层	0.03	1 210	40
钢材	36	470	7 800

根据依托工程鄂拉山、姜路岭隧道进出口不同地质条件、坡角、埋深建立四个基本计算模型，如图 7-2 所示。

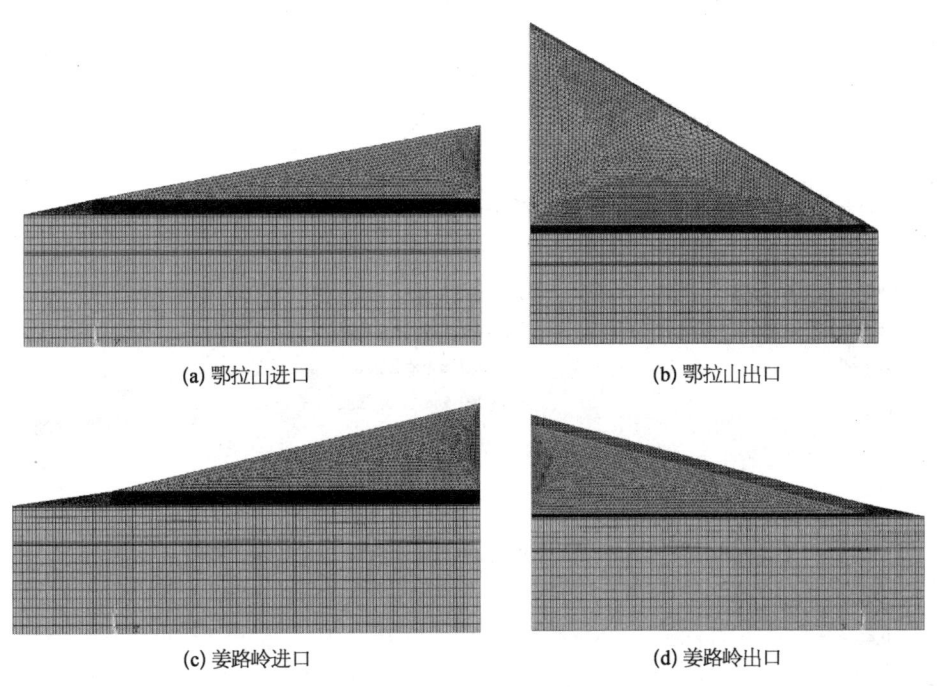

(a) 鄂拉山进口　　　　　　　　　(b) 鄂拉山出口

(c) 姜路岭进口　　　　　　　　　(d) 姜路岭出口

图 7-2　依托工程洞口段计算模型

2) 洞口段热融规律

以依托工程鄂拉山进口段为例进行计算。不同时间地层温度曲线如图 7-3 所示。不同深度地层温度曲线如图 7-4 所示。冻融曲线如图 7-5 所示。

浅层土体温度在寒暖交替季节，温度上升迅速；地层中的温度相对地表有着一定的滞后性，且深度越深，滞后性越明显。地层年温度极值出现得越迟，温度变化曲线越缓和，表明受到外界温度扰动越小。冻土于 3 月份由地表开始向地层深处融化，8 月份达到最大融化深度 1.80 m。秋季外界气温开始降低并达到负温，融土又从地表开始向地层深处冻结。并且融土受到地下恒定温度的影响开始由底部向地表方向回冻，直至"融化线"和"冻结线"

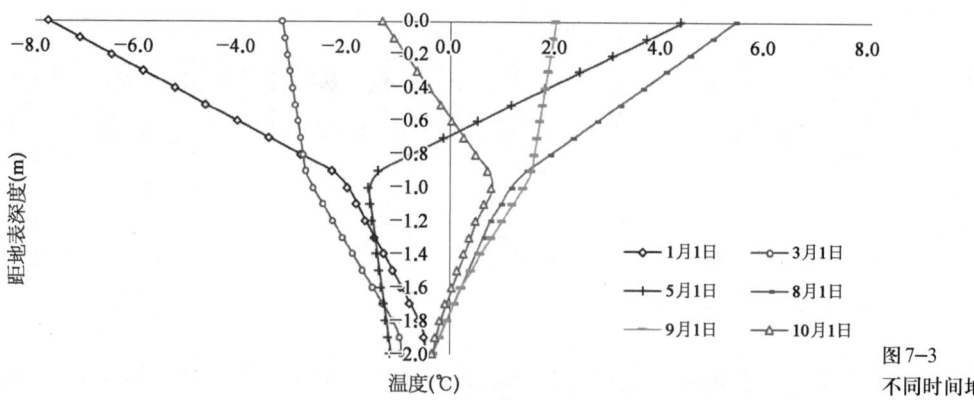

图 7-3 不同时间地层温度曲线

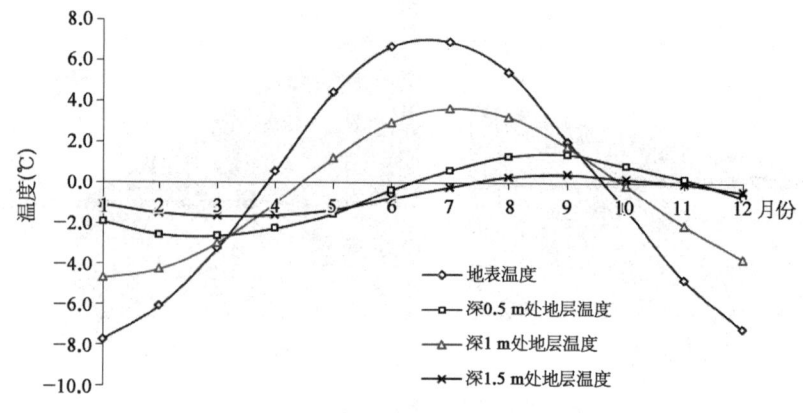

图 7-4 不同深度地层温度曲线

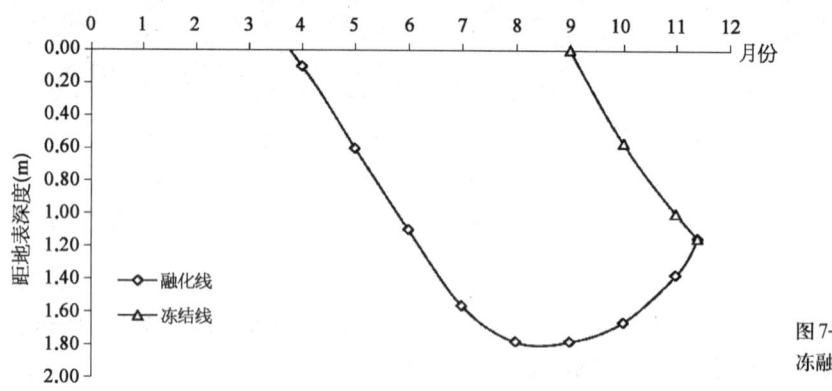

图 7-5 冻融曲线

相交，即地层全部进入负温状态。

分析不考虑太阳辐射及考虑太阳辐射影响，两种情况下的地层温度变化规律及各洞口段冻土上限见表 7-3。太阳辐射对依托工程洞口段边坡热融的影响巨大，即使是阴坡面都有必要施做一定的遮阳措施来减小冻土热融。

表 7-3　依托工程洞口段冻土上限计算值　　　　　　　　　　　　　　　　　　(m)

洞　口	鄂拉山隧道		姜路岭隧道	
	有太阳辐射	无太阳辐射	有太阳辐射	无太阳辐射
进　口	1.80	0.58	1.60	0.58
出　口	2.20	0.78	2.00	0.74

3) 洞口段施工引起的隧道内热融坍塌研究

(1) 施工环境气温的合理控制范围

根据洞内开挖热融规律,在控制洞内施工环境气温时,应遵循以下原则:

① 将龄期低于 3 d 的喷射混凝土温度保持在 0℃ 以上可满足支护防冻要求。

② 掌子面环境气温可以稍高,甚至保持在 0℃ 附近或以上,利于施工。

③ 距掌子面一定距离后,环境气温应当足够低,利于减小围岩的融化圈。

(2) 临时保温防融措施对开挖期间热融坍塌防治作用分析

根据青藏高原多年冻土区的研究和施工经验,对于冻土边坡的防护具体措施主要有以下几种:边坡遮阳措施、片碎石覆盖、冷却坡体。

表 7-4　不同日期 YK329+790 围岩融化圈深度监测值

项　目	1/20	1/25	2/7*	2/15*	3/10	3/30	4/5	4/30	5/6	5/20	6/5	6/15
实测融化圈深度 (m)	0.40	0.65	0.10~0.75	0.35~0.70	0.05	0.00	0.20	0.05	0.05	0.10	0.15	0.20

注:*存在融化夹层。

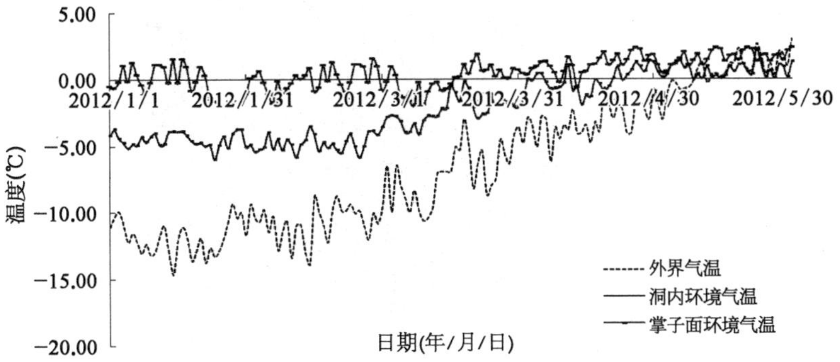

图 7-6　姜路岭进口洞内外气温监测值

姜路岭进口洞内外气温监测值如图 7-6 所示。YK329+790 围岩融化圈深度监测值见表 7-4,断面融化范围计算值与实测值对比如图 7-7 所示。姜路岭洞口段基本在寒季施工,通过临时保温,掌子面环境气温平均值 0.5℃;距掌子面 3 m 以上的洞内环境气温平均值 -2.1℃,达到了预期控制目标。在施做一次模筑混凝土前,围岩融化圈为 1.10 m 左右;在

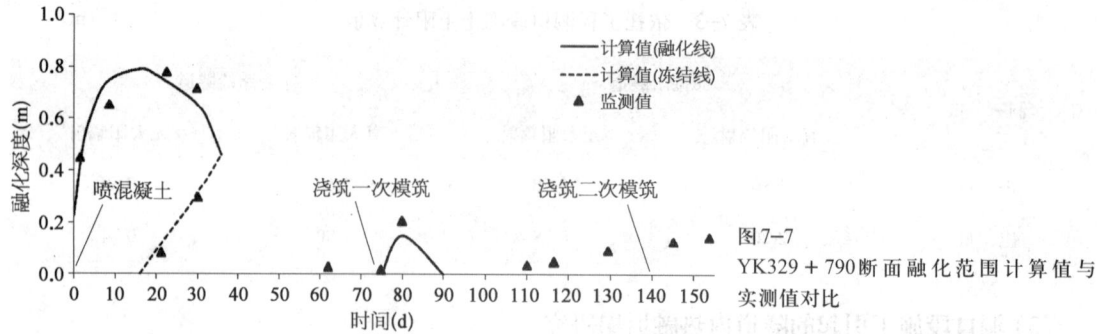

图 7-7 YK329+790 断面融化范围计算值与实测值对比

施做二次模筑混凝土前,围岩融化圈为 1.3 m 左右。可见虽然暖季外界气温较高,在施做了洞内保温防热融措施后,断面围岩融化圈增长缓慢,融化圈深度得到了很好的控制,防止了热融坍塌的产生。

4) 在保温条件下洞口段边仰坡的稳定性

根据现场地形地貌建立鄂拉山左洞出口模型,如图 7-8 所示。模型横向两边各取 35 m 为计算影响区,下边界距隧道中心 30 m 为计算影响区。坡面覆土层主要为含亚黏土碎石土,计算厚度取 2 m,下层为强风化安山岩。边界条件均采用位移边界条件,不考虑水平构造应力的作用及爆破动荷载对隧道稳定性的影响。

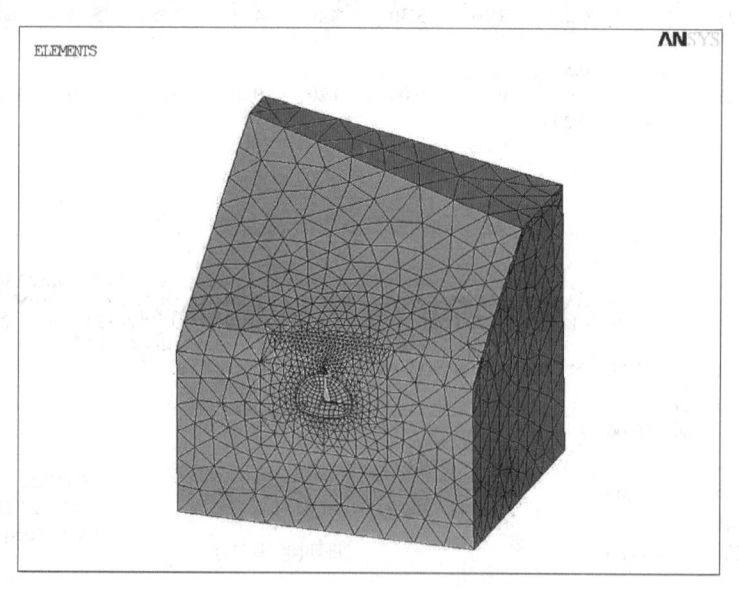

图 7-8 计算模型

分析研究以下两种工况:

工况 1,按照在寒季开挖时,洞口段施做边坡及洞内保温防融措施后的理想情形设置热融圈,即边坡浅层土体均处于冻结状态。

工况 2,洞口段未施做边坡及洞内保温防融措施,洞内施工环境温度较高,边坡及洞内热融范围均较大，且洞口 5 m 埋深以下均存在热融贯通现象，即设置边坡热融深度 2 m，洞内围岩最大热融深度为 3 m。

围岩力学参数见表 7-5。

表 7-5 围岩力学参数

围岩性质	重度 (kN·m³)	内聚力 (kPa)	内摩擦角 (°)	弹性模量 (MPa)	泊松比
强风化安山岩（冻结）	19.0	264	26.8	1 140	0.35
强风化安山岩（未冻）	19.0	200	25	900	0.4
含亚黏土碎石土（冻结）	15.0	145	19.9	189	0.43
含亚黏土碎石土（未冻）	15.0	29	17.8	100	0.48

（1）位移分析

在地表设置测点 A、B、C 分别距洞口纵向水平距离为 0 m、5 m、10 m。根据模型的坐标系，Y 向为竖向位移，Z 向为水平位移。

隧道土体开挖后形成临空面，上方围岩主要发生向下的竖向位移，底部围岩则会向上隆起，两种工况下隧道开挖相差较大。工况 1（图 7-9）随着隧道进深的增加，测点竖向与水平位移的增长速度均为先快后慢，最后趋于平缓，说明隧道开挖扰动对上方土体的影响范围有限；工况 2（图 7-10）开挖后测点竖向位移增长速度一直较快，测点 A 的水平位移逐步增长，并在进深约 18 m 时发生位移突变，说明随着隧道进深的增加，边坡的稳定性在不断降低，不仅有向前方滑动的趋势，而且增加了向隧道内发生坍塌的风险。

在施做洞内和边坡保温防融措施后，通过减小融化范围，可以明显提高洞口段开挖过程中的稳定性，但工况 1 由于竖向位移和水平位移处于一个数量级，坡面的水平运动趋势不

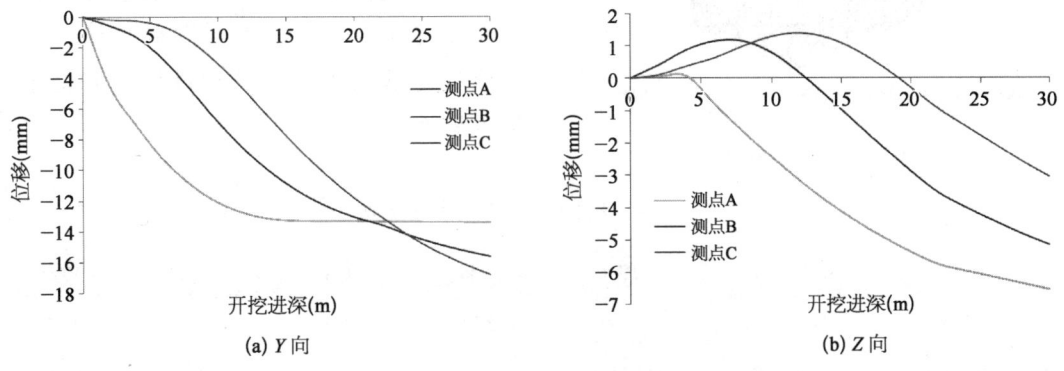

图 7-9 工况 1 测点位移

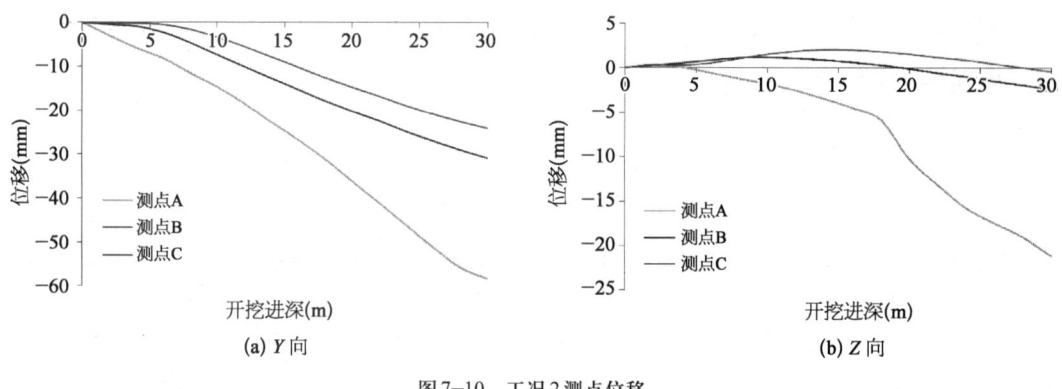

图 7-10 工况 2 测点位移

能忽略，施工中应注意对坡面的水平位移趋势的观测，也可采用锚杆注浆等措施进行提前加固。

(2) 应力分析

两种工况下，开挖过程中最大第一主应力都随着开挖逐渐增大，但是在数值上工况 2 要比工况 1 高。开挖 5 m 后，工况 1 最大拉应力为 185.2 kPa，工况 2 最大拉应力为 185.2 kPa，两者基本一致；但在开挖 30 m 后，工况 1 最大拉应力为 246.0 kPa，工况 2 最大拉应力为 783.2 kPa。

由此可见，工况 1 的情形下，在开挖初期，是拉力区发展最快的过程，之后随着进深增加，没有继续发展或者变化很小，说明隧道是稳定的；在工况 2 的情形下，随着进深的增加拉力区在明显地发展，说明隧道的稳定性不断降低，有发生坍塌的风险。

(3) 塑性区分析及安全系数

两种工况的塑性区发展趋势基本相同，均是随着开挖工作的进行先由洞内两侧拱脚处发展，但是发展程度明显不同，如图 7-11 所示。工况 1 围岩在开挖后，拱脚也有开裂的趋势，洞内也存在一定的坍塌风险，但在支护后，塑性区发展较慢，围岩趋于稳定；工况 2 塑性区发展很快，对洞口段稳定非常不利。开挖过程中安全系数见表 7-6。

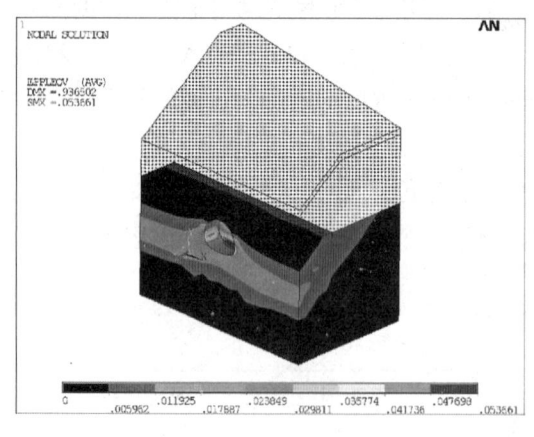

图 7-11 塑性区发展

表 7-6 不同开挖进深时安全系数

工况	5 m	10 m	15 m	20 m	25 m	30 m
工况 1	1.75	1.60	1.57	1.55	1.53	1.52
工况 2	1.75	1.45	1.39	1.32	1.24	1.10

综合以上两种工况的对比可知,依托工程隧道通过施做边坡及洞内保温防融措施,可以显著降低坡面滑坡及洞内坍塌的可能,提高洞口段稳定性。

7.1.2 多年冻土边仰坡热融滑塌防治措施

1)进洞季节的选择

根据现场气象站监测数据,当地每年的5—9月为暖季,大气温度为正温,10—4月为寒季,大气温度基本为负温。边仰坡的开挖、防护加上洞口管棚试作大约需要2个月时间。经过研究人员的多次讨论研究,最终决定于8月初启动洞口工程的施工,9月底暗洞开挖。

2)双层遮阳网护坡技术

为了能尽快解决边仰坡热融坍塌问题,赶在寒季来临之前进洞施工,依托工程在满足有效保护冻土的前提下,打破传统设置刚性遮阳篷的方案,提出采用在洞口搭设简易双层遮阳网的施工新技术,使隧道按原计划进洞。相比遮阳篷,遮阳网有着取材方便、造价低、施工便利、受风力小、安全性能好的优点。

(a) 边坡

(b) 仰坡

图7-12 遮阳网防护

图7-12所示为鄂拉山边仰坡遮阳网现场施工。坡面用草袋装粗颗粒土覆盖后,铺设第一层遮阳网,随后用$\phi 22$ mm的钢管架1~1.5 m高,支撑第二层遮阳网。防晒网的颜色有黑色、银灰色、白色、浅绿色、蓝色、黄色及黑色与银灰色相间等。生产上应用较多的是SZW-12、SZW-14黑色和银灰色两种网,其每平方米的重量分别为(45 ± 3) g和(49 ± 3) g,规格以幅宽160~250 cm为宜,使用寿命一般为3~5年。防晒网的主要性能指标见表7-7。

鄂拉山隧道左洞进口于7月份开始洞口工程施工,由于该地区正值雨季,而气温处于一年当中最高时段,边坡开挖后暴露于阳光直射下很快融化,造成坡脚积水、浸泡坡脚,反

表 7-7 防晒网的主要性能指标表

型　号	遮光率（%）		机械强度 [50 mm 宽的拉伸强度（N）]	
	黑色网	银灰色网	经　向	纬　向
SZW-8	20～30	20～25	≥250	≥250
SZW-10	25～45	25～45	≥250	≥300
SZW-12	35～55	35～45	≥250	≥350
SZW-14	45～65	40～55	≥250	≥450
SZW-16	55～75	55～70	≥250	≥500

过来又影响边坡，最终形成坍塌，施工难度极大。经过在鄂拉山隧道进口的施工实践，在洞口搭设双层防晒网能够有效地控制边坡的热融速度。搭设单层防晒网后，通过网内、网外的温度监测对比，在中午温度最高25℃左右时，网内温度要低10℃左右；搭设双层防晒网后，网内温度能够控制在5～8℃，达到了冻土隧道施工最佳温度，从而为洞口施工节约了时间，并在9月中旬顺利实现了进洞。

防晒网和遮阳篷性能对比：防晒网为聚乙烯土工合成织物，每平方米市场价一般在3～5元，而遮阳篷一般为钢桁架结构，每平方米市场价一般在230～250元；搭设双层防晒网能够有效地减缓太阳辐射造成的冻土热融速度，为洞口边仰坡支护施工赢得时间，降低了施工难度。同样能达到遮阳篷防护预期效果；防晒网搭设简便，工人易于操作，施工速度快时间短，边坡上可先堆码砂袋，再铺设防晒网，效果更好，铺设防晒网的同时不会影响洞口的正常施工。而遮阳篷需要采取起重机配合吊装，要求具有一定的专业化水平，并且拼装遮阳篷时洞口无法正常施工。防晒网能够很好地解决多年冻土区隧道洞口边仰坡冻土受环境温度高影响造成的热融融塌问题，并以其造价低廉、施工简便的特点，为寒区隧道在夏季进洞施工时的首选防护方案。

通过对比分析和实践结果，该技术具有很大的经济社会效益和推广应用价值，主要表现在以下两点：该技术使鄂拉山隧道进口边仰坡施工得到了有效的防护，使隧道顺利实现了进洞，并铺设防晒网可与洞口施工同步作业，加快了施工进度，节约了工期；防晒网造价低廉，施工简便，对比遮阳篷方案，一个洞口可至少节约成本20万元。

3) 开挖防护技术

边仰坡开挖，以"分层、分段开挖、边开挖、边防护"原则和"开挖一段、成型一段、防护一段"的原则组织施工，冻土（含冰碎石土）开后挖暴露在太阳光直射下，发生融化后呈软塑状，强度极低，极易导致边仰坡出现滑塌，施工过程中要采取"控温"隔热防护措施以防止冻土融化。

分层开挖厚度根据实际情况确定在1.0～1.5 m范围。分段开挖长度根据施工段实际情况确定在 15～25 m 范围。冻土表层开挖采用大功率机械开挖，基岩采用弱爆破开挖，边坡与基床采用微振光面爆破严格控制，尽可能减少对冻土扰动。考虑到临时冻土边坡的稳定性，坡率由 1∶1 调整为 1∶1.5。对于明洞两侧临时边坡，开挖后采用喷锚网支护、喷 PU 聚氨酯泡沫隔热层、草袋装粗颗粒土覆盖，之后铺设第一层防晒网，随后用 ϕ22 mm 钢管架 1～1.5 m 高，撑第二层防晒网；对于浅埋段仰坡，由于特浅埋段面拱部由洞内向上产生融化圈，不宜铺设隔热层，采用草袋装粗颗粒土覆盖，之后覆盖防晒网。

施工方法如图 7-13 所示。

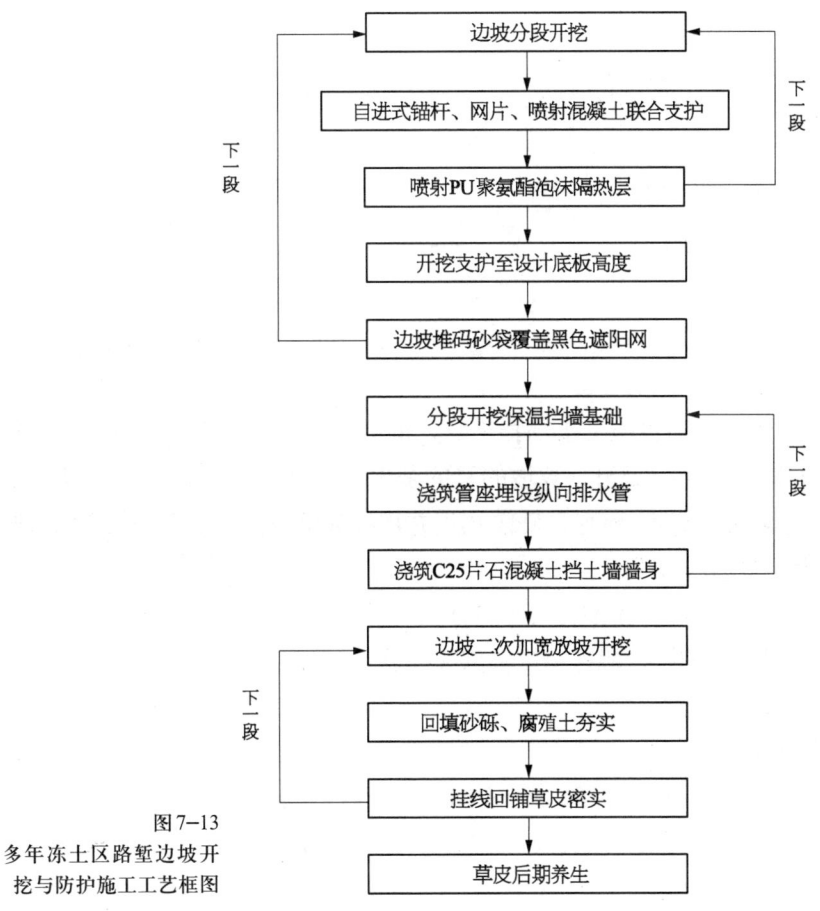

图 7-13 多年冻土区路堑边坡开挖与防护施工工艺框图

① 在边坡开挖成型一段后立即施做系统锚杆（4 m 长自进式锚杆）挂设钢筋网片，喷射低温早强 C25 混凝土，表面再喷 PU 聚氨酯泡沫隔热层 5 cm 厚。每次开挖长度不宜超过 5 m、高度不宜超过 2 m，以防止开挖面积过大支护不及时导致冻土边坡融化坍塌。按照这个尺度逐步开挖至设计底板高度。

② 对开挖支护基本成型的边仰坡要采取临时"降温"措施，用编织袋装填砂砾整齐码砌覆盖边坡，再铺设双层黑色遮阳网，取到隔热降温作用防止冻土边坡热融滑塌。

③ 对边坡开挖高度大于3 m的段落，分段（5 m左右施作一段）施工坡脚保温挡墙（C25片石混凝土）基础，基础开挖到设计尺寸后要立即浇筑混凝土封闭，防止暴露时间太长基坑垮塌影响已经防护成型的边坡稳定性。基础施工完成后于墙背埋设 ϕ200 mm纵向单壁打孔波纹管并包裹无纺布（过滤），纵向通长埋设至填挖分界处，并对出水口进行保温隔热处理（盲沟表面覆盖草皮），以确保墙背积水顺利排走，保证墙后不至积水成冰导致挡墙混凝土发生冻胀破坏。保温挡墙防护典型横断面如图7-14所示。

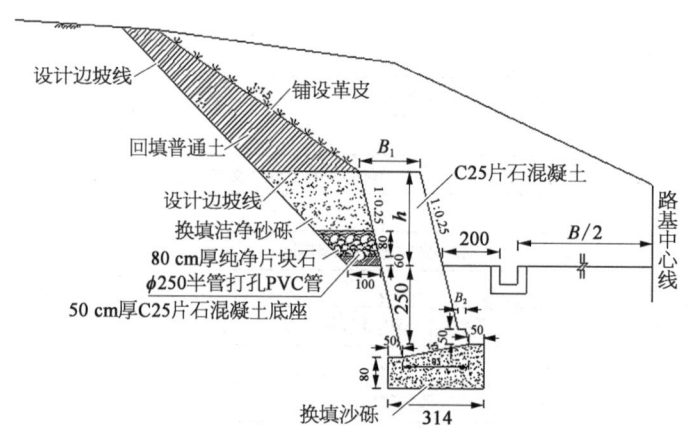

图7-14 保温挡墙防护典型横断面图

④ 基础施工完成后再施工上部挡土墙，最后根据边坡高度对边坡加宽进行放坡［坡率放缓至（1∶1.25）～（1∶1.5）］，放坡的目的是保证边坡能回贴住砂砾、腐殖土、草皮。边坡放坡成型后及时覆盖30 cm厚砂砾隔热层并用打夯机夯实，表面回填20 cm厚腐殖土人工夯实，再挂线回贴草皮密实。

⑤ 对草皮进行养生，先期覆盖塑料薄膜，待草皮发芽后拆除薄膜纸，安排洒水车和专人高温时段定时洒水养生，确保草皮全部成活返青。

4) 热棒降温技术

明洞施做完毕后，即可拆除临时边仰坡以上覆盖的遮阳网，在明洞两侧进行浆砌片石回填，之后铺50 cm厚黏土隔水层，并覆盖20 cm厚腐殖土，表面铺设草皮。洞口段仰坡于表面喷PU聚氨酯泡沫隔热层，并宜保留架设的第二层遮阳网一年左右，目的在洞内施工热量散失后隔绝地表的继续传热，保证运营期洞顶冻土不再发生融化。依托工程隧道创新性的引进了热棒降温技术，加快了施工热量的散失，并保障了洞顶冻土的热稳定性，避免冻融循环对衬砌结构造成破坏。

根据青海省共和至玉树（结古）公路工程姜路岭隧道浅埋段热棒埋设要求，在隧道进口左、右线及出口左线浅埋段埋设，平面布置间距3 m，采用梅花形布设，如图7-15所示。横断面布置有两种类型，一种埋设热棒6根，一种埋设热棒7根，工程共计使用热棒367根。其中，进口左线埋设长度63 m，宽21 m，埋设热棒165根；进口右线埋设长度48 m，宽

21 m，埋设热棒127根；出口左线埋设长度48 m，宽21 m，埋设热棒75根；热棒基管直径89 cm，采用4.5 m、5.5 m、7 m、8 m、9 m、10 m、11 m共计7种类型，其中，4.5 m和5.5 m的热棒冷凝段长2 m，其余热棒冷凝段长2.5 m。热棒埋设工作于2012年11月2日开始，至2013年1月10日全部完成，历时69 d。

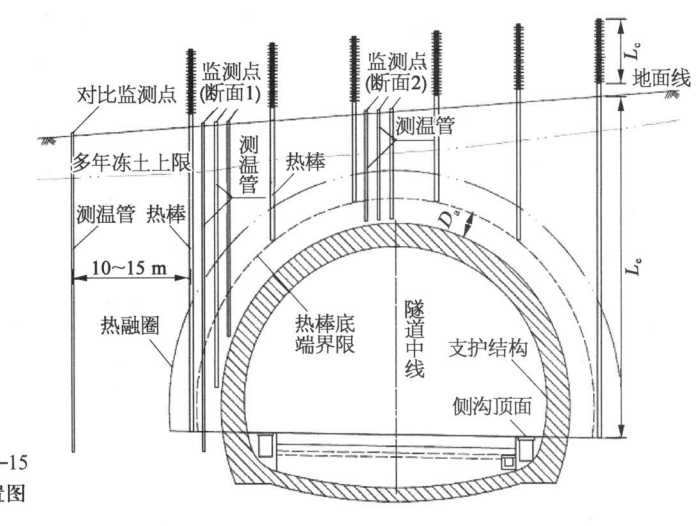

图7-15 热棒及监测点布置图

热棒是一种气液两相对流循环的导热系统。它是一根密封的管，里面充填一定量的工质（如氮、氟利昂、丙烷、二氧化碳等），上端为散热片组成的冷凝器，下端为装有工质的蒸发器，中间为绝热段。当冷凝器的温度低于蒸发器的温差时，蒸发器内的液体工质吸收热量而蒸发，在压差作用下，蒸气上升至冷凝器端，放出汽化潜热，通过散热片放出，蒸气工质也随之冷却凝结成液珠，在重力作用下，液珠沿管壁回流至蒸发器。如此反复循环，将地基土中的热量不断散发出去而使土体冷却。隧道浅埋段热棒如图7-16所示。

（1）主要技术参数

热棒技术要求为$\phi 83 \times 5$ mm，在工作温度为-5℃时，其传热能力不低于6 kW；工作温度为$-60 \sim -50$℃时，工作压力为$0 \sim 2.2$ MPa，可靠工作时间不低于20年。

图7-16 隧道浅埋段热棒

(2) 施工准备

工程施工前，对运输道路、水源、电源、照明做到三通一平，准备好细砂、吊车等主要机具材料及劳动力。钻孔后，孔周边0.5 m范围内的泥土和杂物及时清理干净，并外运处理。孔附近不得有阻碍热棒吊装的施工材料和杂物。安装工序中有固定装置、保温、仪表监控、电极防腐等要求的在安装地点采取相应的措施后，方可进行相应的工序施工。用其他设备、结构作为搬运设备的承力点时，应对结构的承载力进行复核，对12 m长的热棒一般采用12 t吊车安装，吊点位于热棒的上端。

(3) 材料检查和保管

设备开箱按下列项目进行检查，并做好记录：热棒外观检查，外表不得有裂纹、凹坑等缺陷，必须清除如毛刺等物，以防伤手；箱号、箱数以及包装情况；设备名称、型号和规格；装箱清单、设备技术文件、资料以及专用工具；设备有无缺损件，表面有无损坏和锈蚀等。

设备及其零、部件和专用工具均应妥善保管，如在短期内不进行安装工作，则应保护好热棒，远离火源，防止阳光直晒，用隔热材料将热棒封盖，以防止温度过高而损坏热棒。在采取保护措施后，方可施工，不得使其热棒变形、损坏、锈蚀、错乱或丢失。

(4) 施工方法

钻孔前应对该地段的路基边坡进行刷坡夯实，按照热棒尺寸、位置在坡面上放出热棒的具体点位，并打入护桩。

热棒安装前，根据该地区《地质勘探报告》，需预先试验钻孔，待钻孔经复核合格再按照热棒的位置进行正式钻孔。孔径为180 mm，孔净深（8 000±10）mm，与地表面夹角有75°和90°两种，即斜置孔和铅直孔，孔直线度偏差应符合规范要求，孔纵向间距均为4.0 m。

钻探砂土就地堆存备用，钻孔应酌情采取成孔护壁措施，采用沙驼钻机150B型立轴转动角度，采用导斜量角器定位，准确省时。斜置采用导向装置，慢速钻进，液压给进加压，保证钻孔角度，为了避免钻进时钻头下俯，钻孔预留一个15°倾角。

钻机的固定采用较简单的地锚固定法。在地层较复杂、特别难钻、钻面震撼较大的情况下，采用钢绳固定或支架支撑，以避免发生意外。

钻孔完成后及时安装热棒，在不能及时安装的情况下采取临时防护措施将孔盖住，防止孔内落入杂物等。

如果钻孔不成型而造成塌孔现象，则采取泥浆护壁方法进行施工处理，在孔附近挖设沉浆池，进行泥浆导流，待成孔后再将孔内泥浆慢慢回旋钻出。

(5) 工件吊装与回填

热棒安装前，对现场检验热棒管道的防腐、保温、防水层处理等以及相关项目进行检查；热棒安装有倾斜式和铅直式两种。在吊装时结合工件的强度、刚度、局部稳定性等选择最有利的受力位置，必要时采取补强加固措施，确保安全施工；搬运、吊装过程中会采取相应保护措施，防止起吊过程中外力的作用使翅片变形。注意不要压伤和擦伤工件（尤其是上部的翅片部分），避免损坏散热片和工件保护层；在吊装单支热棒时，利用热棒本身顶部端盖的环形槽作为受力点进行系吊时，因热棒的长度为 12 m 左右，要采取必要的防护措施，防止因设备的摇摆而发生危险。单件吊装重量不超过 500 kg，但要求吊车吊臂有效起吊高度不低于 14 m；吊装热棒，插入已成孔中，调整高度，垂直度用撑杆临时固定；回填钻孔间隙采用水中沉砂法，先用清水灌满孔隙，然后将砂徐徐灌入热棒与孔隙之间的间隙，直至孔口为止；孔隙填砂冻结后，拆除临时支撑，填砂回填时间 5~7 d；热棒安装整齐划一，路基同侧的热棒应在同一平面内；做好现场设备、管线的防护工作。

(6) 清理场地与验收

热棒安装完成后，对施工场地进行清理，将施工垃圾清理远运集中处理，或埋藏于地表以下，并恢复场地原状。最后对热棒施工进行全面验收。

(7) 热棒实施效果

据监测数据显示，隧道浅埋段热棒群经过半个寒季的"储冷"和一个暖季的"冷量释放"，截至 2014 年 12 月底隧道浅埋段热棒群作用范围内，土体基本处于冷冻状态，同时洞周基本形成冻土防渗帷幕，减小了冬结层上水向隧道结构方向的渗入，达到了改变洞周围岩回冻时产生的冻胀力方向，减小隧道支护结构所受的法向冻胀力的目的。

2013 年暖季部分埋深较浅的区段隧道顶部与地表之间的冻土层融透的情况，经过寒季热棒的制冷作用，2014 年除姜路岭隧道出口左洞埋深 2.5 m 范围内仍有冻土层融透现象外，其他埋深较浅的区段均已回冻，消除了冻土层融透现象。随着时间的推移，热棒寒季"储冷量"的增加，姜路岭隧道出口左洞埋深 2.5 m 范围内冻土层融透现象是否消除，需进一步监测。

7.2 多年冻土隧道洞口超前预支护

根据现有的国内外对冻土及冻岩的冻融力学性质研究，分析两者不同的工程特性，确定合理的冻融力学参数，在此基础上利用理论分析和数值计算，研究超前注浆管棚、超前注浆小导管支护方式对冻土、冻岩围岩的温度场扰动情况和支护效果。

7.2.1 多年冻土地层超前支护适应性分析

1) 冻融条件下冻土和冻岩的力学参数取值

依托工程隧道冻土段围岩岩性主要有：含亚黏土的碎石土冻土，围岩级别为Ⅵ级；强风化凝灰岩、强风化页岩、强风化安山岩冻岩，围岩级别为Ⅴ级。其力学参数见表 7-8。

表 7-8　依托工程冻土和冻岩围岩力学参数

围岩性质	重度（kN·m³）	内聚力（kPa）	内摩擦角（°）	弹性模量（MPa）	泊松比
Ⅴ级冻岩（冻结）	19.0	264	26.8	1 140	0.35
Ⅴ级冻岩（融化）	19.0	200	25	900	0.4
Ⅵ级冻土（冻结）	15.0	145	19.9	189	0.43
Ⅵ级冻土（融化）	15.0	29	17.8	100	0.48

2) 温度场分析模型概述

数值模拟以依托工程洞口段浅埋断面为研究对象，建立二维分析模型，如图 7-17 所示。

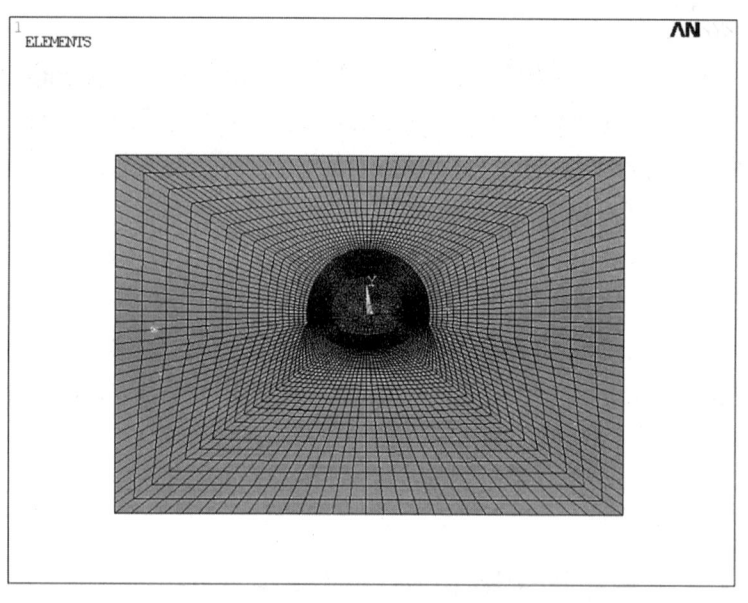

图 7-17
温度场计算模型

根据现场超前支护设计方案，所用长管棚设计长度 30 m，直径为 φ108 mm，壁厚 6 mm，环向间距为 40 cm；双排超前小导管直径 φ42 mm 超前小导管预支护，壁厚 4 mm，环向间距 40 cm。管棚注浆范围厚度为 0.50 m，注浆范围为拱顶 130°；双排超前小导管注浆范围厚度取外插角较大钢管（30°）中点以外 0.25 m。

3) 应力场分析模型概述

通过改变超前管棚和超前小导管加固区范围岩体的力学参数模拟超前支护的作用，通过减弱加固区以外热融范围岩体的力学参数模拟超前支护对围岩的热扰动。结合相关文献注浆岩体的经验取值，对注浆加固圈的岩体力学性质取值见表 7-9、表 7-10。

表 7-9　衬砌计算参数

围岩及结构	密度（kg/m³）	内聚力（kPa）	内摩擦角（°）	弹性模量（MPa）	泊松比
喷射混凝土	2 500	—	—	27 500	0.2
一次模筑	2 700	—	—	33 500	0.2
锚杆	7 850	—	—	210 000	0.2
锚杆注浆加固冻土	1 620	80	17.8	300	0.35
锚杆注浆加固冻岩	2 000	260	25	1 800	0.30
管棚加固冻土	1 620	80	17.8	450	0.35
小导管加固冻土	1 620	80	17.8	300	0.35
管棚加固冻岩	2 000	260	25	1 950	0.30
小导管加固冻岩	2 000	260	25	1 800	0.30

表 7-10　荷载释放比例

围岩级别	分担比例（%）		
	围岩	喷射混凝土＋钢架	一次模筑
Ⅴ级冻岩	30	30	40
Ⅵ级冻土	10	30	60

4）冻土段超前小导管和管棚的加固效果研究

目前，超前导管支护技术由于具有操作简单、施工机器具运输及安装灵活方便、相对成本较低等优点，相比其他两类在寒区冻土隧道中应用较多。常见的超前导管注浆，又可细分为超前注浆小导管、超前注浆管棚。这两种加固方式会造成温度扰动，影响围岩的加固效果。

超前支护对多年冻土的支护作用与其对围岩的温度场扰动紧密相关，本节利用温度场分析模型研究超前注浆小导管和超前管棚对冻土围岩的温度场扰动情形。

(1) 超前管棚

通过钢管上的孔向围岩注入水泥、水玻璃等材料，提高围岩弹模和强度以改善围岩自身状态，保证掌子面稳定，如图 7-18 所示。

① 超前管棚对多年冻土隧道围岩的温度场扰动。图 7-19 为施做超前管棚后断面开挖前围岩融化圈深度的变化规律，冻土围岩中，施做管棚后 4 d 内融化圈增长较快达到约 0.60 m，之后 30 d 内变化幅度很小，融化圈最大为 0.65 m，比注浆范围厚约 0.15 m；冻岩中，施做管棚后前 4 d 融化圈增长速度较冻土中更快，达到最高值约 0.62 m，大于注浆范围厚度约

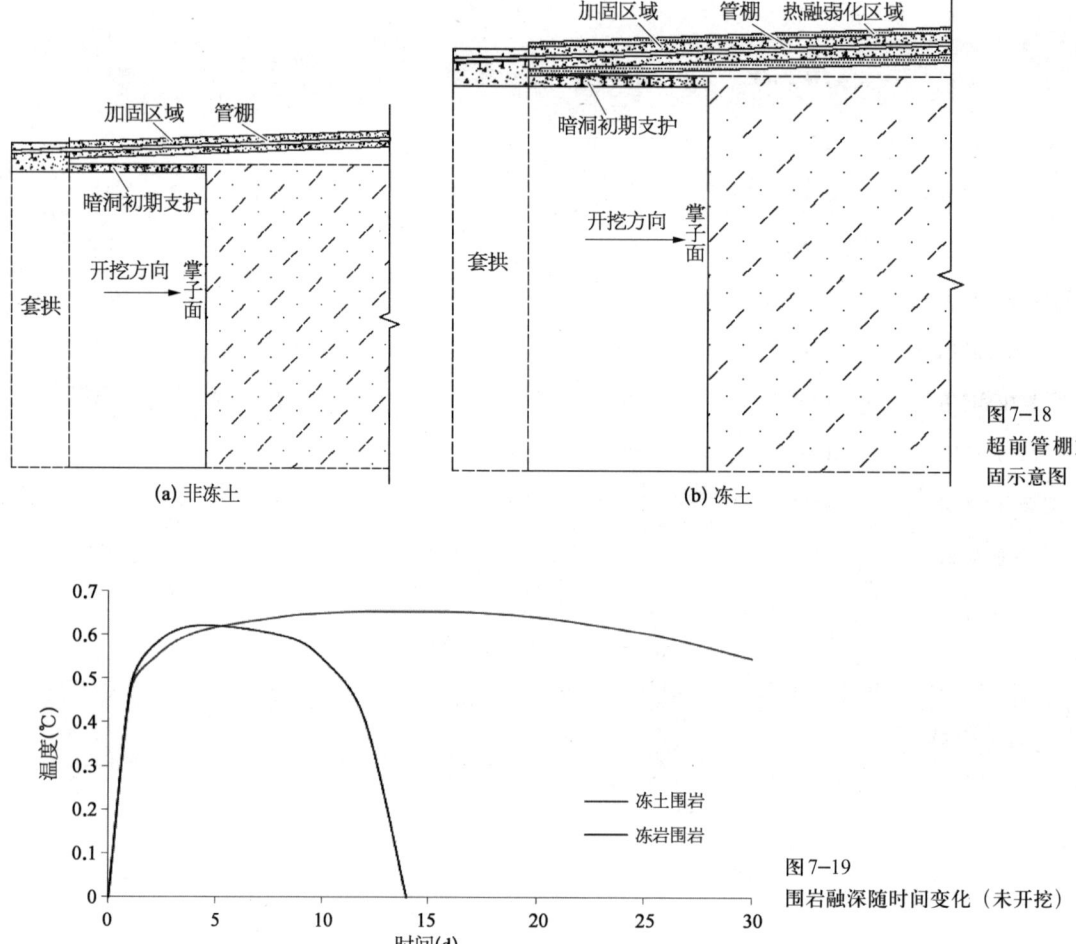

图 7-18 超前管棚加固示意图

图 7-19 围岩融深随时间变化(未开挖)

0.12 m,之后开始缓慢减小,在 10 d 后减小速度加快,于 14 d 完全回冻。

表 7-11 为超前管棚已施做不同天数后,断面开挖并立即施做喷射混凝土,30 d 后的融化圈大小。

表 7-11 开挖 30 d 后围岩融化圈大小 (m)

围岩岩性	施做超前管棚后天数			
	5 d	10 d	20 d	30 d
冻土围岩	1.51	1.51	1.52	1.54
冻岩围岩	2.61	2.62	2.63	2.64

管棚支护范围内,越迟开挖的断面越受超前管棚热扰动的影响,围岩融化圈越大。在冻土围岩中,相比不施做超前管棚只施做喷射混凝土的情形,开挖 30 d 后拱部围岩融化圈

最大增大 0.18 m；在冻岩围岩中，相比不施做超前管棚只施做喷射混凝土的情形，开挖 30 d 后拱部围岩融化圈最大增大 0.20 m。

② 超前管棚对多年冻土隧道围岩的加固效果。在未施做管棚超前支护时，由于洞室的开挖，隧道拱部及拱脚出现应力集中，最大横向应力出现在拱脚，最大值约为 0.27 MPa，最大竖向应力也出现在拱脚，最大值约为 0.58 MPa；施做管棚后，由于洞室开挖后减小了拱脚和拱部的应力集中，拱脚最大横向应力约为 0.24 MPa，拱脚最大竖向应力约为 0.56 MPa，可见围岩应力在数值上相差不大，但相对更分散平均，利于洞室稳定。

未施工管棚时，在施做喷射混凝土后，隧道结构发生应力重分布，围岩拱脚存在较长的高应力区，横向应力最大值约为 0.28 MPa，最大竖向应力也出现在拱脚，最大值约为 0.60 MPa；施做管棚时，拱脚的应力集中明显减小，数值上也有小幅度降低，拱脚横向应力最大值约为 0.27 MPa，拱脚竖向应力最大值约为 0.59 MPa。

在未施做管棚超前支护时，由于洞室的开挖，隧道拱部及拱脚出现应力集中，最大剪应力出现在拱脚，最大值约为 0.14 MPa，拱部剪应力约为 0.10 MPa；施做初支后，拱脚剪应力最大值约为 0.12 MPa，拱部剪应力最大值约为 0.09 MPa。施做管棚后，由于洞室开挖后减小了拱脚和拱部的应力集中，拱脚剪应力最大值约为 0.11 MPa，拱部剪应力增大，说明管棚加固区分担了较大的拱部围岩压力；施做初支后，拱脚剪应力最大值约为 0.11 MPa，拱部剪应力增大。

因此，从围岩应力角度看，施做管棚改善了围岩受力状态，起到了支护和稳定隧道结构的作用。

无超前管棚下，开挖后拱顶最大竖向位移为 9.71 mm，拱腰最大竖向位移 7.5 mm，仰拱隆起 11.1 mm。而施做超前管棚时，开挖后隧道竖向位移明显减小，拱顶、拱腰、仰拱竖向位移分别减小了 3.78 mm、3.09 mm、3.36 mm；初支后，拱顶、拱腰、仰拱竖向位移分别减小了 3.93 mm、3.39 mm、4.27 mm。以上分析说明，施做管棚后有效抑制了开挖后的围岩变形，维护隧道的稳定性。假设施做超前管棚不会对围岩造成热扰动，开挖后拱顶最大竖向位移为 5.70 mm，稍小于有热扰动情形的拱顶位移，拱腰最大竖向位移 5.01 mm，稍大于有热扰动情形的拱腰位移，仰拱竖向位移基本相同；施做初支后，两种工况下的隧道竖向位移也十分接近。以上分析说明，在冻土围岩中超前管棚引起的热扰动基本不会影响管棚对围岩的支护，是一种可靠的超前支护方式。

(2) 超前小导管

超前小导管加固如图 7-20 所示。

① 超前小导管对多年冻土隧道围岩的温度场扰动。图 7-21 为施工超前小导管后，断面未开挖前围岩融化圈深度的变化规律，围岩融化圈在施做超前小导管后 2 d 内增长速度较快，在冻土围岩中，融化圈第一天为 1.30 m，第二天为 1.44 m；在冻岩围岩中，融化圈第一天为 1.2 m，第二天为 1.40 m。在之后的一定时间内，冻土围岩中的融化圈呈缓慢扩大的趋势，冻岩围岩中的融化圈先缓慢增大，约在施做后第十三天到峰值，之后逐渐减小。以上

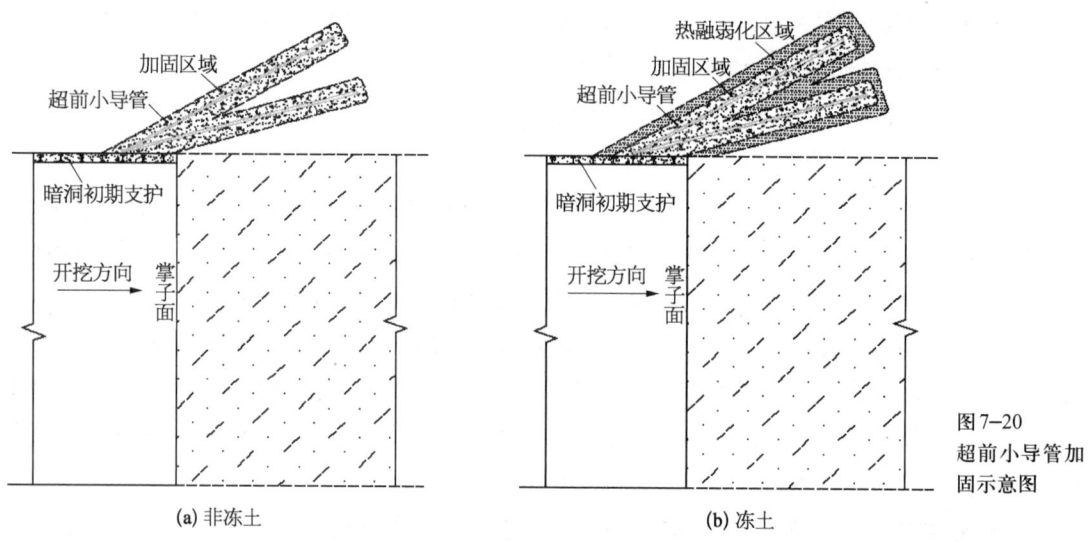

图 7-20 超前小导管加固示意图

分析说明，无论在冻土围岩还是冻岩围岩中，超前小导管引起的围岩融化圈总体上是随着时间推移逐步增大的，因此施做超前小导管后应尽早开挖下一个循环的掌子面。

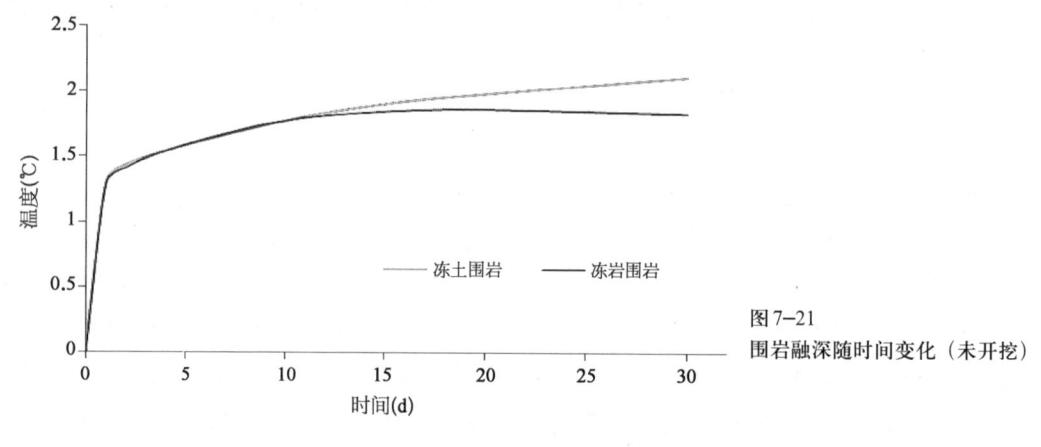

图 7-21 围岩融深随时间变化（未开挖）

表 7-12　开挖 30 d 后围岩融化圈大小　　　　　　　　　　　　　　　　(m)

围岩岩性	施做超前小导管后天数	
	1 d	2 d
冻土围岩	2.29	2.30
冻岩围岩	3.07	3.07

表 7-12 为两个断面在开挖 30 d 后的最终融化圈大小，可知施做超前小导管后，越迟开挖的断面越受超前小导管热扰动的影响，围岩融化圈越大，规律同超前管棚一致，但不同的是在数值上相差很小。在冻土围岩中，相比不施做超前小导管只施做喷射混凝土的情形，

开挖 30 d 后拱部围岩融化圈最大增大 0.94 m；在冻岩围岩中，相比不施做超前小导管只施做喷射混凝土的情形，开挖 30 d 后拱部围岩融化圈最大增大 0.63 m。因此，超前小导管对围岩的热扰动要远大于超前管棚，尤其是在冻土围岩中，会引起较大幅度的拱部围岩融化圈增长。

② 超前小导管对多年冻土隧道围岩的加固效果。施做小导管后，由于洞室开挖后减小了拱脚和拱部的应力集中，拱脚最大横向应力约为 0.24 MPa，拱脚最大竖向应力约为 0.56 MPa，可见围岩应力在数值上相差不大，但相对更分散平均，利于洞室稳定。施做初支后隧道结构发生应力重分布，施做小导管时，拱脚的应力集中明显减小，拱脚横向应力最大值约为 0.27 MPa，拱脚竖向应力最大值约为 0.56 MPa。施做小导管后，由于洞室开挖后拱部超前加固区承受了较大的剪力，其他部位如拱脚应力集中明显减小，拱脚剪应力最大值约为 0.12 MPa；施做初支后，拱脚剪应力最大值约为 0.12 MPa，拱部剪应力增大。

因此，从围岩应力角度看，施做小导管改善了围岩受力状态，起到了支护和稳定隧道结构的作用。

施做超前小导管时，开挖后隧道竖向位移明显减小，拱顶、拱腰、仰拱竖向位移分别减小了 3.63 mm、2.76 mm、2.65 mm；初支后，拱顶、拱腰、仰拱竖向位移分别减小了 2.80 mm、1.65 mm、3.44 mm。可见施做小导管后有效抑制了开挖后的围岩变形，但隧道竖向位移比超前管棚条件下要大，尤其在初支后。假设施做超前小导管不会对围岩造成热扰动时，开挖后隧道竖向位移基本与有热扰动情形相同；施做初支后，两种情形下竖向位移相差增大。说明在冻土围岩中，施做超前小导管且尽早开挖条件下，超前小导管的热扰动对其加固作用影响很小，但随着施做初支后时间推移，超前小导管对围岩热扰动程度加大，其对围岩加固作用不断下降。

7.2.2 多年冻土地层超前支护施工工艺

1）高原多年冻土隧道洞口管棚施工方案优化

目前，大管棚钻进工艺主要有三种，它们的优缺点列于表 7-13。

表 7-13 常见管棚钻进工艺优缺点

工 艺	优 点	缺 点	适用范围
常规管棚施工工艺	钻孔速度快，操作简单，技术要求低	松散地层易踏孔而造成下管困难，连接次数多，下管速度慢，丝扣连接处为管棚最为薄弱的环节，易断裂	钻孔时成孔较好的地层情况，或经过注浆加固的改良地层
跟管钻进施工工艺	钻孔、下管一次性施工完成，在成孔不易的情况下可以保证管棚施工到位	连接次数多，钻孔、下管速度慢，丝扣连接处断裂而造成重复施工甚至废孔现象	围岩松散、钻孔时易塌孔的复杂地质情况
自进式管棚工艺	施工快、成孔效率高、不宜卡孔	造价高	围岩松散、钻孔时易塌孔的复杂地质情况

鄂拉山隧道左洞洞口于2011年8月9日开始施做洞口大管棚超前支护,起初采用履带式定向潜孔钻机进行施工,钻进过程中发现塌孔,成孔困难,且经常卡钻,钻出碎屑为泥塑装,施工难度极大。经分析,造成管棚施工困难的主要原因是:洞口段多年冻土地层为饱冰、富冰地层,含水量大,钻孔在钻进过程中与孔壁冻土高速摩擦生热,使得周围冻土融化,从而发生孔内坍塌无法成孔、卡钻现象。

因此,针对依托工程高原管棚施工难题,项目组提出了以下三点优化方案:

方案一:改进管棚施工工艺。管棚施工过程中采用跟管钻进方式,在钻进过程中严格控制进尺和钻进速度,勤吹孔以防排屑困难,必要时从钻具内和钻具与套管的环状间隙送水洗孔提钻。同时,管棚施工应选择合理的钻头形式、钻进设备,并严格控制钻孔钻速,减少钻头与岩土体差生的摩擦热量,减少冻土融化。

方案二:改变洞口支护方案。根据现场施工情况,采用常规钻进方式,通过控制钻速、控制进尺和钻进速度、勤吹孔等方式可以打到9.0 m长。可将洞口大管棚暂按9.0 m施工,适当减少管棚的环向间距,待管棚施做完毕,向隧道外适当接长套拱,接长长度3.0 m左右,并在套拱上适当回填土石,管棚预留外露端,浇筑在外接套拱内,从而有效提高管棚的整体刚度和整体稳定性,再开挖进洞,当开挖到9.0 m管棚位置时,再根据地质情况和隧道埋深采用自进式双层小导管或自进式管棚进行洞内预加固。

由于多年冻土的特殊性、高寒地区施工环境恶劣,超前管棚和超前小导管施工中会遇到一些常规隧道中不会出现的技术难题,结合现场施工对策,施工时应注意以下几点:

① 施工管棚套拱时,由于冻土具有融沉特性,应对套拱基础承载力检查,若达不到设计要求300 kPa,及时进行换填处理,使地基承载力达到设计要求。为了保证导向墙的养护强度,混凝土中掺早强剂、防冻剂,终凝2 h后覆盖、保温养护,在洞口设置遮阳篷及保温防雪篷洞控制养护环境气温。

② 管棚的常规式钻进方法虽然造价低、劳动强度小,但在地质条件差的冻土地层中成孔困难,经常发生卡孔,钻出碎屑为泥塑状,施工难度极大。因此,为了解决难以成孔和拔钻困难的问题,采用钻孔机增加套拱同心法跟进,保证成孔。即采用装载机和管棚机钻进相结合的工艺,先钻大于管棚直径的引导孔,然后用装载机在人工配合下顶进钢管,钻孔完成1孔立即安装钢花管1根,做到快速施工。

方案三:采用ϕ76 mm自进式管棚代替原设计大管棚。若以上两种方案施作较困难,可将原设计ϕ108 mm大管棚改为ϕ76 mm自进式管棚,同时适合减少管棚的环向间距,以提高整体稳定性。

经过综合比选,最终选用方案三进行管棚施做。采用XY1B地质钻机钻杆前端加装偏心钻具扩孔同步带进钢管套的钻进技术,用孔径ϕ125 mm钻杆带进孔径ϕ133 mm套管,其最前端加装导向钻头,后续棚管之间采用丝扣进行连接,利用ϕ133 mm套管,其最前端加装导向钻头,后续棚管之间采用丝扣进行连接,利用水平定向钻机将棚管打入土体中。在钻进过程中,依据导向钻头内置的定位传感器传出的角度信号对钻进角度进行调节,使棚管按设计轨迹钻进。当套管带进至设计深度后,撤回定位传感器和钻杆,顶入设计管棚至设计深度后开始退出套管,用夹具夹住套管,通过液压千斤顶(50 t)顶在导向墙混凝土上形成反推力,向外逐节退出套管。严格控制钻孔的钻速,减少钻头与岩土体产生的摩擦热量,减少冻土的融化,图7-19所示为管棚施工现场。

图7-22 管棚施工现场

2)跟管施工工艺

(1) 施工顺序

施工准备→组装钻具和安装第一节套管→推送钻具及钢套管至导向墙→解开动力头后退、接杆、连接动力头、开孔跟管钻进→继续跟管钻进至套管末端距导向墙30 cm为止→解开动力头后退、安装第二节钢套管、连接动力头→连接钢套管→继续跟管钻进→反转钻具并卸出所有钻杆和钻具。

(2) 钻进方法

① 钻机就位:对XY-1B型管棚钻机,配套组装形成机、电、液一体化,钻机空载动作调试正常后,用起重机人工配合将钻机移到钻孔位置。

② 开孔:先检查设备,对已组合好的钻具要检查丝扣连接是否紧密,偏心扩孔器是否灵活。

③ 正常钻进:将钻杆装在动力头的钻杆接头上,如需钻进循环介质,则将循环介质输送管道与水管头接通;当钻具接触到孔位后,根据工艺要求,旋扭调压阀的手柄调定给进压力,满足钻进需要;在钻进过程中,根据实际工况及时更换转速挡位和调整给进压力。

④ 加接钻杆:当一个行程结束后,要加接钻具。先关闭循环介质,插好垫叉,操作"动力头旋转"手柄置于"反转",旋开钻杆接头处丝扣,同时点动"动力头移动"手柄"起拔",使动力头后退,让出丝扣,最后将动力头"起拔"置于顶端后"停止";将新钻杆公、母分别与孔内钻杆接头和动力接头对准,操纵"动力头移动"手柄"给进"使钻杆接头相接触,然后点动"动力头旋转"手柄"正常"使钻杆接头丝扣旋入几扣后停止并取走垫叉,再将"动力头旋转"手柄置于"正转",同时操纵"动力头移动"手柄"给进",使钻杆丝扣旋好。至此钻具加接完毕,开通介质进行下一个回次的钻进。

⑤ 起拔钻杆：先将垫叉插入口处，通过动力头反转松开一扣，然后取下垫叉，并将钻杆防松器在动力头钻杆接头处放置好；起拔钻杆至孔口板处露出钻杆下接头插口后停止，插好垫叉，动力头反转旋开钻杆孔口端丝扣；再拿开防松器，人工配合旋开钻杆与动力头接头间的丝扣，取走钻杆；动力头前进旋接孔内钻杆，拿走垫叉起拔钻杆柱，重复操作拆卸下一根钻杆，直至全部起拔完毕。

⑥ 重复上述①~⑤工序施工其他孔。

采用方案三自进式管棚钻进工艺后，管棚成孔效率显著提升，历时36 d顺利完成洞口大管棚超前支护施工，为今后的多年冻土隧道洞口段施工积累了宝贵的经验。长管棚套管施工工艺如图7-23所示。

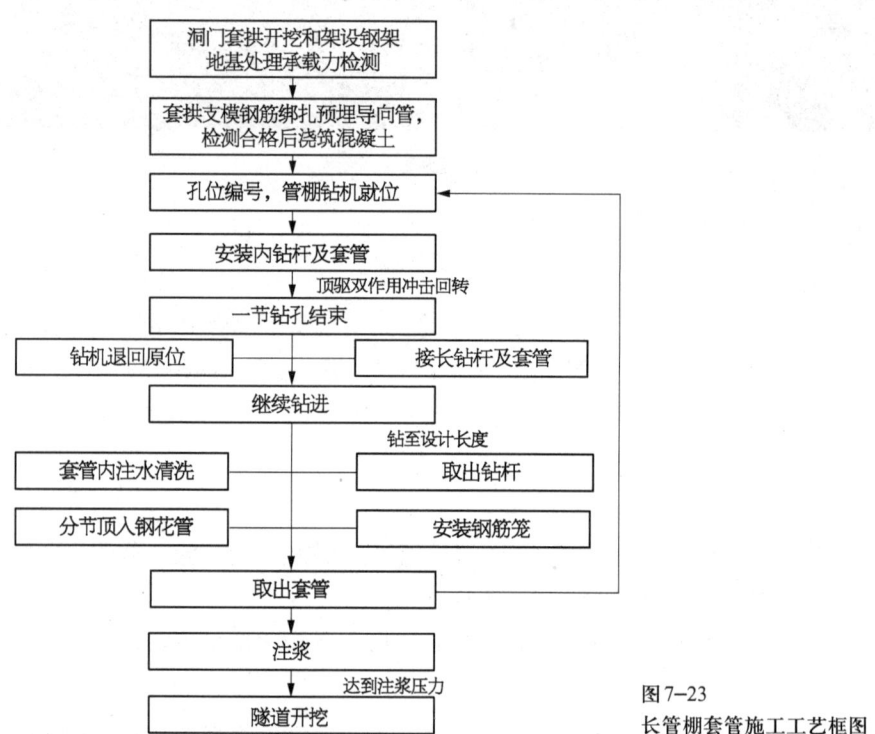

图7-23 长管棚套管施工工艺框图

(3) 高原多年冻土隧道超前支护提高加固效果的控制方法

根据对超前支护对冻土围岩的热扰动和加固作用研究，施工中通过以下控制方法可有效提升超前的支护效果：

① 超前注浆水化热是使得围岩产生融化圈从而影响其加固效果的一个重要因素，降低浆液水泥水化反应释放的热量，可以有效地提升超前支护的加固作用。降低水泥水化热可以从以下三个方面入手：选择合理的水泥熟料矿物组成，适当降低熟料中铝酸三钙和硅酸三钙的含量，相应提高铁铝酸四钙和硅酸二钙的含量；在拌制混凝土时，掺加适量的混合材料代替水泥作为胶凝材料，可以有效地降低浆液水化热。

② 根据围岩性质，合理设计超前支护方式。根据超前支护对冻土围岩的热扰动和加固作用研究，结合现场实际情况，适宜在冻土围岩段采用超前管棚进行超前加固，可以达到较好的预加固效果；在冻岩围岩段采用超前小导管进行超前加固，施工方便、效率高，且可以获得较好的预加固效果。

③ 根据施做超前支护后围岩融化圈变化规律，在多年冻土段施做超前小导管后，宜尽快开挖下一轮掌子面，防止融化圈扩大影响其加固效果，超前管棚的加固效果基本不受开挖时间的影响。

④ 超前支护对围岩的热扰动是一个长期的过程，造成在施做初支后的融化圈不断增大，使得超前支护的加固作用不断减弱，应当及时跟进一次模筑混凝土支护的施做，加强隧道的安全稳定。

7.3 多年冻土隧道施工热扰动与控制

7.3.1 多年冻土隧道施工热扰动分析

1) 传热模型和围岩热物理参数的确定

隧道开挖、支护过程中洞内气温与围岩温度存在温差，热传导过程既与空间密切相关，又与时间有关，属于有内热源的非稳态传热问题。为方便计算，忽略隧道轴线方向围岩的热量传递，将围岩温度场视为二维非稳态温度场，其热传导方程为（王燕，2007）：

$$\rho c \frac{\partial T}{\partial t} = \frac{\partial}{\partial x}\left(k_x \frac{\partial T}{\partial x}\right) + \frac{\partial}{\partial y}\left(k_y \frac{\partial T}{\partial y}\right) + q(t) \tag{7-1}$$

式中　T —— 任意点的温度（℃）；

　　　k —— 热导率 [W/(m·℃)]；

　　　c —— 比热容 [J/(kg·℃)]；

　　　ρ —— 密度（kg/m³）；

　　$q(t)$ —— 混凝土水化热生热率 [J/(m³·s)]。

(1) 边界条件和初始条件

第一类边界条件：边界温度 T 为时间的已知函数。

$$T(t) = f(t) \tag{7-2}$$

第二类边界条件：边界热流量为时间的已知函数。

$$-k\frac{\partial T}{\partial n}=f(t) \qquad (7-3)$$

式中 k——热导率 [W/(m·℃)];

n——表面法线方向。

第三类边界条件：边界与空气接触时边界热流量与混凝土表面温度 T 和气温之差 T_a 成正比。

$$-k\frac{\partial T}{\partial n}=h(T-T_a) \qquad (7-4)$$

式中 h——对流换热系数 [W/(m·℃)]。

依托工程勘察冻土段初始地温在 $-1.0 \sim -0.1$℃，围岩实测资料显示，开挖 1 d 后，距围岩表面 2 m 深处后围岩温度稳定在 -0.7℃；开挖 2 d 后，距围岩表面 2.5 m 深处后围岩温度稳定在 -0.7℃。因此，围岩初始温度约 -0.7℃。计算时围岩初始温度取 -0.7℃。

空气与土体和混凝土之间属于第三类边界条件，固体表面与空气的对流换热系数与风速有密切关系。

模型外边界属于第一类边界条件，边界温度为 -0.7℃；内边界属于第三类边界条件，围岩、混凝土与空气对流换热，洞内气温按实测数据取值，对流换热系数按下式进行计算（章熙民，2007）：

粗糙表面：

$$h=6.64+4.03v \qquad (7-5)$$

光滑表面：

$$h=6.06+3.76v \qquad (7-6)$$

式中 h——对流换热系数 [W/(m·℃)];

v——风速 (m/s)。

围岩、喷射混凝土与空气的对流换热系数按粗糙表面计算，一、二次模筑混凝土与空气的对流换热系数按光滑表面计算，得到内边界与空气对流换热系数见表 7-14。

表 7-14 对流换热系数 h 与风速 v 的关系

风速 v (m/s)	对流换热系数 h [W/(m·℃)]	
	围岩、喷混凝土与空气	一、二次模筑混凝土与空气
1.0	10.67	9.82
3.0	18.73	17.34

(2) 水泥水化热模型

水泥的水化热是水泥与水发生化学反应而放出的热量，其随着水化反应的进行而逐步产生。水泥水化热的数学模型是描述水化热发展过程的数学表达式，目前常用的不考虑温度对水化过程影响的水泥水化热数学模型为指数型表达式（朱伯芳，1999）。

$$Q(t) = Q_0(1 - e^{-mt}) \tag{7-7}$$

式中 $Q(t)$ —— 龄期 t 时的累积水化热；
　　t —— 龄期；
　　Q_0 —— 累积最终发热量；
　　m —— 水化系数，m 的取值随水泥品种、比表面及浇筑温度（表7-15）不同而不同。

表 7-15　不同浇筑温度时常数 m 的取值

项目	5℃	10℃	15℃	20℃	25℃
m	0.295	0.318	0.340	0.362	0.384

目前用得较多的是指数型表达式及复合指数型表达式，经两者试算对比，指数型表达式比较符合实际，故采用指数型表达式进行计算分析。

进行混凝土水化热最终放热量计算，根据混凝土的各个材料的配合比，计算混凝土最终放热量的公式为（Schindler，2003）：

$$Q_0 = q_{cem} p_{cem} + 461 p_{slag} + q_{FA} p_{FA} \tag{7-8}$$

式中 Q_0 —— 混凝土水化热最终放热量（kJ）；
　　q_{cem} —— 单位重量水泥放热量（kJ/kg），取477 kJ/kg；
　　p_{cem} —— 混凝土中水泥重量（kg）；
　　p_{slag} —— 混凝土中矿渣重量（kg）；
　　q_{FA} —— 单位重量粉煤灰最终放热量（kJ/kg）；
　　p_{FA} —— 混凝土中粉煤灰重量（kg）。

2）初期支护对隧道围岩冻融圈的影响规律

热分析采用PLANE55建立有限元计算模型，如图7-24所示。

冻土区隧道施工时，喷射混凝土及模筑混凝土水化热、混凝土入模温度、各施工工序的施工时机都会对围岩的温度场产生不同程度的扰动。因此，有必要弄清楚在不同的施工工况下，围岩温度场及围岩冻融圈具体的变化规律。

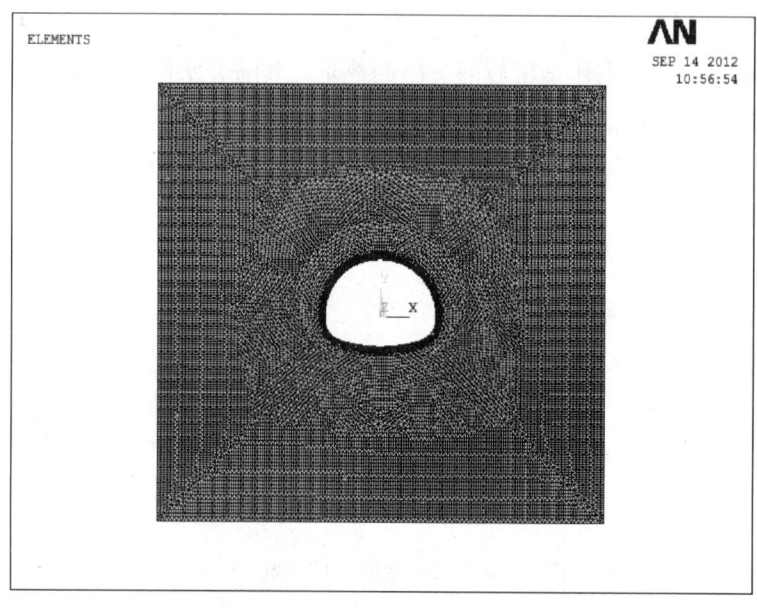

图 7-24
有限元计算模型

(1) 喷射混凝土对围岩温度场的影响

围岩冻融圈随着暴露在空气中的时间的增长而增大，因此开挖多长时间后施做喷射混凝土支护是影响围岩温度场的一个因素。喷射混凝土支护施做后，混凝土水化热释放，在围岩及空气中传递，喷射混凝土支护越厚，放热总量越多，其对围岩温度场的扰动就越大。

喷射混凝土作为柔性支护，在隧道开挖后应尽快施做。在此，取围岩岩性为页岩和凝灰岩，围岩级别为Ⅳ级和Ⅴ级（共6个裂隙率），开挖后8 h、1 d、2 d 时施做喷射混凝土支护，混凝土初始温度为5℃，厚度分别为20 cm、25 cm、30 cm，设定围岩初始地温为 −0.7℃，风速分别取1.0 m/s，洞内气温为5℃，水泥水化热按式（7-7）进行计算，将初始条件、边界条件、水泥水化热及围岩参数加载至有限元模型中，设定时间子步长为1 d，进行瞬态热分析。

① 施做喷射混凝土支护后围岩温度场的分布规律。取围岩为9%裂隙率的Ⅴ级页岩，以开挖8 h后施做25 cm厚喷射混凝土支护为例，提取隧道边墙不同时间、距洞壁不同深度处围岩的温度如图7-25所示。

在隧道开挖后，由于洞内气温高于围岩初始地温，围岩将与空气产生对流换热，致使围岩温度升高，并在一定深度范围内引起围岩内部冰体的融化，形成冻融圈，随着裸露围岩暴露在空气中的时间增长，冻融圈深度逐渐增加。当施做喷射混凝土后，受混凝土水化热作用，距离洞壁不同深度的围岩受其影响，温度场将产生变化。

由图7-25可以看出，在施做喷射混凝土之前（毛洞状态），从洞壁至围岩内部，围岩温度逐渐下降，且对于每一深度处的围岩，随着时间的增长，其温度缓慢增长。对于洞壁位置围岩，初始温度为3.0℃，在暴露20 d后，其温度基本达到稳定，说明其与空气的对流换热作用基本完成；30 d后围岩温度达到4.3℃。距离洞壁0.5 m、1.0 m、2.0 m深度的围岩，

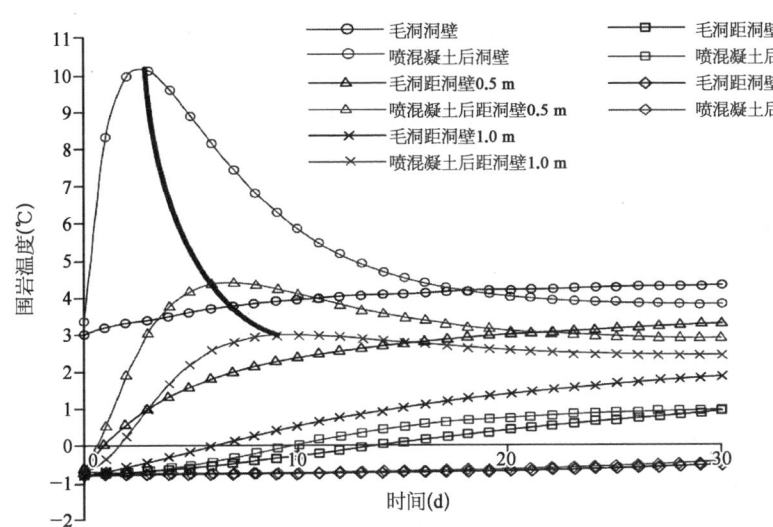

图 7-25 施做喷混凝土前后围岩温度-时间曲线

温度变化与洞壁位置表现出相似的趋势，其共同特点是：隧道开挖初期，其初始温度均小于0℃，各深度围岩温度达到0℃以上所需时间分别为1 d、7 d、14 d，其在30 d时的稳定温度分别为3.3℃、1.9℃和0.9℃。对于距离洞壁4 m深度的围岩，在30 d之内温度变化范围很小，且基本稳定在初始地温（-0.7℃）左右，说明隧道的开挖对4.0 m深度的围岩温度基本没有影响。按照30 d时距离洞壁2.0 m及4.0 m深度处围岩温度数据，根据线性差值，可得30 d后围岩冻融圈深度约为3.2 m。

在施做喷射混凝土后，隧道围岩温度仍然呈现出随着与洞壁距离的增加，温度逐渐降低的趋势。但受水泥水化热影响，不同深度的围岩温度场产生了显著变化。同时，距离洞壁深度越大，受水化热的影响越小，距离洞壁深度大于2 m时，水泥水化作用对围岩温度的影响很小。

② 喷射混凝土支护施做时机对围岩冻融圈深度的影响。设置围岩为9%裂隙率的Ⅴ级页岩，喷射混凝土厚度为25 cm，分围岩开挖8 h、1 d、2 d及3 d后施做喷射混凝土支护，计算喷射混凝土施做后围岩温度场。计算得到，围岩暴露在空气中的时间越长，即越晚施做喷射混凝土，距洞壁同一深度处围岩的温度越高，围岩的温度场受扰动程度越大，围岩的冻融圈深度越大。

同一种工况下随着时间的增长，冻融圈深度增大；围岩开挖后相隔不同时间施工喷射混凝土支护时，大致上喷射混凝土每延迟1 d施做，围岩的冻融圈深度增大10 cm。喷射混凝土施做越迟，围岩的冻融圈深度越大。

③ 喷射混凝土厚度对围岩冻融圈深度的影响。混凝土的厚度直接决定水化放热的多少，因此喷射混凝土的厚度也会影响到围岩的冻融圈深度。混凝土越厚，水化热释放的越多，对围岩温度场的扰动自然也越大，冻融圈深度也越大。设置围岩为9%裂隙率的Ⅴ级页岩，围岩开挖8 h后施做喷射混凝土支护，喷射混凝土厚度分别为20 cm、25 cm及30 cm，计算围岩温度场，计算得到不同工况下围岩的冻融圈深度。由此可以看出，喷射混凝土厚度每

增加5 cm，围岩的冻融圈深度约增加10 cm。

(2) 一次模筑混凝土施工时机对围岩温度场的影响

设置围岩为9%裂隙率的Ⅴ级页岩，围岩开挖8 h后施做25 cm厚喷射混凝土支护，分别在10 d、20 d、30 d后浇筑一次模筑混凝土，混凝土入模温度为5℃，设定围岩初始地温为−0.7℃，风速分别取1.0 m/s，洞内气温为5℃，相关围岩参数输入到有限元模型中，进行瞬态热分析。

① 施做一次模筑混凝土支护后围岩温度场的分布规律。以喷射混凝土20 d后浇筑一次模筑混凝土为例，提取隧道边墙不同时间、距洞壁不同深度处围岩的温度。如图7-26所示，图中时间起点为喷射混凝土施做时间，第n天表示喷射混凝土n天后。一次模筑混凝土浇筑后，洞壁处围岩在4 d后由4.1℃升高至6.9℃，距洞壁25 cm处围岩温度在5 d后由3.6℃升高至5.5℃。与喷射混凝土对围岩温度场的扰动相比，一次模筑混凝土水化热对围岩温度的影响较小。

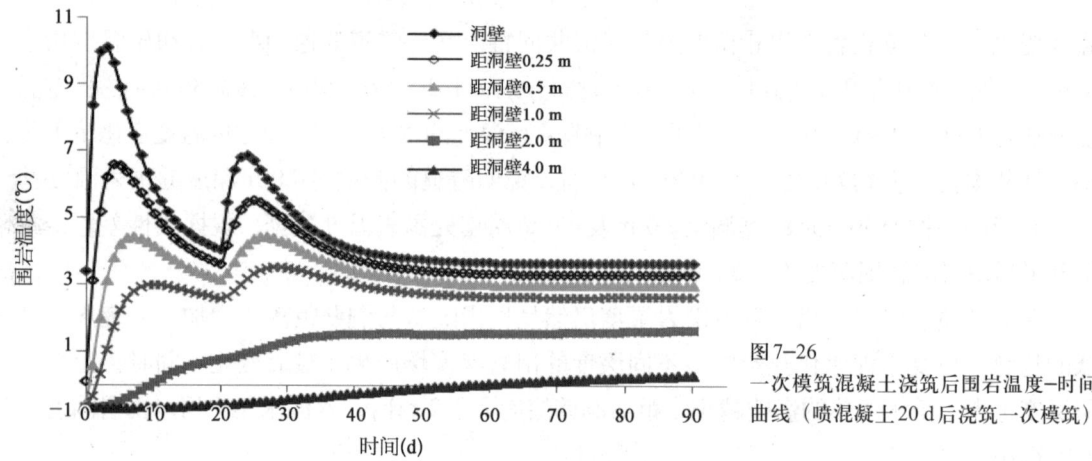

图7-26 一次模筑混凝土浇筑后围岩温度-时间曲线（喷混凝土20 d后浇筑一次模筑）

② 一次模筑混凝土支护施做时机对围岩冻融圈深度的影响。喷射混凝土支护施做10 d、20 d、30 d后浇筑一次模筑混凝土的三种工况下，围岩的冻融圈深度如图7-27所示。

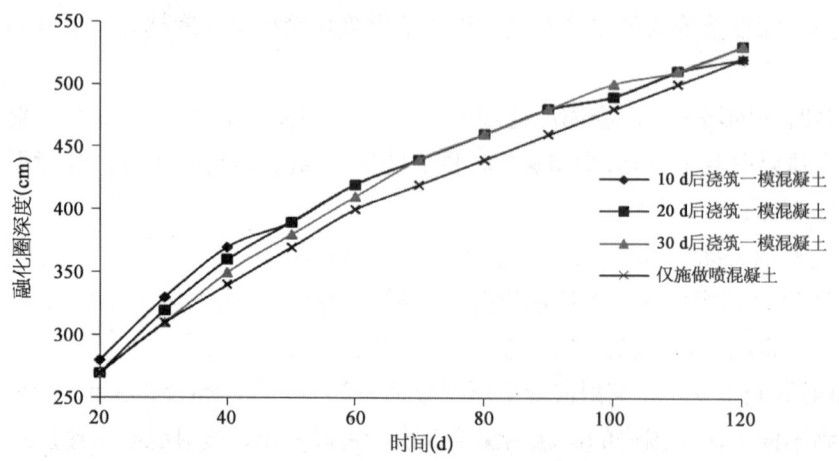

图7-27 不同一次模筑浇筑时机时的围岩冻融圈深度

相比于仅仅施做喷射混凝土的情况，浇筑一次模筑混凝土时，围岩冻融圈深度前期增大约 20 cm。由于仅仅施做混凝土的情况下，空气中的热量更易传入围岩中，于是后期两者逐渐接近。

喷射混凝土 40 d 后，三种工况下一次模筑混凝土水化热分别释放了 30 d、20 d、10 d，一次模筑混凝土水化热依次递减，围岩的冻融圈深度分别为 370 cm、360 cm、350 cm，10 d 后浇筑一次模筑混凝土工况下冻融圈深度最大；随着水化热释放的逐渐减少，三种工况下水化热总量趋于相等，于是围岩的冻融圈深度接近相同。

(3) 混凝土入模温度对围岩温度场的影响

设置围岩为 9% 裂隙率的 Ⅴ 级页岩，围岩开挖 8 h 后施做 25 cm 厚喷射混凝土支护，20 d 后浇筑一次模筑混凝土，混凝土入模温度分别取 5℃、10℃、15℃，设定围岩初始地温为 −0.7℃，风速分别取 1.0 m/s，洞内气温为 5℃，相关围岩参数输入到有限元模型中，进行瞬态热分析。计算得到三种不同的入模温度下围岩的冻融圈深度。可知，入模温度为 15℃ 时的冻融圈深度比入模温度为 5℃ 时的冻融圈深度大约 10 cm。

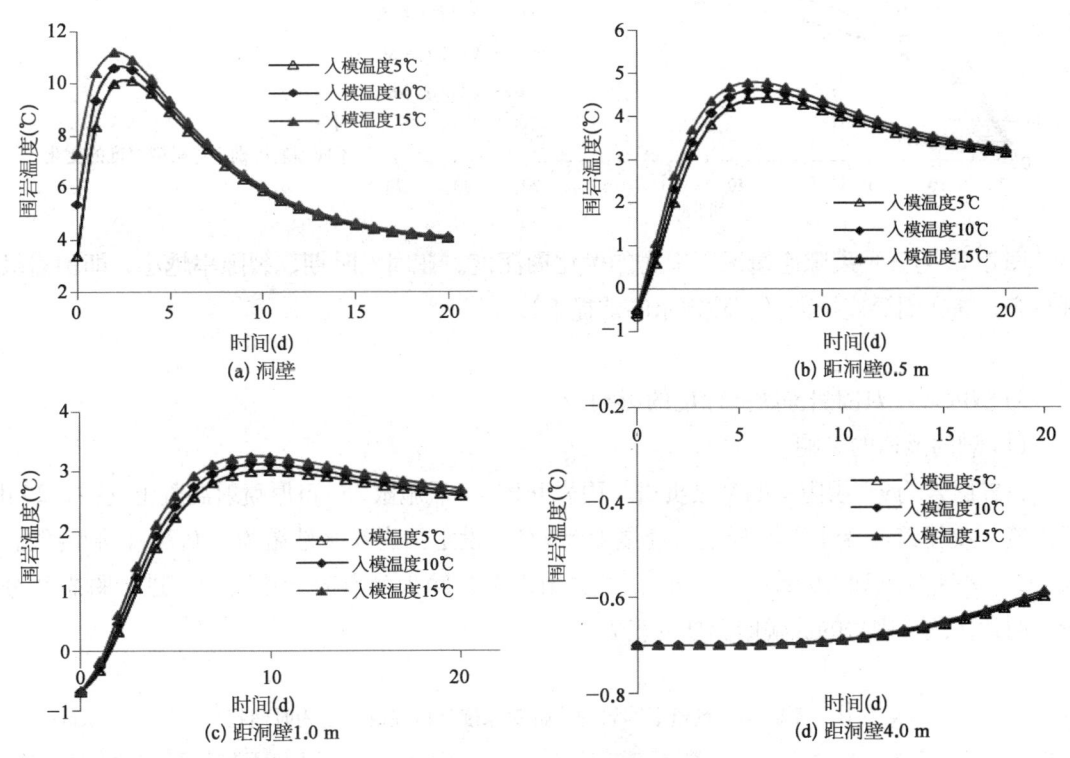

图 7-28　入模温度不同时围岩温度-时间曲线

图 7-28 为距洞壁不同深度处的围岩温度随时间的变化曲线，图中时间起点为喷射混凝土施做时间。入模温度为 5℃、10℃、15℃ 时，洞壁围岩在喷射混凝土支护施做 5 d 内差值较大，围岩最高温度分别为 10.1℃、10.5℃、10.9℃；距洞壁 0.5 m 处的围岩最大温度差约为

0.2℃，约20 d后，已基本相等；距洞壁4.0 m深时，围岩温度已经几乎相同。

(4) 考虑水化热与否围岩冻融圈深度的对比

设置围岩为页岩，围岩开挖8 h后施做25 cm厚喷射混凝土支护，20 d后浇筑一次模筑混凝土，混凝土入模温度取5℃，裂隙率分别取3%、6%、9%（Ⅳ～Ⅴ级围岩），设定围岩初始地温为－0.7℃，风速分别取1.0 m/s，洞内气温为5℃，相关围岩参数输入到有限元模型中，进行瞬态热分析。

三种不同裂隙率情况下围岩的冻融圈深度，已知同种情况下，考虑水化热时，围岩的冻融圈深度比不考虑时增加70～110 cm，因此混凝土（尤其是喷射混凝土）水化热对围岩温度场的扰动相当大，其对冻融圈的影响不可忽略。

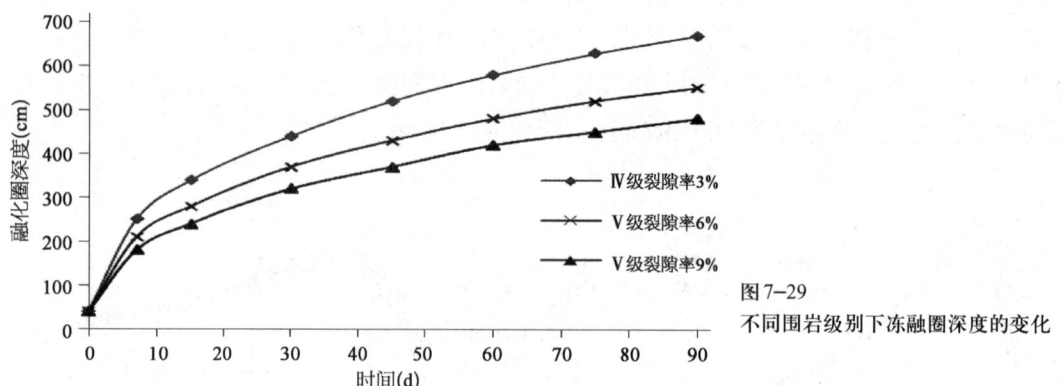

图7-29 不同围岩级别下冻融圈深度的变化

图7-29为三种裂隙率情况下围岩的融化圈深度。在同一时期，裂隙率越小，即围岩级别越高，冻融圈深度越大（裂隙饱水的前提下）。

3）洞内环境对围岩冻融圈深度的影响

(1) 洞内风速的影响

设置围岩为9%裂隙率的Ⅴ级页岩，围岩开挖8 h后施做25 cm厚喷射混凝土支护，20 d后浇筑一次模筑混凝土，混凝土入模温度为5℃，设定围岩初始地温为－0.7℃，洞内气温为5℃，风速分别取1.0 m/s、3.0 m/s，相关围岩参数输入到有限元模型中，进行瞬态热分析。两种情况下围岩的冻融圈深度见表7-16。

表7-16 不同洞内风速下围岩的冻融圈深度（以喷混凝土为时间起点） （cm）

时间(d)	1.0 m/s	3.0 m/s
5	160	160
20	270	270
35	340	330

(续表)

时间 (d)	1.0 m/s	3.0 m/s
50	390	380
80	470	450
110	520	510
140	550	530

与洞内风速为1.0 m/s的情况相比，风速为3.0 m/s时围岩冻融圈深度减小10～20 cm，其原因是风速越大，对流换热系数越大，越多的混凝土水化热传递到空气中，传递到围岩中的热量减少。因此，适当加大洞内空气流通速度，有利于混凝土水化热的释放，降低其对围岩温度场的扰动。

(2) 洞内气温的影响

设置围岩为9%裂隙率的V级页岩，围岩开挖8 h后施做25 cm厚喷射混凝土支护，分别在20 d后浇筑一次模筑混凝土，再过30 d后浇筑二次模筑混凝土，混凝土入模温度为5℃，设定围岩初始地温为-0.7℃，风速分别取1.0 m/s，洞内气温分别取2℃、5℃、8℃，相关围岩参数输入到有限元模型中，进行瞬态热分析。三种情况下围岩的冻融圈深度见表7-17。

表7-17　不同洞内气温下围岩的冻融圈深度（以喷混凝土为时间起点）　　　(cm)

时间 (d)	2℃	5℃	8℃
30	280	320	350
60	350	420	460
90	400	490	540
120	430	530	600

由表7-17中数据可知，洞内气温对围岩的冻融圈深度影响很大。在喷射混凝土施做30 d、60 d、90 d、120 d后，洞内气温为8℃时围岩冻融圈深度是洞内气温为2℃时围岩冻融圈深度的1.25、1.31、1.35、1.40倍，时间越长，较高的洞内气温对围岩的冻融圈影响越大。洞内气温由2℃增加到5℃时围岩冻融圈深度的变化值明显大于洞内气温由5℃增加到8℃时冻融圈深度的变化值，这表明在温度上升幅度相同的情况下，洞内气温较低时，围岩冻融圈深度的变化较大。

7.3.2 多年冻土隧道施工冻融圈控制措施

1) 洞内气温的控制方法

多年冻土区的隧道施工中,由于爆破、混凝土水化热、冬季施工采取的保温措施以及其他人为活动导致了施工期间隧道内气温升高及多年冻土围岩的融化。根据现场实测气温和地温资料,多年冻土区段隧道施工中,减少冻融圈范围的措施见表7-18。

表7-18 寒区隧道冻融圈的影响因素及控制措施

影响因素	控制措施
洞内气温	通风控制;
	减少毛洞暴露时间;
	减少内燃机的使用
洞内爆破	优化爆破参数,控制爆破振动速度,使用NaCl盐水炮泥封堵炮眼以降温防尘
混凝土水化热	调整混凝土配方;
	在二衬混凝土浇筑前,铺设隔热层

控制洞内气温对降低冻融圈深度效果显著,因此暖季施工时,一定要严格控制开挖作业时掌子面附近的气温,宜选在夜间及凌晨低温时段进行,施工间歇期在洞口采用隔热帘进行遮挡。

寒季施工时,由于混凝土的养护温度不宜过低,通常需要采取一定的保温措施,如在洞门挂门帘、用暖风机向洞内吹暖风、洞口施工防雪篷等,保证洞内温度不宜高于5℃,尽量将洞内气温控制在3~5℃范围内。施工时应做好洞内气温的记录,当温度过高时,应对保温措施进行适当的调整。

根据隧道围岩温度场的计算结果,以V级围岩中裂隙率为9%的页岩为例,围岩开挖后在空气中暴露1 d、7 d、15 d、30 d时冻融圈深度分别为50 cm、130 cm、190 cm、270 cm。围岩在空气中暴露的时间越长,围岩温度场受扰动程度越大,冻融圈深度也就越大。所以控制冻融圈深度的有效手段是施工中尽可能减少围岩暴露在空气中的时间,及时施做喷射混凝土,切断围岩与空气的热交换。

2) 爆破热扰动的控制方法

在多年冻土区公路隧道爆破施工过程中,经常发生因爆破震动过大或爆破过程中释放热量过多而引起的多年冻土热融塌方事故,严重威胁多年冻土区隧道的稳定性,造成施工工期的延误和施工成本的增加。多年冻土区公路隧道周边孔爆破技术采用多打孔、打孔浅、少装药的冻土隧道爆破设计理念,采用不耦合装药结构,配合微差爆破手段及减震孔设计,最大限度地减小多年冻土区隧道爆破震动，降低掌子面的爆破温度，保证多年冻土的稳定。

为解决多年冻土区公路隧道爆破施工引起的冻土热融塌方问题，在多年冻土区隧道爆破开挖采取的控制措施包括：每个爆破孔和减震孔都采用NaCl溶液充填，孔口采用炮泥堵塞，能有效降低爆破温度，防止冻土产生热融塌方；周边孔采用分区启爆方式，并在相邻炮孔之间设置减震孔，可避免同时起爆时产生过大的震动，以保证多年冻土的稳定；在相邻周边孔之间的减震孔相当于在周边孔之间人为增加了一个临空面，更有利于保证周边孔的贯通，以达到更好的光面爆破效果；周边孔严格设计外插量，以保证爆破后不产生欠挖，避免二次爆破对冻土的热融扰动。

周边孔开孔位置在隧道设计轮廓线处，设计2°外插角，孔底位置在设计轮廓线外5～10 cm，炮孔间距0.6 m，且在每两个周边孔之间的中心位置设置减震孔1个，周边孔及减震孔内均采用NaCl溶液充填，孔口采用炮泥堵塞。周边孔与减震孔均采用ϕ42 mm风动凿岩机成孔。炸药选择KBW防水抗冻性ϕ32 mm乳化炸药，采取孔底起爆、间隔装药结构；采用抗冻性非毫秒雷管及非电导爆索组成起爆网路，用导爆索连接，炸药与导爆索固定在竹片上，安置于炮孔内指定位置。根据不同的围岩级别选择不同的开挖方式，对于VI级、V级围岩采用台阶法开挖，IV级及以上围岩采用全断面法开挖，其中台阶法开挖时周边孔装药量设计为2卷，全断面法开挖时装药量为3卷。启爆顺序采用分区启爆方式，即洞壁位置区域的周边孔先启爆，然后再启爆拱顶位置的周边孔，以达到减小震动及爆破热量的目的。另一方面，采取不耦合装药结构，可以降低炸药爆炸后产生的爆轰压力，使炮孔内压力呈准静态压力作用形式，防止孔壁出现压碎区，达到光面爆破效果。

施工质量控制：施工应严格按照爆破设计进行组织，周边孔开孔位置及孔底位置最大误差不超过5 cm，且外插角误差不超过0.5°；为防止机械用水在钻孔内冻结，在炮孔施工完毕后，用高压风枪将炮孔内的石屑和积水吹干，尽快安置炸药和起爆网络；为降低爆炸温度和减小震动，每个钻孔内均应采用盐水充填，孔口设置炮泥堵塞；启爆雷管采用延时非电毫秒雷管。

3) 混凝土水化热的控制方法

在多年冻土区隧道施工喷射混凝土、一次及二次模筑施工产生的混凝土水化热是围岩产生冻融圈的一个重要因素，降低混凝土水泥水化反应释放的热量，可以有效地减小冻融圈的深度。降低混凝土水化热可以从以下三个方面入手。

(1) 选择合理的水泥熟料矿物组成

水泥熟料的各种矿物中，水化热释放量为铝酸三钙>硅酸三钙>铁铝酸四钙>硅酸二钙。为了降低水泥水化热，必须降低熟料中铝酸三钙和硅酸三钙的含量，相应提高铁铝酸四钙和硅酸二钙的含量。同时，硅酸二钙的早期强度低，不宜增加过多，硅酸三钙含量不宜过少，否则水泥强度发展过慢。按相关规范要求，中热硅酸盐水泥熟料中，硅酸三钙的含量应不超过55%，铝酸三钙的含量应不超过6%；低热硅酸盐水泥熟料中，硅酸二钙的含量应不小于40%，铝酸三钙的含量应不超过6%。在选择混凝土胶凝材料时，宜选用硅酸二钙含量较高的低热或中热水泥。

（2）调整水泥的粉磨细度和混凝土的颗粒级配

水泥的粉磨细度大，水化反应加快，水化热释放量增加，尤其是增加早期水化热。为降低水泥水化热，在水泥生产过程中，应选择合适的粉磨工艺，严格控制水泥细度。

良好的级配可以使骨料形成最密致的堆积状态，堆积密度达最大值，有效减少骨料之间的空隙，这样可以减少水泥用量，从而减少水化热的释放。

（3）掺入适量的混合材料

粉煤灰、矿渣的水化热均小于水泥水化热，因此在拌制混凝土时，掺加适量的混合材料代替水泥作为胶凝材料，可以有效地降低混凝土水化热。

7.4 多年冻土区隧道动态信息反馈与预警

7.4.1 多年冻土区隧道动态信息反馈

多年冻土区隧道信息化施工技术是综合利用施工过程中的工程地质条件及监测信息，如冻土地质条件、开挖过程中洞内气温、围岩温度、围岩应力与变形等现场信息，根据实时动态反馈分析，对隧道施工进行修正和调整，实现动态设计施工的过程，如图7-30所示。

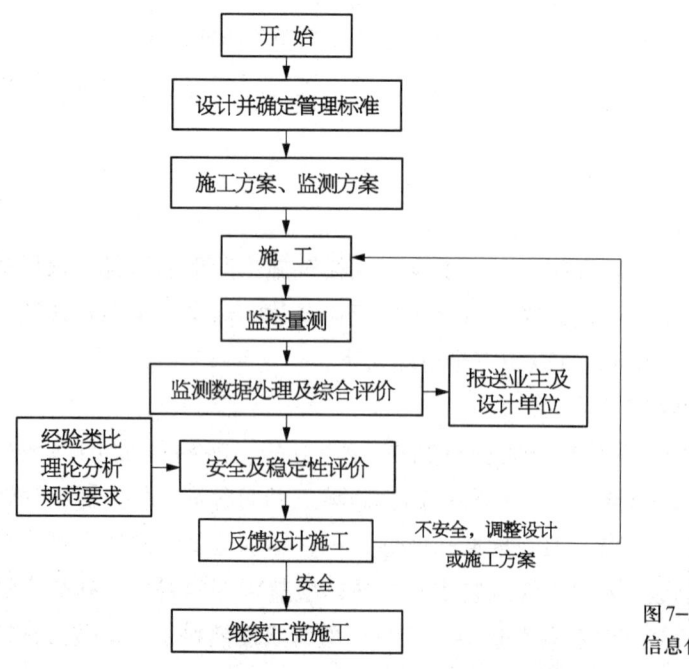

图7-30
信息化施工及管理流程图

多年冻土区隧道动态反馈施工方法，首先要求在隧道施工过程中布置监测系统，通过测量多年冻土区隧道温度场、应力场及位移场的现场监测数据，进行围岩稳定性及支护结构合理性的判断，进而反馈于隧道的设计及施工决策。

(1) 隧道动态信息采集

针对依托工程姜路岭隧道现场条件，收集隧道洞内气温、距洞壁不同深度处的围岩温度、围岩压力（冻胀力）、围岩收敛变形及拱顶下沉资料作为原始信息采集数据，由此计算出隧道冻融圈深度，作为信息化施工的决策性指标。

(2) 隧道动态信息处理

信息处理是采用反演分析法，将施工监测到的岩土体的一些基础信息通过计算来求解岩土体的参数，反馈到设计中去，对施工设计提出改进性意见或修改方案。

(3) 动态信息反馈

隧道应力状态是通过岩土体结构的力学效应而表现出来的，因此一方面通过观测或量测围岩的应力状态可以认识岩土体结构，另一方面可将由反演分析得到的岩土力学参数应用于稳定分析计算。

(4) 动态信息化施工控制及报警系统

根据多年冻土区隧道施工过程中影响施工的典型监测指标（洞内气温、围岩温度、冻融圈深度、隧道收敛变形值、拱顶沉降值及变形速率等）的量值及其变化规律，对多年冻土区隧道进行不同条件下的施工措施控制。

当各监测指标数据在安全范围之内时，隧道可进行正常施工；当监测数据超过安全范围但仍处于可控范围之内时，应启动黄色预警，并在施工同时对隧道加强监测；当监测数据超过可控范围但仍低于危险值时，应启动橙色预警，同时暂停施工，待各监测数据恢复至可控范围后继续施工；当监测数据超过危险值时，应启动红色预警，同时停止施工，进行安全处理后继续施工。

对于多年冻土区影响隧道稳定性的监测指标，当各监测指标超过可控范围值时，通过动态反馈控制系统，对隧道调整施工方案，具体措施如下：

① 针对洞内气温的隧道动态反馈控制施工方法的调整。当洞内气温过低时，应对隧道暂停通风，同时关闭洞口防寒布，必要时采用洞内取暖措施，待其恢复至正常范围后正常施工；当洞内气温过高时，应以对隧道冷风降温方式进行降温，此时应开启通风管，必要时直接向围岩喷射冷风或冷水，辅助降温，待其恢复到正常范围后正常施工。

② 针对冻融圈深度的隧道动态反馈控制施工方法的调整。冻融圈深度是围岩温度的正负温分界线位置，当冻融圈温度过大时，说明围岩表层温度过高，此时应对围岩采取相应的降温措施。具体做法是：在对隧道保持通风的同时暂停混凝土施工，以防止其水化热使围岩温度继续升高，必要时对围岩采取冷风或冷水辅助降温。

③ 针对围岩收敛变形及拱顶沉降的隧道动态反馈控制施工方法的调整。围岩变形量过大通常发生在碎裂结构岩体或碎石土围岩条件下，当隧道围岩变形超过可控范围时，应及

时调整施工方案,减小对围岩的爆破扰动,如可采用机械开挖、台阶开挖、预留核心土等施工方案;同时,在开挖后需尽快对围岩进行支护,同时应加强支护参数。

④ 针对围岩变形速率的隧道动态反馈控制施工方法的调整。当隧道穿越软岩或碎石土等地段时,隧道围岩会在开挖后快速变形,当变形速率超过可控范围值时,可采取预留超挖量的方式,使围岩应力进行释放,在隧道自然收敛至设计轮廓线时,快速进行高强度支护结构的施工;另一方面,在工程地质条件允许时,可采用系统锚杆及注浆方法阻止围岩变形。

7.4.2 多年冻土区隧道监控量测方法与控制指标

多年冻土区隧道施工动态信息,可归纳为洞内气温及围岩温度、围岩冻融圈深度、冻土(冻岩)应力特征及变形特征等方面。

(1)洞内气温监测

采用JTM-T400温度传感器,在隧道二衬表面的拱顶、拱腰及边墙位置布置。埋设时用水泥钉线卡直接将温度传感器线缆固定在二衬表面,传感器距离洞壁10 cm。洞内温度监测如图7-31所示。

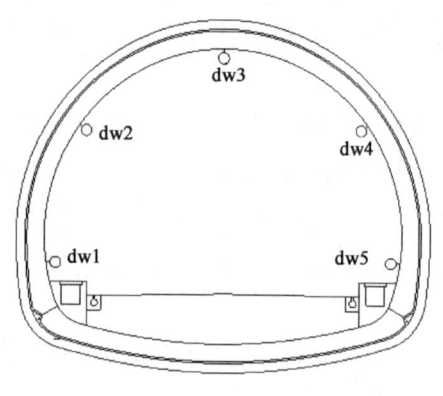 

(a)洞内气温监测断面传感器布置　　　　　　(b)温度传感器的现场安装

图7-31　洞内温度监测

(2)围岩温度监测

多年冻土地区隧道在修建期间施工措施的扰动以及运营期间洞内气温受大气温度以及通行车辆散热的影响,衬砌背后的多年冻土将形成一个冻融交替的冻融圈。以冻融圈深度(即围岩中0℃等温线)与围岩表面的距离作为衡量冻融圈范围的指标,通过监测施工、运营期间围岩温度场的变化情况,并通过插值法计算不同时刻0℃等温线的深度,即可得到围岩冻融圈的演化规律。围岩温度监测断面传感器布置如图7-32所示。

埋设方法为:将带有高精度传感器的线缆套入长度约为4 m的PVC管中,用胶带对PVC管两侧进行密封处理,在埋设位置用直径60 mm的钻头钻孔,孔深约4.1 m,然后打入

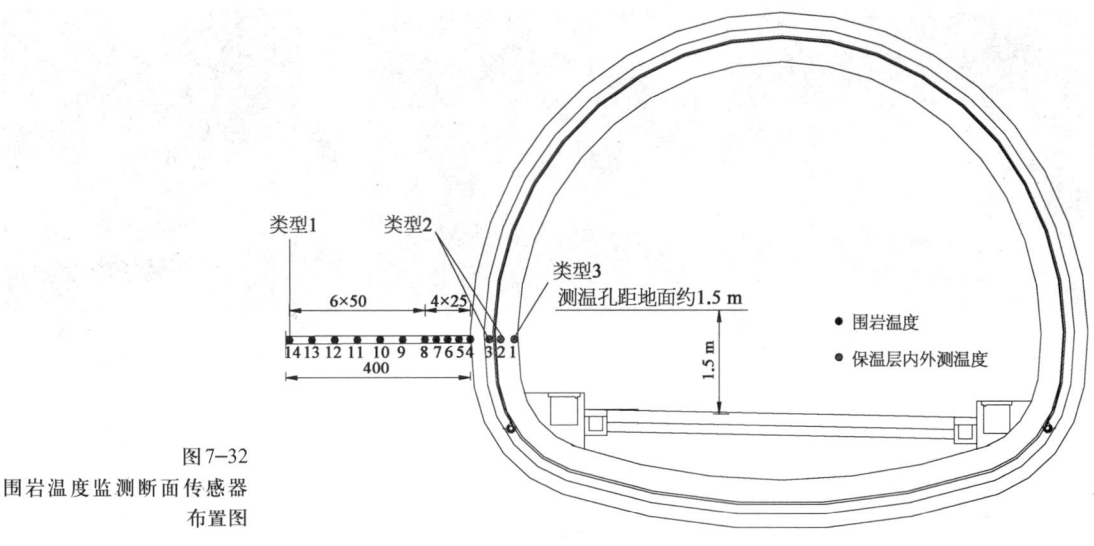

图 7-32 围岩温度监测断面传感器布置图

加工好的长度约为 4 m 的钢管（尾端封闭），将套有线缆的 PVC 管放入钢管中，对钢管口进行密封处理即可。温度传感器布置深度分别为围岩洞壁、距离洞壁 0.25 m、0.50 m、0.75 m、1.00 m、1.50 m、2.00 m、2.50 m、3.00 m、3.50 m 及 4.00 m。现场安装如图 7-33 所示。

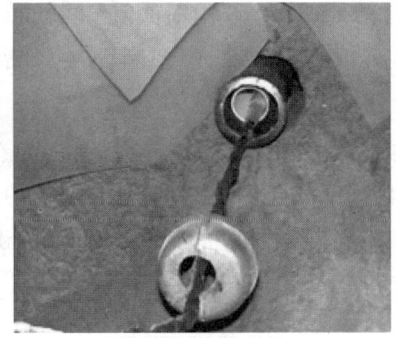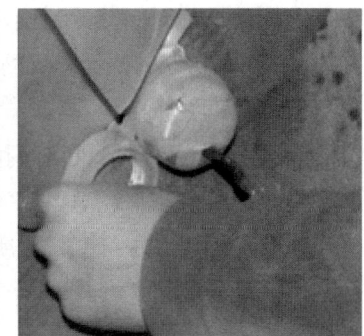

图 7-33 高精度围岩温度传感器安装

(3) 多年冻土隧道冻胀力的监控量测方法

冻胀力是指围岩冻融圈冻结膨胀对衬砌结构所产生的额外围岩压力。围岩压力监测采用 JTM-V2000D 型振弦式压力盒。考虑围岩冻胀力产生的时间性，对两个监测断面改用 BGK4850 型压力盒。围岩压力盒埋设如图 7-34 所示。

(4) 多年冻土区隧道施工冻融圈及冻胀力的控制指标

通过课题组及前人研究成果，决定多年冻土区隧道稳定性的主要指标包括冻融圈及冻胀力。在多年冻土区隧道监测指标中，影响这两大因素的关键因素是洞内气温及不同深度的围岩温度，及由此衍生出的围岩表面积温。因此，通过对洞内气温、冻融圈深度及围岩表面积温的控制，即可保证围岩冻融圈及冻胀力在可控范围内，以此确保多年冻土区隧道

(a) 围岩与初支间　　　　(b) 初支与一次模筑之间　　　　(c) 一次模筑与二衬之间

图7-34　压力盒现场埋设

的稳定性。

7.4.3　姜路岭隧道施工动态信息采集与分析

依托工程双线已布设10个断面，其中以多年冻土段隧道为监测的重点共布设9个断面，在非冻土段布设3个断面。

根据依托工程姜路岭隧道实际情况，由于科研监测组进场时，依托工程已经开工半年多，围岩冻胀力监测断面的布置方式根据科研需要结合施工进度进行选择，见表7-19。其中，监测数据相对完整的断面包括YK329+760断面（Y1断面）、YK329+820断面（Y2断面）、ZK329+750断面（Z1断面）及ZK332+505断面（Z4断面）。下面以典型断面为例进行监测数据分析。

1）姜路岭隧道典型断面洞内气温分析

对姜路岭隧道Y1、Y2、Z4共三个断面不同位置从2012年9月至2013年1月间进行洞内气温监测，图7-35～图7-38所示分别为各断面洞内气温-时间规律。

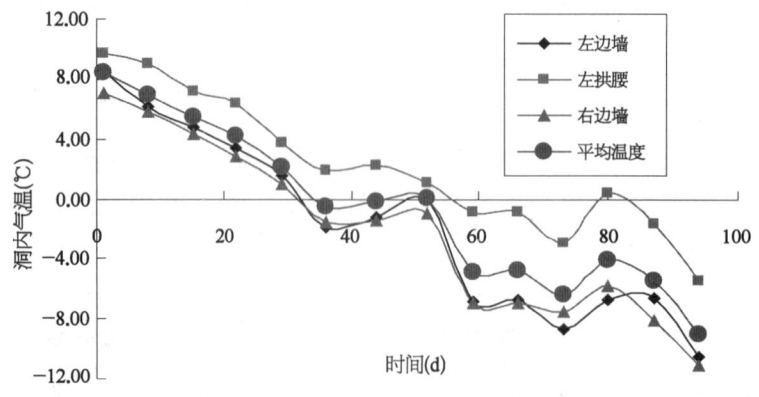

图7-35　Y1断面洞内气温-时间规律

表 7-19　已布置的围岩温度监测断面

	监测断面	进深(m)	围岩类型	监测项目 冻融圈	监测项目 冻胀力	施工日期 开挖及喷射混凝土支护	施工日期 一次模筑混凝土	施工日期 二次模筑混凝土	埋深(m)	初始地温(℃)	其他
左洞 进口	Z1	ZK329+750 50	冻土	无	c				8.5		由于现场钻孔条件限制，Z1断面的围岩温度监测面埋置于Z1'断面
	Z1'	ZK329+800 90	冻土	√	无	2011/11/28					Z1'有冻融圈
	Z2	ZK329+890 180	冻土	√	b	2012/6/9	2012/8/29	2012/11/10	21.5	1.2	围岩温度均在0℃以上
左洞 出口	Z3	ZK332+385 250	冻土	√	b	2012/4/10	2012/7/7	2012/8/22	34	—	围岩温度均在0℃以上
	Z4	ZK332+505 130	冻土	√	c	2011/10/23	2012/4/10	2012/6/23	20.8	—	有冻融圈
右洞 进口	Y1	YK329+760 80	冻土	√	c	2012/3/20	2012/4/30	2012/6/4	9.7	-0.55	有冻融圈
	Y2	YK329+820 140	冻土	√	a	2012/4/28(12/24换拱)			13.7	-0.7	有冻融圈，未回冻
	Y3	YK329+925 245	非冻土	√	a	2012/7/11			41.5	0.07	围岩温度均在0℃以上
右洞 出口	Y5	YK329+795 115	冻土	√	a	2012/4/11			12.4	—	围岩温度均在0℃以上
	Y4	YK322+455 70	冻土	√	c	2011/9/30			11.9	-0.2	有冻融圈（3.21 m），围岩及保温板两侧温度传感器在该过1次数后损坏

注：1. 围岩温度测孔在边墙施工时埋设，故晚于掌子面开挖日期。
2. "监测项目—冻胀力" 栏字母表示压力盒布置方式：a. 在围岩和喷射混凝土之间；b. 在喷射混凝土和一次模筑混凝土之间；c. 在一衬和二衬之间。

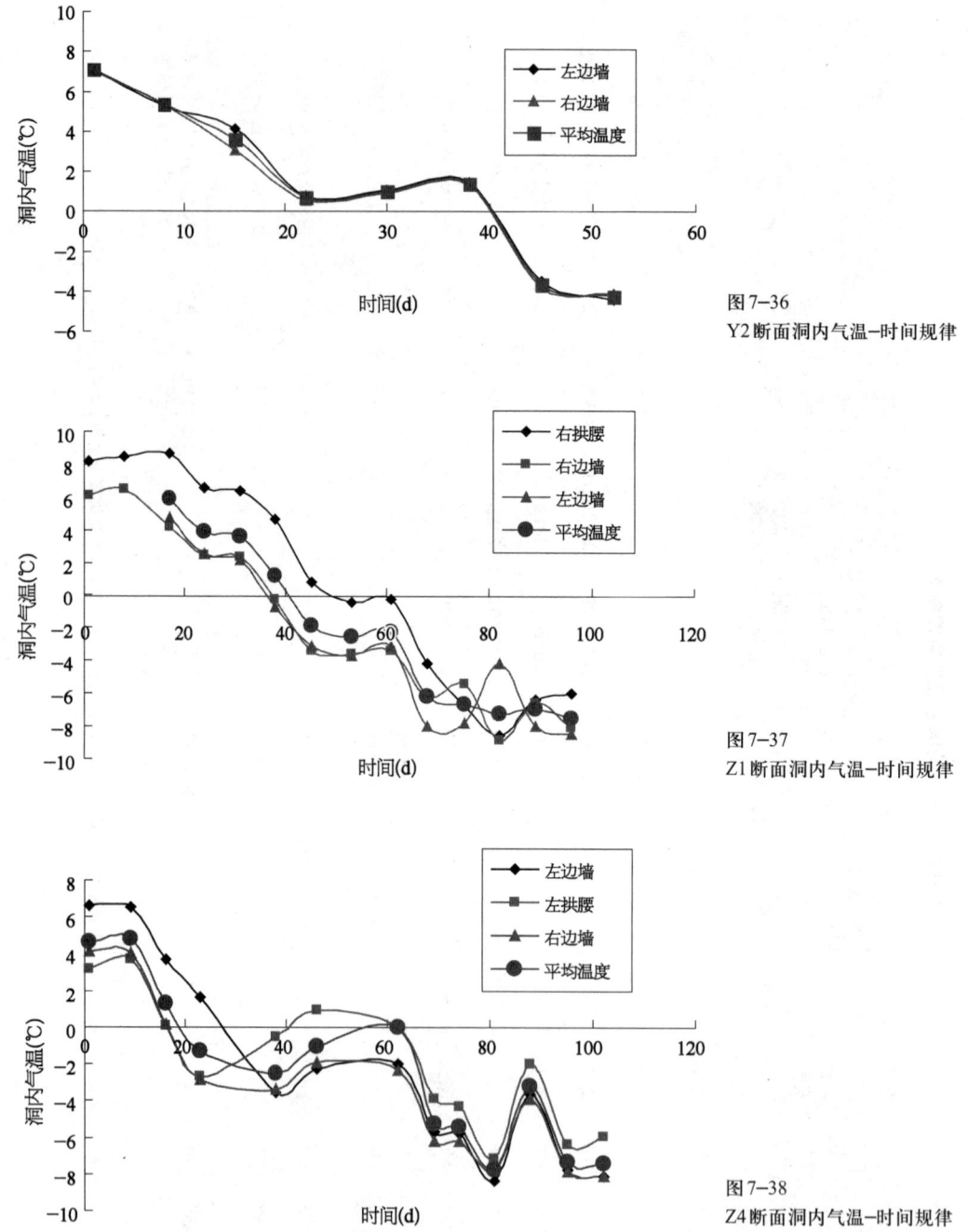

图 7-36 Y2断面洞内气温-时间规律

图 7-37 Z1断面洞内气温-时间规律

图 7-38 Z4断面洞内气温-时间规律

表 7-20　Y1 与 Y2 断面洞内气温对比　　　　　　　　　　　　　　　　（℃）

日期	左边墙处洞内气温			右边墙处洞内气温		
	Y1断面	Y2断面	温度差	Y1断面	Y2断面	温度差
2012-9-28	8.50	—		7.10	—	

(续表)

日　　期	左边墙处洞内气温			右边墙处洞内气温		
	Y1断面	Y2断面	温度差	Y1断面	Y2断面	温度差
2012–10–6	6.13	—		5.80		
2012–10–13	4.73	7.10	2.37	4.27	7.05	2.78
2012–10–20	3.43	5.30	1.87	2.83	5.33	2.5
2012–10–27	1.60	4.10	2.5	1.00	3.10	2.1
2012–11–4	−1.90	0.80	2.7	−1.60	0.55	2.15
2012–11–12	−1.15	1.10	2.25	−1.40	0.90	2.3
2012–11–20	−0.05	1.45	1.5	−1.00	1.30	2.3
2012–11–27	−6.83	−3.50	3.33	−6.93	−3.80	3.13
2012–12–4	−6.70	−4.43	2.27	−6.93	−4.07	2.86
2012–12–11	−8.63	—		−7.57		
2012–12–18	−6.67	—		−5.80		
2012–12–25	−6.57	—		−8.07		
2013–1–1	−10.47	—		−11.07		

由图7-35可以看出，由于洞内气温监测时间区间由秋季持续至冬季，因此姜路岭隧道三个监测断面洞内气温在监测时间区间内整体呈现逐渐下降趋势，且每个断面不同位置处的洞内气温差距不大。同时，各监测断面从第30～第40天（2012年10月25日左右）时出现小幅上升，在Y1与Z4断面的第80～第85天（2012年12月20日左右）时气温出现明显升高现象，但迅速恢复正常。

另一方面，从各个断面与洞口距离来看，Y1、Z4与洞口距离较近，Y2、Z1与洞口距离较远。其中，Y1与Y2断面之间相距60 m，两断面相同时间洞内气温的对比见表7-20。

从表7-20可以看出，从2012年10月13日至2013年12月4日的时间区间内，各时间点的Y2断面洞内气温比Y1断面高1.87～3.33℃，平均高约2.4℃，说明隧道每向内掘进10 m，洞内气温平均下降0.4℃。

2）姜路岭隧道典型断面围岩温度分析

对于姜路岭隧道四个典型断面不同深度（洞壁处、距洞壁0.25 m、0.5 m、0.75 m、1.0 m、1.5 m、2.0 m、2.5 m、3.0 m、3.5 m及4.0 m）处分别埋设温度传感器，从2012年5月至2013年4月间（不同断面监测时间区间不同）进行隧道围岩温度监测。各断面不同深度处围岩温度–时间曲线如图7-39～图7-42所示。

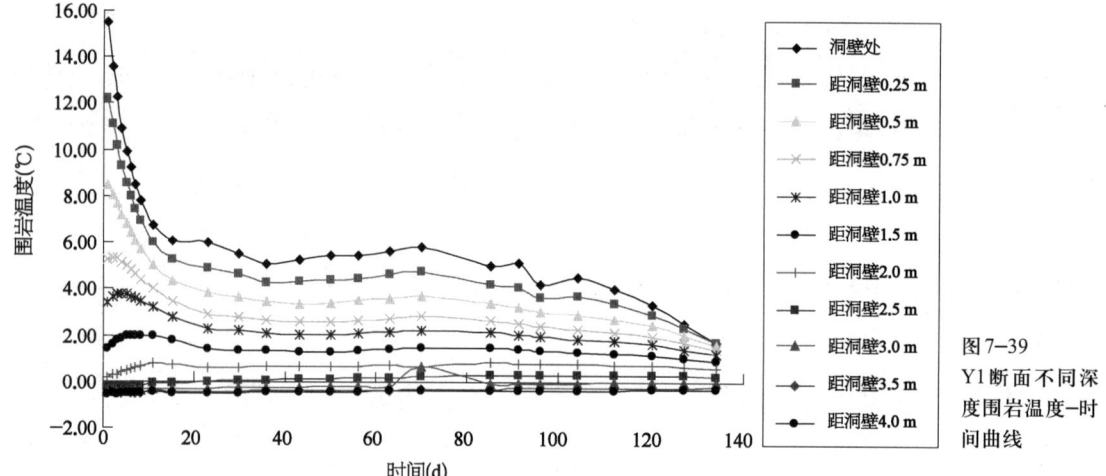

图7-39 Y1断面不同深度围岩温度-时间曲线

(1) Y1断面

从图7-39可以看出：

① 随着距洞壁深度的增加，每一时刻围岩温度总体上体现出逐渐降低的趋势。

② 从洞壁处至距洞壁0.75 m范围内，围岩温度始终呈下降趋势，36～85 d的时间段内，其温度相对平缓，而后随着洞内气温下降，围岩温度再次出现小幅下降。

③ 从距洞壁1.0～2.0 m深度范围内的围岩温度变化规律可知，在1～10 d内，围岩温度呈上升趋势；在5～10 d出现温度峰值，而后缓慢下降；在25～30 d后，其温度区域稳定；至85 d后再次呈现缓慢下降趋势。

④ 距离洞壁2.5 m以外的围岩，其温度基本不随时间变化，表现为基本恒定的规律。其中，距离洞壁3.0 m以外，三个监测点的温度始终保持在0℃以下，说明这一范围内的围岩始终处于冻结状态。

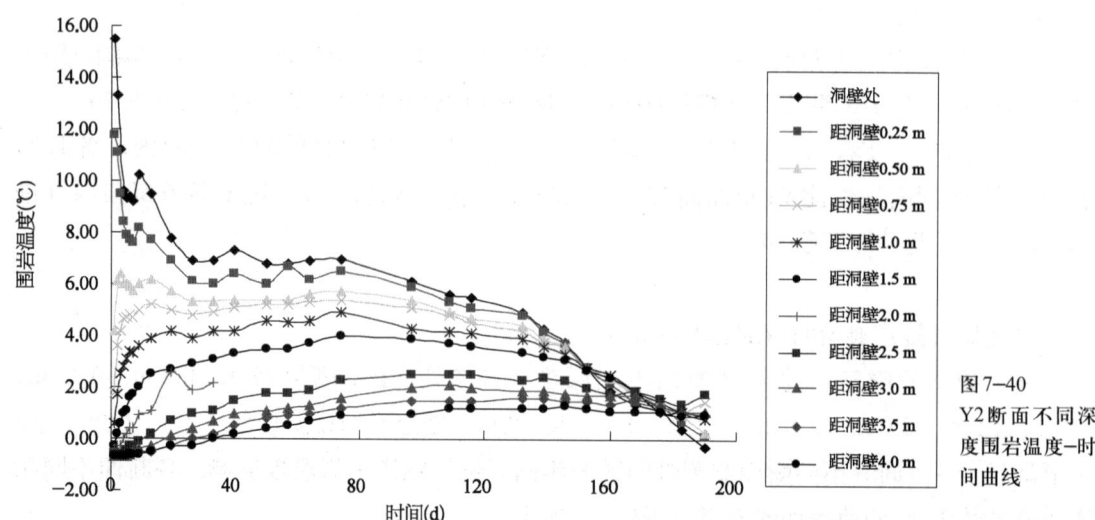

图7-40 Y2断面不同深度围岩温度-时间曲线

(2) Y2断面

从图7-40可以看出：

① 随着距洞壁深度的增加，每一时刻围岩温度总体上体现出逐渐降低的趋势。

② 其中接近洞壁位置处（距洞壁0.5 m范围内）围岩温度随时间而逐渐减小。

③ 距洞壁0.75～1.5 m范围内，前期（15 d之内）围岩温度升高，而后逐渐平缓，在约145 d后温度有小幅下降。

④ 在距洞壁2.5 m以外，围岩温度基本稳定，但仍存在小幅的上升-下降过程。

⑤ 值得一提的是，从实施监测的40 d以后，在监测深度范围内的围岩温度均大于0℃。

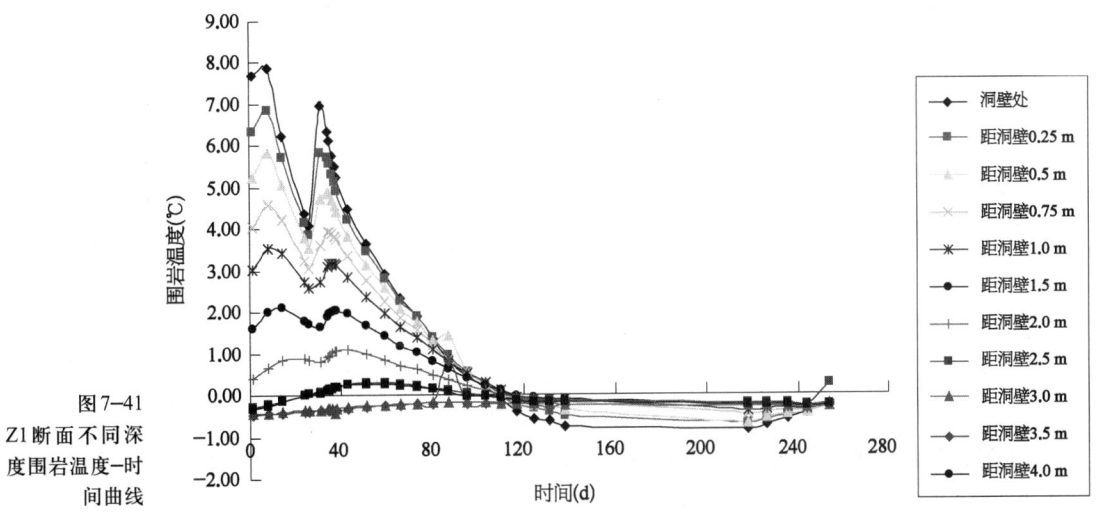

图7-41 Z1断面不同深度围岩温度-时间曲线

(3) Z1断面

从图7-41可以看出：

① 由于距洞壁深度的不同，围岩温度表现出很大的差异性。

② 距离洞壁较浅（距洞壁0.75 m范围内）处的围岩温度在监测的25 d内快速下降，但在25～34 d时间段内迅速上升，最高温度接近于刚开始实施监测时的围岩温度；在约40 d后开始逐渐下降，在约110 d后趋于平稳。

③ 距洞壁1.0～2.0 m范围内的围岩，温度变化表现出近洞壁处相似的特征，但在40 d左右时间段内的升温幅度大幅降低。

④ 距离洞壁2.5 m以外的围岩，其温度变化幅度不大。

⑤ 另一方面，从117 d开始，各个深度处的围岩温度均小于0℃。

(4) Z4断面

从图7-42可以看出：

① 从整体趋势上看，不同深度处的围岩温度均表现出随时间逐渐降低的特点。

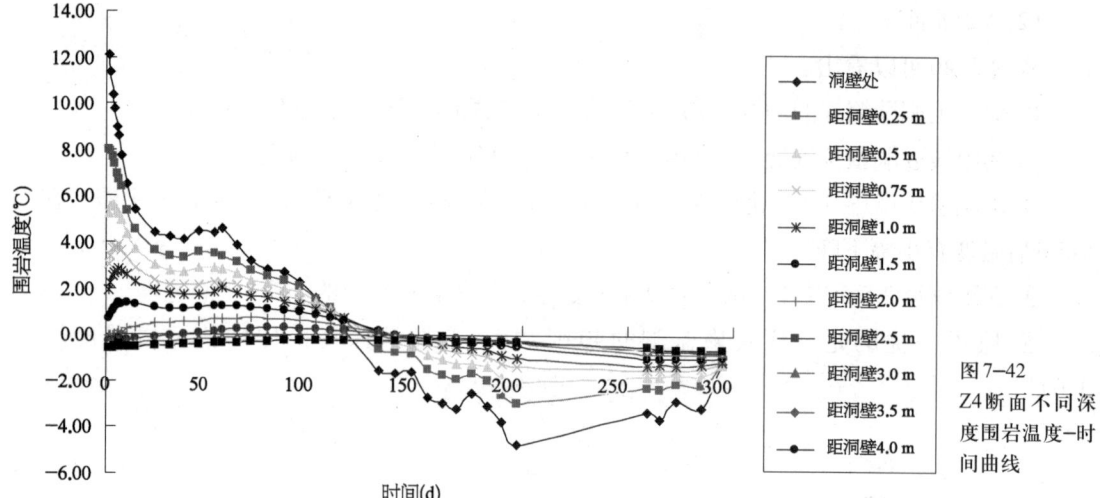

图 7-42 Z4断面不同深度围岩温度-时间曲线

② 距洞壁0.25 m范围内的围岩温度，在190 d后略有回升，且在整个监测时间段内表现出小幅波动现象。

③ 距洞壁0.5～1.5 m范围内围岩温度在15 d内表现为小幅上升，而后平稳下降的特点。

④ 距离洞壁2.0 m以外的围岩，其温度变化幅度不大。

⑤ 在实施监测约145 d后，各个深度处的围岩温度均小于0℃。

3) 姜路岭隧道典型断面冻融圈深度分析

根据前节的围岩温度监测数据，以各监测时间点出现负温的监测点位置作为围岩冻融圈深度，得到各典型断面冻融圈深度-时间曲线。围岩冻融圈是围岩表面温度变化累积作用的结果，而围岩表面积温可用来描述这一温度变化的累计作用。只要得到围岩表面积温与冻融圈深度的关系，即可通过监测围岩表面温度对围岩冻融圈深度进行评估。

采用各监测断面围岩表面积温，由图7-39及围岩表面积温计算结果可得Y1断面围岩表面积温与冻融圈深度-时间曲线，如图7-43所示。由图7-43可以看出，Y1断面冻融圈深度

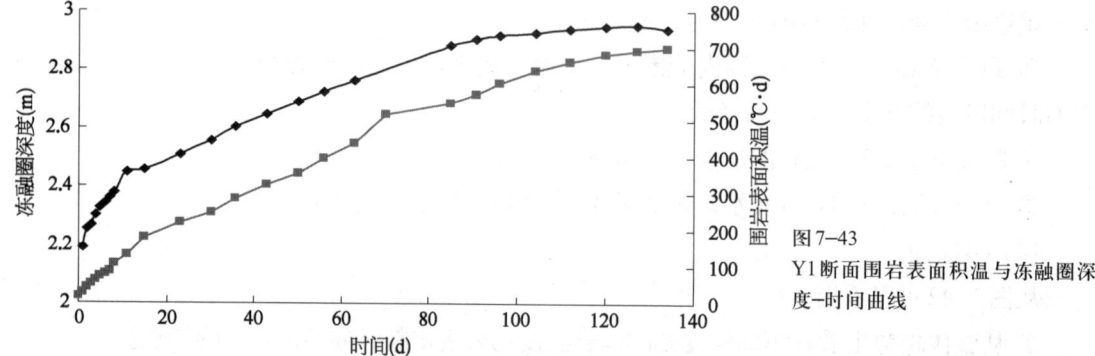

图 7-43 Y1断面围岩表面积温与冻融圈深度-时间曲线

与围岩表面积温呈现相同的变化趋势，且从两条曲线的斜率变化可以看出，在围岩表面积温曲线斜率较大的时间段，冻融圈深度同样表现出加速增长趋势。另外，Y1断面在监测时间区间内趋于稳定。

图7-44所示为Y1断面围岩冻融圈深度增长速度曲线。由图7-44可知，Y1断面冻融圈深度增长速度整体呈现逐渐减小趋势，从监测时间90 d以后，其增长速度均小于0.01 m/d，说明冻融圈深度已趋于稳定，最大冻融圈深度约2.95 m。

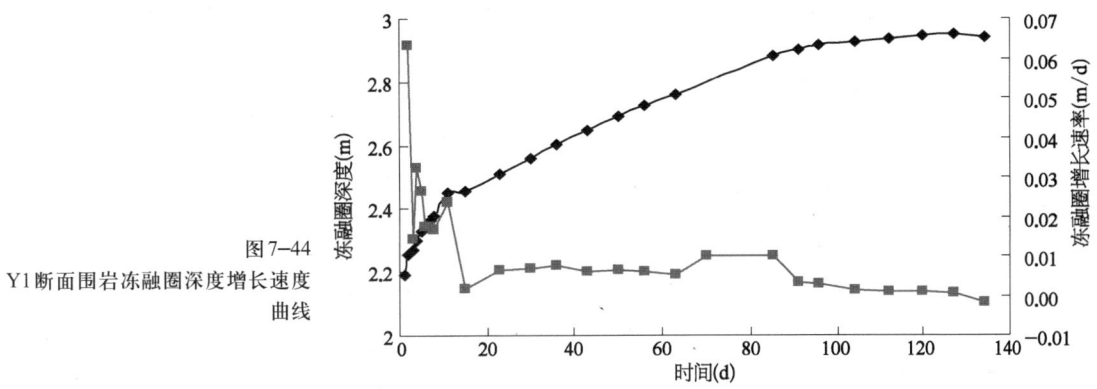

图7-44 Y1断面围岩冻融圈深度增长速度曲线

同理，由图7-40及围岩表面积温计算公式，可得Y2断面围岩表面积温及冻融圈深度-时间曲线，如图7-45所示。由图7-45可知，在监测时间区间内，Y2断面围岩表面积温呈现出稳定增长趋势，与之对应，Y2断面冻融圈深度增加迅速，在第33天便已超过4 m。

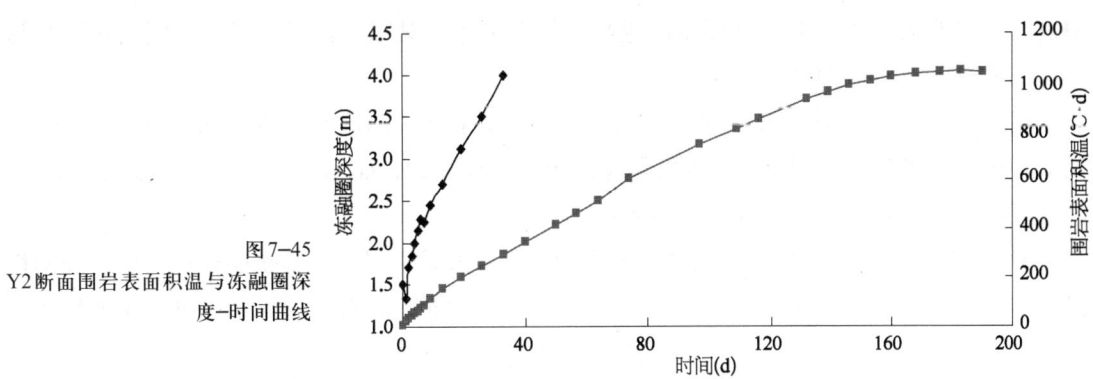

图7-45 Y2断面围岩表面积温与冻融圈深度-时间曲线

图7-46所示为Y2断面冻融圈增长速度曲线。由图7-46可知，在实施监测约10 d后，Y2断面冻融圈增长速度基本恒定，且保持在0.1 m/d左右，说明该断面冻融圈深度始终未达到稳定值，并在监测第33天超过4 m。受其影响，该断面由于在初衬施工后拱顶变形过大，无法保证围岩稳定，因此采取了更换钢拱架的施工措施。

对于Z1断面，由图7-41及围岩表面积温计算公式，得到其冻融圈深度与围岩表面积温-时间关系曲线，如图7-47所示。由图7-47可以看出，Z1断面围岩表面积温曲线前期增长相对较快，与之对应，该断面冻融圈呈现缓慢增长趋势；而在实施监测40 d后，围岩表

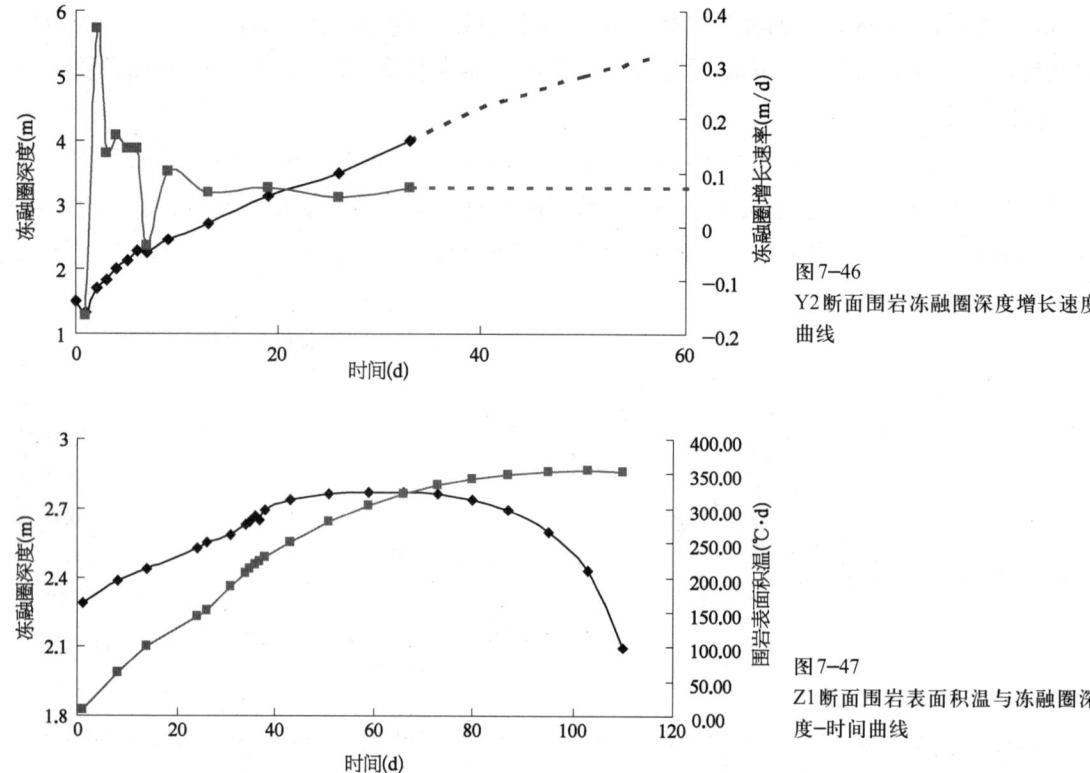

图 7-46 Y2断面围岩冻融圈深度增长速度曲线

图 7-47 Z1断面围岩表面积温与冻融圈深度-时间曲线

面积温曲线增长幅度减小,冻融圈深度不再增加,其最大值稳定在2.76 m;当监测80 d后,围岩表面积温趋于定值,此时冻融圈深度加速减小。此外,该断面由于工程地质条件较差,围岩含水量及破碎程度高,拱顶下沉量超出规范要求,难以保证隧道稳定,因而在监测第40天左右进行了更换钢拱架的施工。

由图7-48可知,在实施监测40 d内,围岩冻融圈增长速度为正值,冻融圈深度缓慢增长;在更换钢拱架施工期间,其冻融圈深度出现小幅波动,而后趋于稳定;当监测80 d后,冻融圈增长速度为负值,其深度逐渐减小。

对于Z4断面,根据图7-42及围岩表面积温计算公式,得到其冻融圈深度及围岩表面积温-时间曲线,如图7-49所示。由图7-49可知,Z4断面围岩表面积温与冻融圈深度呈现出

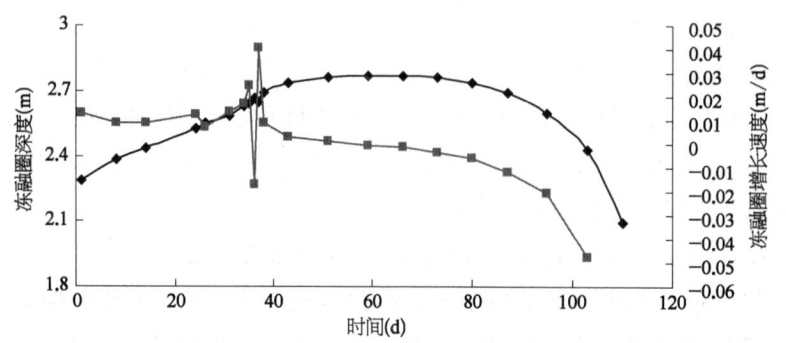

图 7-48 Z1断面围岩冻融圈深度增长速度曲线

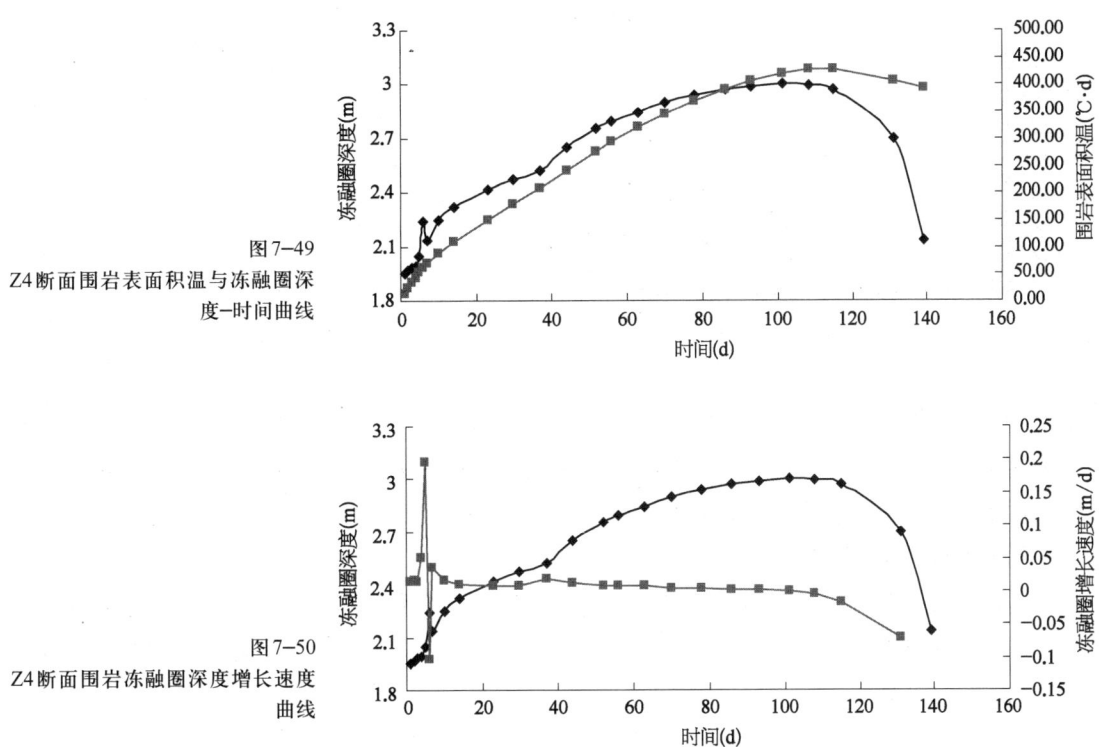

图7-49 Z4断面围岩表面积温与冻融圈深度-时间曲线

图7-50 Z4断面围岩冻融圈深度增长速度曲线

与Z1断面相似的规律，即当监测初期（约70 d之内）围岩表面积温逐渐增大，与之对应，冻融圈深度缓慢增加，而后趋于稳定，最大冻融圈深度3.01 m；在监测115 d后，围岩表面积温开始减小，冻融圈深度也迅速减小。

由图7-50可知，Z4断面冻融圈增长速度除在监测10 d之内表现出小幅震荡外，随着时间的增长，其增加幅度不大，且保持基本稳定，冻融圈深度缓慢增加，但从监测115 d后，冻融圈增长速度为负值，冻融圈深度快速减小。

4）姜路岭隧道典型断面围岩压力分析

对于多年冻土区隧道，其主要破坏模式为冻胀力作用下的衬砌失效，因此有必要对多年冻土隧道冻胀力进行现场监测，为隧道衬砌结构的稳定提供科学依据。在依托工程姜路岭隧道典型断面布置压力传感器，进行围岩压力的测试，以获得围岩表面与初衬之间、初衬与一次模筑混凝土之间及一次模筑混凝土与二衬之间的压力实测数据，进而判断隧道衬砌是否有冻胀力作用，为其稳定性分析奠定基础。但由于施工环境等不利因素，仅获得了Y1断面初衬压力、Z1断面一次模筑与二衬间压力及Z4断面初衬压力实测数据，如图7-51～图7-53所示。但在压力盒埋设初期（约10 d之内），由于其与围岩尚未紧密贴合，测量数据体现出突变性质，此段时间内的测量数据不能作为分析依据。

由图7-51可以看出，Y1断面左右边墙及右侧拱腰部位均测到不同大小的围岩压力，且其规律性不明显。其中，右侧拱腰在150～160 d范围内（2012年11月5日左右）的围岩

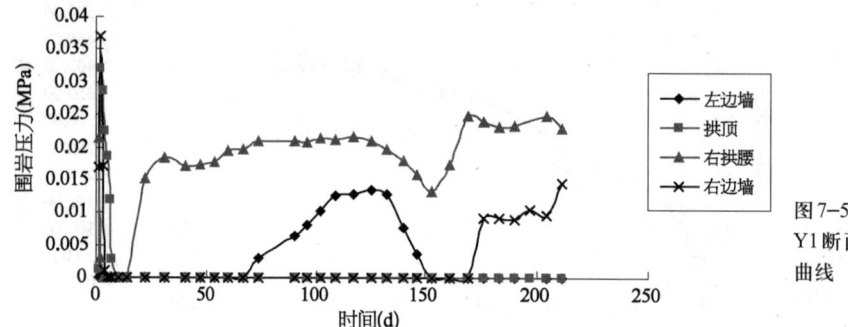

图 7-51 Y1断面不同位置围岩压力-时间曲线

压力出现极小值，其余时间段内其值相对平缓。而在左边墙位置，仅在70～150 d范围内（2012年8月16日至11月4日）测出围岩压力，而此时间段并非围岩冻结时间，因此不能作为冻胀力数据。对于右侧边墙，在约170 d后开始存在围岩压力，但其值不超过0.015 MPa，可认为对衬砌结构无影响。

由图7-52可以看出，在10 d以后，处拱顶部位围岩压力始终为0外，其余各测点围岩压力总体趋势较为平缓，最大值不超过0.3 MPa，且没有表现出冬季显著增大的特征，故不能作为冻胀力数据。

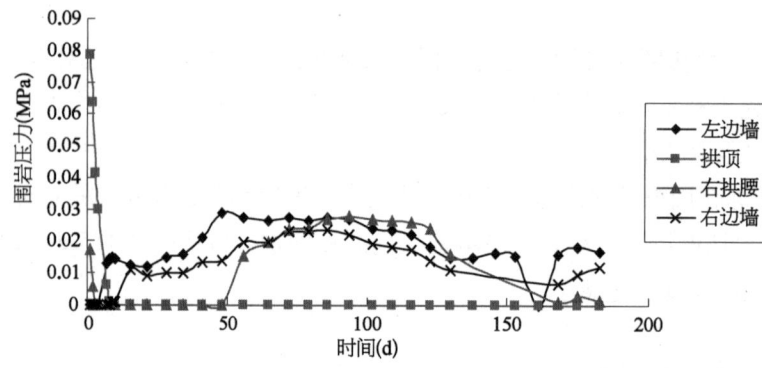

图 7-52 Z1断面不同位置围岩压力-时间曲线

由图7-53可以看出，Z4断面仅在拱顶及右侧拱腰处测到围岩压力，但各点围岩压力值随时间变化较为平稳，没有表现出冬季显著增大的特征，故不能作为冻胀力数据。

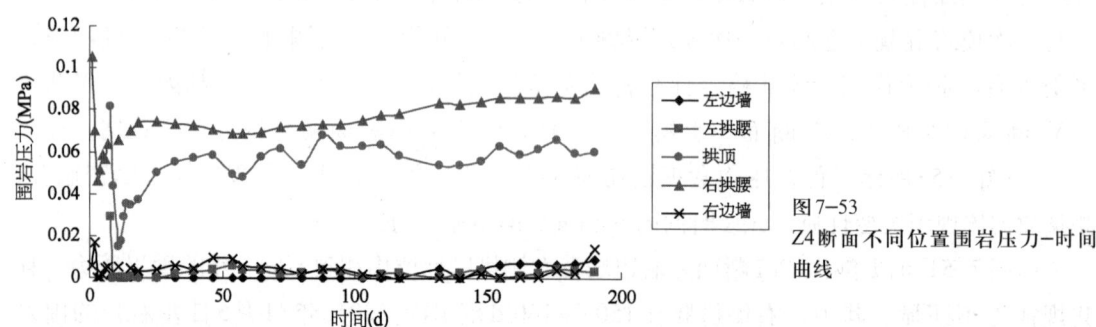

图 7-53 Z4断面不同位置围岩压力-时间曲线

5) 姜路岭隧道典型断面围岩变形分析

为反应依托工程姜路岭隧道围岩变形特征，在典型断面左右洞壁布置收敛监测点，在拱顶布置左、中、右三个位移监测点，进行围岩收敛变形及拱顶沉降监测，以获得隧道变形随时间变化规律，通过计算围岩收敛变形速率及拱顶沉降速率，为隧道稳定性分析及支护结构合理性及施做时间提供理论依据。图7-54所示为Y1断面拱顶下沉量-时间曲线。图7-55所示为Y1断面收敛位移-时间曲线。

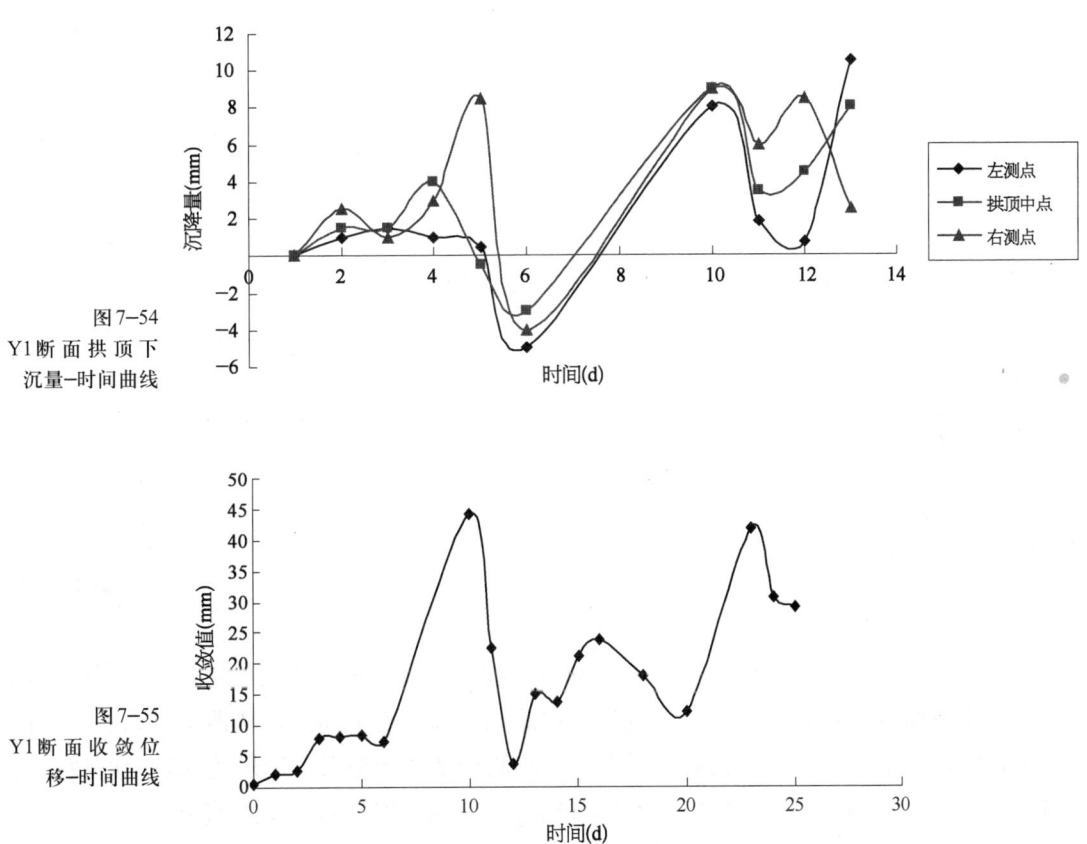

图7-54 Y1断面拱顶下沉量-时间曲线

图7-55 Y1断面收敛位移-时间曲线

由图7-54可以看出，Y1断面拱顶下沉量数据波动较大，但其最大收敛值仅为10.5 mm。另外，由于监测时间仅为13 d，且隧道施工对监测点稳定性干扰较大，因此可以认为监测曲线对隧道稳定性无影响。

由图7-55可以看出，Y1断面收敛曲线也表现出较大的波动性，且实施监测时间较短，说明隧道施工对收敛位移监测影响较大。另一方面，最大收敛值不超过45 mm，对围岩稳定性影响较小。

图7-56所示为Y2断面拱顶下沉量-时间曲线。由图7-56可以看出，Y2断面三个拱顶下沉观测点沉降量总体上呈现逐渐增大趋势，但在10～18 d区间内，其拱顶下沉量表现出异常上升的现象，其原因是在此期间更换收敛计钢尺。从22 d后，各点拱顶下沉量表现为

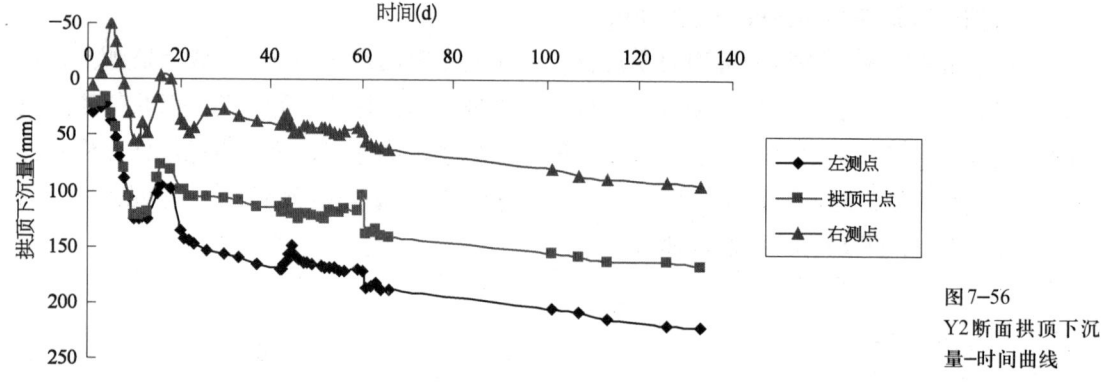

图 7-56 Y2 断面拱顶下沉量-时间曲线

逐渐增大趋势，其左测点最大沉降量达到 220 mm，远大于隧道允许沉降值，因此在该断面施工过程中，对原有钢拱架进行了替换，以保证隧道的稳定性。

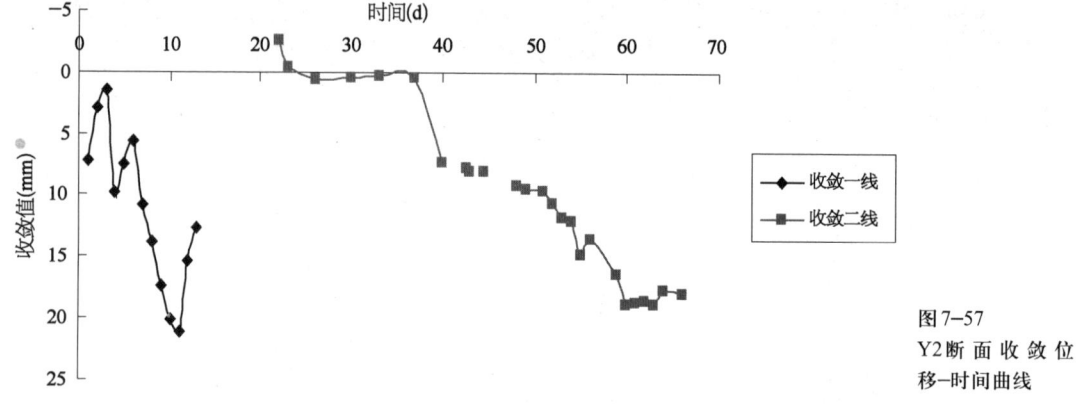

图 7-57 Y2 断面收敛位移-时间曲线

图 7-57 所示为 Y2 断面收敛位移-时间曲线，收敛一线表示隧道上台阶开挖过程中左右洞壁围岩收敛曲线，收敛二线表示下台阶开挖后洞壁围岩收敛曲线。从图中可以看出，在上端面开挖过程中，其围岩收敛值表现出一定的波动是由于施工对围岩扰动较大所致；当下端面开挖后，围岩收敛值表现为逐渐增大趋势，且在监测约 60 d 后较为稳定。

图 7-58 所示为 Z1 断面拱顶下沉量-时间曲线。从图中可以看出，Z1 断面拱顶下沉规律

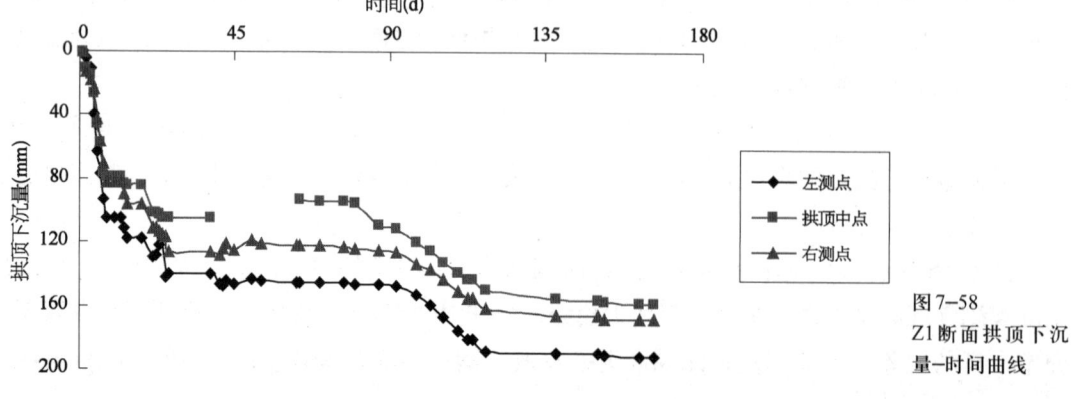

图 7-58 Z1 断面拱顶下沉量-时间曲线

表现出与Y2断面相似的总体特征，拱顶下沉量随时间逐渐增大，但其左测点最大下沉量达到191 mm，远大于规范要求的沉降允许值，因此在该断面施工过程中，对原有钢拱架进行了替换，以保证隧道的稳定性。

图7-59所示为Z1断面围岩收敛位移-时间曲线。从图中可以看出，在上台阶开挖过程中，收敛一线实测数据有很大的波动性，说明隧道施工对围岩扰动较大；而在下台阶开挖后，对收敛一线与收敛二线监测数据可以看出，各个位置的围岩收敛变形均表现出区域稳定的特点，且最大收敛值不超过50 mm，可以保证隧道的稳定。

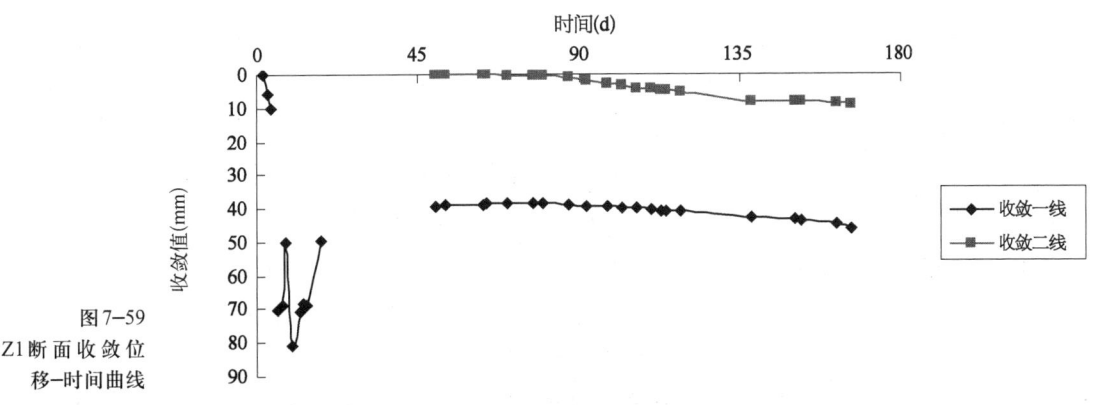

图7-59 Z1断面收敛位移-时间曲线

7.4.4 姜路岭隧道施工动态信息反馈与预警

1）监控量测信息的反馈方法

为保证多年冻土区隧道施工及运营安全，根据施工期现场监控量测数据，及时收集由于隧道开挖而对围岩温度及围岩、支护结构中所产生的位移和应力变化等信息，并根据一定的标准来判断是否需要预先设计的支护结构和施工流程的方法，称为信息反馈法。信息反馈法可归纳为理论反馈法和经验反馈法。

（1）理论反馈法

在对隧道支护结构进行设计计算的过程中，首先要根据结构物的具体情况选取力学模式，其次要确定计算参数。为了提高计算的正确性，除对所选取的力学模式做到尽量合理外，应采用现场量测信息进行反馈，求解计算参数，这种方法叫理论反馈法。它又分为直接反馈法和间接反馈法两种。

① 直接反馈法，亦称正算法。以隧道周边位移计算为例，首先按工程类比法确定计算参数后，用理论计算的方法求解隧道周边的位移值，并与量测得到的隧道周边位移值进行比较。当两者有差异时，应修正原先假定的计算参数，重复计算直至两者之差符合计算精度要求时为止。最后所用计算参数即为同样条件下今后设计所采用的参数值。

② 间接反馈法，亦称逆算法。它是根据施工中量测到的隧道周边位移值，用数值分析法来反算出主要的计算参数，并依此进行支护结构的设计计算。由于所需反算的主要参数

不同，其采用的计算方法也不同。

(2) 经验反馈法

经验反馈法是根据工程类比建立一些判断准则，然后利用量测到的信息与这些准则进行比较，依次来判断围岩的稳定性和支护结构的工作状态的方法。对于多年冻土区隧道的经验反馈法，一般采用以下准则进行判断：

① 洞内气温。多年冻土区隧道施工中，既要保持较低的温度，防止新开挖掌子面围岩融化过快造成掉块、坍塌现象，以保障施工安全，又要防止温度过低，影响支护混凝土的施工及养护。

② 冻融圈深度。在多年冻土区隧道施工过程中，通过对不同深度处围岩温度监测，计算围岩冻融圈深度，因此冻融圈深度受围岩温度控制。在围岩温度监测过程中，以0℃作为围岩冻结位置，进行冻融圈深度判断。

③ 围岩收敛变形及拱顶沉降值。围岩变形是指隧道施工的全过程中，在保证围岩不产生松动及拱顶不产生过大沉降条件下的最终位移值。在隧道开挖过程中所量测到的总位移值或根据时间-位移曲线求出的最终位移值大于允许位移值时，意味着围岩不稳定或支护系统工作状态不安全，需要加强。隧道周边位移量的大小受很多因素影响，如原始地应力、开挖方法、开挖速度、支护方式、支护时机等。

④ 围岩位移变化速率。当隧道开挖，原始地应力被重新分布后，在施工过程中隧道围岩会发生位移，且每天的位移变化速率不尽相同。根据围岩位移变化速率可以判断围岩的稳定程度及支护结构的合理性。

2) 多年冻土隧道监测指标控制标准

(1) 洞内气温

根据多年冻土区隧道施工经验，通常情况下，多年冻土区隧道掌子面附近洞内气温应控制在 $-5 \sim 5$℃。

① 当洞内气温在 $-5 \sim 5$℃时，隧道可正常施工。

② 当洞内气温超出正常范围20%以内，即在 $-6 \sim -5$℃或 $5 \sim 6$℃时，应在施工同时加强气温观测，控制洞内温度。

③ 当洞内气温超出正常范围20% $\sim$ 50%，即在 $-7.5 \sim -5$℃或 $5 \sim 7.5$℃时，应暂停施工，进行温度控制后继续施工。

④ 当洞内气温超出正常范围50%以上，即在 -7.5℃以下或7.5℃以上时，应停止施工，进行洞内气温调节，待洞内温度稳定在 $-5 \sim 5$℃后继续施工。

(2) 冻融圈深度

在一次模筑混凝土浇筑前，过大的融化深度可能造成围岩变形过大，甚至超过规范允许值的情况。根据对依托工程姜路岭隧道典型断面的现场监测，当冻融圈深度小于3 m时，围岩收敛值及拱顶下沉值均趋于稳定（如ZK329 + 800断面及ZK332 + 505断面）；另一方面，冻融圈深度大于 3 m 时，可能出现隧道围岩收敛位移不收敛的情况，如 YK329 + 820 断面，其最大收敛值达到 220 mm，远远大于规范允许值。因此，对于多年冻土隧道，建议应将施工冻融圈深度控制在 3 m 以内。

① 当围岩冻融圈深度<3 m 时，隧道可正常施工。

② 当围岩冻融圈深度超出正常范围 15% 以内，即在 3 ～ 3.5 m 范围内时，应在施工同时控制混凝土水化热。

③ 当围岩冻融圈深度超出正常范围 30% 以内，即在 3 ～ 4 m 范围内时，应暂停施工，待冻融圈深度控制后继续施工。

④ 当围岩冻融圈深度超出正常范围 30% 以上，即在 4 m 以上时，应停止施工，进行围岩降温处理，待冻融圈深度稳定在 3 m 以内后继续施工。

(3) 围岩收敛变形及拱顶沉降

《公路隧道设计规范》(JTG D70—2004) 对不同围岩级别条件下围岩位移值（预留变形量）的规定见表 7-21，表中所列值可作为围岩允许变形值。

表 7-21 不同条件下公路隧道预留变形量 (mm)

围岩级别	两车道隧道	三车道隧道	围岩级别	两车道隧道	三车道隧道
Ⅰ	—	—	Ⅳ	50 ～ 80	80 ～ 120
Ⅱ	—	10 ～ 50	Ⅴ	80 ～ 120	100 ～ 150
Ⅲ	20 ～ 50	50 ～ 80	Ⅵ	根据现场测量确定	

① 当围岩实测变形值在允许值的 50% 以内时，隧道可正常施工。

② 当围岩实测变形值在允许值的 50% ～ 80% 时，应在施工同时加强监测，控制变形量。

③ 当围岩实测变形值在允许值的 80% ～ 100% 时，应暂停施工，加强支护，必要时停止掘进。

④ 当围岩实测变形值超过允许值时，应停止施工，调整支护方案，待变形值稳定后继续施工。

(4) 围岩位移变化速率

① 当位移速率很快变小，时态曲线很快平缓，如图 7-60a 所示，表明围岩稳定性好，可适当减弱支护。

② 当位移速率逐渐变小，即 $d^2u/dt^2 < 0$，时态曲线趋于平缓，如图 7-60b 所示，表明围岩变形趋于稳定，可正常施工。

③ 当位移速率不变，即 $d^2u/dt^2 = 0$，时态曲线直线上升，如图 7-60c 所示，表明围岩变形急剧增长，无稳定趋势，应及时加强支护，必要时暂停掘进。

④ 当位移速率逐步增大，即 $d^2u/dt^2 > 0$，时态曲线出现反弯点，如图7-60d所示，表明围岩已处于不稳定状态，应停止掘进，及时采取加固措施。

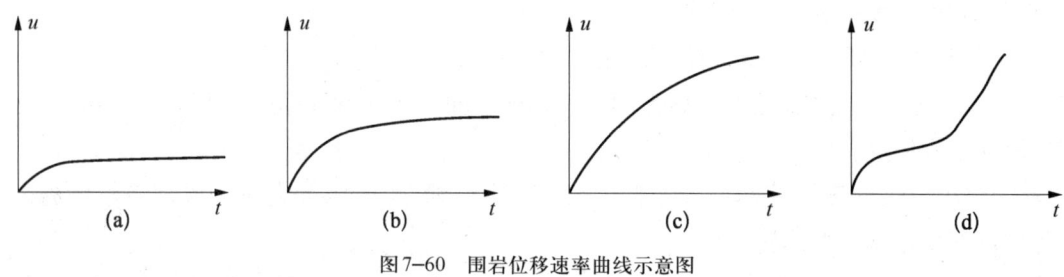

图7-60 围岩位移速率曲线示意图

3）基于动态信息的姜路岭隧道施工预警系统

在姜路岭隧道施工过程中，由于围岩工程地质条件复杂，影响围岩稳定性的因素很多，为保证施工期围岩的稳定，必须建立姜路岭隧道施工预警系统。姜路岭隧道信息反馈内容主要包括：洞内气温、冻融圈深度、围岩变形及围岩位移速率。根据各监测项目实测值与允许值的比较，将隧道预警系统分为黄色预警、橙色预警和红色预警三个级别，各监测指标的预警级别见表7-22。

表 7-22 姜路岭隧道预警级别

监测项目	正常施工	黄色预警	橙色预警	红色预警
洞内气温	$-5 \sim 5$℃	$-6 \sim -5$℃或$5 \sim 6$℃	$-7.5 \sim -5$℃或$5 \sim 7.5$℃	-7.5℃以下或7.5℃以上
冻融圈深度	<3 m	$3 \sim 3.5$ m	$3.5 \sim 4$ m	>4 m
围岩变形量	允许值的50%以内	允许值的50%～80%	允许值的80%～100%	允许值的100%以上
围岩位移速率	位移速率很快变小	位移速率逐渐变小	位移速率基本不变	位移速率逐渐变大

根据多年冻土区隧道稳定性各影响因素的影响程度大小，将四个影响因素按照围岩变形量及位移速率、冻融圈深度、洞内气温的顺序进行判断，在以此进行判断的过程中，当某一指标达到预警值，则进行相应的施工措施调整。当某一指标达到黄色预警值时，应进行提示，并在施工过程中加强观测；当某一指标达到橙色预警值时，应进行报警，并暂停施工，待监测数据恢复正常范围后继续施工；当某一指标达到红色预警值时，应进行紧急报警，并立即停止施工，变更原设计并进行监测，待监测数据恢复正常范围后继续施工。

7.5 不良地质施工技术

7.5.1 超浅埋公路隧道粉沙层垂直旋喷桩施工技术

1）工程概况

通天河隧道为分离式隧道，位于青藏高原三江源地区，通天河、扎曲河及歇武河三河交汇于此，属剥蚀构造中高山及侵蚀堆积河谷地貌。隧道左洞ZK782+059—ZK782+078段、右洞YK782+050—YK782+068段穿越第4系上更新统冲洪积层粉砂，隧道埋深8～9 m。该段从地表到隧底全部为粉砂层。通天河隧道掘进过程中，边墙多次出现粉砂层垮塌现象，不仅存在安全隐患，而且回填坍腔既浪费材料，又影响施工进度。当左线施工至ZK782+061时，开挖掌子面全部为粉砂，呈黄色、干状、中度密实。该处开挖上台阶时，发生大面积溜坍，坍腔高度约2 m，坍至掌子面前方约3.5 m处，约85 m，同时地表出现直径8 m、深5 m的倒漏斗形陷坑。

2）隧道穿越粉砂地段常规处理方案

对于粉砂质地段修筑隧道，根据以往施工经验，常采用以下几种方法处理：钢插板法、超前预注浆法、水平旋喷桩法、冻结法。

(1) 钢插板法

在隧道拱部开挖轮廓线外设置钢插板（板厚1 cm，宽15 cm，环向间距30 cm，长1.2 m，外插角10°～15°），在拱顶120°范围内施工设置。该方法一般适用于洞顶以上为粉砂层、洞内围岩条件较好的隧道，施工速度快，操作简单，可有效控制拱顶坍塌，但不能解决掌子面的坍塌问题。由于施工现场已经施做了4 m的超前小导管支护，施做钢插板难度较大。

(2) 超前预注浆法

超前围岩预注浆又称深孔注浆，或长孔注浆，是指在特殊困难地段采用深孔预注浆，在软弱岩层内形成较大范围的筒状加固区，产生"帷幕"。在软弱破碎围岩、卵石、砂层等有一定渗透性的地层采用"渗透注浆"；在颗粒更细的不透水、不透浆液黏土层，采用"劈裂注浆"。适用于覆盖层厚度较大的粉质黏性土、杂填土、一般易成孔的碎石黏性土、粉砂土。注浆得当可以保证掘进过程中的安全，防止坍塌；一般采用钻杆后退式式注浆，由于粉砂颗粒之间孔隙较小，需要采用价格昂贵的超细水泥（约1 500元/t）或化学浆液（6万元/t），由于注浆需要较大压力，必须在掌子面后方施做3 m混凝土止浆墙形成封闭系统。在本工法适用于覆盖层厚度较大的情况，施工速度较慢，成本较高，既无法满足工期要求，也不经济。在覆盖层厚度不大（15 m以内）的情况下，本工法也可在地表进行垂直钻孔，采用袖阀管注浆，但同样面临工期和成本问题。

(3) 水平旋喷桩法

水平旋喷桩法是在水平钻孔内，利用工程钻机，将旋喷注浆管置于预计的地层加固深度，在钻杆旋转退出时，将配制好的浆液用一定的压力从喷嘴中喷出，冲入地层，把土和浆液搅拌成混合体，随后凝聚固结，形成一种新的有一定强度的水泥土，以达到加固地基和止水防渗目的。水平高压旋喷法是城市浅埋隧道施工中控制隧道变形和地表沉降的较好方法。对淤泥、淤泥质土、黏性土、粉土、黄土效果好。具有超前支护、止水加固作用，以及改善围岩效果好、加固体强度高、加固质量均匀、加固体形状可以控制的特点，已经成为国内外工程界普遍接受的、多用的、高效的地层加固方法。一般设计参数为：在隧道开挖轮廓线周边设双排$\phi500$ mm的搅拌桩，间距35 cm，相互咬合15 cm，隧道洞内设$\phi800$ mm搅拌桩，在开挖面均匀分布，间距100 cm。该方法既对隧道周边进行超前预支护，又对开挖面实施稳定，提高了粉砂的自稳能力，以有效防止隧道开挖过程中发生溜坍现象。本工法适用于覆盖层厚度较大的情况，但需要旋喷搅拌设备。经调查，该设备在沿海一带才有，设备到场周期长，无法满足工期需要，成本也较高。在覆盖层厚度不大（15 m以内）的情况下，本工法也可在地表进行垂直钻孔实施垂直旋喷搅拌，但也面临工期和成本问题。

(4) 冻结法

在粉砂中打入冷冻管，用人工制冷的方法使沙层冻结，形成冻土，从而提高地层稳定性，适用于含水量较大的淤泥质土、饱和粉质黏土、流砂等。施工需要特种设备，工艺复杂，施工周期长，造价极高。

3）垂直旋喷桩地表加固粉砂层技术

为了能使隧道掘进尽快通过该粉砂层段，增加进洞长度，满足通天河隧道施工工期及冬季施工的要求，提出采用地表垂直旋喷桩加固拱顶围岩技术，即对地表至隧道下台阶交界处及隧道开挖轮廓线两侧一定范围内采用旋喷桩进行加固处理，如图7-61所示。

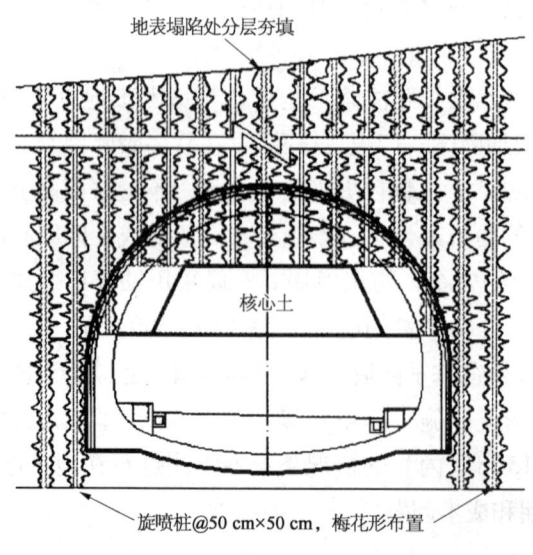

图7-61 垂直旋喷桩设置示意图

(1) 垂直旋喷桩地表加固机理

① 在洞顶及洞身边墙粉砂层范围内施做旋喷桩，旋喷桩之间相互咬合作用和水泥浆液的渗透作用使松散粉砂层形成结石体，可提高洞顶及洞身边墙围岩的整体稳定性。

② 垂直旋喷桩施工对周围粉砂进行了注浆加固，同时高压水泥浆的喷射作用对粉砂层具有较强的挤密作用，加大了砂颗粒之间的摩擦系数，提高了洞顶粉砂层的自稳能力，可有效减少隧道开挖过程中的沉降。

③ 隧道两侧的旋喷桩形成桩体后，可阻挡隧道开挖宽度以外的粉砂和桩体之间易突出的粉砂。掌子面开挖后，粉砂就不易发生坍塌，可有效控制隧道的收敛变形。

(2) 垂直旋喷桩设计参数及施工方法

旋喷桩横向施做范围为洞身最大跨度开挖轮廓线外 120 cm，纵向从掌子面开始到开挖轮廓线处岩石为止。旋喷桩横、纵间距为 50 cm×50 cm，呈梅花状布置，桩径 60 cm，要求桩间相互咬合 10 cm；开挖轮廓线外两排旋喷桩桩长为洞顶地表至洞内仰拱底以下 1 m，其余桩长为洞顶地表至洞身上下台阶交界处。

地表塌陷处分层夯填，利用高架旋喷钻机钻至设计标高，用高压泵将水泥浆液通过钻杆端头的特制喷头以高速水平喷入土体，借助液体的冲击力切削土层，同时以一定的速度（20 r/min）旋转，并低速（15～30 cm/min）徐徐提升，边旋喷边提钻至成桩，使土体与水泥浆充分搅拌混合凝固，形成具有一定强度（0.5～8.0 MPa）的旋喷桩，从而使围岩得到加固。

首先将洞外塌穴分层回填至高出地表 10 cm，并封闭掌子面后，在洞顶施做旋喷桩，旋喷桩横向施做范围为洞身最大跨度开挖轮廓线外 120 cm，纵向从掌子面开始到开挖轮廓线处为岩石为止。旋喷桩横、纵间距为 60 cm×60 cm，呈梅花状布置，桩径为 60 cm；最大跨度开挖轮廓线外两排旋喷桩桩长为洞顶地表至洞内仰拱底以下 1 m，其余桩长为洞顶地表至洞身上台阶。

通天河隧道工程根据覆盖土厚度选用 XP-20 系列低架旋喷钻机，并通过不同模块组合，采用双重旋喷施工工艺。采用的水灰比为 1:1 水泥浆液（单液浆）。含水率较高的粉砂层亦可采用水泥-水玻璃双液快凝浆液，配合比的水灰比为 1:1，水泥浆：水玻璃为 1:0.25，水玻璃浓度以 16 Be 为宜。水泥均可选用普通硅酸盐 42.5R 型水泥或超细型水泥。施工参数见表 7-23。

(3) 旋喷桩施工工艺

① 工艺概述。高压旋喷桩是利用钻机，将预先配置好的浆液通过高压发生装置，使液

表 7-23 施工参数

浆液喷嘴 (mm)	喷射压力 (MPa)	注浆管直径 (mm)	钻头旋转速度 (r/min)	钻头提升速度 (cm/min)	浆液流量 (L/min)	浆液水灰比
2.8	20	42	22	25	100	(0.8:1)～(1:1)

流获得巨大能量后高速喷射出来,形成一股能量高度集中的液流,直接冲击破坏土体。喷射过程中,钻杆边旋转边徐徐提升,从而使浆液与土体充分搅拌混合,在土中形成一个有一定直径的柱状固结体,使地基得到加固。

② 作业内容:成孔;水泥浆搅拌;喷射;钻杆提升;复喷;泥浆清理。

③ 施工机械。所需的机械设备由高压发生装置、钻机灌浆、特种钻杆和高压管路四部分组成,主要包括钻机、高压泵、泥浆泵、空气压缩机、灌浆管、喷嘴、流量计、输浆管、制浆机等。

④ 施工工艺及质量控制流程如图7-62所示。

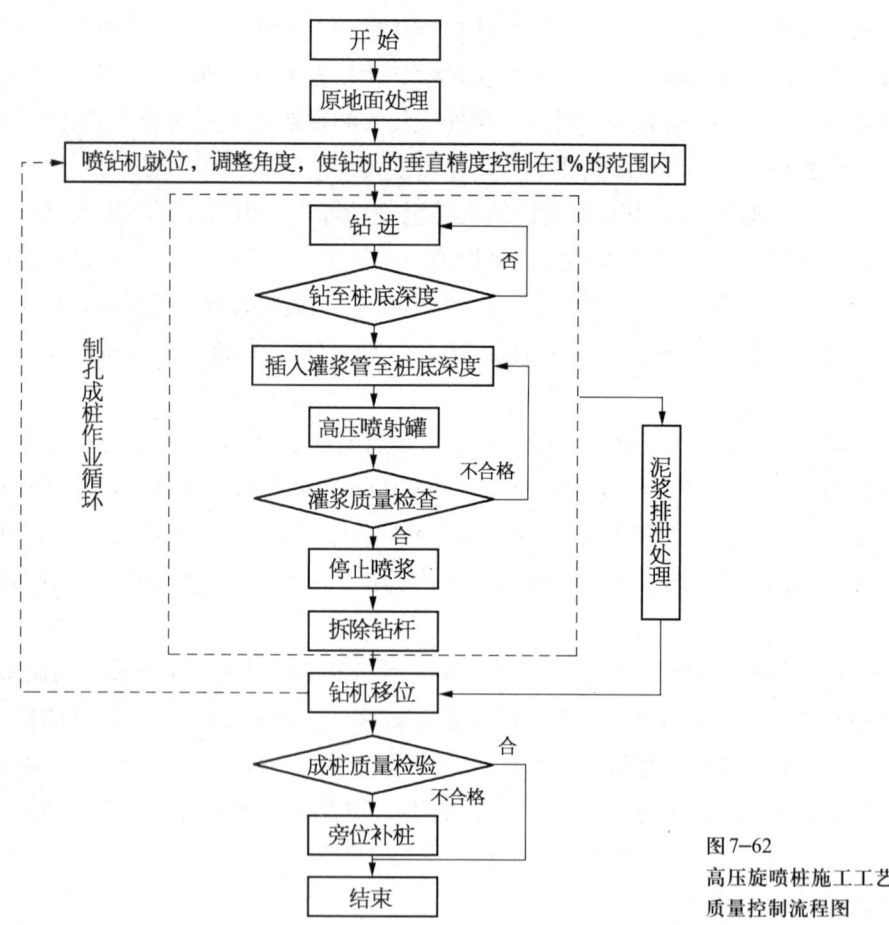

图7-62
高压旋喷桩施工工艺及质量控制流程图

⑤ 施工步序说明。

A. 机械就位。机械就位应平稳,立轴、转盘与孔位对正,高压设备与管路系统应符合施工图及安全要求,防止管路堵塞,密封良好。辅助设备安装应满足下列要求:制浆机应略高于贮浆罐上口;高压泥浆泵进浆口必须加设滤网,并稍低于贮浆罐出口;高压泥浆泵与旋喷管间必须用高压胶管连接。安装完毕后,必须再次检查高压设备、管路系统,确保规格符合设计要求，连接密封完好。

B. 钻孔。施工前，应先进行成桩工艺性试验（不少于2根），确定旋喷管的转速、提升速度、注浆喷射压力、注浆量等参数，以查明喷射固结体的成桩直径和桩体强度。钻孔过程中应详细测量并记录实际孔位、孔深及地层变化情况。压力下降，接长钻杆，再继续钻进，直到钻至桩底高程。

旋喷桩间距为 60 cm×60 cm，呈梅花状布置，桩径为 60 cm。旋喷桩施工时，应根据布置图间隔施工，其间距可取 3.6 m，或者等到已施工桩体初凝后，具有一定抗冲击力时，再施工相邻桩体。

C. 浆液加压旋喷。制作浆液时，水灰比严格按照设计配置，水灰比为 1:1，不得随意改变。泥浆桶的浆液通过高压泵加压后，经高压管送至钻机用于旋喷，旋喷桩采用单管旋喷。在高压喷射灌浆过程中，当出现压力突增或突降、大量冒浆或完全不冒浆时，应查明原因，采取相应措施。

钻杆旋转和提升必须连续，拆卸接长钻杆以后继续旋喷时，要保持钻杆 10～20 cm 的搭接长度，以免出现断桩。

(4) 处理效果

由于利用工程现场既有设备，且施工单位经验丰富，故该施工方案于 2011 年 9 月 8 日开始实施，至 9 月 20 日结束，仅用 12 d 掌子面即恢复开挖。开挖后洞身稳定，未出现垮塌现象。掌子面已正常掘进，可按预计时间顺利通过该不良地质段，为隧道冬季施工创造了有利条件。高压旋喷桩现场处置如图 7-63 所示。

(5) 推广应用价值

通过理论分析和实践结果，采用粉喷桩处理浅埋粉砂层地段具有很大的推广应用价值，主要表现为处理成本低。经对比，较之超前预注浆、水平旋喷搅拌桩法或冷冻法，成本至少降低 80 万～200 万元。该方案对埋深在 20 m 以内的浅埋隧道粉砂覆盖层处理具有明显的经济和工期优势。

(a) 洞顶地表塌陷

(b) 粉砂层段洞内溜塌

 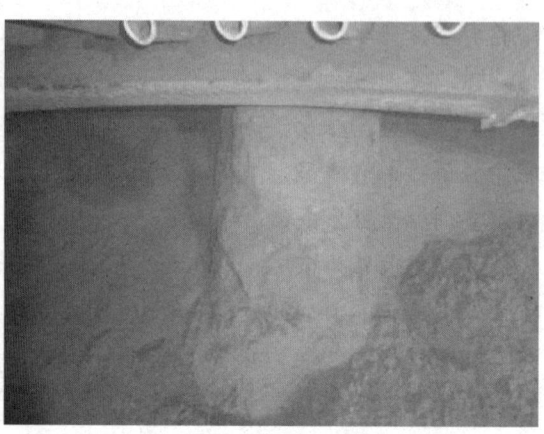

(c) 洞顶地表旋喷桩施工情况　　　　　　　　(d) 旋喷桩处理后洞内开挖情况

图 7-63　高压旋喷桩现场处置

7.5.2　拱脚小矮墙处理浅埋段软弱大变形围岩施工技术

1) 工程概况

雁口山隧道位于青海省玉树州称多县歇武镇东北方向约 10 km 处，设计为分离式双线隧道，全隧左线长 4 032 m，右线长 4 000 m，最大埋深 361 m。隧址区属冰缘水流构造侵蚀中山地貌。山体平均海拔高度大多在 4 000 m 以上，隧址区主要位于青藏系头部主体和外围褶皱带，北部重接复合巴颜克拉-松潘弧形构造带，地层岩性上覆第四系全新统坡积层、洪积层，下伏中生界上三叠统巴颜克拉山群灰黑色页岩和砂岩互层。年平均气温 -1.7℃，极端最高温度 24℃，极端最低温度 -33℃，寒长暑短，四季不分明，昼夜温差较大，空气稀薄，气压低，含氧量少，大气含氧量比平原低 40%，缺氧严重，冬季气候寒冷漫长，多风雪，夏季气候凉爽短促，最大冻结深度 3.08 m，全年冰冻期长达 7 个月。雁口山隧道进口 200 m 范围内埋深不足 30 m，最浅的地段只有 2.19 m，是目前国内隧道最长的浅埋段之一。围岩为全风化页岩，粉质黏土夹碎石，稳定性极差，且地下水位高，冻融渗流严重，在开挖施工过程中遭遇了涌水、地表开裂、钢架初支变形等各种问题。

2) 施工中遇到的困难

雁口山隧道进口左线 200 m 的浅埋段，设计地质为粉质黏土、强风化页岩夹砂岩，开挖后实际地质为黏土夹碎石，稳定性极差。其次，拱部有冻土层，存在冻融渗流现象，开挖后在无任何外作用力的情况下流塌严重，遇水呈泥浆状（图 7-64），工人进入掌子面施工作业也比较困难。根据围岩量测监控数据显示，左线拱顶下沉量累计达 30 cm 以上，初支严重侵入二衬，拱顶地表开裂严重（图 7-65、图 7-66）。

3) 软弱围岩大变形机理

隧道地质环境不同，围岩发生大变形的时间、位置、破坏程度、影响范围也会不同。

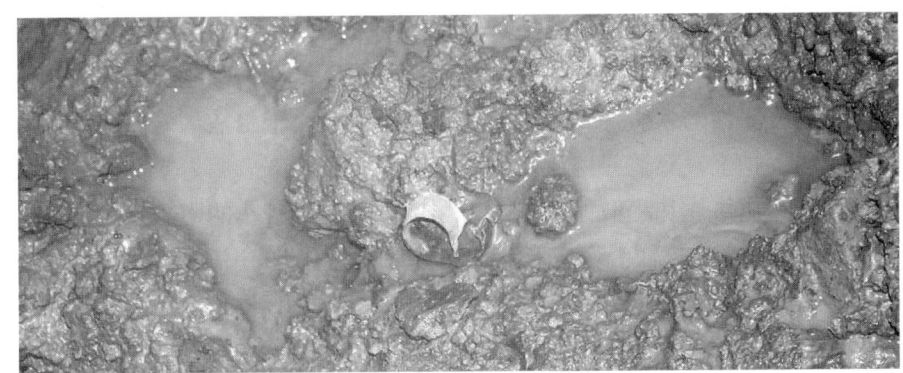

图7-64 掌子面围岩遇水呈泥浆状

图7-65 地表开裂

图7-66 进行地表注浆

大变形发生的岩性、环境及约束条件，大、小变形的区别及力学机理对于分析和控制隧道围岩大变形至关重要。围岩大变形是指在软弱围岩隧道采用常规支护围岩发生塑性破坏，变形得不到有效约束，变形量超过了规范允许的变形量，或有超过规范允许变形量的趋势，或在隧道完成二次衬砌较长时期后，边墙、拱顶和拱角破裂、隆起等现象。

围岩大变形根据不同的受控条件可以划分为：受围岩岩性和构造控制及受人工采掘扰动影响，其中受围岩岩性控制的大变形主要包括岩性软弱的泥质页岩和砂质泥糟、泥灰岩，以及具有膨胀性的软岩等。对于软弱浅埋隧道，由于松散周岩形成的松散压力直接作用在地下工程支护上，隧道开挖后围岩应力重新分布，部分围岩或其结构面失去强度，成为脱离母岩的分离块体和松散体，在重力作用下，克服较小的阻力发生塌滑，软岩在形变应力较大时，将进入塑性或流变变形阶段，因而形成较大的围岩变形。

4) 施工方案选择及实施

软弱围岩沉降处理措施通常采用的施工方法有：

① 架设钢拱架，形成双层钢拱架受力。隧道在浅埋、软弱围岩地段，开挖后拱顶及局部应力集中过大，隧道结构极易失稳，给施工带来极大困难，采用双层钢拱架支护可以增加钢架支护的受力结构，加快隧道施工进度，增加隧道施工期及运营后的安全系数。

② 架立临时钢支撑，增大受力点，减轻已损坏初期支护的受力。隧道在软弱围岩、浅埋地段施工时，无法及时施做仰拱以使隧道成环，采用此种加固处理措施，可以使初支钢架在未施工仰拱无法成环的情况下将断面分块支撑，以起到分散围岩应力、遏制围岩变形的作用，使初支结构在未施工仰拱前处于稳定状态。

③ 增加临时仰拱，提早形成封闭环。增加临时仰拱，可以使已开挖的上台阶封闭成环，使开挖部分围岩处于稳定状态，然后再开挖中台阶施做临时仰拱，最后再开挖下台阶施工仰拱，使已开挖部分逐步封闭成环，形成一个个自稳体系，增加隧道的安全系数。

国内常用的浅埋大断面隧道施工方法主要有双侧壁导坑法、CD法、CRD法等，上述施工方法限制了大型施工机械的使用，需要投入大量的人力，进度慢，工效低，增加了安全隐患；各分部开挖面循环衔接性差，相互干扰大，施工质量得不到充分保证；拆除临时支护时因受力转换突然，易出现大的变形，存在安全风险；临时支护反复拆除，成本投入大等。

针对雁口山隧道进口的地质条件，借鉴近几年国内大断面浅埋、软弱隧道施工的成功经验，规避传统施工方法的局限性，以加快隧道施工进度、保证隧道施工安全、提高施工质量为目的，经过一段时间的摸索、研究，提出了地表注浆加固、超前施做小矮墙、加强超前及初期支护参数等辅助措施配合三台阶开挖法施工的一整套施工方法。

5) 拱脚小矮墙处置技术

超前拱脚小矮墙是将隧道仰拱分两次施做，并做适当调整。先施工两边墙，2～3 m 宽的小矮墙紧跟下台阶施工，以制止隧道初期支护的进一步变形。然后施做中间预留的仰拱部分，使初期支护钢架成环，增加钢架的支撑能力。及时施做小矮墙，稳定拱脚，遏制初支变形，仰拱紧跟下台阶，及时闭合构成稳固的支护体系。

(1) 小矮墙施工方法

针对雁口山隧道地质情况，通过业主、监理、设计代表、技术咨询、纪检监察及项目部等六方现场勘察,并对多种方案比较后,提出采用小矮墙施工方法。小矮墙施工流程如图7-67所示。

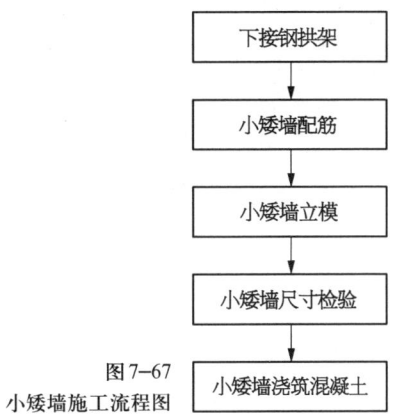

图7-67 小矮墙施工流程图

(2) 小矮墙施工注意事项

① 每次施做小矮墙长度控制在2 m左右,以便能够及时控制围岩变形,以免下接长度过长使下导钢架悬空,人为造成不必要的损失。

② 控制小矮墙距下导在2 m以内,以便更好地控制围岩变形。

③ 每施做6 m小矮墙,要及时施做仰拱,使初支彻底封闭成环,彻底控制围岩变形。

④ 及时施做二衬,二衬距仰拱的距离要保持在6 m以内。一旦出现围岩变形过大,可以及时采取相应措施进行处理。

(3) 小矮墙施工示意

小矮墙示意如图7-68所示。小矮墙施工如图7-69所示。

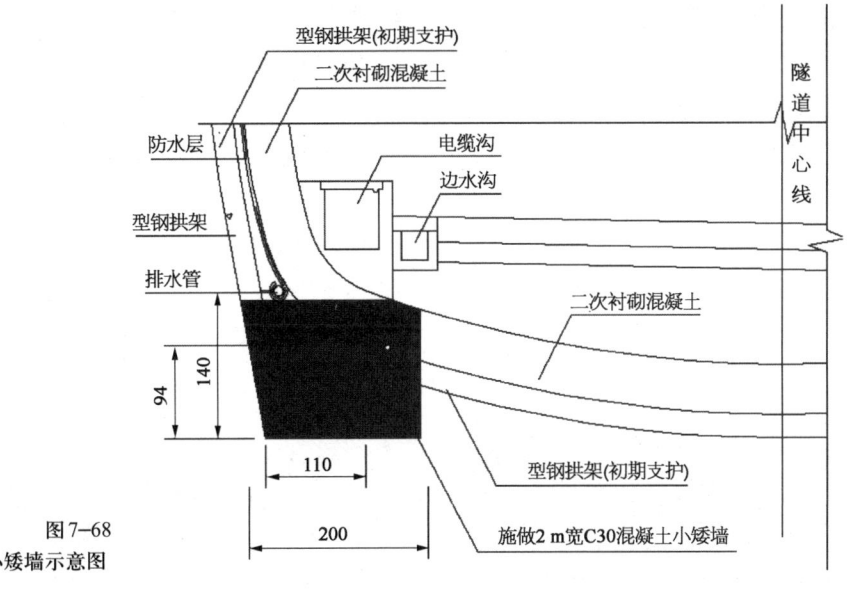

图7-68 小矮墙示意图

图7-69 小矮墙施工

(4) 方案实施效果

在没有采取该措施施工前，隧道内初支开裂严重，拱顶下沉较大，且下沉速率很大，地表开裂十分严重。而在采取了该施工措施后，隧道下沉量明显变小，变形趋于稳定，有效地增加了隧道施工的安全系数。首先确保了隧道施工的安全，其次在施工中采用该处理措施可以加快施工进度，保证了工期的要求，最后虽然该施工方法工序增加，隧道初支工程量增大，但它可以有效地保证隧道施工的质量，为隧道施工及后期运营提供了保障。

(5) 实践中的应用价值

雁口山隧道左线浅埋、软弱围岩段成功运用该方案，有效地扼制了围岩变形，并在雁口山隧道右洞进行了推广，取得了很好的效果。目前，围岩变形稳定受控，施工进度有所加快，二衬紧跟掌子面，保证了施工安全。在今后的隧道施工中，如遇到类似浅埋软弱围岩，可以采用该方法进行施工，以确保安全，加快进度，保证质量。当然在施工中不能盲目照搬，需要遵循以下原则，以保证方案运用得当。

① 施工开挖必须坚持"短进尺、强支护、早封闭、早成环"的原则。

② 施工过程中要加大监控量测的频率，及时掌握围岩的变换情况，分析洞身结构的稳定状况，为支护参数的调整提供可靠依据。

③ 施工工序的衔接必须紧凑，各工序之间搭接的技术参数和时间系数必须调整为最佳状态。

④ 施工中必须加强巡查力度，以便随时掌握施工动态，保证施工安全和质量。

第8章

高寒生态脆弱区环境保护施工技术

伴随我国公路交通建设的高速发展，越来越多的公路建设者逐渐认识到环境保护的重要性，"协调、绿色、发展"的公路建设理念以及"尊重自然、顺应自然、保护自然"的发展观已经越来越被公路建设者们所接受。公路建设与环境保护的协调适应，相互裨益。公路建设对环境污染、生态环境、水土保持、野生动物、社会环境等的负面影响突显公路基础设施在建设前、建设中和建成后都会以不同形式对社会环境产生各种影响，而这种深远和广布的影响在施工过程中显得尤为重要。因此，如果在施工过程中做好环境保护，同时从环境保护的角度对施工工艺、施工组织、施工管理等提出要求，明确相关技术，对推动我国公路环境保护和施工技术均具有重大的现实和指导意义。

共玉公路地处青藏高原多年冻土边缘地带，属于中、低纬度地带高海拔高温不稳定退化性多年冻土区，沿线海拔高，气候寒冷，动植物种类少，生长期短，生物量低，食物链简单，生态系统中物质循环和能量的转换过程缓慢，致使生态环境十分脆弱。公路建设对环境的影响由施工期开始，施工阶段若未采取相应的环境保护措施，将会对多年冻土区公路的全寿命周期产生深远影响。针对共和至玉树公路建设中的环境保护施工技术，分别从环境污染治理、生态环境保护、水土流失、动物及社会环境等五大方面阐述在公路建设过程中的环保施工技术，为公路的环境保护提供技术依据。

8.1　公路建设对环境影响分析

1) 公路建设环境污染分析

(1) 对声环境的影响

公路建设施工期的噪声主要来自车辆、机械及爆破。公路主体路基上由于车流量、车速等原因可以造成横向 300 m 范围的噪声污染带。噪声水平及影响范围随施工阶段不同而存在差异，但施工期噪声影响随着施工的结束而消失，且属无残留污染，因此其影响是暂时的。

(2) 对水环境的影响

公路建设使自然水文环境发生三种变化。首先，改变地表水流。公路工程会造成水流集中于某些点，在许多场合还会使水流速度加快，从而改变地表水流的自然状态，在特定的区域条件下，这些变化会导致土壤侵蚀以及河流淤塞等后果。其次，改变地下水流。公路排水和开挖会降低周围区域的地下水位，而路基和其他结构物则会因限制水流而提高周围区域的地下水位，其结果会造成土壤侵蚀、土壤劣化、植被减少、饮用水和农业用水流失，以及影响鱼类和野生动物的生存。第三，影响水质。公路建设期的施工机械的燃油、施工物质（如沥青）、施工车辆及施工材料的冲洗废水和生活用水都会在一定程度上对附近河流水质造成污染。

(3) 对大气环境的影响

公路项目施工期对大气的污染主要是施工扬尘以及施工机械和运输车辆排放的尾气。施工扬尘污染主要来自以下几个方面：路基开挖、土地平整及路基填筑等施工过程，会造成粉尘、扬尘、沥青烟和总悬浮物（TPS）等大气污染。在风的作用下到处飞扬，影响到附近的植物的生长，同时如果落入周围的水中，会影响到水质，影响水生生物；水泥、砂石、混凝土等建筑材料，如运输、装卸、仓库储存方式不当，可能造成泄漏，产生扬尘和大气污染；灰土拌和、混凝土拌和加工会产生扬尘和粉尘；施工所需散体建筑材料数量较大，施工将增加车流量，加之建筑砂石、土、水泥等泄漏会增加路面起尘量。

(4) 固体废弃物的影响

公路施工过程中产生的固体废弃物主要为施工垃圾和生活垃圾，主要有以下几个来源：进场前清场废物，主要是施工场地内杂草、灌木等植物残体等；路基开挖弃土，除一部分利用外，其余部分应由车辆运输至统一的弃土场，而不得随意堆放处置，否则将造成水土流失和环境污染；旧路改建中拆除的旧混凝土和砌体以及旧油面，这些工程建设产生的垃圾无序堆放，没有及时回收和处理。施工现场的杂草、垃圾等处理不到位。路基开挖产生的弃土没有按照规定堆放或运走，容易导致扬尘污染，暴雨时出现水土流失现象，破坏周围生态环境。另外，施工人员环保意识淡薄，乱扔垃圾和废弃物，破坏施工现场的生态环境。

2) 公路建设对生态环境影响分析

(1) 路基工程对生态环境的影响

公路建设工程的主要施工为路基拓宽和开挖填筑，路基边坡、排水沟、永久性占地将会导致原有的土地利用功能永远丧失，路基工程建设对生态环境的影响直接表现为侵占了植被生存空间，而且在路基开挖、堆筑的同时不仅会破坏沿线脆弱植被，甚至可能会引起水土流失，间接影响到周围生态环境。并且路基工程对土地占用、改变土地利用类型的影响是不可恢复的，造成地表植被等覆盖物消失，干扰地面流等不良后果。

(2) 桥梁工程对生态环境的影响

桥梁建设对沿线生态环境影响主要表现在施工期对河流两岸植被的破坏，并将诱发水土流失，可能会导致其淤塞河道，影响水生生态环境。桥梁施工期间由于施工人员践踏、运输车辆碾压、砂土压埋等会导致草死沙扬，破坏原有地貌植被，严重者会破坏当地土壤结构，造成植被丧失、地面裸露、土体松散的状况。而且由于河水冲刷以及不稳定边坡等因素的存在，再加上桥梁建设使河岸边坡稳定度受到一定影响，造成水土流失。在桥梁施工作业中不可避免会产生泥渣污水和含油污水等，这些污水流入河流中将会污染水体，进而危害到沿线动植物。

(3) 隧道工程对生态环境的影响

隧道工程对生态环境的影响主要有扰动局部地表、可能会干扰地下水流态等，具体表现在对隧道入口和出口植被的影响和对洞顶区域植被的影响，公路建设隧道入口和出口的施工过程中将不可避免破坏山体周围植被。在隧道施工过程中,还可能会引起山体滑坡,造成生态环境破坏、引起水土流失等。另外,在隧道开挖时,可能会揭开含水层或含水破碎带,发生涌水、突泥的现象,降低地下水位,从而影响到洞顶植被生长发育。

(4) 临时工程对生态环境的影响分析

临时工程对生态环境的影响主要表现在临时占地对土地和植被的影响。取土场通过地表取土,会破坏地表植被和土壤结构,进而改变地形地貌以及自然景观,使区域植被覆盖面积和植物多样性下降,导致生态系统的功能下降,在一定程度上甚至会加剧水土流失等生态问题。弃渣场主要会占压林地、灌草地,将会导致对土地资源的占压以及对植被的破坏。施工便道由于运输机械的反复碾压,使植物枯死,表层土壤极易裸露、松散,为沙化提供丰富沙源,也是强水蚀、风蚀的对象。施工结束相当一段时间后,施工便道的植被覆盖度都不能恢复到原有水平,形成地表裸露条带状结构,优势植物种类消失,植物种群组成更加简单。另外,由于区域生态环境十分脆弱,植被恢复较困难,且恢复周期缓慢,因此在一定程度上引起水土流失以及风沙活动等生态问题。

3) 公路建设对水土保持影响分析

水土流失是在陆地表面由外应力引起的水土资源和土地生产力的损失和破坏,如图8-1所示。它是在地球表面的重力场中发生的,在太阳能的作用下,水、风(空气的流动)和温度都能造成水土流失。

公路建设会破坏地表的土壤结构和地表植被,形成各种重塑坡面和各种潜在的水土流失,高速公路建设引起的水土流失主要由人为活动造成。公路工程产生的水土流失是由于人类在公路建设过程中大量砍伐地表植被、大面积开挖土石方使公路沿线生态环境遭到破坏而带来的后果,水土流失危害集中在公路沿线,主要包括路基开挖裸露面、取土场、采石场、弃渣场等区域。一般公路建设引起水土流失绝大部分由取土、弃土、弃渣及路基边坡引起,其中以取土弃土弃渣引起的流失量为最大,其次为路基及边坡,弃土弃渣造成的水土流失量一般占工程总流失量的50%以上,甚至占到施工过程中总流失量的85%以上,因此取土、弃土、

图8-1 土壤扰动后未做防护引起的水土流失

弃渣的水土保持是公路建设设计规划的一项重要内容。公路工程的特点就是线路较长，它所产生的水土流失主要集中在一条线上，凡是公路经过的区域都会带来水土流失。

4）公路建设对野生动物影响分析

青藏高原地区公路建设项目施工期对野生动物的影响主要表现为：占地对野生动物食物来源与栖息环境的破坏，施工噪声、施工车辆、施工人员对野生动物的惊吓，施工过程排放的污染物质加剧野生动物栖息生境的退化，桥梁涉水施工对河流水质、鱼类洄游的影响等。施工影响属于短期的临时影响，短期影响过后施工影响大多会逐渐消失，野生动物会恢复原有的活动范围。公路运营期对野生动物的影响主要包括自然生境破碎、生境阻隔、干扰高原特有放牧通道、交通事故以及环境污染等几个方面。为有效减缓公路建设对两侧野生动物的影响，应在公路运营期采取并落实相应的野生动物保护措施。

5）公路建设对社会环境影响分析

公路建设对社会环境的不利影响主要表现为：路线对人群交往和沿线生产生活造成阻隔，给公路两侧居民过往通行带来不便，对其正常生活、生产活动及相互联系产生一定影响；工程征地及拆迁使沿线人均耕地和草地减少，对当地居民的生活产生不同程度的影响；公路建设与沿线已有的交通设施、水利排灌设施、通信设施及电力设施等发生相互干扰，无法避免时将产生相互影响，给沿线居民生活工作造成影响；施工车辆往来造成的扬尘污染、施工噪声和交通噪声、施工过程中产生的废水、废渣等，均会降低路线附近居民的生活质量；工程临时占地进行作业施工时，会给周围植被带来不同程度的破坏，造成植被数量减少；项目区域内分布着一定数量的寺院，工程建设不会对这些寺院产生直接影响，但若不加强管理会对寺庙的正常活动产生间接影响。有利影响主要有：工程建设有利于提高公路交通服务水平，对沿线城镇的经济发展起到促进作用，同时也将带动沿线旅游的发展，增加沿线居民的经济收入；同时，项目的建设将提高道路等级，改善道路通行能力，对巩固国防建设、维护民族团结和社会稳定具有重要的战略意义。

8.2 公路建设环境保护要求

8.2.1 环境污染

1）路基工程

（1）噪声污染

路基工程施工路段距居民区距离小于150 m时，特别是在经过学校、医院等敏感路段，应在规定时间内禁止施工。施工单位应主动与施工路段附近的学校和单位协商，对施工时间进行调整或设置临时声屏障等降噪措施，尽量减小施工噪声对周边居民的干扰。施工中优先选用低噪声设备和噪声低的施工方法，加强运输车辆的管理，建材等运输尽量在白天进行，控制车辆行驶速度。

(2) 水污染

公路有部分湿地路段，施工中应处理好施工废水及施工垃圾，防止污染物泄露扩散到湿地。

(3) 大气污染

对施工现场应进行合理化管理，路基开挖时保持作业面和土堆的湿度，减少扬尘量，开挖泥土和垃圾要及时运走，运输车辆应保持完好，不应装载过量，运输中进行遮盖，减少沿途抛洒。

2) 桥涵工程

(1) 噪声污染

桥涵工程应加强施工管理，合理安排作业时间，严格按照施工噪声管理规定。

(2) 水污染

跨河桥梁施工，为减少桥梁施工对跨河段局部水域水质的影响，采用围堰施工，处理好钻孔泥浆，防止围堰坍塌和泥浆泄露。

(3) 大气污染

公路穿越多处多年冻土区，为减少路基对冻土的影响，采用以桥代路的形式通过，该路段施工注重施工扬尘，以及车辆运输中物料的撒漏。

3) 隧道工程

(1) 噪声污染

隧道采用爆破方式时，注意对周围居民环境、野生动物栖息地等的影响。

(2) 水污染

公路所经地区生态环境脆弱，对隧道废水应进行沉淀再利用，禁止随意排放。

(3) 大气污染

加强隧道施工洒水抑制扬尘措施，施工人员佩戴口罩等，扬尘较大处多次喷水进行降尘处理。

4) 互通立交

(1) 噪声污染

互通立交处一般车流量较大，施工中机械噪声对过往车辆容易产生干扰，应提前设好车辆疏通便道，并设置提示标志牌。对靠近乡镇等居民集中区域，合理安排作业时间，严格控制施工噪声对居民的影响。

(2) 水污染

立交区穿越水体或湿地路段，车辆、设备使用的机油、燃油等不得随意倾倒堆砌。

(3) 大气污染

施工作业面采用洒水进行降尘，运输车辆做好覆盖措施，减少施工过程中产生的扬尘。

5) 临时工程

(1) 噪声污染

施工单位必须选用符合国家有关标准的机械设备，尽量选用低噪声的施工机械和工艺。为保护施工人员的健康，应安排工作人员轮流操作高强噪声的施工机械，减少接触高强噪声的时间。

(2) 水污染

施工场地产生的砂、石、清洗水等需进行沉淀处理，不得随意排入水体。车辆设备机械使用的燃油、机油要集中处理，不得随意倾倒，更不能排入水体。

(3) 大气污染

现场搅拌砂浆、混凝土时，尽量不洒不漏，搅拌时要进行降尘措施。施工现场要进行围拦，缩小施工扬尘扩散范围。

8.2.2 生态环境保护与恢复

共玉公路地处青藏高原高寒区，气候高寒缺氧，为典型的高原大陆性半干旱气候，寒长暑短，冬季天气寒冷，风雪较多，夏季天气凉爽，雨水较多。平均海拔超过 4 500 m，沿线地形地质条件复杂，分布着大片多年冻土，并且穿越国家级三江源自然保护区，拥有独特且典型的高寒生态系统。沿线植被类型主要有：荒漠草原、高寒草原、高寒草甸和高寒灌丛。土壤类型主要有：栗钙土、风沙土、高山草甸土、高山草原土、灌丛草原土、亚高山草原土、亚高山荒漠土；在部分地势较低、排水不顺畅的地方还有山地草甸土和沼泽土。区域生态环境极其脆弱，生态平衡一旦被打破，将会产生难以恢复或不可恢复的严重后果。因此，公路建设中植被恢复十分重要。针对共玉公路区域条件特点，边坡防护摒弃通常的工程防护，主要采取植物防护措施。常见的植物防护措施主要包括：人工播种技术、喷播技术、草皮移植技术、三维网技术、植生袋技术、植物纤维毯技术等。

(1) 路基工程

① 路基施工前应该将有植被生长的表层腐殖质土剥离，并在公路两侧裸露地集中堆积，控制堆放高度，周围采用袋装土临时拦挡，并做好苫盖保护工作。等施工结束后将表层土回填路基边坡，并撒播草籽，为植被恢复提供适宜的土壤条件，以保护沿线生态。

② 对于小龄和胸径较小的树木尽量及时移栽，在工程结束后用于料场的植被恢复或作为本工程沿线的绿化；严禁随意扩大占地范围，要保护沿线植被，禁止随意砍伐林木。

③ 建议施工单位在施工时，应尽可能控制路基高度，在满足公路通行的前提下尽量降低路基高度，并收缩边坡；公路边沟至公路界碑之间区域，属于征而不占，应尽量保护沿线灌丛植被。

④ 在路堑段路基拓宽过程中，应注意控制在上边坡的开挖面，在满足工程需要的前提下减少山体开挖面，避免大挖大填，从而减轻工程建设对周围环境的破坏。

⑤ 上下边坡应做好挡护工程，防止边坡坍塌造成植被破坏面增大和滋生新的地质灾害。

⑥ 在有耕地区段，施工过程中应对施工行为进行严格管理，严格控制施工范围，减少对两侧耕地的占用；对于必须占用地段，路基施工前要先将表层耕作土剥离，就近使用其他低产农田的土壤改良；严禁在耕地内设置施工场地等临时占地；严禁占压耕地对公路进行绿化。

(2) 桥梁工程

① 施工前及时移植桥梁两端施工范围内的小龄苗木，降低对灌木林的破坏影响。

② 桥梁桥墩施工避开丰水期，严禁将挖出的泥渣及废弃物弃入河道或河滩，弃渣应及时堆放到指定地点，施工过程中应注意施工现场的清理，避免废物料进入水体，对河流水生生态造成影响。

(3) 隧道工程

隧道工程的生态环境保护主要针对隧道口植被的保护，应严格控制隧道口破坏面积，禁止随意扩大施工范围，保护隧道口周围林木植被；对隧道入口和出口剥离的表层土壤和草皮，集中堆积在隧道口区域，并做好苫盖和排水措施，待施工结束后回填路基边坡或附近料场，为植被恢复保留土壤条件，以保护沿线生态。

(4) 互通立交

在施工过程中应对施工行为进行严格管理，严格控制施工范围，并尽可能保留互通内部的植被，以减少互通立交的植被损失和减少新增的水土流失。

(5) 临时工程

① 取土场取土严禁采用浅挖宽取的方式取土，应集中取土；取土场应在划定临时用地范围，不得随意扩大，以减少取土区域生态环境影响范围。

② 砂石料场开采尽量选用裸露的基岩，减轻对山体表层植被的破坏；开采前应剥离表层土壤和植被，开采完毕后，根据实际情况采取相应的工程防护措施，及时平整压实场地及开采山体坡面，并回覆草皮和表土，防止水土流失或诱发滑坡等地质灾害的发生。

③ 工程预制场和拌和站、新增施工便道尽量设置在工程沿线低覆盖度的草地或裸露地上，减小对生态环境影响。施工完毕后及时清除场地，平整土地，播撒草籽，促使植被自然恢复。

④ 料场取料、施工便道使用过程中应当严格控制施工范围，加强施工管理，减少对地形的破坏。

8.2.3 水土流失

(1) 路基工程

路基工程根据主体已有的水土保持措施，明确已有措施，并对水土保持措施进行补充。新增的水土保持措施中主要针对边坡防护、排水等设施修建之前，应采取临时排水措施和防护。对于公路路基施工范围内剥离的草皮，应集中统一堆放，并做好草皮养护，增加临时拦挡和排水设施，施工后期用于边坡草皮回填。

(2) 桥涵工程

公路所经地区河流水系发达，施工前对桥梁下草皮进行剥离，并集中堆放管理。桥梁施工临时工地应修建泥浆池和沉淀池，对桥梁钻孔泥浆进行处理利用，减少施工泥浆废渣对生态环境的影响。

(3) 隧道工程

隧道弃渣重点做好弃渣的处置工作。针对公路实际现状，有条件的路段采用隧道弃渣综合利用技术，可将弃渣用于路堤填料、混凝土工砌筑、碎石加工等多个方面综合利用。对于施工条件不具备的路段，做好弃渣的拦挡、防护和排水措施。

(4) 互通立交

互通立交在施工前对表层草皮进行剥离，并做好储存工作，为项目后期互通区绿化及植被恢复储备表层草皮，以利于植被早期的成活和生长。

(5) 临时工程

临时工程主要包括取土场、弃渣场、施工生产生活区等临时占地，施工前对表层草皮进行剥离，并进行养护管理。具体措施要求如下：

① 取土场应根据所在的地理位置及地形条件进行综合治理，主要通过坡面防护、排水、覆土等措施，在开挖坡面坡顶设置截水沟，防止水土流失。

② 弃渣场的防护应采取挡土墙、护坡工程以及综合排水工程和土地整治等水土保持措施。设置渣场排水系统和拦渣墙，堆渣后回填表土，表面平整，人工夯实，坡面植物防护，恢复植被。防治弃渣下泄，稳定边坡，恢复和改善土地生产力。

③ 施工生产生活区、施工便道在场地周边应开挖截水沟和排水沟，做好排水措施。施工材料等放置要用防雨布进行遮盖。施工结束后对临时占地进行回填草皮、植草等植被恢复措施。

8.2.4 野生动物保护

青藏高原野生动物资源丰富，公路建设过程中路基、桥梁、隧道等主体工程，取弃土场、施工便道、施工营地、施工场地、砂石料厂、预制场等临时工程的设计施工要以不影响野生动物的生活习性为前提，最大限度地减缓工程对沿线野生动物的影响，具体要求包括：

① 路线规划尽量远离已建自然保护区、规划中的自然保护区、野生动物聚集和频繁活动的地区，防患于未然。

② 注意公路所经过地区的环境敏感性，远离湿地、多年冻土区、源头水等对保护生物多样性等至关重要的地区。

③ 建议公路在满足工程通行要求的前提下，在野生动物活动聚集区部分路段采用低路基和缓边坡设计，同时增设动物通道，以减缓公路对两侧野生动物的影响。

④ 建议在公路工程实施时，增加野生动物活动聚集区路段的桥涵数量，从而提高部分野生动物的通过性，降低公路对野生动物的阻隔效应。

⑤ 隧道工程、石料场等的爆破尽量安排在白天，采用先进爆破工艺，小剂量爆破，并减少爆破频次，避免爆破噪声和振动对野生动物造成影响。

⑥ 在隧道入口和出口设置动物防护栏，防止野生动物跌入隧道内路面。

⑦ 施工场地和施工设施要远离野生动物迁徙通道和生活基地，防止因为人为活动或者环境的改变干扰野生动物正常的迁徙活动和生活。

⑧ 取弃土场、砂石料厂、施工场地和施工营地铺设面积不能过大，防止对周围自然景观和生态环境造成严重的负面影响，破坏野生动物的食物来源和生活环境。

⑨ 临时工程占地使用完毕后，最好能够进行植被恢复。植被恢复应该优先考虑野生动物通道分布与野生动物集中活动的地区，通过一系列植被恢复措施，可以使得对野生动物栖息生境的影响降低到最小。

⑩ 施工期对施工人员加强沿线生物多样性及生态环境保护的宣传教育和科学管理，禁止随意进入野生动物集中活动区，禁止猎杀野生动物；工程施工期间严禁施工废水、弃渣直接排入沿线河流内，尽量保护河流环境，严禁在河流捕鱼、炸鱼。同时，在野生动物出没路段设置保护野生动物的禁鸣和限速慢行标志，提醒过往司机注意观察，防止撞伤野生动物。

8.2.5 社会环境

项目建设过程中需结合工程特点，在路基路面、桥梁、隧道、工地建设等工程施工中提出相应的环境保护管理措施，做到环保施工，减缓或降低对沿线居民生活的不利影响。

① 为减轻项目建设对沿线居民的阻隔影响，少干扰沿线居民正常的生产、生活秩序，应根据项目情况，结合征求当地居民的意见，设置必要的通道、临时便道等以满足两侧居民过往通行的需要，尽可能减少对沿线居民生活的干扰。

② 工程征地、拆迁后，应根据西藏自治区、青海省及相关州县的有关征地拆迁政策，及时补偿被征地拆迁居民，避免影响被拆迁居民的生活质量，尽可能降低工程占地造成的不利影响。

③ 工程施工前应与电力、通信等部门做好沟通协调工作，事先安排好电力、通信替代方案，使电力、通信等公用设施的迁建工作在最短的时间内完成，避免因公路建设影响当

地的通信畅通，减少对电力、通信用户的影响。

④ 施工运输车辆应尽量采用封闭式运输，以减少扬尘污染对附近居民的影响，并提醒司机在分布有居民区的路段附近禁止鸣笛、低速行驶。

⑤ 施工场地、营地的生产废水、生活污水、生活垃圾、生产废物等，未经处理不得直接排放。

⑥ 施工结束后，应针对工程临时占地进行生态恢复，减缓施工作业对周围植被的破坏，降低对当地畜牧业资源的负面影响。

⑦ 施工期间严禁施工人员随意进入沿线寺庙，施工人员应尊重当地宗教信仰和习俗，做到文明施工。

8.3 环境保护施工技术

8.3.1 环境污染治理措施施工技术

1）声环境保护施工技术

国内声屏障的结构主要为砌块结构、金属复合板结构；其类型目前主要为直壁型、薄屏式、折壁型。建造声屏障作为降低交通噪声行之有效的一种方法，已被广大公路建设者所采用。它可以较显著地降低距公路中心线 80 m 以内敏感点的噪声值。在中国广阔的西部地区，声屏障的建设业已逐渐推广，同时可以因地制宜建造各种类型的声屏障，并充分考虑与周围环境协调一致，还须具备防雨、防潮、防冻、防尘、防腐蚀、防晒等功能。公路声屏障具有露天设施所有应具备的性能，易维护且不受气候变化影响，其使用年限可与公路使用年限一致。

在条件允许情况下，也有采取建筑降噪的措施。建隔声门窗可以有效地降低交通噪声，这样对沿线超标住户采取逐个保护、化整为零的方法，对于高过2层的居民房屋不失为一种有效的方法。但国内隔声窗措施实施起来有一定难度，沿线敏感点密集，垂直公路方向房屋排数多，隔声窗的措施主要针对受噪声影响最严重的前排，会引起后排居民产生"不公平"心理。

(1) 声屏障施工技术

安装工艺总流程：地面段基础先期进行施工，然后进行预埋钢板螺栓安装，经过保养期后再安装立柱，所有的立柱安装完成后，做密封隔声，安装下罩，将制作好的下部吸声屏安装在立柱承受钢板上，用弹簧和螺栓固定，然后用水泥沙浆填充密实下吸声屏与地梁间的空隙，接着安装中部、上部吸声屏，用弹簧和螺栓固定，用热缩弹性体密封条密封缝隙，最后安装顶罩及其连接件。完成全部施工程序后整体检查，发现问题及时处理，清理

现场杂物,检测有关技术参数及竣工验收,工程结束。具体施工步骤如下:

① 路面基础部分在设置声屏障的路段从起点桩号起,距路肩外侧1 m处为中心,开挖柱体土方,每隔2.5 m浇筑基础桩,然后浇筑横梁,浇筑时如遇到排水盲管,放入留 $\phi 100$ mm的PVC管,以留排水孔。

② 连接钢板需按要求与屏障H型钢焊接好,经检验后吊装。检查连接钢板是否松动,如有松动必须检查重新安装;检查水平面是否水平,以2.5 m为测量单位,检查连接钢板是否在同一中心线上。

③ 立柱吊装前在平地上按图纸设计要求预查一遍,检查立柱六个面是否平行,每2.5 m立柱高度是否一致,各尺寸是否正确。如果立柱尺寸不符合设计要求,由主管设计部门与现场监理会同业主协商解决。

④ 电线杆位置处的异型钢加工详细按照施工设计图进行,安装前按图纸要求预检查一遍。

⑤ 立柱安装结束后,用水平仪(测量平台自制)或用经纬仪测量,一面垂直,另一面吊线测量立柱的垂直度,两段垂直后调整立柱与预埋中心的平行度,然后在底部用垫片垫实,并紧固螺栓。

⑥ 钢结构均应做防锈处理,采用热浸镀锌处理,镀锌层厚度≥ 80 μm;镀锌后PE喷涂防腐处理,涂层厚度≥ 60 μm。施工中如发现立柱外表面涂层剥落,须按涂装工艺要求补涂。

⑦ 屏体结构到现场后,按图纸上的技术要求检查各部位尺寸(特别是外形尺寸),外形严重变形的不允许安装;检查屏体结构外形尺寸与两立柱尺寸是否吻合;外观破损、断裂的,则不允许安装;钢结构连接件均应做防锈处理,采用热浸镀锌处理,镀锌层厚度≥ 80 μm;镀锌后PE喷涂防腐处理,涂层厚度≥ 60 μm。

⑧ 顶罩、底罩的安装:确认外形外观;在有坡度的地方作业时,安装斜度由现场技术人员与监理协商决定;各罩连接不允许有明显漏缝出现,过渡必须平滑完整。

路基段和桥梁段声屏障施工如图8-2和图8-3所示。

图8-2 路基段声屏障施工

图 8-3　桥梁段声屏障施工

(2) 隔声窗施工技术

① 窗框要求：窗框选用60系列塑钢型材，符合《门窗用未增塑聚氯乙烯（PVC-U型材）》(GB/T 8814) 的规定；主型材可视面最小实测壁厚应 ≥ 2 mm；支撑内衬 1.5～2.0 mm 型钢，材质应符合《聚氯乙烯PVC门窗增强型钢》(JG/T 131) 的要求；塑钢应无气泡、裂痕、麻点；主型材的可焊接性焊角的平均应力、维卡软化温度、弯曲模量、拉伸冲击强度均应符合上述规范要求。

② 玻璃要求：玻璃选用中空玻璃（5 mm 厚玻璃 + 9 mm 厚空腔 + 5 mm 厚玻璃），其材料性能应符合《中空玻璃》(GB/T 11944—2002) 的规定；玻璃外观不得有妨碍透视的污迹、夹杂物及密封胶飞溅现象。

③ 消声通道要求：局部双层窗之间的通风消声装置采用无动力构造，其结构和材料应具有消声和通风性能满足技术要求，采光性能好，材料耐老化，防雨、防锈蚀，安装方便，利于清洗等特点；局部双层窗的总厚度 ≤ 220 mm。通风消声装置框架利用铝合金（$t \geq 1.4$）或不锈钢板（$t \geq 1.0$）制作，采用自攻螺钉或不锈钢铆钉和窗扇固定；选用的吸隔声材料均为无二次污染的环保型材料。

④ 性能要求。

A. 声学性能（现场测试）。通风通道关闭状态下隔声量：$R_w + C_{tr} \geq 30$ dB。自然通风状态下隔声量：$R_w + C_{tr} \geq 26$ dB。

B. 通风性能（实验室测试）：自然通风时通风量 > 30 m³/h（室内外压差 2.5 Pa 的工况下测量），抗风压性能（实验室测试）7级，气密性能（实验室测试）4级，水密性能（实验室测试）5级，保温性能（实验室测试）7级。

⑤ 其他要求：按图纸尺寸放好窗框位置并立出标高控制线，按控制线找好垂直线及标高，用金属膨胀螺栓将窗框上的铁脚与墙体结构固定好；窗框与墙体的缝隙用沥青麻丝或发泡聚氨酯填嵌饱满；表面用厚度为 5～8 mm 的建筑密封胶密封；安装五金件应先用电钻

钻孔,再用自攻螺钉拧入;通风隔声窗安装必须牢固,窗扇要关闭严密、间隙均匀、开关灵活,窗表面应洁净,大面无划痕、碰伤;产品的安装质量及验收方法按《建筑装饰装修工程质量验收规程》(GB 50210)的相关规定执行。

2) 水环境保护技术

(1) 路面径流污染物处理技术

路面径流污染指在降雨过程中雨水及其形成的径流流经路面时携带路面沉积物直接排入水体而造成水体污染的一种面源污染。公路路面径流污染主要来源于降雨对路面累积物的冲刷及突发危险品事故,所以路面沉积物是路面径流污染的主要来源,路面径流污染的性质是由路面沉积物的组成决定的。公路路面累积污染物的种类和来源比较复杂,包括机动车辆的通行(机动车辆尾气排放中的有害物质、机动车机油的渗漏、轮胎磨损等)、雨水本身的污染(与近地表大气污染状况及成云雨污染物有关)、大气颗粒沉降于公路表面、筑路材料磨损、装载有害物质的机动车突发事故导致有害物质的泄漏等几个方面。可见这些污染物质主要是由公路交通活动引起的,这些物质一部分直接沉积在路面或公路附近,当降雨发生时,由于降雨的溶解和冲刷等作用,将路面累积的污染物载入雨水径流之中,其他部分则飘散在空气中或随降尘、降雨进入路面或边坡、绿化带土壤表层,再通过降雨或降雪进入地表水体。另外,道路交通事故污染物,道路运输有毒有害化学品时的洒、冒、泄露,以及汽车尾气中的大部分污染物,最终也都将在自然沉降或雨水淋洗作用下迁移至水环境中。根据国内外学者的研究,路面径流中污染物组成及来源可归结于表 8-1。

表 8-1 路面径流中污染物组成及来源

污染物	来源
固体物质	路面材料磨损颗粒、轮胎磨损颗粒、刹车连接装置产生的颗粒、运输物品的泄漏及其他与车辆运行有关的大气降尘、颗粒物及融雪剂等
重金属	轮胎的磨损
油和脂	润滑油和染料的泄漏
氯化物	除冰剂
N、P 营养物	大气降尘,公路两边农业作物施肥
毒性有机物	汽油的不完全燃烧产物
农药	主要为氯丹、甲氧基氯化物和重氮氯化物,农药颗粒在降雨淋洗和沉降的作用下会进入路面径流

交通活动是公路路面径流污染的主要来源,这些物质一部分直接沉积在路面或公路附近,其他部分则飘浮在空气中或随降雨进入路面径流中。公路路面污染物的沉积不是时间的线性函数,而是与交通频率、路况、车辆运行习惯、路面清扫频率等有关。路面径流雨水中的主要污染物为 SS、COD 和 BOD_5,氨氮、石油类污染情况次之。

(2) 铺草皮排水沟施工技术

① 排水沟类型确定。由于水环境敏感性，从生态性、经济性及实用性考虑，所采用的路面径流处理方法应满足出水水质好，不会对水源保护区的水质产生影响，并可循环利用；总体投资小，运行管理费用低，管理维护简单；占地不影响公路正常运行，不影响水源保护区及周围环境美观，有一定景观效果更佳。

通过对路面径流主要污染物分析，需要处理的污染物为SS、石油类、COD、BOD_5等一些有机物及重金属，对于固体悬浮物SS，可采取物理沉淀的方法将其去除；有机物一般可以用生物及微生物降解的方法进行处理。采用的排水沟为铺草皮生态排水沟。

② 工艺流程。路面雨水径流主要考虑初期雨水对水环境的影响。路面雨水径流的水质有显著的特点，即初期雨水含污量较高（污水中主要污染物为SS和石油类），后期雨水较为清洁。将初期雨水产生的径流进行收集、处理，方可将路面径流中所含的大部分污染物质去除，而比较干净的后期雨水可直接排放至附近的水体中。降雨初期将地面污染物带走的雨水为初期雨水，初期雨水分为两种：一种是可将可溶性污染物及细小颗粒带走的初期雨水，另一种是可将不可溶性及难移动的污染物带走的初期雨水。目前，国际上对初期雨水处理的方法主要包括沉淀、过滤或将其排入污水管网。由于工程沿线没有污水管网，因此设计中采用沉淀、过滤的处理工艺来处理初期雨水。该研究的工艺流程为：降水→汇流→收集→集中排放→沉淀、过滤、吸收→蒸发池（水处理池）。

③ 施工技术。根据不同路段排水工程断面尺寸要求，将水沟的边线在实地进行放线。采用挖掘机配合人工的方式或全人工的方式将原地面的草皮移植到水沟边缘外侧，并保证其成活（草皮移植工艺同铺草皮边坡防护移植回铺的工艺和技术要点）。

采用机械配合人工或全人工的方式进行开挖。首先采用挖掘机进行初挖，然后用人工进行平整、修整，直至符合试验水沟断面。开挖过程中，用彩条布覆盖反压在路基坡脚至水沟边缘的草皮上，以免弃土污染草皮。挖掘机在施工便道上作业，机械不得在草皮上碾压，采用自卸汽车将废料运至弃土场。如果无施工便道，不利于机械进入的采用人工开挖和弃土。开挖和清基过程中，弃土要随时清理。

回铺的草皮采用开挖前已移植到路基两侧的成活草皮。回铺前，先将水沟基底进行夯实处理，保证大面平整，基底密实，再用有机土沿沟面夯铺20 cm厚。为了使回铺后的草皮美观，可按水沟断面制作木架模型，并挂通线。在所有准备工作就绪后，请监理工程师检查基坑，符合要求后开始回铺。草皮回铺应严格按照从下至上的原则进行。首先将沟底的草皮回铺到位，两侧的草皮按顺序均匀、紧密回铺。边铺边用木钉撅将草皮进行固定。草皮回铺过程中应注意以下事项：

A. 草皮回铺应先夯铺有机土，根据需要可在里面掺一些有机肥或化肥，其厚度宜不小于20 cm，并浇水湿润，它是草皮赖以生存的根本。

B. 回铺的草皮面缝隙间必须用腐殖土填塞紧密，以提高其饱水性。

C. 回铺时必须保证草皮水沟两侧坡面的平整度，力求美观平顺，必要时可减少草皮的保护层，但必须保证其有机土层不得少于20 cm厚。

D. 回填的有机土面必须平整，人工夯填，并严格按照断面回填，铺成的水沟沟底必须要有一定的流水坡度，防止水沟底局部积水，从而影响草皮的成活和生长。

E. 草皮水沟沟底回铺的草皮尽量不选用沼泽和湿地中的草皮，因为该处的草地植物草颈粗壮，枝条粗长密实，不利于排水。

④ 浇水和追肥养护。草皮摊铺到位后，必须要保证假植期草皮的成活，为其提供足够的水分和养料，每天洒水不得少于3次。在回铺初期可适当施加有机肥料。在草皮成活的生长期根据需要再追加1～2次化肥，以保证草皮的再生和成长。

⑤ 养护封育。回铺后的草皮较脆弱，需要一段时间才能与土壤结合。因此，要求相当长一段时间不允许在回铺的草皮上人为活动，可采用刺铁丝隔离栅栏防护，使其自然生长。

草皮排水沟施工效果如图8-4所示。

图8-4 草皮排水沟施工效果

3）大气污染防治技术

① 对施工现场实行合理化管理，使砂石料统一堆放，水泥、卷材、油漆、涂料、沥青应在专门库房堆放，并尽量减少搬运环节；搬运时做到轻举轻放，防止包装袋破裂。

② 开挖时，对作业面和土堆适当喷水，使其保持一定湿度，以减少扬尘量，并且开挖的泥土和建筑垃圾要及时运走，以防长期堆放表面干燥而起尘或被雨水冲刷；施工便道、进出堆场的道路、路基路堑的开挖面需适时洒水，以抑制扬尘。

③ 运输车辆应完好，不应装载过满，并尽量采取遮盖、密闭措施，减少沿途抛洒，并及时清扫散落在路面上的泥土和建筑材料，冲洗轮胎，定时洒水压尘，以减少运输过程中的扬尘。

④ 应首选使用商品混凝土，必须进行现场搅拌砂浆、混凝土时，应尽量做到不洒、不漏、不剩、不倒；混凝土搅拌应设置在棚内，搅拌时要有喷雾降尘措施。

⑤ 施工现场要设围栏或部分围栏，缩小施工扬尘扩散范围；对开挖的坡面，场地堆放

的建筑材料等要进行苫盖,防止雨水冲刷。

⑥ 当风速过大时,应停止施工作业,并对堆存的砂、石、水泥、卷材、沥青等建筑材料采取遮盖措施。

4) 固体废物污染防治技术

公路施工现场应落实文明施工理念,按设计文件中对环境保护的设计进行施工,及时清理生产和生活垃圾,为施工创造干净整洁的环境。施工中要设置弃土场,做好弃土处理工作。分类回收施工废料,不得任意堆放,提高利用效率。结合工期目标和施工任务,集中设置施工人员的生活场地,对生活污水和垃圾、固体废弃物回收并及时处理,预防环境污染问题发生。

5) 桥面危险化学品泄漏应急收集处置技术

(1) 桥面径流收集处置技术

对桥面雨水径流来说,实际上主要考虑初期雨水对水环境的影响问题。桥面雨水径流的水质有显著的特点,即初期雨水含污量较高(污水中主要污染物为SS和石油类),后期雨水较为清洁。为防止含有污染物的初期雨水对水源保护区陆域区内地表水、地下水的影响,需要将初期雨水产生的径流进行收集、处理,方可将路面径流中所含的大部分污染物质去除,而比较干净的后期雨水可直接排放至附近的水体中。对初期雨水的取值及处理工艺,国内目前尚无此方面的统计资料及设计规范,参考欧洲的设计规范(降雨量大到 8~16 mm 时为初期雨水)和澳大利亚环保部门环评报告书中的统计数据(当降雨量大于 15 mm 时即可将道路表面油渍冲洗干净),将 10 mm 的降雨量作为初期雨量。

目前,国际上对初期雨水处理的方法主要包括:沉淀、过滤或将其排入污水管网。由于工程沿线没有污水管网,因此设计中采用沉淀、过滤的处理工艺处理初期雨水。该研究的工艺流程为:进水→格栅→配水井→沉淀池(沉淀)或应急池→人工湿地(隔油、过滤、植物吸收)→蒸发池。

① 格栅。在进水渠道上设置格栅,去除塑料袋、矿泉水瓶、废纸等大粒径的固体污染物。

② 配水井。经过预处理后的初期雨水进入配水井。配水井配有闸门,通往人工湿地的闸门处于常开状态,通往突发事故应急池的配水孔上的闸门处于常闭状态。进入配水井的雨水通过底部的配水孔进入人工湿地进行处理。

③ 人工湿地。人工湿地表面种植适合、适应当地气候的植物,可吸收雨水中所含的氮、磷等营养物质,使其从水中转移至植物体内,从而降低雨水中的氮、磷含量。过滤层按照不同的粒径分两层铺设,过滤初期雨水中的悬浮物和油类物质。根据欧美等国环保部门的统计,在滤速为 5 m/h 的条件下,砂滤通常能去除 60%~90% 的悬浮物及 90% 的油。过滤层每年进行 2~3 次的定期更换,或在特大暴雨后进行清理,并将截流在表层的油类物质清

除，避免滤层堵塞影响处理效果。

④ 蒸发池。收集人工湿地出水，并蒸发其中一部分出水。本项目全区多年平均降水量为 1 088 mm，蒸发量平均值为 506 mm。经处理后的水质可满足农灌及生活杂用水质标准，可用于当地农民的生产用水，以及就近路段的绿化浇灌用水，另外还有一部分水经蒸发排入大气中。因此，可做到收集处理后的水基本不外排。

⑤ 应急池。为了防止在水源保护区路段因车祸造成的大量油品、有毒化学品泄漏，流入水库污染饮用水和生产用水水源，设计中在每个路面雨水处理站设置突发事故应急池一座，用以截流突发事故时泄漏的有害物质。考虑到发生突发事故时正在下雨的不利情况，二级水源保护区内应急池的容积按仁怀市 50 年暴雨重现期历时 30 min 的降雨量确定，要求公路管理部门在突发事故发生后的 30 min 之内赶到事故现场，进行紧急处理。

在事故发生时，工作人员必须立即启闭事故路段对应的处理站内的阀门，把可能的污染物（油类及其他有毒有害物质）全部截流到应急池中，禁止其进入人工湿地和下游水体。公路管理人员必须在 20 min 之内赶到，对事故现场采取应急处理，初步判断污染物性质，并送相应部门检验，同时开展其他相应的措施。

⑥ 水处理构筑物及设备材料。污水处理构筑物及设备材料见表 8-2。

表 8-2　污水处理构筑物及设备材料

序号	设备材料名称	型号及规格	数量	单位	备注
1	带刺铁丝网	非标自制	1	套	
2	配水井	2 m×2 m×1.5 m	1	座	含 2 个 ϕ600 mm 的闸阀
3	沉淀池	10 m×10 m×4.0 m	1	座	钢混结构、抗渗等级 S8
4	人工湿地	17.84 m×10 m×2.0 m	1	座	钢混结构、抗渗等级 S8
5	蒸发池	10 m×10 m×4.0 m	1	座	钢混结构、抗渗等级 S8
6	应急池	5 m×5 m×2.5 m	1	座	钢混结构、抗渗等级 S8

(2) 危险化学品泄漏应急处置技术

由于危险化学品运输车辆事故而造成高速公路饮用水源等水敏感目标污染，是高速公路运营期主要的环境风险。为防范危险化学品运输带来的环境风险，在确保安全和技术可行的前提下，对跨越水体的桥梁设置桥面径流收集系统，并在桥梁两侧设置沉淀池，对发生污染事故后的桥面径流进行处理，确保公路路线范围内水体的安全。公路建设对沿线跨越水体的桥梁均进行了桥面径流收集，桥面径流处理系统需具有沉淀和隔离功能，可对初期雨水进行物理处理，同时兼具应急事故储存功能和事故泄漏贮存箱方案。

沉淀池处理系统包括沉淀池、收集池和蒸发池，且池子排水由进水管控制阀门来控制。通常情况下排水阀和放空阀处于关闭状态，沉淀池进水管阀门打开，每次降雨后及时打开排水管阀门,以排空沉淀池内雨水,并随即关闭;当沉淀池蓄满后,雨水进入溢流池,并通过出水管排放;当桥面出现危险化学品泄漏情况时,监控系统关闭进水管沉淀池阀门,打开收集池阀门,进入收集池的危险化学品液体经过化学处理后,可打开排水管阀门排放。放空管阀门只在检修或疏通沉淀池和收集池时开启。事故泄漏贮存箱方案由桥面径流收集系统、排水管、事故泄漏贮存箱及沉淀池组成。通常情况下雨水直接排入沉淀池;事故发生时,监控中心工作人员收到实时监控系统的反馈信息,控制电磁阀切换排水口,使事故泄漏物经排水管流入事故泄漏贮存箱。事故泄漏贮存箱底部设有阀门和法兰,便于接驳事故处理车辆抽运泄漏物。

① 重大污染事件应急预案。针对公路途经水源地重大污染事故的应急处置工作,要求污染事故发生以后,相应部门尽可能快速进入应急的状态,立即采取有效措施对事故进行果断处理,做到最大限度地降低甚至消除事故所造成的危害。具体应急响应程序如图8-5所示。

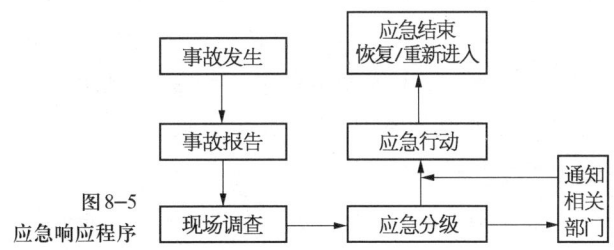

图8-5 应急响应程序

A. 事故报告。重大水污染事故的报告分为三类:

a. 速报。发现重大污染事故后,通过适当的方式即刻上报。其内容包括:该污染事故发生的时间、地点、污染源及主要的污染物质、人员伤害情况、事故潜在的危害程度等初步情况。在附近乡镇应设立报警人员,相关单位在接到事故报警后,必须详细做好记录,之后立即向当地相应应急指挥部门报告情况。该部门接到通知后应立刻分派应急管理办公室及各相关专业小组工作人员开展工作,已达到控制事态继续恶化。

b. 确报。工作人员到达污染事故发生的现场后报告确切事故信息。确报的工作是建立在初报工作的基础上进一步核实事故的有关情况,包括该事故发生的原因、经过、进展的情况及采取的应急措施等初步情况。

c. 处理结果的报告。工作人员以书面报告的形式报告事故处理完毕后处理结果的情况。处理结果报告是指在确报的基础上,报告事故处理的措施、过程和结果,事故发生后潜在或直接的危害、转化的方式、社会的影响、处理后遗留的问题,参加工作的有关部门及工作内容,出具事故有关危害、造成损失的证明文件等详细内容。

B. 现场调查。污染事故发生后,各应急小组应在第一时间赶赴现场,根据已掌握的事故信息展开现场调查处理工作,具体执行步骤如下:

a. 若有伤亡人员,应急小组人员到现场后立即组织伤员的救治。

b. 应急小组人员到达现场后根据了解事故的情况，进一步明确事故发生的时间、地点、经过和可能原因，分析污染源、污染方式及污染范围，进而确定受影响人群的数量、分布及前期处置情况。

c. 立即对事故发生现场进行有计划的监察，迅速制定具体的监测计划，尽可能全面掌握受污染地的特点，根据获悉的确切资料，分析因果关系，同时做好调查记录，以便为提出解决方案做准备。

d. 根据调查记录，提出污染事故综合分析的结论和最终处置方案。依据现场污染情况的调查，依照专家提出建议，得出调查的分析结果，针对污染事故给出相应处置方案，并严格执行方案提出的要求，以达到控制并减小污染事故造成的危害。

C. 应急分级。根据污染事故造成危害的程度，将应急处理的措施和应急响应级别划分为四个等级。依照分级负责、快速反应的原则，突发性污染事故应急响应工作为：

Ⅰ级：特大性突发污染事故引发的，可致水源地受到严重的污染，对周边居民饮用水造成严重的安全威胁的情况，由当地应急指挥部负责组织和协调，启动相应的应急预案。

Ⅱ级：重大突发性污染事故引发的，有可能使水源地受到严重的污染的情况，或因有关部门下达该水源的保护任务时，应由区上相应部门实施应急预案。

Ⅲ级：因较大突发性污染事故引发的，有可能使水源地饮用水源轻微污染等情况下，应急处理指挥部实施相应的应急预案。

Ⅳ级：由一般的突发性污染事故而引发的，对水源地可能造成轻微污染的情况，由当地应急处理指挥部负责实施应急预案。

如上所述，逐级负责，责任明确、具体。

D. 应急监测。应急监测作为判断受污染水体的污染程度的依据，要求监测人员应采用有效、快捷的监测方法和成熟的技术，准确而迅速地查明受污水体污染物的来源、范围、种类、浓度等，为污染物的扩散和蔓延得到有效的控制提供准确而可靠的信息。应急监测的流程如图8-6所示。

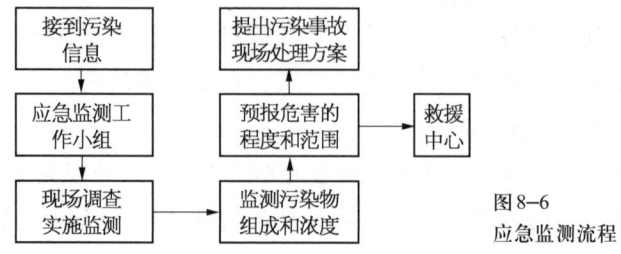

图8-6 应急监测流程

应急监测小组必须配备检测所用设备（包括药剂、仪器、水样的收集器等）和防护装备（如防护服、口罩、防护手套等）等。在尽可能快的时间内实施现场监测，如果现场根本无条件实施监测的情况下，则将取得的样品在规定的时间内送回实验室进行检测。

E. 应急处理。水源地突发重大污染事故的应急处理方法主要包括如下四个方面：

a. 污染源的清理。污染源的清理方法主要有化学处理法和人工处理法两种。

化学处理法主要是指将化学药剂投加在受污染的水域内以降低污染物的浓度，甚至使污染物消失。常用的方法包括以下几种：向受污染水域加入酸性物质以中和水体中所含碱性的污染物，或是加入絮凝剂使污染物质沉淀，或加入分散剂或消油剂使污染物沉降或分解等。

人工处理法是针对石油类和包装未破损的有毒有害物质，在污染事故发生后应即刻对带包装的污染物进行清理或打捞，对于石油类实行必要的拦污隔离等有效措施，必要时启动事故防范坝，防止污染物进一步扩散，影响水源地水质。

对水体内常见的有毒有害化学污染品应进行及时的打捞、转移、清理。当石油类污染事故发生后，油类物质可呈现的状态可分为以下几种：呈悬浮状态的可浮油，这些油滴的颗粒较大，可以依靠油水的相对密度差而从水中分离出来；呈乳化状态的乳化油，这些非常细小的油滴即使沉静几个小时，甚至更长时间，仍然悬浮在水中，这是由于乳化油油滴表面上有一层由乳化剂形成的稳定油膜，阻碍油滴合并，因此需要添加破乳剂，消除乳化剂的作用，乳化油即可转化为可浮油，之后就可以用沉淀法去除；呈溶解状态的溶解油，油品在水中的溶解度非常低，这时一般采用生物降解法处理。

常用的处理方法主要有：加吸附剂，天然的吸附材料有稻草、锯木屑、黏土、石棉、羽毛、纺织废料等，用这些天然的吸附剂对油污进行吸附后，对吸附材料进行挤压可回收油，回收的油可进行重复使用。常用的吸附剂还有活性炭、离子交换树脂、海泡石、吸油毡等材料。

还可以利用撇油器（包括浮动式、固定式、移动式）撇油，可将油收集上岸处置。也可以利用加燃烧剂把油燃烧，或用高密度材料做亲脂肪的外壳处理，使其吸附油，然后将其沉降至水底，再进行掩埋处理。

b. 调整水厂的处理工艺。饮用水源地突发性污染事故发生后，应及时调整现有水厂的部分水处理工艺环节。一般可采用强化絮凝、三级处理等方法。目前，常用的三级处理技术有加氯消毒、活性炭过滤、臭氧化和紫外消毒等。然而新的水处理工艺应建立在对受污染水体的水质监测报告的基础上进行分析论证后提出，并在现有水厂处理能力范围内实施新的水处理工艺。

c. 切换水源。从实际考虑，当危险化学品污染事故发生后，在短时间内根本无法做到彻底清除污染物，因此受污染的水源不及时关闭，势必会引起用水恐慌，此时最佳的办法就是停掉受污染的水源，启用备用水源，以缓解用水压力，同时治理受污染的水源，使之水质达到相应标准后再启用。

d. 停供避让。污染事故发生后，由于可能造成用水短缺的现象，必要时政府部门可以采取限制水的用量、定时给水、减少不必要用水的水量供应，同时做好协调工作，保证人民的正常生活，直至用水恢复。

F. 应急保障体制。

a. 物资要有保障。相关机构要有突发水污染事件卫生应急处置的各类物资储备，包括诊断试剂、特效药物、水处理剂、消毒药械和检测检验设备等。发生生活饮用水污染事件时，水利部门、自来水公司与相关部门密切配合，确定应急物资的充分、及时供应。

b. 技术方面的保障。建立完善的应急管理机构，培养专业的应急管理人员，同时在做出重大应急预案的过程中积极听取专家意见，培养一个具备专业技能的团队。各部门要结合实际，有计划、有重点地组织对相关预案的演练。每年至少进行一次，并做好演练过程的原始记录。

c. 通信保障系统。环境应急相关专业部门要建立和健全环境安全应急指挥系统、环境应急处置联动系统和环境安全科学预警系统。配备必要的有线、无线通信器材，确保事故应急预案启动时环境应急指挥部和有关部门及现场各专业应急分队间的联络畅通。

d. 资金供应。要保证所需突发事故应急准备和救援工作资金。对受突发事故影响较大的单位和个人要及时研究提出相应的补偿或救助政策。有关部门要保证饮用水源地突发性污染事件监测预警、医疗救治、人员培训、应急演练、物质储备、实验检测等应急处置的各项经费。

G. 重大污染事件的预防措施。拟建公路建成通车后，危险品运输车辆会对库区水源地水环境造成一定的风险。尽管针对危险化学品泄漏重大事故已制定应急响应机制和处理技术等措施，但仍要采取管理措施消除或减少危险化学品运输重大交通事故的发生，确保饮水安全。因此，建议制定相应的措施加以防范。防范危险品运输风险事故首先要严格执行国家和有关部门颁布的危险货物运输相关法规。就拟建公路而言，对危险品运输应采取以下管理措施：

a. 对运输危险品车辆实行申报管理制度。车主需填写申报表，包括危险货物执照号码、货物品种等级和编号、收发货人名称、装卸地点、货物特性等。

b. 危险品运输车辆安排在交通量较少时通行，在气候不好的条件下应禁止其上路，从而加强对运输危险品的车辆进行有效管理。

c. 实行危险品运输车辆的检查制度，在入口处的超宽车道设置危险品运输申报点和检查点；对申报运输危险品的车辆进行"准运证"、"驾驶员证"、"押运员证"和危险品运输行车路单；除证件检查外，必要时应对运输危险品的车辆进行安全检查。

d. 在主线收费站入口前 100 m 处设置有提示标志牌，提醒危险品运输车辆司机靠边行驶，主动申报和接受检查。危险品运输车辆左前方应悬挂有黄底黑字"危险品"字样的信号标志，也可以提醒收费员对危险品运输车辆进行安全检查。

e. 应对各种未申报又无危险品运输标志的罐车、筒装车进行入口检查，对载有危险品但未办理有关证件或未按规定加装危险品运输标志的车辆，均不允许进入高速公路行驶。

f. 在库区水源地二级保护区路段，应设置警示牌，提醒司机进入水源供水点汇水区路段，小心驾驶。

g. 高速公路应设有监控设施，实施监控。当发生事故时，应在第一时间把事故信息发送到交通、公安、环保、水利等部门，使职能部门的应急工作小组和市应急指挥中心做出快速反应。

6) 施工期水环境保护技术

(1) 桥梁施工水环境保护技术

桥梁施工对水体的影响随着施工的结束将会消失，不会对沿线水体产生明显影响。施工期应保护沿线河流的水质，禁止施工污水直接排入河流。桥梁施工应避开汛期和河流丰水期。

① 桥梁施工严禁漏油、化学品洒落水体；桥梁基础施工挖出的泥渣不得弃入河道或河滩，避免影响河道行洪功能。

② 桥梁施工应选择在枯水季节，加强施工管理，保护沿线河流水体。施工后应注意施工现场的清理，避免施工垃圾等随意抛入水体。

③ 施工中的废油、废沥青和其他固体废物不得堆放在水体旁，应远离沿线河流河道 500 m 外，同时应及时清运至专门的仓库或堆放场所，并应设篷盖，防止因雨水冲刷而间接进入水体。

④ 沿线河流与公路并行的路段，不得在公路与沿线河流之间的地带设置施工营地和施工临时场地，以免影响河流水质。

(2) 隧道工程水环境保护技术

隧道施工产生的废水主要来自山体开挖自然渗水、钻探机械降温用水以及割用压力水钻用水，应在隧洞内设排水沟收集污水，在洞口宽阔处修建隔油池，由排水沟将污水导入其内，施工期间及时清理沉淀池和隔油池中的污泥，施工结束后覆土掩埋即可。施工中应对隧道的出水部位、水量大小、补给情况、变化规律、水质成分等做好观测试验记录，并不断完善防排水系统，对隧道洞口及辅助坑道洞（井）口应按设计要求做好排水系统：

① 勘探用的坑洼、探坑等应回填黏土，并分层夯实。

② 洞顶上方如有沟谷通过且沟谷底部岩层裂隙较多，地表水渗漏对施工有较大影响时，应及时用浆砌片石铺砌沟底，或用水泥砂浆勾缝抹面。

③ 洞口附近开沟疏导封闭积水洼地，不得积水。

④ 洞顶排水沟应与路基排水顺接组成排水系统。

⑤ 隧道施工废水主要污染物有悬浮物、炸药残余、石油类等。特别是含有炸药残留物的裂隙水随意排放，会造成所在地水环境的污染。因此，要严格按照前述要求对隧道施工时的出水进行收集，并进行处理后排放。

⑥ 在设计阶段应调查隧道区域地下水的分布、类型、含水量、补给方式和渗流方向，分析论证因隧道开挖，地下水可能渗出量较大的位置和程度，针对地下水可能渗出的部位应采取切实可行的防水和防渗措施。

(3) 施工驻地水环境保护技术

施工人员驻地的生活污水分散，而且仅限于施工期，在严格采取一定处理措施的情况下，施工区污水不会对线路沿线水环境质量产生明显的影响。具体如下：

① 施工人员的生活污水、生活垃圾和粪便应集中处理。

② 施工机械等产生的含油及其他生产污水禁止向河流、湖泊排放，可在施工场地及机械维修场所设临时蒸发池，使大部分含油污水进入蒸发池中，使其自然蒸发，待施工结束后，将临时蒸发池覆土掩埋。

③ 施工中的废油、废沥青等有害物质不准堆放在距水体200 m范围内，应及时清运至当地允许放置的地点或依有关规定处理，防止被雨水冲刷入水体。

④ 施工营地附近设防渗蒸发池和防渗旱厕，处理后的粪便用于施肥，生活污水可让其自然蒸发，施工结束后将蒸发池覆土掩埋。

⑤ 生产废水不得排入河流、湖泊等水体，可在施工场地设临时蒸发池（可就近利用废弃的沟、坑），待施工结束后覆土掩埋。不得在水体附近清洗施工器具、机械等，防止水环境污染。

8.3.2　植被恢复技术

1) 人工播种技术

人工播种是植被防护的一种传统做法，通过人工的方式将植物种子直接播撒在待恢复区土壤上，利用植物自我生长，以达到恢复植被的目的。播种方法主要有条播、撒播和点播。

条播就是人工根据土壤条件间隔一定距离（通常为15～30 cm）开沟播种的方法。当土壤水分含量高，土质肥沃时，可以适当把行距缩小；当土壤相对贫瘠又比较干旱时，可以适当把行距加宽。

撒播就是人为把种子撒到地面上，然后再盖上表层土壤，这种播种方法在后期会出现出苗不一致的情况，但适合大规模的播种。

点播即间隔一定的距离开穴播种，因此也叫穴播，这种方法通常适用于种子大而且生长繁茂的植物，不仅节约种子，而且出苗率相对高。

播种时首先要根据种子大小、土壤含水量等因素确定播种的深度。种子小时，播种深度应较浅；种子大时，播种深度适当加深。土壤含水量较高时，播种深度应较浅；土壤含水量较高时，播种深度适当加深。另外，覆土太厚会降低种子的出苗率，覆土太薄又会导致种子干燥不出芽，播种时这些问题都应该尽量避免。总之，人工播种相对其他植被恢复技术而言，施工最简单，成本也最低。

2) 喷播技术

喷播技术包括客土喷播、液压喷播和有机质喷播，其方法主要运用于边坡植被恢复过程中，根据不同的气候特点和立地条件，选择最适合、最经济的喷播技术。

(1) 客土喷播

客土喷播是将种子、土壤、土壤改良剂、肥料、黏合剂、保水剂等按一定比例混合，利用高压喷射机喷射到经过加固处理的坡面，草和灌木均能在很多立地条件差的边坡地段（如岩石边坡）依靠基质、锚杆、网面与植被的共同作用实现快速绿化，对坡面进行防护的一种机械建植技术。

① 技术特点。

A. 优点如下：

a. 可用于贫瘠土壤和高硬度坡面。

b. 施工效率高，养护简单，出苗率较高，覆盖效果好。

c. 可与工程防护结合应用。在坡度较陡、岩质不稳定的情况下，可以先使用土工格梁和喷锚加固等方法稳定边坡，然后再在其表面用该技术进行植被恢复。

d. 可改善土壤条件。在土壤中加入土壤改良剂和肥料等，改善土壤的营养结构。

e. 可在喷播基质中加入酸碱中和剂，调整土壤的pH值，使之更适合植物生长。

f. 可在喷播基质中添加黏合剂，增强抗雨水侵蚀能力。

g. 可在喷播基质中添加保水剂，增强土壤的耐旱能力。

B. 缺点是：由于施工所需的机械设备量大，因此成本较高。

② 适用范围。客土喷播技术是根据液压喷播技术针对岩土边坡的植被恢复需要而开发的，也可用于贫瘠土壤和高硬度坡面。该技术主要适用坡度中等（30°～50°为宜）的土质边坡和石质土边坡（填方或挖方边坡）。

③ 客土喷播技术施工工艺流程为：整平、清除坡面→铺网（边坡刚性骨架防护）→钻锚杆孔→灌浆固定锚杆→固定网面→喷底层（基质）→喷面层（种子＋基质）→覆盖无纺布→养护管理。

④ 施工关键技术要点：

A. 安全保护。施工现场禁止行人、车辆通过，在施工场地两头设置施工标志。根据施工安全操作规范要求，选择安全防护措施，如搭设钢管脚手架，下铺毛竹脚手片，上挂防护网。现场施工人员佩戴安全帽及必要的劳保用具。

B. 作业面清理。清除作业面杂物及松动岩块，对坡面的棱角进行修整，使施工作业面的凹凸度平均为±10 cm，不超过±15 cm，尽可能将作业面平整，以利于客土喷播施工。对低洼处适当覆土夯实回填或以植生袋装土回填。若岩石边坡本身不稳定，应采用预应力锚杆锚索进行加固处理。

C. 挂网、扎网。挂网施工时采用自上而下放卷，相邻两卷铁丝网分别用绑扎铁丝连接固定，两网交接处要求至少有10 cm的重叠。网与作业面保持8 cm左右间隙，并均匀一致。

D. 喷播。喷播前，应先在坡面喷水湿润，以利基质材料更好地与坡面结合。喷枪尽量与受喷面垂直，避免仰喷，注意死角部分及凸凹部分要喷满。严格控制风量、风压，保证枪口风压4 500～5 500 Pa。宜从坡面顶端往下喷播，喷播宽度以方便喷播手操作为宜，一般为4 m。

客土厚度应根据边坡的坡度、硬度、岩石的风化程度等诸多因素确定，其最小厚度应以满足植物的正常生长为依据。生产上参考的客土厚度为：4 cm 客土适用于风化岩石边坡，土质为红黏土或风化砂，山中式硬度 6.3～14.0 kg/cm^2；6 cm 客土适用于土加石的软岩边坡（强风化），山中式硬度 14～38 kg/cm^2；8 cm 客土适用于坚硬岩边坡（弱风化），山中式硬度 38～180 kg/cm^2；10 cm 客土适用于呈板状石质的边坡，山中式硬度大于 180 kg/cm^2。喷播时分底层和面层两次喷播，底层为纯的基质，面层为基质加植物种子。

a. 喷底层。将基质充分拌匀喷水湿润，以手捏成团松开即散为准。用喷播机械将湿基质喷至岩石边坡。厚度 5～6 cm，不超过 8 cm，以覆盖铁丝网为度。

b. 喷面层。先将基质和种子混合均匀，待底层稳定后适时喷播面层。基质、种子和水同时由喷播机械在喷口处混合喷洒至边坡，厚度 2～3 cm。掌握水的用量，使基质和种子的混合物粘连边坡不移动不脱落。

E. 设置排水沟。喷播结束待客土稳定后，用特制的 T 字形木棍敲击边坡作业面，使其凹陷。设置横竖排水沟，沟深 5～8 cm，横竖沟间距 5～8 m，以确保坡面排水畅通。

F. 覆盖。排水沟操作完毕，即覆盖无纺布。覆盖无纺布时，从上往下施放无纺布卷，并每隔 2～3 m 用铁丝或绳索固定，以防风吹。

G. 养护管理。

a. 浇水。植物种子出苗前，每天早晨浇水一次或早晚各浇水一次，以保持土壤湿润。浇水以雾化的水滴为佳，切忌大水冲刷，以防客土移动。植物种子出苗后可逐渐减少浇水次数，以促进植物根系快速生长。至草苗长到 5～6 cm 或 2～3 片叶时，揭掉无纺布。边坡植物成坪后转入常规管理。

b. 施肥。边坡草坪等植物长至 4～5 叶时可适量追肥，以优质的复合肥为主，每次 10 g/m^2 左右，坚持"少吃多餐"的原则，以促进及早成坪。

c. 病虫防治。草坪等植物幼苗时，尤其在高温季节，易发生褐斑病、腐霉枯萎病，应及时用广普杀菌剂防治。发现虫害则立即用广谱内吸性杀虫剂防治。

H. 验收要点。

a. 锚杆深度、客土厚度。施工过程中，实测锚杆深度及客土厚度。风钻孔深不小于 25 cm，水泥灌浆固定钢筋要严实。客土厚度不小于 8 cm。设计有特殊要求的，按设计要求验收。

b. 植物覆盖率。绿化施工完成后 3 个月内，坡面绿化覆盖率达到 90% 以上，且生长均匀，长势旺盛。

c. 坡面植物绿期。经过一年四季不同的气候考验，实现 1 年的绿期达到 8 个月以上。

(2) 液压喷播

液压喷播技术是把种子、水、肥料、有机纤维、黏合剂、保水剂、染色剂等液态混合物利用泵式液体喷射机喷射到边坡上的一种植被恢复技术。

① 技术优点。具有立地条件适应性强、建植速度快、草被生长均匀、成本低廉、省工时等优点，可以起到快速植被恢复的效果。

A. 机械化程度高。喷播机械包括汽车、喷播机、管道等设施，因此必须是专业化的施工，并有一定的行车道和作业规模，对偏僻的零星边坡施工，液压喷播难显其优势。

B. 技术含量高。喷播技术既有传统的草坪建植方法所具有的共同优点，同时也解决传统建植方法难以解决的困难问题，如人工播种受风力影响大的问题，坡度大难建植的问题等，实现了草种混播、着色、施肥、播种、覆盖等多种工序一次完成，在最大风力5级的情况下，也不影响喷播的效果。

C. 施工效率高，成本低。液压喷播可大量减少施工人员和投入，如铺10 000 m^2 草皮需要77个工日，而液压喷播一台喷播机仅需1～2 d。缩短了施工周期，节约了工程开支，因此液压喷播是一项低投入、高产出的技术。

D. 成坪速度快，绿化覆盖度大。由于植物种子和肥料等充分的搅拌在一起，种子和幼苗能充分和有效地吸收养分、水分。因此，采用液压喷播绿化，种子萌发和幼苗能成长迅速，成坪速度快，绿化覆盖度大。

E. 成坪均匀度达，质量高。由于液压喷播的混合液搅拌均匀，喷播的速度也一致，因此采用喷播建植的草坪均匀度很高。

② 适用范围。特别适用于风化岩、土壤较少的软岩及土壤硬度较大的土壤边坡，对于坡度大、石质成片的坡面可通过打锚杆、挂镀锌铁网后再喷播，同样可以达到绿化美化的目的。在边坡上固定一层金属网或塑料网，并在其上喷播客土、植物种子、保水剂、黏合剂、植物加筋纤维等进行复绿的方法，适应50°以下岩石、土质边坡复绿。

③ 施工工艺。施工工艺同客土喷播技术。

④ 施工关键技术。施工关键技术同客土喷播技术。

(3) 有机质喷播

有机质喷播是将种子、有机质、土壤改良剂、肥料、黏合剂、保水剂等灰料混合物使用灰浆喷射机利用高压空气喷射到边坡坡面的植被恢复技术。喷播材料由人工配置而成，其主要成分为有机质（植物纤维），喷射时要在坡面上形成具有一定厚度的有机质层，所以有机质喷播也称为厚层基质喷播或者厚层材质喷播。边坡坡度小于60°时，均可使用该技术进行植被恢复。

① 技术特点

A. 优点：施工初期的植被恢复效果明显。有机质土壤质地条件好，营养丰富，酸碱程度适中，优越的土壤基质条件促使植物种子发芽和快速生长。

B. 缺点：

a. 在干旱地区容易出现干裂、脱落现象。有机质喷播技术中采用的有机质大部分为草炭，该物质吸水膨胀、失水收缩，具有较强的伸缩性。在干旱、半干旱地区，春冬季节长时间得不到水量的补充，极易造成有机质层大面积脱落。

b. 易造成土壤板结。有机质内高分子黏合剂在长期没有水分供给的状态下，加上草炭的作用，容易造成有机质土壤板结成块，造成土壤硬度太大而使植物无法生长。

c. 施工、养护成本高。该技术施工工艺复杂，人工、机械、多种喷播材料使得施工成本较高。此外，喷播后必须保证不少于45 d的浇水保墒期，并且在养护期每年夏天也要进行适当的浇水，因此养护成本也高。

② 适用范围。

A. 坡形及坡质：有机质喷播对挖方路段石质边坡最为适用，土石边坡、强风化石质边坡次之。

B. 坡率及坡高：有机质喷播可用于高陡边坡的坡面植被建植，适用边坡坡率一般在（1∶0.2）～（1∶1），适宜的每级高度不超过10 m。

③ 施工工艺流程。有机质喷播施工工艺流程如图8-7所示。施工效果如图8-8所示。

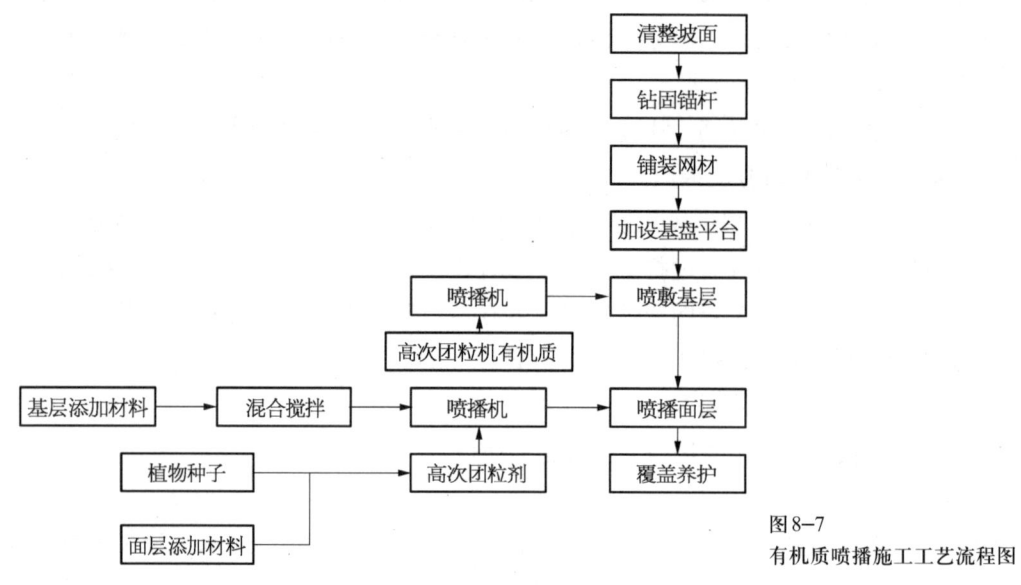

图8-7
有机质喷播施工工艺流程图

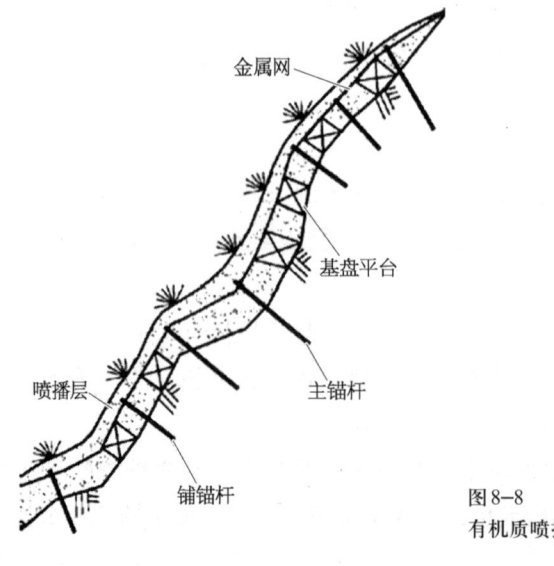

图8-8
有机质喷播工艺设计及施工效果

④ 施工关键技术。

A. 铺装网材。当对高陡岩质坡面进行多组分有机质喷播时，应采用风钻锚孔，孔径为40 mm，孔深30~50 cm（局部必要时可适当加深），孔向与坡面基本垂直，交错布置；原则上每100 m² 主锚杆不少于80个，辅锚杆不少于180个。在进行辅锚杆定位时应注意观察坡面形态，尽量将其布设在坡面凹进部位，以使金属网材贴近并牢靠地固定在坡面上。当局部坡面凹凸起伏较大时（含软岩），应根据实际情况增设辅锚杆，使金属网材尽可能地贴近坡面。

B. 加设基盘附着平台。由于岩质坡面往往起伏无常、凹凸不平，为了防止喷播时物料或种子流失，保持喷播层厚度均匀，并使以后植物根系生长时能够更好地延展，在金属网材和坡面之间设置基盘附着平台，对喷播层进行分段阻隔。每列平台的间距可根据坡度在30~50 cm范围适当调整。基盘附着平台一般用木垫条组装，其厚度设计同喷播层厚度，并随坡面的坡度变化进行调整，其单根长度可根据坡面实地情况截取40~100 cm使用。施工时将每个木垫条水平置于金属网下，然后用铁丝与金属网扎紧固定。

C. 物料配置、喷射。各种喷播物料要严格依据设计标准进行配比，按操作要求及程序将其与水加入到喷播机内进行混合，经搅拌均匀后再进行喷射作业。喷射时喷枪口要尽可能地垂直于坡面（距坡面1 m左右），避免仰喷，凹凸变化大处及死角部位要喷射充分。确保喷射厚度尽量均匀并一次成层，植生条件较好的坡面可适当薄些，条件较差坡面应适当加厚。

喷射分三次进行，首先在坡面上喷射一层不含植物种子的营养基层（3~4 cm厚），然后再重复喷射一次形成中层基盘（3~4 cm厚），最后喷射含有植物种子的面层（2~3 cm厚），播种量为70~100 g/m²。

D. 覆盖养护。喷播施工尽量要选在暖季，但在夏季要避开暴雨时段或长时间的阴雨天气。在有降雨时，要将备用的无纺布、草帘子等覆盖在坡面上，防止雨水对喷播层及其基础造成冲刷。

3) 草皮移植技术

草皮移植是指将天然草皮或者人工草皮块铺设到已经平整好的土地上，是一种快速的植被恢复方法。草皮移植以人工草地为主，草皮取出后，将其铺设到平整的土地上，然后踩压浇水，使草皮和土壤充分接触，受损植物根系就会再次萌发新根，使草本植物成活，并在迹地上迅速形成覆盖植被。

(1) 技术优点

成本低，易成活，移植完毕就可以在迹地上形成植物覆盖。

(2) 适用范围

青藏高原高寒草原、高寒草甸区的多年生草皮移植。一般海拔在5 000 m以下。受海洋性气候影响，夏季气候温和湿润，冬季气候寒冷干燥；具有典型的高原大陆气候。其中，对草皮的要求是根系较发达，易切块成型。移植到路基边坡与水沟的草皮必须是生长在草地中多年生草皮，对路基边坡的要求是填料为细颗粒土质边坡，对粗颗粒土质边坡、腐殖土厚度要适当加厚。

草皮移植技术对施工要求较高，如果草皮与草皮之间衔接不紧密，移植草皮与下垫面结合不紧密，都将影响草皮的成活；另外，起挖草皮时，厚度不易掌握，太浅时破坏植物根系，并且土壤毛细管系统遭到破坏，水分无法提升到植被根系层，阳光直射导致植被蒸腾加速以及大风等气候因素影响下容易风干枯死，太深了增加工作量。高寒草原区由于草皮层较为松软，草皮不易成块，土壤结构容易破坏，移植所需代价较大，且前期需要浇水等管护措施，但一旦移植成功，松软的草皮层与下垫面结合紧密，其恢复效果良好。按照施工技术要求施工，对于高边坡的特别是大于 10～25 m 的边坡具有良好的适应性。

(3) 施工工艺流程

草皮移植施工工艺流程如图 8-9 所示。

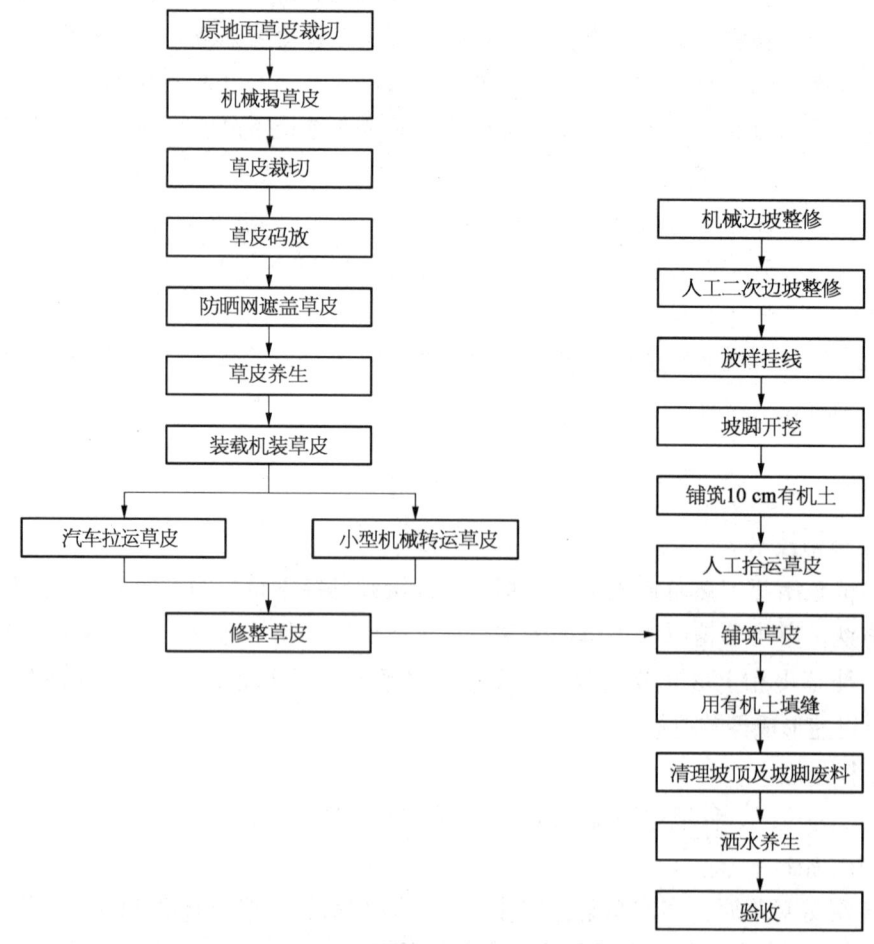

图 8-9 草皮移植施工工艺流程图

(4) 施工关键技术

① 草皮选择。挖掘草皮前,明确即将挖取草皮的类别,掌握其生物特性。

② 取草皮时间。根据当地多年生草地植物贮藏营养物质动态的变化情况,选择挖取草皮的最佳时期,即草地植物贮藏的营养物质含量相对较高的时期。挖取草皮要求选在草地植物的分蘖期及结实期,即5—8月之间。

草皮挖出后,草皮植物进入根部的有机物质被暂时中断,草地植物依靠其地下器官贮藏的营养物质动态维持其再生,草地植物贮藏的营养物质含量越高,草地植物再生时形成的枝条数量越多,再生进行得越快。

③ 揭取草皮。在路基、料场清表时,先用切割机对草皮进 (1.0 m×1.0 m) ~ (1.5 m×2.0 m) 的切割,以便于装载机或其他平地清除设备清起草皮规整堆放。取草皮时在施工方便的条件下,所取草皮的块度要尽可能大,从而减少根系的切割,同时根据根系深入地下的深度,确定所取草皮的厚度,保证所取草皮的厚度大于根系埋入地下的深度,从而保证根系的完好性。同时,将草皮下的腐殖土一并清出堆放(腐殖土清除也是路基本身要求)。

④ 草皮养护。草皮挖取后,如果有地方能及时移植上去当然最好,如果施工条件不许可,就需要暂时置放路基两侧空地上。在此期间,由于草皮离开了它吸取营养物质所依托的土壤环境条件,因此应加强草皮养护。草皮不宜叠放,而应假植平铺,相当于进行了一次划破草皮的人工措施,采用防晒网覆盖并定期进行洒水养护。可有效改善草皮附着土壤的通气条件,提高土壤的透水性和透气性。平铺堆放的草皮在堆放时,用腐殖土填塞缝隙。清出的草皮若有成型路基边坡,及时回铺,若施工条件不容许,则需要堆放养生,即将清出的草皮在路基坡脚线外两侧平铺整齐堆放,草面朝上,其堆放高度控制在1.0～1.5 m,草皮层数以4～5层为宜。养生时采用黑色防晒网覆盖(透水、透气、降雨时能吸收水分,黑色防晒网能有效降低太阳辐射,减缓水分蒸发),不宜采用塑料布或塑料薄膜。根据不同地区的天气、降雨情况洒水养生,只要保持草皮有一定的水分,不完全晒干即可。

⑤ 有机土保存。草皮取走后,应将草皮下的有机土清除堆放,以便回植草皮时使用。因为青藏高原的土壤以草毡土、寒钙土为主体,土壤发育年轻,剖面风化弱,土层薄,粗骨性强,可给态养分含量低,因此现有草皮下的有机土对移植草皮的再生能力十分重要。

⑥ 铺草皮工艺,如图8-10～图8-14所示。铺筑草皮前先对验收合格的路基边坡进行整修,根据路基顶面测量的高程对边坡测量的实际高程进行放样,在直线上每10 m进行加桩,在弯道处每5 m进行测量放样,并钉木桩,再根据测量的高程对边坡进行放样,坡度控制在设计范围内,并在坡脚处定桩,在已钉好的坡顶和坡脚木桩上挂好放工横线,两个横线间再挂可移动纵线。上下移动纵线,检查纵线与坡面的距离,以该距离控制在20～30 cm,对记录达不到该要求的坡面用人工再次修整,直到达到设计要求为准。根据放样的线型,采取由坡脚到坡顶的施工顺序进行施工。

图8-10 平整坡面铺设底层土壤层

图8-11 底层土壤铺设完成

图8-12 草皮铺设完成

图8-13 一个月后植被恢复效果

图8-14 铺草皮施工现场

再进行人工有机土的铺设，同时并保持坡面有机土均匀一致，同时采取人工搬运草皮到坡面上，将草皮块与块之间相互挤紧，上下块之间要错缝，严禁出现通缝现象。草皮薄厚不一致时，人工铲除厚草皮底的腐殖土，再进行铺砌。薄的草皮先在坡面上铺一层腐殖土垫平后再进行铺砌，以保证草皮底部一定厚度的腐殖土。铺筑好的草皮拼接缝处用人工用腐殖土进行填实，不留缝隙。铺设好的坡面应保持大面平整、曲线圆滑、线型美观。铺筑完成一段后，及时清除坡顶路基上剩余腐殖土和坡脚处剩余草皮和腐殖土，使铺筑好的坡面与自然环境协调一致。针对该地区天晴时蒸发量大的特点，铺筑完成后定期洒水养生，防止草皮缺水枯死，同时在洒水车中掺加一定比例的人工复合肥料，以提高草皮成活率，直至与边坡土体形成一体。

将成型路基边坡进行平整［边坡坡率（1∶1）～（1∶12）］，采用机械将有机土、草皮运到路基边坡处，草皮较薄的（10～20 cm），先将腐殖土在路基边坡上铺设厚10～15 cm一层（具体视现场腐殖土或有机土的资源而定，灵活掌握），草皮厚在20 cm以上的，可以直接铺设（减少对腐殖土和有机土的需求）。根据人力能搬动的重量估算，将草皮切割（不能随意切割）成（20～40）cm×（20～40）cm进行人工铺设。块与块之间嵌挤密实草皮接缝间用腐殖土填筑密实，以便于草皮能快速生长交织为整体。

⑦ 移植铺设后养生。移植铺设后，在刚开始一周内需要定期洒水养生（图8-15），以保证新铺草皮与地面的毛细水尽快联通，达到毛细水补水功能，后期可根据自然降水情况适时洒水，完全成活后就融入自然正常情况。

图8-15 铺草皮后的养护过程

4）三维网植草技术

三维网植草技术是将三维网铺在坡面上，播撒种子后，用覆土覆盖进行植被恢复的边坡防护技术。三维网是由一种热塑性树脂经过挤出、拉伸等工序相互缠绕，并在交接点处经热熔后粘结在一起的稳定的立体三维网。网格外观凹凸不平，90%以上的空间为空隙，空隙处用来填充土壤和草种等，成活后的植物根系也可以穿过网格空隙深入地下土壤。三维网采用高分子材料制成，材质疏松柔软，化学稳定性较高，也可采用可降解性塑料，数年后三维网可在土壤中自然分解。

(1) 技术优点

① 可固定坡面，防止坡体下滑。

② 具有保墒作用。三维网大多为黑色或绿色，具有吸收热量的作用，从而使地温升高，促进种子的萌发，适合在气温较低的地区使用。

(2) 适用范围

三维网植草技术适合在高寒地区使用，对于稳定的路堤边坡，土质和石质填料均可，常用边坡坡度为（1∶1.5）～（1∶2.0），边坡高度一般不超过 6 m。

(3) 施工工艺

三维土工网垫植草护坡施工程序为：坡面平整、施底肥→覆网、固定→覆土、播种、上覆盖土→浇水养护，如图 8-16～图 8-19 所示。

图 8-16 铺网过程

图 8-17 播种后覆土

图 8-18 覆盖无纺布

图 8-19 植被恢复效果

(4) 施工关键技术

在进行挂（铺）网前，注意对坡面的清理，适当铺一些腐殖质表土层，使底层土壤拥有一定的营养成分和微量元素，避免植被后期因营养缺乏而出现大面积死亡；植物种类选择时，尽量采用草、灌结合的方式，草对边坡的防护只能到很浅层，而灌木根系较深，持续生长不易退化，对边坡的防护作用更大。施工关键技术如下：

① 坡面平整、施底肥。清理、平整坡面，清除直径大于 2 cm 的浮石、树根等杂物，以

利于基材与岩石坡面的结合。如果坡面上的土太密实，应该在坡面5～7.5 cm范围内采取松土措施，作为播种层；如果坡面岩石面积很大，应该在坡面上铺设厚5～7.5 cm的细表土，轻轻压实，为草提供基本的生长环境；对于岩石节理发育，走向不一，清理坡面难度较大，应采取浆砌片石局部找平（谨慎使用，避免加大边坡负载造成失稳），或者加大混合料固结物含量，局部适当加厚找平。

在土壤养分贫瘠和pH值不适时，在播种前有必要施用底肥和土壤改良剂。底肥主要包括氮肥、磷肥和钾肥，比例为15:8:7，施肥量随土壤的肥力情况而定，一般情况按100 g/m^2左右施用。

② 覆网、固定。在整平的坡面上铺设网垫，当坡度陡于1:3时，网垫由坡顶向下放卷铺设，在缓于1:3的坡面上，网垫可以按横向或向下铺设。上下卷材搭接，上部的材料压在上面，搭接长度为10 cm，相邻卷材搭接，搭接至少为7.5 cm，且在搭接中心处每50 cm左右加一个锚钉。网垫铺设时，要保持平顺，不要拉紧，避免造成网垫与坡面分离，从而不利于网垫的稳定与植被的生长。

为防止网垫从上、下两端被水流冲开，网垫在边坡顶端铺设时，需在坡肩（坡底）挖断面宽、深为15 cm×30 cm的沟，将网垫埋入其中，用锚固钉固定，并填土压实，网垫顶端纵向连接处应有60°夹角，坡底应有50 cm以上的水平面。对于网垫体的锚固，在较缓的坡可采用竹钉或U形钉，钉的长度不小于15 cm，顶端宽度应大于网垫孔径的2倍；在较陡、疏松、岩质的坡需要采用较长较重的丝钉。就较缓的坡度[(1:1.5)～(1:1)]而言，按每50 cm一个锚钉即可，如果坡面较陡，应增加锚钉数量，锚钉的排列以梅花桩形为宜。

因坡面较长时，坡面上层的含水量要比下层的低，不利于植被成活，要在距坡顶20 cm处开一条小沟，用以灌水。

③ 覆土、播种、上覆盖土。覆网、固定之后，根据其厚度及种子发芽要求，在网垫上面铺设一定厚度的耕植土，要求覆土的颗粒不大于网孔尺寸，且越细越好。

选播的草种宜就地选用覆盖率高、根系发达、茎叶低矮、耐寒抗旱、耐土壤贫瘠、耐践踏、具有匍匐茎且适用于pH = 4.7～8.5的多年生草种，也宜引用适应当地土壤气候的优良草种。

草皮在5℃以下停止生长，10℃以下基本上不发芽。另在高温季节蒸发太大，草皮生长易干枯，故在此期间均不宜播种。铺设季节最好选择在雨季前的3—4月份进行，让草皮有一定的生长时间。

播种时土壤含水量以40%～50%为宜，为预防干旱，提高草籽的成活率，可使用土壤凝结剂。将经过特殊处理后的草籽与土壤凝结剂拌和喷洒。经土壤凝结剂处理后的坡面，草籽和土壤不会因风吹雨淋而流失，同时凝结剂又降低了土壤中水分的蒸发，在一定程度上保证了草籽的水分供应。

播种可以采用人工撒草种或机械喷播：撒草种，将草种与肥料及细土按1:10的比例均匀混合后，均匀地撒在网垫上，边坡靠上部分应适当增加草籽用量，播撒完毕后用扫帚清扫一遍，以保证草种全部落入网垫内部；喷播，喷射尽可能从正面进行，凹凸部分及死角部分要尤其注意，喷射厚度按10 cm控制。

播种的深浅也直接关系到出苗率。如播得过深，在幼苗进行光合作用和从土壤中吸收营养元素之前，胚胎内存储的营养不能满足幼苗的营养需求而导致幼苗死亡；播得过浅，没有充分混合时，种子会被水流冲走，或发芽后干枯。播种时应从坡顶往下撒播，且坡顶的播种量稍微加大。

播种后再均匀覆一层细土，土的厚度以稍盖住网垫为宜，不要使网垫暴露在阳光下，以利延长使用寿命。覆土的厚度还须有利于草籽的发芽和生长，之后再进行适当加压。另外，为了减少土壤和种子的冲蚀，为种子发芽和幼苗生长提供一个更为有利的环境条件，常常在坡面上加上一层覆盖材料（如无纺布），当幼苗长到2～3 cm高后便揭开。

④ 浇水养护。播种后要注意草种发芽生长的前期养护工作。养护的主要工具是高压喷雾器，它使水雾化后均匀地落在坡面基材上，要注意控制好喷头与坡面的距离和移动速度，保证无高压射水冲击坡面形成水流，冲走植草基材及草种，每天早晚各喷一次，养护45 d左右。在天气热、雨水少的情况下，为了保证草种成活，可采用遮阳防晒棚，隔热防晒，透气通风。

5) 植生带技术

利用植生带进行边坡植被恢复的建植技术叫做植生带技术。植生带使用可自然降解的无纺布或者其他材料制成，草种、肥料、保水剂等按一定比例混合后按照特定工艺被均匀定位到可降解材料上，从而形成植生带。

(1) 技术特点

① 优点：

A. 具有很好的抗雨水冲刷能力。

B. 种子分布均匀，出苗整齐美观，同时节约了种子的播种量，省时省工，而且可根据要求适当选用不同的种子组合，配比灵活多变。

② 缺点：植生带的持水、抗旱能力较差，养护期对水分的要求较高。

(2) 适用范围

适用于小于60°的土质边坡，风化岩石、沙质边坡。主要用于水源丰富或降雨量较多的地区，不适合在干旱、半干旱地区使用。

(3) 施工工艺流程

① 平整坡面。清除坡面所有石块及其他一切杂物，填平较大的坑穴，打碎土块，耧细耙平，压实。

② 铺设固定。把植生带一端用锚杆固定在坡顶处并填土压实，锚杆的使用量为2～3根/m^2。

(4) 施工关键技术

① 施工时应顺着坡面将植生带自然地平铺在坡面上，一边向下放平拉直一边用U形钉

将植生带固定在坡面上，不要加外力强拉，U形钉的使用量为6～8根/m²。植生带的接头处（上下接头、左右接缝）应重叠10 cm。施工到边坡下部时，把植生带的另一端也用锚杆固定在坡脚处，并填土压实。

② 植生带施工结束后禁止踩踏。植生带从铺装到出苗以后的幼苗期，都需要及时进行洒水，每天都需洒水，每次的洒水量以保持土壤湿润为原则，每日洒水次数视土壤湿度而定，直至出苗成坪。在幼苗中期也要保持每天洒水1次，后期根据土壤湿度进行洒水。洒水时最好采用水滴细小的喷水设备，使洒水均匀，减小水的冲力。尤其第一次浇水时，要用小水头呈喷雾状从远处向坡面缓慢淋洒，不可用大水头顺坡面放水，以免边坡上部的种子被冲到边坡下部，造成上部植生带种子发芽不均匀。

6) 植生袋技术

植生袋是一种袋面含有植物种子夹层、大小通常为50 cm×50 cm、一端开口的袋子，袋子内可以装入土壤和种子、肥料的种植袋。植生袋通常分为五层：最内层和最外层为尼龙纤维网，次内层为可短期降解的无纺棉纤维布，次外层为加厚无纺布，中层为植物种子、生物菌肥和长效复合肥等混合物质。通常把植生袋带一定倾斜度整齐的码砌在边坡上，待水热条件适宜时，种子会发芽并穿透袋子长出来，在坡面上形成植被层，从而达到植被恢复、保护坡面的目的。

(1) 技术优点

① 植生袋采用植物纤维作为载体，降解性好，有助于环保。

② 植生袋体积较小，方便运载，施工容易，铺设效率高。

③ 工程造价低于其他圬工或砌石防护。

④ 植生袋有保温保墒作用，可以在一定程度上减弱冻融情况。

⑤ 植生袋储水性能良好，再加之可以在其中加入保水剂，同时将肥料加入袋内，使植物的成活率提高，减少后期养护。

⑥ 种子配比灵活多变，可适时适地的选用不同的种子组合。

(2) 适用范围

适用于没有土层覆盖的岩石区或者滑坡后的山体裸露地带、斜坡、岩石边坡的凹陷处、片石区等，适用于北方寒冷地区。

(3) 施工工艺流程

将选好的种子、保水剂等材料复合加工成连体植生袋，在施工现场将腐殖土、木纤维、泥炭土、缓释营养肥等混合材料当作基质填装到植生袋中，然后平铺、固定在坡面上，经过二次覆土、洒水养护等前期管理措施，达到固结绿化边坡的作用。

(4) 施工关键技术

① 施工前准备。

A. 草种的选择及播种量的确定。施工地区属高寒高海拔地区，环境寒冷而潮湿，日照强烈，紫外线作用强，空气稀薄，土壤温度高于空气温度，昼夜温差极大，年平均温度不到1℃，植物生长季短，年降水量约400 mm，相对湿度70%以上。根据工程实地情况，选择具有耐寒、抗旱、耐盐碱等显著特点，如垂穗披碱草、赖草、冷地早熟禾和中华羊茅等，对高原地区气候和土壤环境具有较好适应性的植物。

B. 基质的选择及配比。基质是坡面上草木赖以生长发育的首要条件，基质选择要考虑土壤的强度和一定的蓬松度、土壤的吸水性、抗雨水的侵蚀性，以及植物生长发育所需的主要元素。本次施工采用腐殖土、保水剂、复合肥和专用肥用量为2 000∶5∶20∶160的比例。

② 植生袋加工。将经过处理的种子和保水剂等材料夹在两层可降解的无纺布（或木浆纸）中间，并覆上抗老化绿网，缝制成规格为50 cm×130 cm的袋状。

③ 平整坡面。清除坡面杂物及松动的石块，按路基设计刷坡，使坡面达到设计坡比，并预留出植生袋填充基质后的厚度（约为15 cm）。

④ 填装基质。将植生袋平铺，把混合好的基质填装到每一个袋口中，饱满度达80%时扎紧袋口。

⑤ 铺设、固定连体植生袋。将装好基质的植生袋平整地铺在坡面上，并用紧固件固定。紧固件可采用直径6 mm的钢锚钉或竹钉，一般采用200～400 mm不同长度，紧固件每平方米不少于5个。最后在植生袋上加覆一层土，覆土厚度约为10 cm。

⑥ 浇水养护。在草种从出芽到幼苗期间，要浇水养护，保持土壤湿润。开始每天浇水一次，浇水应呈雾状喷洒，随后可减少浇水次数。在幼苗生长过程中，适时施肥，防止病虫害，约一个月后基本成坪。

7) 植物纤维毯技术

植物纤维毯是将植物纤维材料（如稻秸、麦秸、玉米秆、棉秆、椰壳纤维、大麻、黄麻、亚麻、天然杂草）加工成条形纤维状，进行梳理后编织成毯状纤维层，然后在其下方铺适当厚度的营养土，并配入提前定好的草灌植物种子、保水剂和营养基质，最后在纤维毯的上下各用一层强化网固定后，就形成完整的植物纤维毯（图8-20）。

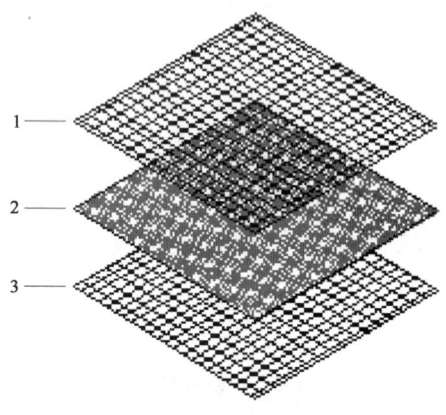

图8-20
植物纤维毯结构示意图
1—上网；2—纤维层；3—下网

(1) 技术优点

① 施工简单，可快捷地在公路边坡形成覆盖，效果明显。
② 具有很好的固土、抗雨水侵蚀能力。
③ 植物纤维有较强的吸水能力，因此蓄水保墒功能好。
④ 植物纤维毯可降解，不仅环保，而且降解后可为植物提供养分。

(2) 适用范围

整齐无明显凹凸坡面，适应气候范围较广，南北方均可用。

(3) 施工工艺及关键技术

① 清理并整平场地，如图8-21a所示。根据施工要求，用铁锹、铁耙等工具对坡面不稳定的石块或杂物进行了清除。对于不利于草种生长的坡面先填厚度不小于10 cm的腐殖土，表层覆土内无工程垃圾和大的石块、杂草等凸起物，并使10 cm土层内无大于5 cm的石块。

(a) 场地平整　　　　　　　　　　(b) 草毯铺设

图8-21　植物纤维毯铺设

② 播撒草种。播种方式采用中华羊茅、披肩草、老芒麦、无芒雀麦、星星草等均匀播撒的方式。

③ 挖坡顶和坡脚锚固沟。坡顶和坡脚锚固沟宽和深一般不小于20 cm，原土放在远离坡面的一侧备用。

④ 铺设草毯，如图8-21b所示。从坡顶向下铺设草毯，铺展平顺并拉紧，坡顶预留不小于40 cm，草毯之间搭接宽度不小于10 cm，搭接时下一级网压在上一级网之下，草毯与地面保持充分接触，铺设保持整齐一致，如图8-22所示。锚固沟内草毯铺满沟底和两壁并贴实。

⑤ 锚固及回填原土，如图8-23所示。

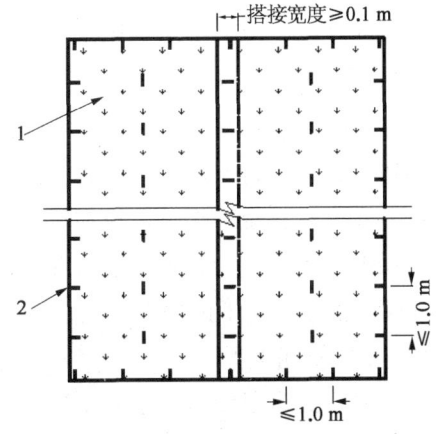

图8-22　植物纤维毯铺设平面示意图
1—植物纤维毯；2—锚固钉

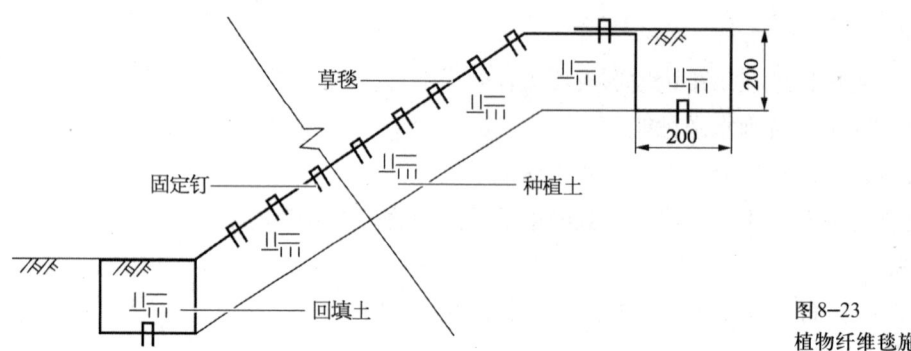

图 8-23
植物纤维毯施工剖面示意图

8.3.3 水土保持施工技术

1) 主体工程区水土保持施工技术

主体工程区在设计之初已经包括了具有一定水土保持功能的建设,对此后续水土保持设计时,要明确已有措施,同时对原设计缺乏的水土保持措施做补充。在新增的水土保持措施中主要考虑边坡的防护、公路排水以及道路两侧绿化。边坡主要以植物防护为主,边坡绿化,采用满铺草皮、架砌片石骨架内植草皮等形式。排水措施主要功能在于疏导由于暴雨等天气或自然因素造成的水流增大的情形,将水排至附近的天然河沟,避免水土流失量增大。主要的排水设施有边沟、排水沟、截水沟、急流槽等。其中,边沟是设在道路两侧的纵向水沟,截水沟一般修在上游,而排水沟修在下游。排水系统的末端通常会设有沉沙池。沉沙池分为进水口、出水口以及池体三个部分,进水口与出水口断面均为矩形。每个沉沙池的下游应放置滤网,并定期清理沉沙池,以确保其功能。在公路的两侧进行绿化,一方面起到水土保持的作用,同样也起到美化的作用。除了这些栏、挡、排及植被防护措施外,还可以布设一些临时防护措施,如土工布、防护栅栏等,与其余设施共同起着防护作用。

(1) 路基工程区

在主体工程的边沟、排水沟等排水设施修建以前,采取临时排水措施。在路堤填筑及路堑开挖施工之前,坡底两侧先修筑临时性的排水沟和边埂,以拦截因降水带来的坡面水土流失,及时排导坡面径流。所筑边埂采用排水沟挖出的土方堆砌、拍实。施工结束后,将边埂回填至排水沟。对于共玉公路路基工程区内的表层草皮,在工程施工前预先对其进行草皮剥离,统一临时堆放在路基工程区附近,并做好养护管理。邻近弃渣场等临时占地区域的草皮剥离后,集中堆放在弃渣场内。草皮剥离厚度视具体施工路段土壤以及草皮生长情况而定。施工过程中注意尽量不扰动征地范围以外的土地,以免引起新的水土流失。

(2) 桥涵工程区

共玉公路所经地区水系发达,应尽量避免桥梁钻孔泥浆污染沿线河流水质,桥梁施工前对桥梁下占用土地的表土或草皮进行剥离,临时集中堆放。跨河桥梁钻孔桩基础施工时,一般选择枯水季节施工,并在钢护桶内安装泥浆泵,将钻孔泥浆提升至两端陆地临时工地,在钻孔桩基础施工时产生的泥浆需要设置临时处理，以减少施工过程中的水土流失。桥墩钻孔前在各特大桥和大桥临时工地修建泥浆池（泥浆池需要做防渗处理，可以多个钻孔共用），并设置沉淀池，串联并用，使护壁泥浆和出渣分离，析出的护壁泥浆可循环使用，浮土和沉淀池出渣在干化堆积场脱水，干化后的泥渣就近弃于附近弃土（渣）场。

主体工程施工结束后，拆除围堰。拆除时要求：拆除队伍具备拆除围堰的必备工具等，拆除的各项工作必须在枯水期进行；拆除的土石方及时运至就近弃渣场，边拆边运，禁止随意堆置；拆除时分层拆除，从上至下，集中一次拆完，整治迹地。

（3）隧道工程区

共玉公路隧道的开挖会产生大量的弃渣，需要占用大面积的土地来堆放，可依据共玉公路实际情况，对隧道弃渣采用综合利用技术和弃渣堆放水土保持防护技术进行处理。

① 隧道弃渣综合利用技术。对隧道弃渣优先综合利用是公路建设资源节约和可持续利用的重要方面，也是保护共玉沿线生态环境的重要途径。本着节约成本，更好地保护生态环境的原则，使料尽其用。隧道弃渣作为筑路材料，可在路堤填料、混凝土工砌筑、碎石加工、隧道衬砌和明洞及仰拱回填等多个方面进行利用。隧道开挖弃渣利用如图8-24所示。

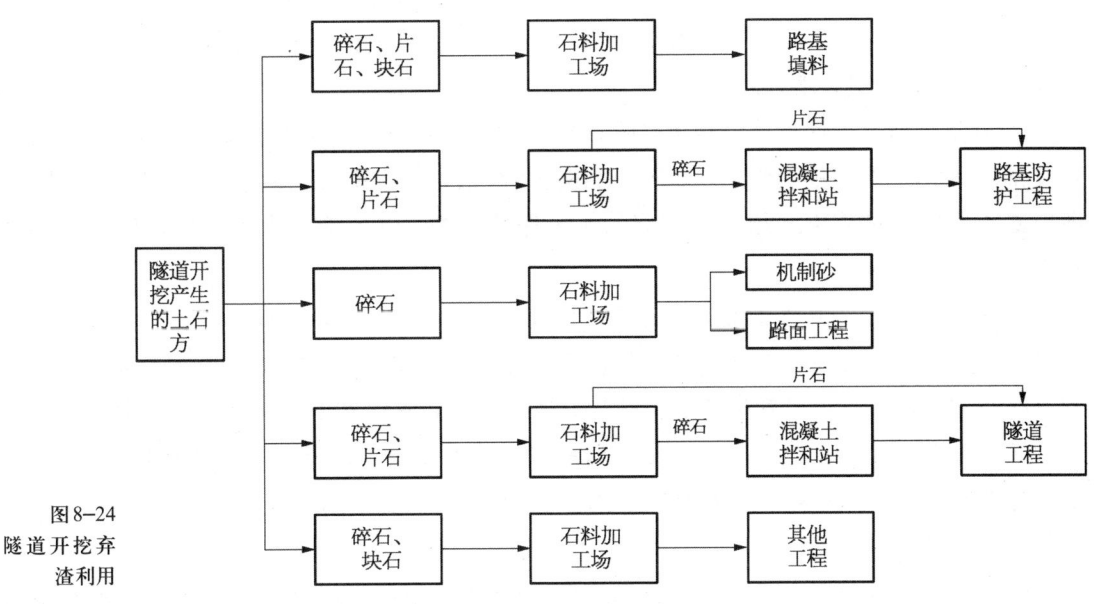

图8-24 隧道开挖弃渣利用

A. 路基填料。路基填料对隧道弃渣进行初级筛选，将筛检出的隧道弃渣依据《公路路基设计规范》（JTG D30—2004）中填料强度和粒径的相关要求进行二次破碎，并将处理后的石料进行填筑。填石路堤采用隧道弃渣填筑，其石料含量大于70%，石料强度大于15 MPa，最大粒径不超过30 cm。填石路基压实，使各粒料之间的松散接触状态变为紧密咬合状态。由于块石的颗粒较大，石块之间会有篷架、搁空现象，形成孔隙率过大，易造成局部塌陷，因此填石路基的压实应选用低频高幅的大吨位振动压路机，如25~50 t的钢轮振动压路机。铺筑试验路，在对试验段填石路堤工程进行施工的基础上，提出适用于试验路堤的质量控制体系：针对地质情况和现场开挖试验，提出相应的填石料开挖工艺方案，确定爆破方法和参数；判断是否采用大吨位振动压路机械，以达到较高的压实度；基于所采用的施工机械，进行更多种组合进行填筑试验，确定施工工艺和质量控制体系；按照填筑试验所确定的施工参数确定施工方案，应用所确定的检测标准对填筑质量进行检测检验。

填石路基压实合格的判定方法：碾压结束后，在路基表面布设测点，测定其标高，再用50 t托式振动压路机碾压2遍后，测定测点标高，同一测点2次标高差值小于5 mm。

B. 路基防护工程。经过试验检验，满足混凝土骨料的各种质量和性能要求的弃渣石块可以用做混凝土各类骨料加工及路基边坡骨架防护、弃渣场挡墙等的原材料或半成品。挡土墙墙背2 m范围内填筑未筛分碎石，填料最小强度（CBR）（%）大于8.0，其压实度要求同土质路基。

C. 机制砂。选择质量好、强度高的隧道弃渣，用于加工机制砂。机制砂应符合《建筑用砂》（GB/T 14684—2001）中关于分类和规格的要求。机制砂在类别和用途方面要求如下：Ⅰ类宜用于强度等级大于C60的混凝土；Ⅱ类宜用于强度等级C30~C60及抗冻、抗渗或其他要求的混凝土；Ⅲ类宜用于强度等级小于C30的混凝土和建筑砂浆。

D. 隧道工程。隧道工程利用隧道弃渣中的片石，用于隧道明洞和仰拱填充。筛分后的碎石规格10~30 mm，用于隧道二次衬砌；规格5~9.5 mm，用于普通混凝土级配；具体强度和级配须满足设计要求。

② 隧道弃渣水土保持施工技术。隧道弃渣量大，弃渣场压埋了原地表，损坏了地表林草及排水网络等水土保持措施，加上弃渣体结构松散，孔隙率大，易造成大量的水土流失，所以在弃渣的全过程中必须采取相应的水土保持措施。隧道弃渣水土保持措施体系如图8-25所示。

A. 拦渣措施。拦渣措施主要通过设置拦渣坝、挡渣墙和拦渣堤来实现。当弃渣堆置于沟道内包括堆放于沟头、沟中、沟口或将整个沟道填平时，应修建拦渣坝。其坝型按筑坝材料分为土坝、堆石坝、浆砌石坝和混凝土坝等。当弃渣堆置于易发生滑塌的地点或堆置在坡顶及坡面时，应修建挡渣墙。挡渣墙一般应建在紧靠弃渣及相对高度较高的坡面上，这样可以有效降低挡渣墙的高度及其对沟道行洪的影响。挡渣墙的设计必须同时兼顾抗滑、抗倾覆、抗塌陷三个方面的能力。

B. 削坡和反压填土。在渣体堆置完毕后，对于在剖面形态上呈凹形、凸形的或有临空状态的上陡下缓的斜坡，应采取分级削坡或修筑马道削坡的措施将其上部陡坡（产生滑坡的滑体）挖缓。通过削头取上，减轻滑坡体上部的荷载、减小滑体的体积，并将其反压在下部缓坡（阻滑体）上。这样既可把坡面修成一定的坡度，又可增加阻滑体的阻滑力量，控制上部向下滑动，防止冻融滑塌或由于山体抗剪强度不足引起的滑塌。把弃土场的弃土平台修成2%~3%的反坡，并保持弃土场平台的平整，以便使平台回水自然流向弃土场坡跟处，通过排水沟将水引导出去。

C. 护坡工程。护坡是为了稳定弃渣堆积边坡，避免裸露坡面遭受雨滴直接击溅和地表

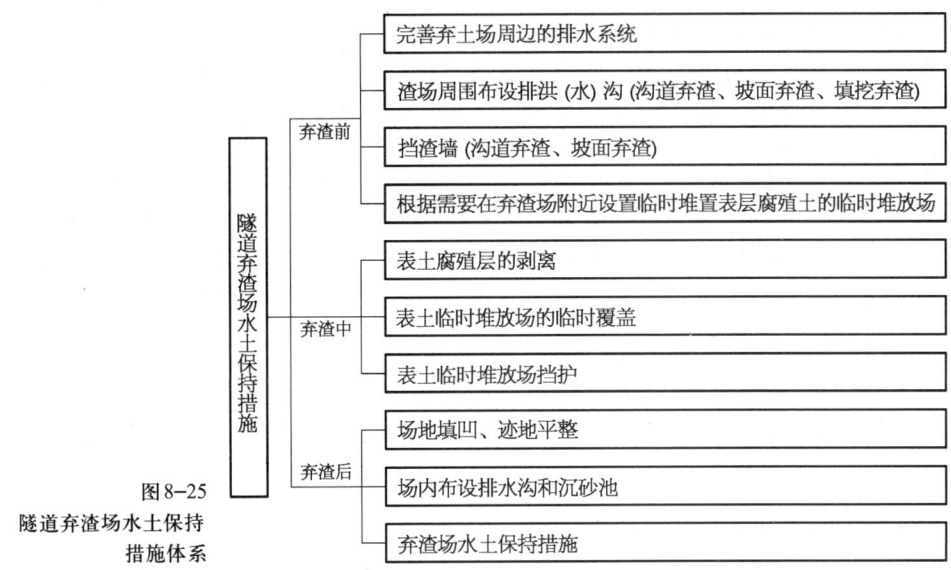

图 8-25 隧道弃渣场水土保持措施体系

径流冲刷而采取的水土保持措施。护坡分为工程护坡、植物护坡和综合护坡三种。

工程护坡能提高边坡的稳定性,对雨滴击溅和地表径流冲刷的防治效果好,但投资较大,适应变形能力也较差,易随弃渣的不均匀沉降而遭到破坏。植物护坡能适应弃渣的沉降变形,控制水土流失,而且对公路沿线生态环境改善具有重要意义;但在建植初期,其对水土流失的防治效果较差,需加强管护,确保植物保存率和成活率。综合护坡兼有工程护坡和植物护坡的优点,它是在工程护坡措施间隙上种植植物,不仅具有增加坡面工程强度,提高边坡稳定性的作用,而且具有绿化美化的功能。

D. 排水措施。为了保证弃渣安全稳定,排除弃渣场周边坡面及区域内的洪水危害,需修建相应的排水设施。沿线设施主要包括服务区、收费站等服务、维护场所,主要是土建施工。施工过程中做到表土剥离,施工结束后对场地进行硬化处理,部分空地进行表层草皮回填铺设。施工期水土保持措施主要为布设临时排水沟。临时排水沟布设于沿线设施工程施工占地两侧,施工前先修筑临时性排水沟和边埂,施工结束后将边埂回填至排水沟。

2) 取土场区水土保持施工技术

根据取土场所在的地理位置及地形条件进行综合治理,主要通过坡面防护、排水、覆土等措施。取土场的防护措施是削坡,取土的过程中容易形成坡面,削坡的目的是减低坡面,避免有降雨时的坡面水土流失现象,同时需要在坡面的顶端设截水沟,在取土场周围设引水沟,避免雨水在坡面汇集,造成较大的水土流失。公路工程完成后要在取土场进行土地治理、回填草皮以及植草恢复原地貌。取土场周围设引水沟,截水沟与排水沟的截面规格必须换算得出,按照频率暴雨标准进行计算。取土场主要采取栏、挡、排及植物恢复相结合的综合防治措施。如果占用农田,施工之后要进行复耕。

3) 弃渣场区水土保持施工技术

弃渣场一般选在窄口的沟内，堆放弃渣时尽量将沟填平，如果不能，首先将沟的沟头填平后再向沟口处堆放。这样的堆放方式方便洪水的排出，一定程度上减缓了水土流失。弃渣时先堆弃石方，再堆弃土方，便于堆渣完成后土地平整。为了避免堆渣的滑塌，在弃渣场的坡底设置挡墙，挡墙的断面需要设计，对抗倾、抗滑和稳定性进行分析。同时设截水沟与排水沟，以引流地表径流。坡底的排水沟可适当延长，与周边排水渠道连接，坡底设消力池，以减缓水流对排水沟的冲击力。堆澄结束后，对渣体进行压实，之后覆土，便于植物的生长。恢复植被的地块覆土厚度一般为30 cm，复耕的地块覆种植土一般为50 cm，然后植草进行绿化。弃渣场施工顺序应遵照截、排水沟、表土剥离、挡渣墙、弃渣、覆土绿化进行。只有这种科学的施工顺序才可以与防护措施相结合，达到最佳的防护系效果。

4) 临时工程区水土保持施工技术

临时工程主要包括施工生产生活区、施工便道等，一般均为临时占地。在临时工程区的周边开挖临时截水沟和排水沟，做好截排措施。施工材料的安放处要用防雨布等进行遮盖。施工结束后要对土地进行整治，辅助以植物措施，以达到原来用地类型。防护树种的品种选定有一定的原则，首先是"适地适树、适地适草"的原则，即首要考虑本地植物以及适于在项目区生存的植物。其次是生态作用优先原则，选取的植物要生长速度快，而且有良好的固土作用和护坡功能。最后是生物多样性原则，坚持生物多样性原则，可使绿化发挥出最大的生态效益，并呈现良好的生态景观，最终为环境的可持续发展提供助力。

5) 表土资源保护利用水土保持施工技术

水土资源是人类赖以生存的宝贵资源，其中表土资源尤为珍贵。表土（熟土）是以有机质、无机物、生物、微生物的混合状而存在，广泛存在于地表。高寒区表土资源与表层草皮融为一体，平均厚度40 cm，厚的可达100 cm。表土资源的价值最易被人理解，又最易被人忽略。表土剥离是指将建设占用地或露天开采用地（包括临时性或永久性用地）所涉及的适合耕种的表层土壤进行剥离，并用于原地或异地土地复垦、土壤改良、造地及其他用途的剥离、存放、搬运、耕层构造与检测等一系列相关技术的总称。共和至玉树公路路基工程、临时占地等在施工前，均进行表层草皮剥离，统一堆放。共和至玉树公路表层草皮剥离、保护及利用的施工技术关键在于剥离区域、剥离厚度、保存及防护方案、回填及利用方案的确定。

(1) 剥离区域

一般来讲，施工结束后需植被恢复或复耕的区域都应列为表土剥离区域。共和至玉树公路表土剥离区域主要包括路基以及边坡范围内占用的植被区域，取土场、弃渣场、施工场地及施工便道等临时占地区域。共玉公路地处青藏高原，沿线植被生长良好，根系发达，部分路段剥离表土即对原有占地中的草皮进行剥离。剥离前应选好堆放草皮的空地，选用剥离草皮技术熟练的工人进行操作,并将剥离后的草皮整齐堆放在空地内,并进行苫盖,定期洒水,并派专人养护,保证草皮剥离后的仍然能够存活,为后期边坡防护的草皮移植、植被恢复打好基础。

(2) 剥离厚度

一般来讲,表土层的厚度平均为 20 cm,厚的可达 30 cm,但在具体设计中应根据剥离区域土层厚度、植被生长情况来确定剥离厚度。共玉公路路线较长,全线气候区域不同,植被生长状况千差万别。对土层较薄的地方,植被生长较差的区域,可适当浅剥;对土层深厚、植物根系发达、水分充足的地方,为保证剥离后植被的成活率,可适当深剥。因此,表土剥离施工中简单地将剥离厚度统一设为 30 cm 是不合适的,应根据各剥离区域现状表土厚度和回填需要量确定。

(3) 保存及防护

《开发建设项目水土保持技术规范》(GB 50433—2008)指出,表土应集中保存,在进行水土保持设计中应根据项目具体情况结合施工布置来制定表土保存方案,线状项目总体应采用"大分散、小集中"的保存方案,表土临时堆存点应尽量利用场内空闲用地,表土保存过程中应设有临时防护措施,工期较长的可考虑采用临时绿化措施。共玉公路水土保持施工中,对表土的保存提出"堆放在场内空闲处,四周用编织土袋临时拦挡,用防尘网进行覆盖,定期洒水管护,适当的时候施肥以保护",结合各路段气候及土壤条件,各区域保存及防护应有所侧重。

(4) 回填利用

表土回填利用区域一般为需复绿、复耕的区域,实际设计过程中由于受地形及植物措施配置等因素的影响,具体回填利用方案应结合相应回填区域的具体情况确定。共玉公路表层草皮回填根据区域不同,施工方法有所区别。取土场、弃渣场、施工场地等施工结束后,先清除场地垃圾,翻耕后进行平整,回填表土后进行全面整地,进行植被恢复或复耕。表土回填及整地过程中应地面与周边地形相协调,应避免出现中间低四周高,以免雨天造成洼地积水。

6) 水保措施施工组织

公路由路基工程、路面工程、桥涵工程、隧道工程等组成,容易诱发水土流失的环节包括路基填筑、路堑边坡开挖、桥梁基础施工、不良地质路段施工及取土场、弃渣场的开采排弃等。

(1) 路基施工

采用机械化施工技术对路基土石方进行施工,一定要到指定取土场取土,并注意取土地的恢复,施工方案应包括弃方和借方实施细则。

(2) 路面施工

推荐采用沥青混凝土路面。路基基层和面层可采用集中拌和,汽车运输,摊铺机摊铺;

底基层采用现场拌和,然后摊铺碾压。路基土石方、中小型构造物工程完成后,立即进行路面工程开工,要尽量避开雨季开工。

(3) 桥梁涵洞施工

应选择有经验的专业化施工队伍,保证工程质量和施工工期。

(4) 隧道施工

除土建工程外,隧道施工还包括运营设备安装调试、隧道装饰、管理所修建等。对隧道不太稳定的洞口进行大挖大刷,并做好防排水系统,严格按照新奥法原理进行施工。对隧道施工产生的弃渣、废水采取可行的环保手段予以处理。

(5) 取土场、弃渣场

取土场开挖一般采取挖掘机开采、汽车运输。开工前先进行表层草皮剥离,取土结束后回填草皮或进行植被恢复。弃渣场堆渣前先设置排水设施和挡渣墙,弃渣时应从低处分层堆弃,尽可能将质量较好的弃渣堆置在最下层,弃渣堆积过程中采用分层破压,压实度应大于90%以上,后再堆弃上一层。弃渣体应根据弃渣情况,采用分级堆放。边坡按坡高8~10 m分级,且在变坡处设平台及平台排水沟,并将平台排水沟与渣场周边的排水沟连接。对占压沟道较长且坡比较大的弃渣,应采取多级拦挡。弃土结束后,回填表土进行复耕或植被恢复。

(6) 施工便道及施工生产生活区

施工便道施工工艺与路基工程类似,主要是路基开挖、填筑及路基边坡防护及排水工程等施工内容。施工生产生活区主要根据使用用途结合地形特点进行场地平整、临时房屋、工棚及周边的排水工程等建设内容。

8.3.4 施工期野生动物保护技术

1) 沿线动物分布特征

共玉公路位于青南高原,区域内动物种类较为丰富,包括多种兽类、鸟类、两栖爬行类,其中不乏国家重点保护动物以及省级保护动物,如图8-26所示。工程沿线野生动物种类主要为高寒草原草甸及湿地动物群,区域内较为常见的兽类主要有高原兔、喜马拉雅旱獭、鼠兔、藏羚、藏原羚、藏野驴、岩羊、盘羊等。同时,由于这一地区湿地大,湖泊星罗棋布,许多珍稀水鸟也主要分布于此,主要有黑颈鹤、灰鹤、中华秋沙鸭、斑头雁、赤麻鸭、棕头鸥。主要的猛禽为大鵟、金雕、高山兀鹫、胡兀鹫、猎隼。雀形目主要有角百灵、长嘴百灵、棕背伯劳、棕背雪雀、白腰雪雀、麻雀等。两栖类主要是沼泽、湖泊等湿地内的倭蛙、中国林蛙。爬行类的优势种为青海沙蜥和高原蝮。

2) 动物通道设置技术

公路建设中一般采用的动物保护措施有动物通道、标志牌、围栏、防护网、生物防护林带、隔音墙、单向门等。在众多保护野生动物的生态措施中,动物通道是最为有效的一种。动物通道有两种功能:一为动物交配、繁殖、取食、休息提供周期性的在不同生境

图 8-26 项目沿线典型野生动物

类型中迁徙的通道；二为异质种群之间的基因交流及在当地物种灭绝后重新定植提供迁徙通道。

公路通过野生动物的栖息地，首先考虑的是选线避让，或者是把野生动物栖息地人工地搬迁到其他地方。由于青南高原野生动物一般没有固定栖息地，活动范围很广，公路建设不可避免地会与野生动物的栖息生境发生关系，在这种情况下就要考虑设置动物通道。动物通道设置要考虑沿线不同路段分布的动物种类、生活习性，以更好地保护沿线动物为基本目的，充分利用当地的地形、地貌等因素，综合考虑不同类型动物的行为适应能力和可塑性，尽量把通道设置在动物迁徙、饮水、采食途径所经过的路线上或附近。

(1) 设置原则及依据

共和至玉树（结古）公路动物通道设置遵循可行性、科学性及协调性原则。在进行野生动物通道设置前，需要收集尽可能全面的基础数据，主要包括拟建通道区域的基础资料和目标物种资料。

① 基础资料。基础资料有助于了解拟建野生动物通道区域及周边地区的本底情况，主要包括自然环境资料、社会经济资料以及植被和野生动植物资料等。

② 目标物种资料。目标物种资料是设计一个连通、高效的野生动物通道的关键依据，决定着通道的形式、设计规格及建设规模，主要包括调查范围、目标物种的活动规律、生境状况、野生动物伤亡情况，以及对已有桥涵的利用情况等。

(2) 通道形式

一般来讲，根据动物的生活习性，通道主要有以下几种形式：路上式通道、路下式通道、隧道上方通道、警示标志与平面路基、路基缓坡通道。

① 路上式通道，如图 8-27 所示。路上式通道是在公路路线上方专为野生动物通过而架起的结构物，结构上方通常会模仿自然状态覆土种植。路上式通道主要是为了大型哺乳动物的通过而设计的，多数是 30～50 m 宽，但也有 200 m 或更宽的。随着各国公路的不断拓宽和交通量的持续增长，使用路上式通道作为连接道路两侧破碎栖息地的可行性也在持续

增长。路上式通道有很多优点：一是通道环境与自然一致，动物穿越其间胁迫感小，因而受到更多种动物的喜爱；二是通道受下方的车辆干扰小，当通道上的植物生长出来后动物根本看不到车辆；三是食肉类动物和有蹄类动物大多有喜爱登高而不愿钻洞的习性，因而该类型通道对不少种类的动物来说很友好；四是通道上还可作为小型动物的过渡性栖息地。其最大缺点便是造价高，而且布局位置不对，其效果也会大打折扣。

图 8-27 路上式动物通道

② 路下式通道，如图 8-28 所示。当公路经过湿地、河流、低洼地区等时，为保护该区域内的两栖、爬行类动物，可顺势架桥或者设置涵洞，从而保证下部陆地空间的连通，以降低对动物自由迁徙的影响，这是一种较为普遍的通道形式。作为路下式通道，其空间跨越的基本尺度是 8 m 以上，小于该值称为涵洞式通道。路下式通道跨度大、占地少，道路两侧环境的连贯性好，对生态环境的影响相对较低，尤其是高架桥的这种作用更为突出。由于动物不需要穿越公路，因而从根本上杜绝了交通事故的发生，是山区、江河路段最好的通道形式，工程本身有修建的要求，又兼顾了动物通行需要。但是，目前各国建造高架桥更多是出于交通需要和建筑美观的考虑，而非如何使得野生动物获益。根据 2002 年的一份报告，美国没有一个州表示将动物群落的连通性作为建立高架桥的考虑之一。而且用高架桥作通道会增加公路建设的造价，这也是其难以得到推广的重要原因。而涵洞式通道造价较低，且底部易于进行植被恢复，适用于多种动物的通行。而且涵洞式通道一般还具有过水功能，两栖类动物可在雨季来临时利用涵洞，而爬行类动物则在干旱时将此类涵洞作为通道使用。

③ 隧道上方通道。为了防止对地上野生动物栖息地的影响，公路以隧道的形式从地下穿过，该种类型动物通道适用于所有动物类群，特别适用于生活在开阔生境的有蹄类动物。优点是与周围植被连续，动物可按日常活动习性自然通过或栖息。缺点是需结合隧道工程一并实施，并且此方式工程造价较高。

④ 警示标志与平面路基，如图 8-29 所示。在野生动物经常出没、比较平坦开阔的地带，公路一般设置动物标志牌，诸如"禁止鸣笛请勿惊扰野生动物"、"车辆慢行、请勿鸣

图 8-28 共玉路路下式动物通道

笛"等提醒司机注意动物横穿马路，减速慢行避免撞伤动物。平面路基是指公路路面与周围地面基本在同一平面上，这种形式便于野生动物通过公路。由于平面路基不需要增加其他构造物设施，且施工中路基的土石方工程量小，因此造价低，但存在的安全隐患也较大。

⑤ 路基缓坡通道，如图 8-30 所示。一些低填方路基段在开放式运行的前提下，可通过放缓边坡允许动物从地面通过的方式设置动物通道。缓坡通道是要求路基边坡坡率放缓为 1∶2，再改造为动物通道。该类型动物通道适用于所有动物类群，特别适用于生活在开阔生

图 8-29 动物通道警示标志

境的有蹄类动物。其与周围植被较为连续，动物可按日常活动习性自然通过，工程造价低廉；但是安全性差，需要采取辅助安全措施。

图8-30　共玉路沿线缓坡路基段

⑥ 其他。通道的形式应根据目标物种的种类以及建筑物类型确定，以动物为本考虑，多年冻土区不同的野生动物其通道设置应有所区别。对于高山山地类动物和习惯于到高处张望后通过的动物，应尽可能选择以天桥形式通过的通道形式；对于草地动物和习惯于在平缓地区活动的动物，应尽可能选择桥梁下方通过的通道形式；草原草甸类动物经常以较大规模集群方式进行迁徙活动，在其经常出没的地段，路基要尽可能的低，并设置足够宽度的缓坡通道，以形成缓坡路基和桥梁下方构成的复合通道；在动物种群成分比较复杂的区段，应考虑设置路基上方和下方均可的复合通道。

3）施工期野生动物保护措施

（1）施工噪声的控制

公路工地作业现场、搅拌站、预制厂、沿线材料运输道路等是公路施工期噪声的主要来源场所。运输车辆、路基夯压设备、桩基钻孔设备、土方开挖设备、隧道推进施工设备等是产生施工噪声的主要设备，这些施工设备在产生噪声的同时，一般还会伴有振动干扰，噪声与振动的双重作用对野生动物产生的影响更大。因此，所有产生噪声的机械设备在公路施工作业期间，都应采取一系列措施（如消音措施或设置吸音装置）来尽最大可能减少噪声的产生。施工车辆及设备应该加强日常维护，以减少机械设备噪声的产生和污油的排放。施工运输车辆应尽量采用封闭式运输，提醒司机在野生动物常出没的公路沿线禁止鸣笛低速行驶。在自然保护区及野生动物活动密集路段进行隧道和采石爆破作业时，应尽量采用小剂量和水封的爆破方式，同时减少爆破频次，降低对野生动物的影响。作业时间尽量选在白天，避免傍晚或夜间施工，尽量缩短工期。应提前合理安排施工期各工序作业时间，以及高噪声设备的作业时间，尽量避免振动压实和钻孔工序与工地周边野生动物繁殖期重合，避免无任何降噪措施的钻孔、灌桩或水下切割在野生动物栖息地周边进行水下作业。

(2) 施工污染物的控制

施工期间会产生大量的污染物，对野生动物会造成一定的影响，影响较大的污染物有大气和粉尘污染、施工废弃料及生活垃圾污染等。针对大气和粉尘污染的控制，应该从产生这些污染的污染源（如施工现场设置的预制构件厂、沥青混凝土搅拌站、公路施工堆料场）开始控制，将污染源设置在下风处的空旷地区，距离野生动物敏感区至少300 m；禁止占用湿地，尽量远离周边野生动物的栖息地；公路工程材料生产加工作业现场应采取封闭或遮挡、保湿等防尘措施；易产生粉尘、扬尘的作业面和过程应采用洒水降尘措施，在旱季和大风天气适当洒水，保持湿度；细粉料（如石灰、水泥等）应储存于库房或在室外进行完全遮盖、洒水等措施处理；对外出的汽车用水枪冲洗干净，避免对外部环境产生污染；施工现场使用的锅炉、茶炉、大灶的烟尘排放必须符合环保要求，锅炉、茶炉、大灶应配有消烟除尘设备。针对施工废弃料的控制，一些污染性较强的废弃物（如有毒液体、磷渣、矿渣、粉煤灰等）应采用封闭式运输方式，尽量一次性将现场清理完全。对于大型弃土场，还应设计修建挡土墙、拦挡、排水等工程，并且应该与水生生物的栖息地完全隔离；施工完毕后，临时用地留存的废弃材料、工棚等设施应进行彻底清理，对于可以利用转化为野生动物保护站或能够再次利用的设施（部分工棚可被用做野生动物科研人员的临时观测站房），要合理进行处理和保护；针对施工生活区的生活垃圾的控制，应采取分类集中堆放，及时清扫、清运和现场处理的方式；施工期间的液体污染主要是施工中排放的废水（如拌和场/站排放的废水、泥浆池滤水、隧道和坑道工程排水等），施工区生活污水，施工机械运行、清洗、漏油所产生的液体污染等，因此应该具有很好的污水处理系统，避免以上液体污染对野生动物栖息地的破坏。桥墩涉水施工时采用围堰法，同时尽量避开鱼类洄游的时间段施工，并且尽量缩短施工周期，以减轻桥梁涉水施工对裸鲤的洄游影响。在路基施工时，严禁施工废水直接流入沿线河流，并应设置临时沉淀池对施工废水进行沉淀、隔油处理，避免对水生生物产生影响。夜间施工时，必需的照明设施采取定向聚光、遮光等措施以减少光污染。

(3) 施工人员的教育

公路施工过程中，人员活动对野生动物栖息地的影响和破坏不容忽视，主要体现在现场施工人员的活动和对野生动物的直接捕捉、杀伤等破坏。因此，在工程开工前期，应对施工人员进行室内和现场的环境保护和野生动物保护意识的宣传和教育，使施工人员充分认识到施工期间人员的活动对野生动物生境的影响和干扰是最为直接和严重的。在施工人员集体上岗前，组织人员学习如何简易识别和保护工地周边区域内经常活动的野生动物，从而便于对现场野生动物的突发情况及时进行抢救、保护或安全转移。充分利用彩色宣传画、简报、黑板报、广播电视等多种形式向全体职工宣传《野生动物保护法》、《国家野生动植物名录》、《高原环保常识问答》等法规。对于野生动物分布较为密集的区域内的公路工程，项目监理部门和建设部门的环保专职人员应加强施工的生态监理。除此之外，还应建立项目监理部门和建设部门的环保专职人员小组，监督施工过程中违背生态保护的措施和行为，防止捕猎和乱砍滥伐现象的产生，加强工地周边的野生动物检疫和环境监测，严格限制施工人员的日常生活污水的排放和生活垃圾的丢弃范围。

(4) 施工管理

野生动物一年一度的繁殖迁徙和回迁过程中，施工单位要暂停施工，留出通道保证野生动物安全迁徙。例如，藏羚羊生存的地区东西相跨1 600 km，季节性迁徙是其重要的生态特征。每年6月份，藏羚羊跨越沿途共玉路、青藏铁路、青藏公路由东往西迁徙，前往乌兰乌拉湖、卓乃湖、可可西里湖、太阳湖一带产仔，一个月后带着幼仔回迁，为了保障藏羚羊正常的迁徙繁殖活动，施工单位应在每年的6月和8月停工数天，关掉所有机器，拔掉令藏羚羊惊恐的彩旗，使得藏羚羊能够安全通过。

除了繁殖迁徙，有的野生动物本身的活动范围很大，它们往往需要在一天迁徙到离栖息地很远的地方去觅食和寻找水源。例如，岩羊会出山觅食；野驴从栖息地到水源草场每天要奔跑20 km以上的路程；野牦牛没有固定的栖息地，它是边漫游边取食，也具有很大的迁徙性。这些动物为了取食和寻找水源也很有可能跨越公路。为了保证这些动物能够安全迁徙，建议公路在施工时能够分段施工，在全线开工的同时留出几段2～3 km的路基暂缓施工，供野生动物迁徙之用，在其他路段完成施工以后再进行补充施工。还有一种比较好的做法就是每天的早晚各留出1 h，如早上6：30～7：30，晚上19：30～20：30，停驶所有的工程车辆，路基的施工也停下来，保证野生动物通过公路。

8.3.5 环境保护管理措施

公路建设项目在施工过程中会产生噪声、振动及排放的废气、废水、废渣等对沿线的大气、土壤、水体以及周围的环境产生一定的污染。为确保共玉公路施工的环保质量，保护我们共同的青藏高原、"中华水塔"、沿线自然保护区以及珍稀的野生动植物资源，实现人与自然的和谐发展，结合《青海省公路施工标准化管理指南》，在路基路面、桥梁、隧道、工地建设等工程施工中提出相应的环境保护管理措施，并严格执行，以防治或实现项目建设对环境造成的影响最小化，达到环保施工的目的。具体条目如下：

1) 环境保护管理总体规定

① 坚决贯彻执行国家和地方有关环境保护的法律、法规，杜绝环境污染。

② 根据国家环境保护总局环审［2007］129号的原则，按照建设单位的管理办法和设计文件的要求指导施工。

③ 施工组织设计必须考虑环境保护措施，并在施工作业中组织实施。

④ 定期进行环保宣传教育活动，不断提高职工环境保护意识和法制观念；施工单位应加强对施工人员的宣传教育与培训工作，要求施工人员进场前进行一次全面、有效的环境

保护宣传教育与培训，提高施工人员环境保护的意识，并在施工营地、预制场、施工便道、施工区域边界等地方设置标牌、标语等，确保施工期间做到人人心中有环保，如图8-31所示。

图8-31 共玉公路施工沿线环境保护标志牌

⑤ 施工现场采取洒水降尘措施，施工垃圾应及时清运。

⑥ 禁止人员和机械进入作业区域以外毁坏和践踏草皮。

⑦ 施工期间的固体废弃物应分类定点堆放、分类处理，施工垃圾应及时清运，严禁在施工现场随意焚烧各类废弃物。

⑧ 对施工现场应设置排水沟和沉淀池，施工污水应采取过滤沉淀池处理或其他处理措施后，方可排入河沟和河流。

⑨ 施工人员集中居住点的生活污水、生活垃圾（特别是粪便）要集中处理，防止污染水源，厕所需设化粪池。

⑩ 施工期间应做好废料的处理，做到统筹规划、合理布置、综合治理、化害为利。

⑪ 加强对施工现场废水、废气、粉尘、噪声的检测工作，及时采取措施控制对环境的污染。

⑫ 施工中做到不改变水系结构，不堵塞河道，施工废水、生活废水、施工机械废油等严禁直接排入农田、河道和渠道。

⑬ 施工弃土、弃渣按照设计和当地环保部门要求，运至指定地点堆弃处理，生活生产垃圾及时清理，集中堆放在临时垃圾站，定期进行处理。

⑭ 隧道施工时，采取"以堵为主，限量排放"的原则，控制地下水流失，确保不因产生地表水渗漏影响地上植被生长。

⑮ 物料运输采取覆盖毡布、洒水等抑制扬尘的措施，减少遗撒，防止运输扬尘影响周围植被和农作物。

⑯ 现场存放的油料、化学物品、外加剂等要妥善保管，正确使用，防止发生跑、冒、滴、漏，污染环境。

⑰ 加强对自然资源的保护，严禁随意砍伐树木，破坏原有植被，竣工后尽量恢复原地表地貌。

⑱ 严格在设计核准的用地界和临时用地范围内开展施工作业，合理规划施工便道及施工设施，尽量减少占地数量。

⑲ 永久用地范围内的裸露地表和临时用地在工程完工后，按设计要求采取措施，防止水土流失。

⑳ 取土场取土完成后，将取土方位内地面进行平整，边坡进行整理，疏通排水通道，纵向取土纵向拉通，防止局部积水。

㉑ 弃土场严禁侵占河流、湿地、耕地、自然保护区的核心区和缓冲区，不在河流漫滩及两岸取土和弃土，路堑开挖的土石方尽量利用，以减少取土数量。

㉒ 施工完成后，及时清理施工现场，恢复天然地面，进行河道清障，保护沟谷自然畅通，防止淤积或冲刷，以利行洪排涝。

㉓ 施工废水进行沉淀处理、生活污水经生化处理达标后排放，严禁将施工废水与生活污水直接排入河流和渠道，含油施工废水需采用隔油池过滤等有效措施进行处理，不超标排放，对于施工而言可能引发滑坡、泥石流等灾害的地段，应在当地政府的指导下配合业主、设计单位做好整治预防及处置工作。

㉔ 项目施工期间应加强环境监督管理及评比考核工作，即各施工单位必须接受环保行政主管部门的监督。

结合项目特点，本工程从组织保证、工作保证、制度保证和群众监督等几个方面对环境保护管理工作提出相关制度要求，降低或减缓工程建设对周边环境的不良影响，确保公路工程施工的环保质量，实现人与自然的和谐发展，如图8-32所示。

水土流失防治区域包括公路主体工程、取土场、弃土场以及临时工程等项目，主要是通过植被防护措施和工程措施，使公路建设引起的水土流失减小到最低限度，使经济效益、社会效益和环境效益相统一。水土流失防治措施体系分为三步，预防措施、防治措施和管护措施，如图8-33所示。

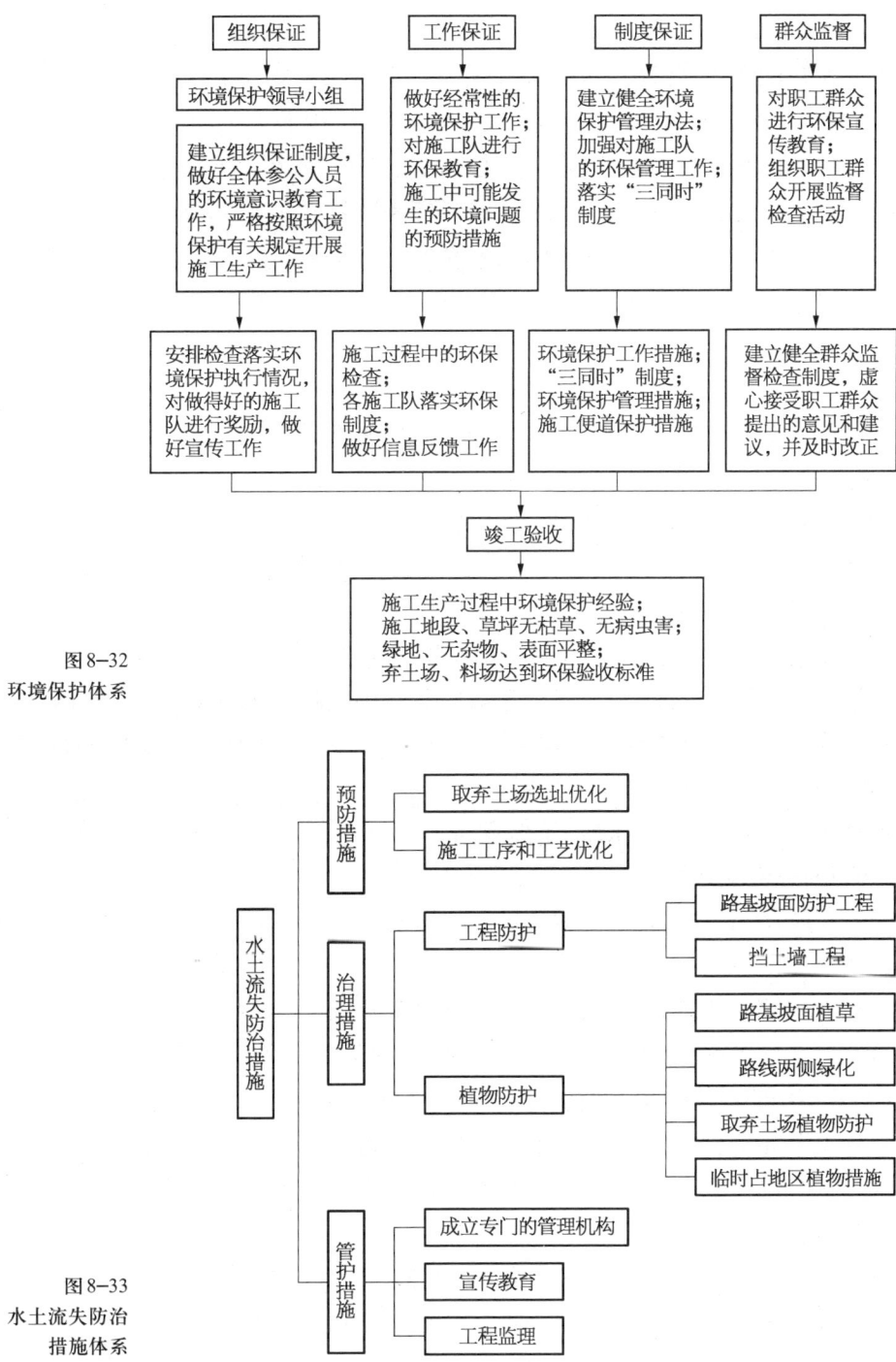

图 8-32 环境保护体系

图 8-33 水土流失防治措施体系

2）路基路面施工

（1）施工准备

开工前必须建立健全质量、环保、安全管理体系和质量检测体系，并对各类施工班组、施工人员进行岗前培训和技术、安全、环保交底。

(2) 取土场

① 取土时应注意环境保护，取土后的裸露面应按设计要求采取土地整治或防护措施。风景区或有特殊要求的施工地段，应按照设计要求及时完成配套的环保工程。

② 取土场原地面属于耕地种植土，应先挖出堆置一边备用，工程完工后用于恢复植被。

③ 当设计未规定取土场的位置或贮土量不能满足要求时须另寻土源，线外设置集中取土场取土时，其土质应符合路基填筑的技术要求，同时考虑土方运输经济合理和利用沿线荒山高地取土的可能性，兼顾农田、牧场建设和环保规划进行布置，力求少占用农田。

(3) 弃土场

① 弃土场应符合设计要求，并及时完成防护工程。

② 路基弃土应堆放规则，按设计要求进行整平碾压，不得任意倾倒，并按设计进行排水、防护和绿化施工。

③ 弃土场的位置与高度应保证路堑边坡、山体和自身的稳定，不得影响附近建筑物、农田、水利、河道、交通和环境等。必要时应加设挡护和排水措施。

④ 弃土堆不应设置在堑顶上方。

⑤ 石方弃土场表面应覆盖不少于80 cm厚的土层，以便恢复植被。

⑥ 严禁在岩溶漏斗、暗河口、泥石流沟上游及贴近桥墩、桥台处弃土、弃渣。

⑦ 沿河岸或傍山路堑的弃土，不得弃入河道、挤压桥孔或涵管口而改变水流方向和加剧对河岸的冲刷，必要时应设置挡护设施。

⑧ 严禁向江、河、湖泊、水库、沟渠等弃土、弃渣。

(4) 碎石的开采与生产

材料开采完毕后，应按批准的方案进行复耕恢复，防止水土流失，符合环境保护部门的有关要求。

(5) 水泥稳定碎石底基层、基层施工、级配碎石施工

① 拌和厂选址在实地考察的基础上尽可能选在距离居民集中居住区较远的地方，并在厂内设立自我系统的垃圾堆放和排污设施，以避免水源污染。

② 材料或成品料运输沿途需专设水车洒水，减少扬尘。

③ 现场施工时严禁将混合料倾卸或抛撒在路基边坡上，以免污染边坡。

(6) 透层施工

① 透层材料生产时，应在厂内设立自我系统的垃圾堆放和排污设施，以避免水源污染。

② 气温低于10℃或大风、即将降雨时，不得喷洒透层油。

③ 喷洒透层油前，必须对桥涵结构物进行覆盖，避免污染。

④ 透层油的喷洒量应符合要求，不得使其大量流到边坡、农田等，造成污染。

⑤ 喷洒透层油的路段必须进行交通管制，避免与其他工序交叉干扰，以杜绝施工和运输污染。

(7) 橡胶沥青同步碎石封层、黏层施工

① 材料生产时，应在厂内设立自我系统的垃圾堆放和排污设施，以避免水源污染。
② 施工区的结构物应加以保护，避免溅上沥青受到污染。
③ 施工路段必须进行交通管制，避免与其他工序交叉干扰，以杜绝施工和运输污染。

(8) 沥青面层施工
① 沥青结构层施工推行"零污染"施工。
② 沥青路面不得在气温低于10℃及雨天、路面潮湿的情况下施工。
③ 沥青路面应加强施工过程的质量控制，实行动态质量管理。
④ 在沥青结构层施工前，应确保连续10 km段落内全部路基工程（包括桥隧、防护、绿化）和交通安全设施基础等全部完工，同时全线隔离栅、中分带绿化回填土、隧道进出口转向车道全部完成，确保沥青结构层连续施工。还应针对现场实际情况，采取一切有效措施杜绝交叉施工和运输等污染。

(9) 桥面处理与防水
① 气温低于10℃或大风、即将降雨时，不得喷洒防水材料。
② 喷洒防水层前，必须对桥涵结构物进行覆盖，避免污染。
③ 热改性沥青的喷洒量应符合要求，不得使其流到农田等，造成污染。
④ 喷洒防水材料的路段必须进行交通管制，避免与其他工序交叉干扰，以杜绝施工和运输污染。

(10) 水泥混凝土路面
装运混凝土拌和物，不应漏浆，并应防止离析，必要时要有遮盖措施。混凝土运输过程中应防止漏浆、漏料和污染路面，自卸车运输应减小颠簸，防止拌和物离析。

3) 桥梁施工
(1) 施工准备
① 做好施工前的准备工作和施工中的技术、环保管理工作，严格执行相关技术规范、技术操作规程和国家及行业现行的有关强制性标准的规定，保证工程质量。
② 严格实行项目负责制、监理责任制、质量环保监督制。建立质量保证体系制度，落实质量责任和目标。
③ 积极推广使用成熟、环保并经批准的新技术、新工艺、新材料、新设备。
④ 青海省三江源地区生态环境较脆弱，应按照国家相关规定认真做好草原、原始森林、野生动物、高寒冻土、矿产资源和水资源的保护工作。
⑤ 建设中应节约用地、少占农田、森林、牧场，并按照国家相关规定采取节能减排措施，降低或减少环境污染，严禁在桥位上、下游取、弃土及排污，切实做好环境保护工作。
⑥ 青海属多民族聚居地区，施工中应切实加强民族团结，尊重少数民族风俗习惯，创造和谐的施工环境。合法利用当地各种资源，带动地方经济发展。
⑦ 充分考虑施工过程中对道路、航运、通信线路、农田水利设施的影响，应积极做好

保通和保护工作。

⑧ 建立环保生产管理制度,组建环保组织机构,配置专职环保员,针对桥梁工程各工序特点进行环保交底,坚持每天班前环保教育,对易发生的环保事故进行提醒、警告。

⑨ 桥梁工程交工前,应及时对临时辅助设施、临时用地和弃土、建筑垃圾等进行处理,做到工完场清。

(2) 桥梁基础

① 明挖基础。施工技术人员与工人应全部到位,并进行技术交底,明确质量、安全、工期、环保等要求;钢筋、水泥、砂、碎石等材料经检验合格,并通过批复后进场。基坑开挖出的废渣应及时清理,运至指定的弃土场。深基坑施工严禁抛物,应设置禁止标志。

② 钻孔灌注桩。禁止随地排放泥浆和钻渣,钻渣应外运到指定弃土场,水上桩基应配备专用的泥浆船或泥浆输送管泵,用来造浆循环及运送废弃泥浆;所有制浆池、储浆池和沉淀池周围应设立防护设施和安全指令标志,制浆材料的堆放地应有防水、防雨和防风措施,弃渣泥浆应及时外运,废弃后应回填处理,防止人员落入池内。

沉淀池禁止设在正线路基上,其开挖深度不得超过 2 m,以便于晾晒处理。循环池位置选择应在征地线以内,且不得影响施工便道;桩基施工完毕后,施工现场的循环池和沉淀池应清淤回填,分层碾压。

③ 挖孔灌注桩。挖孔灌注桩适用于无地下水或少量地下水,且较密实的土层或风化岩层。若孔内产生的空气污染物超过现行《环境空气质量标准》(GB 3095—1996)规定的三级标准浓度限值时,必须有可靠的通风保障措施,方可采用人工挖孔施工。

挖孔桩孔口四周严禁堆放料具,孔口四周设置围栏,3 m 之内不许有重车通过。孔口周边 0.6 m 范围内应进行环形硬化,以便于渣土清理及后续钢筋笼、混凝土灌注工作的开展,在桩间系梁施工前,应将硬化区域凿除。挖出的土石方应用车集中运送,孔口不得堆积土渣、机具及杂物,严禁随意乱倒土石方。孔口四周挖排水沟,及时排除地表水,搭好孔口雨篷。

爆破开挖时必须设置警报系统,做好爆破警告和解除爆破工作。紧靠居民区爆破时,孔口应加方木或钢盖板,上堆沙袋,以防飞石伤人。

向周边居民做好环保安全宣传工作,非工作人员施工期间不得进入工地。减少施工中的噪声、粉尘和振动,做到不扰民。

出渣应使用安全不漏撒的吊桶,提取土渣的吊桶、吊钩、钢丝绳、卷扬机等机具必须经常检查,以防断裂。

挖孔时,应经常检查孔内有害气体浓度,当 CO_2 或其他有害气体浓度超过允许值或孔深超过 10 m,腐殖质土层较厚时,应加强通风。

④ 承台。施工人员组织、便道修建、技术资料准备和交底、材料进场检验等参照明挖基础。对于无水承台基础施工,可参照挖孔灌注桩。

(3) 下部构造

① 施工技术人员与工人应全部到位，并进行技术交底，明确质量、安全、工期、环保等要求；钢筋、水泥、砂、碎石等材料通过检验，并符合材料准入制度要求。

② 工地现场使用的模板、脚手架、木材等周转材料应码放整齐，以保持施工现场整洁文明。墩柱施工完成后，对于系梁、盖梁、承台四周的建筑垃圾应及时清理，运至弃土场。

(4) 上部构造

① 支架式现浇。施工现场布置有序、整洁，避免施工废物、噪声污染周围环境。在已浇筑完的梁顶不得堆放施工垃圾。箱体内杂物、垃圾清理干净，不得有积水，设好通气孔和排水孔。

② 悬臂式现浇。做好桥面排水工作，确保桥面不积水，排水孔下端应低于混凝土底面1cm以上，使排水不污染梁体表面。箱室内的模板及建筑垃圾必须清理。

③ 桥面铺装、桥面防水。建立健全安全保证体系，对现场人员进行安全、环保、文明施工教育、宣传工作，强化安全、环保意识。

④ 护栏。建立健全安全保证体系，对现场人员进行安全、环保、文明施工教育、宣传工作，强化安全、环保意识。材料应分类集中堆放，做到场地整齐。施工废料应集中单独堆放，并及时处理。做好临时排水设施，避免污水污染桥面。

⑤ 伸缩缝。为防止施工污染桥面，从伸缩缝槽口两端沿桥纵向应铺上足够长度的彩条布。

⑥ 搭板和锥坡。浆砌片石施工时，严禁在坡顶抛扔片石。设置砂浆溜槽，禁止抛洒砂浆。

4) 隧道施工

(1) 施工准备

① 弃渣场地的布置应符合下列要求：场地容量足够，且出渣运输方便；不得占用其他工程场地和影响附近各种设施的安全；不得影响附近的农田水利设施，不占或少占农田；不得堵塞河道、沟谷，防止抬高水位和恶化水流条件。

② 临时工程施工应符合下列要求：临时工程应在隧道开工前基本完成；运输便道需引至洞口，满足使用期限运量和行车安全的要求，并经常养护，保证畅通；风、水、电设施应靠近洞口，安装机械和管线应按有关规定布置，并及早架设；临时房屋应结合季节和地区特点，选用定型、拼装或简易式建筑，并能适应施工人员工作和生活的需要；严禁将临时房屋布置在受洪水、泥石流、坍方、滑坡及雪崩等自然灾害威胁的地段。临时房屋的周围应设有排水系统，并避开高压电线。生活用水的排放不得影响施工，并防止产生次生灾害。

③ 为了应对施工过程中的突发事故，应编制相应的应急预案，并配备相应的资源。应急资源的准备是应急救援工作的重要保障，应根据潜在的事故性质和后果分析，配备应急资源，包括救援机械和设备、交通工具、医疗设备和必备药品、生活保障物资等。

应急物资的选择宜根据施工单位的具体情况、现场情况,并和业主协商后有针对性地选用。

④ 施工前应结合工程特点和新材料、新技术、新工艺的推广应用等情况,对职工进行安全环保教育、技术交底和培训。

(2) 洞口与明洞工程

多年冻土边坡宜安排在寒季施工,边仰坡应"快开挖、少扰动、快防护",减短暴露时间。

(3) 环境保护

① 坚持保护草场,维护牧民利益,实施用地总体规划,尽量不破坏原有植被。

② 实行清洁生产,进行有计划弃渣和垃圾处理,隧道弃渣一部分用于路基引线填筑,其余部分和生活垃圾一起用于管理站场地,做到弃渣和废物处理有序,不覆盖植被,不堵塞河道。

③ 保护野生动物,施工期间严禁猎杀、惊动山上的牦牛、石羊旱獭等动物,维护生态平衡。

④ 积极恢复生态,增加腐殖土绿地面积,在隧道进出口明洞顶部及两侧的表层加覆红土,由山下有计划分条状移植草皮。

⑤ 防治大气污染,严禁焚烧塑料等废物,尽量利用电能,少利用煤炭取暖,以减少有毒、有害气体对大气的污染。

⑥ 尽量少进行或不进行洞口刷坡作业,维护原有生态平衡及山体地表稳定,保持水土。

⑦ 多年冻土区应严格控制扰动面积,减少对草地的破坏,需要剥离高原草甸(或天然草皮)的,应妥善保存,及时移植利用。

5) 工地建设施工

(1) 工地实验室

① 试验废弃原材料回收或存放应符合环保要求。

② 对电磁干扰、灰尘、振动、电源电压等严格控制,对发生较大噪声的检测项目采取隔离措施。

③ 试验室室内环境应保持整洁卫生,满足试验要求。

(2) 施工设施

① 拌和站、预制场。根据场地条件合理设置废水沉淀池和洗车池,布设排水系统,设置明显标志;地面应定期洒水,对粉尘源进行覆盖遮挡;每次混凝土拌和作业完成后,及时清洗机具,清理现场,做到场地整洁;临近居民区施工产生的噪声不应大于现行《建筑施工场界噪声限值》(GB 12523—1990)的规定,否则应进行监控;应根据需要设置机动车辆、设备冲洗设施、排水沟及沉淀池,施工污水处理达标后方可排入市政污水管网或河流;施工机械设备产生的废水、废油及生活污水不得直接排入河流、湖泊或其他水域中,也不得排入饮用水附近的土地中;水泥、粉煤灰等材料进料时,要注意材料罐顶的密封性能。

当粉尘较大时，应暂时停止上料，待处理完后方可继续；定期、专人进行拌和站的清理和打扫，保持拌和站内卫生；拌和楼按全封闭设置，防止灰尘污染空气。

② 钢筋加工场。易产生粉尘、有害气体的加工厂、存放场应采取除尘、有害气体净化措施，且远离生活区、居民区，尽量将加工厂设于场地下风向；施工机械设备生产的废水、废油及生活污水不得直接排入河流、湖泊或其他水域中，也不得排入饮水源附近的土地中；加工剩余的短小材料或废料要合理回收，充分利用；严禁将不易腐化的合成材料、化工原料等擅自埋入地下；定期、专人进行钢筋加工场的清理和打扫，保持场内卫生。

③ 小型构件预制场。生产、生活营地的消防、安全设施应齐全到位，并做好临时雨水、污水排放以及垃圾处理，以防止污染环境。工程交工后，除非另有协议，承包人应自费恢复驻地原貌，并经监理验收合格。

(3) 库房

① 库房应合理选择设置地点，宜利用永久性仓库或彩钢房，布置地点应位于平坦、宽敞、交通方便处，距各使用地点综合距离较近，还应考虑材料运入方式及遵循安全技术和防火规定。

② 库房道路应整平，具有良好的排水系统及沉淀池，现场废水不得直接排放，场地有条件应适当绿化。

③ 油库、氧气库和电石库、爆破物品库等危险品仓库应远离施工现场、居民区和既有设施，附近应有明显标志及围挡设施。易燃易爆物品的仓库应设在地势低处，并在拟建工程的下风方向。电石库设在地势较高的干燥处。

④ 应在醒目位置设置平面布置图、重大危险源公示牌、值班人员公示牌等明示标志。

⑤ 各库房门口设置分区标志牌，各种材料库房内应设置材料标志牌，易燃易爆处应设置禁止标志，使用氧气、乙炔等易燃易爆物品的场所应设置禁止、明示标志，消防器材放置场所应设置提示标志。

⑥ 库房内消防设施符合防火、防爆要求。

⑦ 各类电气设备、线路不准超负荷使用，线路接头应牢靠，防止设备、线路过热或打火短路。发现问题应及时联系修理。

(4) 施工便道、便桥的后续管理工作

① 施工便道、便桥在施工中应符合项目所在地环境保护要求，做到安全文明施工。

② 取弃土场施工便道只允许开设一条，若占用草地、耕地，应将草皮、腐殖土剥离，待施工结束后，场地恢复时使用。

③ 在主要便道、便桥的出入口应配备专职人员，指挥交通，保证施工车辆和社会车辆的安全通行。

④ 利用地方道路作为施工便道，承包人应提前与有关部门签订协议，待工程完工后按照协议进行补偿或修复。

⑤ 工程完工后，承包人应将施工便道、便桥拆除。当地部门要求保留时，要与相关部

门签订协议,否则应予以恢复或对河道进行清理。

6) 环保施工

(1) 一般规定

① 建设单位、项目办,尤其是施工单位应加强对施工人员的宣传教育与培训工作,要求施工人员进场前进行一次全面、有效的环境保护宣传教育与培训,提高施工人员的环境保护意识,并在施工营地、预制场、施工便道、施工区域边界等地方设置标牌、标语等,确保施工期间做到人人心中有环保。

② 项目施工期间应加强环境监督管理及评比考核工作,即建设单位、项目办、监理单位以及施工单位等必须接受环保行政主管部门的监督。同时,建设单位、项目办、监理单位以及施工单位应设立层层监督、定期检查、定期考核制度,即要求建设单位对项目办、项目办对施工单位及监理单位定期检查。各级单位均成立专项小组,对施工现场进行监督、检查及评比考核,并列入年终及完工后的考核内容。

(2) 监督管理

① 监督施工中的施工行为和环保措施、水土保持措施的执行情况。

② 监督是否随意占用破坏自然保护区内湿地、灌木林地、草地。

③ 监督规范工程临时占地的施工行为和施工范围,严禁在施工区外车辆随意行驶,以及随意弃土弃渣等施工活动。

④ 监督是否在规定的范围内进行施工活动。

⑤ 监督施工人员违法盗猎及随意破坏自然生态环境行为。加强对施工人员的宣传和教育,严禁施工人员追赶、捕杀野生动物;严禁施工人员远离施工范围随意活动。

(3) 现场文明施工

① 路基工程。弃方应整齐堆放在指定的弃方场所,四周要修筑必要的挡墙及排水沟。弃方边坡应按水保方案进行,防止水土流失。

② 桥梁、涵洞工程。桥梁(涵洞)基础及下部施工场地应按施工预制场地的要求,做到基础及下部施工场地平整,排水顺畅。陆上和水上施工均应设置专用沉淀池、泥浆池,不得随意排放泥浆,排污工作应规范到位。

③ 隧道工程。工程施工前应就弃渣场向当地环保部门办理许可手续,在取得许可证后再开始弃渣;隧道弃渣"先挡后弃",按照设计要求设置弃渣场,在弃渣场坡脚设挡墙,挡墙埋入地面以下不小于1 m,确保挡墙的强度;在弃渣场顶外缘设环形截水沟,弃渣场顶的排水坡符合设计要求,保证排水畅通,防止雨水冲走弃渣,填塞河道;做好施工弃渣的处理措施,严格按照批准的弃渣规划场地,合理有序地堆放和利用弃渣,严禁随意堆放,避免出现影响河道泄洪能力、其他标段施工和下游居民的生活等问题;弃渣符合环保规定,施工过程中保护渣场四周的植被,工程竣工后对渣场进行平整、覆盖耕土层,喷播植草,有条件的予以复耕或植树,以保护生态环境,防止水土流失;弃渣的位置与高度应保证山体

和自身稳定,不得影响附近建筑物、农田、水利设施、河道、交通和环境等,不能满足时应加设挡护或采取其他措施,弃渣堆放处应设置明示标志;施工机械设备产生的废水、废油及生活污水不得直接排入河流、湖泊或其他水域中,也不得排入饮用水源附近的土壤中。

④ 其他工程。施工期间必须严格执行当地政府发布的有关施工安全规定,基地生活区要有"五小设施",生活卫生工作将成为文明施工的重要内容来抓;施工食堂要严格按照相关的卫生规定设置,必须远离垃圾等污染源,食堂工作人员必须有卫生上岗证,必须经过身体的检查及卫生知识的培训,食堂卫生必须符合《卫生法》的有关规定;施工区不准随地大小便,保持环境卫生;生活区定期喷洒卫生防治药剂,严格控制"四害",施工现场应预留工具和苗木材料堆放场,统一安排、堆放整齐,并设围栏,以防止各种材料的遗失;每位施工人员要认真执行青海省文明施工的有关规定,安全文明施工的措施要落实贯彻,执行到人,做好安全工作,争创文明工地。

(4) 环保验收、检查控制内容

① 路基工程。有防止大气、噪声(振动)污染、水土保持和其他保护环境卫生的有效措施;施工所产生的振动对邻近建筑物或设备会产生有害影响时,应进行监测;粉状材料施工应采取环境保护措施;废水、废油及生活污水处理符合要求;取土场的设置和处理满足要求;弃土堆放处标志设置和处理措施。

② 桥涵。桩基施工泥浆应回心处理,不得直接排放;设置防护栏;施工现场应根据需要设置机动车辆冲洗设施、排水沟及沉淀池,施工污水经处理达标后方可排入市政污水管网或河流;废水、废油及生活污水不得直接排入河流、湖泊或其他水域中,也不得排入饮用水源附近的土壤中;不得随意侵占或破坏与施工现场周围相邻的土地、道路、绿地以及各种公共设施场所;弃土堆(场)的位置与高度应保证山体和自身稳定,明示标志符合规定。

③ 隧道。现场污水处理设施的建设做到"三同时";零配件、边角料、水泥袋、包装纸箱袋及时收集清理,现场卫生状况良好;隧道弃渣处理符合规定;爆破施工后采取灭尘措施;施工机械设备产生的废水、废油及生活污水处理措施。

④ 试验室建设。试验废弃原材料回收或存放符合环保要求;对电磁干扰、灰尘、振动、电源电压的管理措施。

⑤ 拌和站。沉淀池和洗车区布设排水系统,标志符合要求;场区内专人清扫、洒水,场地整洁;废水、废油及生活污水处理;水泥、粉煤灰等材料进料管理。

⑥ 钢筋加工场地。易产生煤灰粉尘、有害气体的材料加工场、存放场防护;废水、废油及生活污水处理;加工剩余的短小材料或废料处理;不易腐化的合成材料、化工原料处理。

⑦ 预制场地。废水沉淀池和洗车区,排水系统标志符合要求;场地应及时冲洗、清扫,地面应定期洒水,对粉尘源进行覆盖遮挡;成品存放区场地平整夯实,设有良好的排水系统;混凝土拌和作业完成后,及时清洗机具与现场;噪声满足规定;废水、废油及生活污

水处理；水泥、粉煤灰等材料进料管理；按设计要求和规定及时恢复植被或土地复垦。

⑧ 小型构件预制场。沉淀池布设排水系统，标志符合要求；场地内专人清扫、洒水，场地整洁；废水、废油及生活污水处理。

⑨ 施工便道、便桥建设。便道、便桥设专人养护，定时清扫，定时洒水抑尘。有条件的工程要求选择混凝土路面，减少扬尘以及对周边农作物等的影响。

参考文献

[1] 中交第一公路勘察设计研究院.高原多年冻土地区公路修筑技术研究[R].西安，1999.
[2] 周幼吾，郭东信，等.中国冻土[M].北京：科学出版社，2000.
[3] 吴紫汪，程国栋，等.冻土路基工程[M].兰州：兰州大学出版社，1998.
[4] 张秀华，喻文学，武敬民，等.青藏公路多年冻土地区无规聚丙烯路面试验研究[J].西安公路学院学报，1986(1).
[5] 章金钊，姚翠琴，杨腾宇.第一届全国寒区环境与工程青年学术论文集[C].兰州：兰州大学出版社，1992.
[6] 章金钊，李祝龙，武憼民，等.青藏公路冻土路基设计研究[J].公路，2000(2)：13-17.
[7] 青藏公路整治改建项目办公室.青藏公路格尔木至拉萨段整治改建工程施工技术指导书[M].北京：人民交通出版社，2003.
[8] 臧恩穆，吴紫汪.多年冻土退化与道路工程[M].兰州：兰州大学出版社，1999.
[9] 美国陆军部冷区研究与工程实验室.季节冻土区和多年冻土地区基础设计与施工[M].沈忠方，译.北京：科学出版社，1984.
[10] 交通部第一勘察设计院.青藏公路整治工程科研设计文献汇编[G].西安，1996.
[11] Robert F. Carlson. Cole Regions Engineering — The Cold Regions Infrastructure: An International Imperative for the 21st Century. America: American Society of Civil Engineers, 1996.
[12] E. G. Johnson, Arvind Phukan, Wilbur H. Haas. Embankment Design and Construction in Cold Regions-Technical Council on Cold Regions Engineering Monograph. America: American Society of Civil Engineers, 1998.
[13] Davie E. Newcom. Cold Regions Impact on Civil Works. America: American Society of Civil Engineers, 1998.
[14] 程国栋.冻土攻坚40年[J].中国国家地理，2004(2)：18.
[15] 王铁行，窦明健.多年冻土地区路堤热差异分析[J].煤田地质与勘探，2004，32(1)：45-47.
[16] 王铁行，窦明健.多年冻土地区路基临界高度研究[J].土工工程学报，2003，36(4)：94-98.
[17] 窦明健.多年冻土地区路基设计原则及其应用[J].冰川冻土，2001，23(4)：402-406.
[18] 刘奉喜，刘建坤.多年冻土地区热管冷却路基数值分析[J].土木工程学报，2004，37(9)：41-47.
[19] 马巍，程国栋，吴青柏.多年冻土地区主动冷却地基方法研究[J].冰川冻土，2002，24(5)：579-587.
[20] 汪双杰，李祝龙，武憼民.多年冻土地区公路筑路技术研究现状与新课题[J].冰川冻土，2003，25(4)：471-476.

[21] 李宁，程国栋，徐学祖，等.冻土力学的研究进展与思考[J].力学进展，2001，31(1)：95-102.
[22] 刘永智，吴青柏，张建民，等.高原多年冻土地区公路路基温度场现场实验研究[J].公路，2000，2：5-8.
[23] 刘永智，吴青柏，张建民，等.青藏高原多年冻土地区公路路基变形[J].冰川冻土，2002，24(1)：10-15.
[24] 胡泽勇，钱泽雨，程国栋，等.太阳辐射对青藏铁路路基表面热状况的影响[J].冰川冻土，2002，24(2)：121-128.
[25] 吴青柏，朱元林，刘永智，等.工程活动下多年冻土热稳定性评价模型[J].冰川冻土，2002，24(2)：129-133.
[26] 张喜发，陈继，张冬青.融沉系数在季冻区高速公路路基病害研究中的应用[J].冰川冻土，2002，24(5)：634-638.
[27] 中交第一公路勘察设计研究院有限公司.青藏公路改建技术研究及应用示范[R]，2011.
[28] 符进.国道214线多年冻土区高速公路路基设计方法研究[D].西安：长安大学工程硕士学位论文，2011.
[29] 王旭，蒋代军，赵新宇，等.多年冻土区未回冻钻孔灌注桩承载性质试验研究[J].岩土工程学报，2005，27(1)：81-84.
[30] 米维军，李勇，石刚强，等.青藏铁路多年冻土桥梁桩基稳定性探讨[J].铁道工程学报，2010，09：15-19.
[31] 王建州，李生生，周国庆，等.冻土上限下移条件下高温冻土桩基承载力分析[J].岩石力学与工程学报，2006，10：4226-4232.
[32] 高大钊，赵春风，徐斌.桩基础的设计方法与施工技术[M].北京：机械工业出版社，1999.
[33] 吴少海.青藏铁路多年冻土区桥涵设计与施工[J].冰川冻土，2003，25(21)：59-68.
[34] 曹玉新，魏庆朝.青藏铁路多年冻土地区桩基础设计研究[J].铁道工程学报，2004，(2)：127-131，84.
[35] 李双洋，张淑娟，赵德安，等.冻土路基动力分析模型及青藏铁路地震灾害评[J].岩土力学，2010，31(07)：2179-2187，2201.
[36] 冯磊.多年冻土区桥梁冻土地基设计原则分析[J].青海交通科技，2009，(06)：46-47.
[37] 刘德仁，蒋代军.青藏铁路多年冻土区在气温变化和冻土蠕变条件下路基沉降模拟[J].兰州交通大学学报，2010，29(4)：72-75，83.
[38] 吴亚平，郭春香，潘卫东，等.冻土区桩基回冻过程对单桩承载力和桥梁施工的影响分析[J].岩石力学与工程学报，2004，23(24)：4229-4233.
[39] 张军伟，马巍，王大雁，等.青藏高原多年冻土区钻孔灌注桩承载特性试验研究[J].冰川冻土，2008，30(3)：482-487.
[40] 宁贵霞，马丁红，章余超，等.多年冻土区冻土上限下移对桥梁桩基中基桩受力的效果分析[J].兰州交通大学学报，2012，31(3)：22-26.
[41] 安维东.冻土温度水分应力及其相互作用[M].兰州：兰州大学出版社，1990.
[42] 程国栋，赵林.青藏高原开发中的冻土问题[J].第四纪研究，2000(6)：521-531.
[43] 国家气象局数据中心.五道梁、沱沱河、安多地区地面气象资料三十年数据汇编[Z]，2003.
[44] 中交第一公路勘察设计研究院有限公司.多年冻土地区公路修筑成套技术研究[R]，2006.
[45] 符进，谢前波，祁海云.青藏高原多年冻土区涵洞工程现状综述[J].公路，2014，60(3)：28-33.
[46] 琳天健，熊厚金，王利群.桩基础设计指南[M].北京：中国建筑工业出版社，1999.
[47] McRoberts E.C, & Morgenstern N.R. The stability of thawing slopes [J]. Can. Geotech. J, 1974(11): 447-469.
[48] Clark M.J. Advance in periglacial Geomorphology [M]. New York: John Wiley & Sons Ltd, 1988.
[49] 王绍令，米海珍.青藏公路铺筑沥青路面后路基下多年冻土的变化[J].冰川土，1993，15(4)：566-573.
[50] 靳德武.青藏高原多年冻土区斜坡稳定性研究[D].西安：长安大学工程博士学位论文，2004.
[51] 赵景森.关角隧道高原寒区施工技术[J].水利学报，1998，12(1)：18-26.

[52] 雷升祥.对高原隧道设计与施工的几点认识[J].西部探矿工程，2000，64(3)：56-57.
[53] 刘国玉.高海拔高寒隧道施工技术[J].中国铁道科学，2001，22(4)：47-52.
[54] 余文忠.风火山隧道施工技术[J].铁道建筑技术，2002，4：7-11.
[55] 赖远明，吴紫汪，朱林楠.寒区隧道渗水围岩冻胀对衬砌的影响和防冻设计计算研究[Z].兰州：中国科学院寒区旱区环境与工程研究所，2000.
[56] 张克俊.昆仑山隧道冻土围岩稳定性因素分析[J].青藏铁路，2003(3)：51-54.
[57] 汤国璋，王星华.温度场控制在多年冻土隧道施工中的作用[J].岩土力学，2007，28(3)：455-460.
[58] 谭忠盛，况成明，杨小林，等.风火山多年冻土隧道施工爆破技术研究[J].岩石力学与工程学报，2006，25(5)：1056-1061.
[59] 谭忠盛，任少强，张弥.风火山多年冻土隧道信息化施工[J].土木工程学报，2005，38(1)：99-104.
[60] 张学富，苏新民，赖远明，等.昆仑山多年冻土隧道施工温度影响分析[J].冰川冻土，2003，25(6)：621-627.
[61] 张德华，王梦恕，任少强.青藏铁路多年冻土隧道围岩季节活动层温度及响应的试验研究[J].岩石力学与工程学报，2007，26(3)：614-619.
[62] 杨国柱.青藏铁路昆仑山隧道防冻胀结构研究[J].隧道建设，2008，28(3)：263-267.
[63] 罗彦斌，陈建勋，乔雄.基于温度效应的隧道二次衬砌混凝土结构力学状态分析[J].中国公路学报，2010，23(2)：64-70.
[64] Fagerlund G. The critical degree of saturation method of assessing the freeze/thaw durability of concrete[J]. Materials and Structures, 1977, 10(10): 58–66.
[65] Setzer M J. Mechanisms of frost action[A]. In. Proc. Int. Workshop on Durability of Reinforced Concrete under Combined Mechanical and Climatic Loads[C]. Qingdao: An edification Publishers, 2005: 263–274.
[66] 李金玉，曹建国，徐文雨，等.混凝土冻融破坏机理的研究[J].水利学报，1999(1)：41-49.